建筑工程法律法规

（第2版）

纪婕◎编著

清华大学出版社

北京

内 容 简 介

本书以中国法律体系为基准,结合建筑行业特点和企业需求,分为民法基本知识、建筑法、建筑工程许可法规,工程承包、发包和招标投标法规,合同法,建筑工程勘察设计法规,工程保险、环保等法规,劳动合同法,安全和质量管理法规,工程纠纷处理法规和法律责任等部分。基础知识与案例实践相结合,由浅入深讲述当前建筑行业相关法律规范,并对案例进行分析和解读。

本书可作为高职、高专等职业院校和高等教育中土木工程、建筑工程管理等相关专业教材,亦可供职业培训、工程设计、施工和监理等技术人员学习参考。

图书在版编目(CIP)数据

建筑工程法律法规/纪婕编著. —2版. —北京:清华大学出版社,2018(2024.10 重印)
ISBN 978-7-302-49230-6

Ⅰ. ①建… Ⅱ. ①纪… Ⅲ. ①建筑法-基本知识-中国 Ⅳ. ①D922.297

中国版本图书馆 CIP 数据核字(2017)第 331854 号

责任编辑:秦 娜
封面设计:陈国熙
责任校对:王淑云
责任印制:宋 林

出版发行:清华大学出版社
　　　网　　　址:https://www.tup.com.cn,https://www.wqxuetang.com
　　　地　　　址:北京清华大学学研大厦 A 座　　　　　　邮　　编:100084
　　　社 总 机:010-83470000　　　　　　　　　　　　邮　　购:010-62786544
　　　投稿与读者服务:010-62776969,c-service@tup.tsinghua.edu.cn
　　　质量反馈:010-62772015,zhiliang@tup.tsinghua.edu.cn
印 装 者:三河市龙大印装有限公司
经　　销:全国新华书店
开　　本:185mm×260mm　　　印　　张:16.5　　　字　　数:398千字
版　　次:2012年8月第1版　2018年2月第2版　　　印　　次:2024年10月第6次印刷
定　　价:49.80元

产品编号:077733-03

第2版前言

目前,中国建筑市场庞大,从业人数众多,涉及建筑行业的相关法律法规已经作为国家强制性法律存在于工程建设的各个阶段。其对于规范建筑市场、完善工程管理和加强各方监督可以起到巨大作用,从而促进建筑业健康发展,保证工程质量。与此同时,越来越多的从业者意识到法律规范的重要性,各高等学校和职业院校也已将建筑法规课程纳入专业课程,各执业资格认证考试和上岗取证也将建筑法规列为必考项目。本书正适应这种趋势,为行业入门者和专业学习者提供参考。

较之第1版,本书仍旧遵循行业特点和工程实践,分为绪论、建筑许可法规、建筑工程发包与承包法规及招标投标法规、合同法、建筑工程勘察设计法规、工程建设施工准备及相关法规、工程建设管理法规、建设工程纠纷处理法规和建筑法律责任,共9章,系统阐述了基本法律知识和行业规范,并配合相关案例的讲解和分析,以及一定数量的课后练习题。

第2版中参考了2009年修订的《中华人民共和国劳动法》、2011年修订的《中华人民共和国建筑法》、2013年修订的《工程建设项目施工招标投标办法》、2013年修订的《中华人民共和国劳动合同法》、2014年修订的《中华人民共和国行政诉讼法》、2014年修订的《安全生产许可证条例》以及2014年12月1日起施行的新的《中华人民共和国安全生产法》,对第1版中旧的内容进行了全面修改,同时结合近年行业形势和社会现象,对一部分案例进行了修改或者增补。另外,结合本书第1版使用情况,对知识点的难易程度进行了局部调整,更好地帮助读者由浅入深学习、理解案例。第2版更加注重与当前职业资格认证考试和上岗取证培训内容相结合,有效地帮助读者完善职业能力,促进职业提升。

本书由纪婕编著,在编写过程中得到了各方面专家和老师的指点和帮助,在此表示真诚感谢。同时由于个人水平有限,不妥之处在所难免,望业内同人和广大读者批评指正。

作　者

2017 年 6 月

FOREWORD

前言

　　随着建筑行业的飞速发展,建筑工程相关的法律、法规和规范已经深入到建筑领域各项工作当中,国家政策的日臻完善也引导工程建设企业必须并入正规化、法制化轨道。各高等院校和职业院校已将建筑法规课程纳入教学计划,成为学生在就业前应当学习的一门重要课程;同时,各资格考试和上岗取证也将法规考试列为必不可少的一项。本书正适应了此种趋势,适合即将进入建筑行业或需要学习建筑法规基础知识的读者学习。

　　本书分为9章,紧扣现行国家法律法规,分别从建筑法、建筑许可法规、工程发包与承包法规及招标投标法规、合同法、勘察设计法规、工程安全和质量法规等方面阐述了工程建设领域的各项基本制度。同时,为了使读者在工作中更好地分辨和使用法律知识,还配合讲解工程纠纷的解决、证据的应用以及建筑法律责任的相应知识。书中还设置了环境保护、节约能源、消防和档案等相关法律内容,以保证知识体系的完整。本书在阐述基本理论的同时,为便于理解和应用,配备了一定数量的案例分析和课后练习题,在难度上做到阶梯递进,以便读者扎实掌握基础知识,学会判别和运用重点知识。对于较难的内容,本书提供一个了解的平台,在此基础上读者可以自行查阅并学习其他书籍,获取更多的知识。

　　本书由纪婕编著,在编写过程中,得到各方面专家和老师的指点,对此表示真诚感谢。由于个人水平有限,不妥之处在所难免,望业内同仁和广大读者批评指正。

作　者

2012 年 5 月

目　录

第1章

绪　论

1.1　法和法律

1. 法、法律和法律体系的概念

法是由一定物质生活条件所决定的统治阶级意志的反映,它是由国家制定或者认可,并由国家强制力保证实施的行为规范体系;它规定了人们在一定社会中的权利和义务,以此来确认、保证和发展对统治阶级有利的社会关系和社会秩序。

法的概念反映了法的基本特征是:法是调整人的行为的规范;法由国家制定或认可,并具有普遍约束力;法规定了权利和义务,也即职权和职责;法由国家强制力保证实施。

法和法律的概念,严格地讲是有区别的。法是伦理的、抽象的和具体的规范的总和;法律则强调具体而明确的规范,是用来在具体实践中执行的。

法律体系(也称为部门法体系),是指一国的全部现行法律规范,按照一定的标准和原则划分为不同的法律部门而形成的内部和谐一致、有机联系的整体,它不包括国际法和已失效的国内法。所谓法律部门,是指根据一定的标准和原则所划分的调整同类社会关系的法律规范的总称。我国的法律体系通常包括以下法律部门:宪法,民法,商法(如公司法、保险法、票据法等。我国实行"民商合一"的原则,民法的许多规定也通用于商法),经济法(如建筑法、招投标法、税法、反不正当竞争法),行政法(包括公务员法、行政许可法、行政复议法、行政处罚法、行政监察法、政府采购法以及治安处罚法等特别行政法律法规),刑法(包括现行刑法及刑法修正案、单行法律法规)。

2. 中国法的形式

法律和法规的表现形式有宪法、法律、行政法规、地方性法规、行政规章、最高人民法院司法解释规范性文件及国际公约、国际惯例和国际标准等。

1) 宪法

宪法是整个国家法律体系的基础,主要表现形式是《中华人民共和国宪法》(以下简称《宪法》)。除此之外还包括主要国家机关组织法、选举法、民族区域自治法、特别行政区基本法、授权法、立法法、国籍法等附属的低层次的法律。

宪法是每一个民主国家最根本的法的渊源,其法律地位和效力是最高的。当代中国法的渊源主要是以宪法为核心的各种制定法。我国的宪法是由我国最高权力机关——全国人民代表大会制定和修改的,一切法律、行政法规和地方性法规都不得与宪法相抵触。

2) 法律

广义上的法律,泛指《中华人民共和国立法法》(以下简称《立法法》)调整的各类法律和规范性文件;狭义上的法律,仅指全国人民代表大会及其常务委员会制定的规范性文件。法律的效力低于宪法但高于行政法规、地方性法规等。

按照法律制定的机关及调整对象和范围的不同,法律可分为基本法律和一般法律。

基本法律是由全国人民代表大会制定和修改的,规定和调整国家和社会生活中某一方面带有基本性和全面性的社会关系的法律,如《中华人民共和国民法通则》(以下简称《民法通则》)、《中华人民共和国合同法》(以下简称《合同法》)、《中华人民共和国刑法》(以下简称《刑法》)和《中华人民共和国民事诉讼法》(以下简称《民事诉讼法》)等。

一般法律是由全国人民代表大会及其常务委员会制定或修改的,规定和调整除由基本法律调整的以外,涉及国家和社会生活中某一方面关系的法律,如《中华人民共和国建筑法》(以下简称《建筑法》)、《中华人民共和国招标投标法》(以下简称《招标投标法》)、《中华人民共和国安全生产法》(以下简称《安全生产法》)和《中华人民共和国仲裁法》(以下简称《仲裁法》)等。

3) 行政法规

行政法规是国家最高行政机关——国务院制定颁布的规范性文件,例如《建设工程质量管理条例》《建设工程勘察设计管理条例》《建设工程安全生产管理条例》《安全生产许可证条例》和《建设项目环境保护管理条例》等。行政法规的效力低于宪法和法律。

4) 地方性法规

地方性法规是指省、自治区、直辖市以及省、自治区人民政府所在地的市和经国务院批准的较大的市人民代表大会及其常务委员会,在其法定权限内制定的法律规范性文件。如《内蒙古自治区建筑市场管理条例》《北京市招标投标条例》《深圳经济特区建设工程施工招标投标条例》《黑龙江省建筑市场管理条例》等。地方性法规只在本辖区内有效,其效力低于法律和行政法规。

5) 行政规章

行政规章指国务院各部委以及各省、自治区、直辖市的人民政府和省、自治区的人民政府所在地的市以及国务院批准的较大市的人民政府根据宪法、法律和行政法规等制定和发布的规范性文件。国务院各部委制定的称为部门行政规章,如《工程建设项目施工招标投标办法》《评标委员会和评标办法暂行规定》《建筑业企业资质管理规定》等,部门规章的效力低于法律、行政法规;其余的称为地方行政规章,如《北京市建筑工程施工许可办法》。《规章制度程序条例》第六条中规定:规章的名称一般称"规定""办法",但不得称"条例"。

《立法法》第85条规定,地方性法规、规章之间不一致时,由有关机关依照下列规定的权限作出裁决:

(1) 同一机关制定的新的一般规定与旧的特别规定不一致时,由制定机关裁决;

(2) 地方性法规与部门规章之间对同一事项的规定不一致或不能确定如何适用时,由国务院提出意见,国务院认为应当适用地方性法规的,应当决定在该地方适用地方性法规的规定,认为应当适用部门规章的,应当提请全国人民代表大会常务委员会裁决;

(3) 部门规章之间、部门规章与地方政府规章之间对同一事项的规定不一致时,由国务院裁决。

6）最高人民法院司法解释规范性文件

最高人民法院司法解释规范性文件是指最高人民法院对法律的系统性解释文件和对法律适用的说明，对法院审判有约束力，有关司法机关在办案中应当遵照执行，因此具有法律规范的性质，在司法实践中具有重要的地位和作用。在民事领域，最高人民法院规定的司法解释文件有很多，例如，《关于贯彻执行〈中华人民共和国民法通则〉若干问题的意见（试行）》《关于审理建设工程施工合同纠纷案件适用法律问题的解释》等。

7）国际公约、国际惯例和国际标准

国际公约是指国际间有关政治、经济、文化、技术等方面的多边条约。公约通常为开放性的，非缔约国可以在公约生效前或生效后的任何时候加入。有的公约由专门召集的国际会议制定。

国际惯例指在国际实践中反复使用形成的，具有固定内容的，未经立法程序制定的，如为一国所承认或当事人采用，就对其具有约束力的一种习惯做法或常例。

国际标准是指国际标准化组织（ISO）、国际电工委员会（IEC）和国际电信联盟（ITU）制定的标准，以及国际标准化组织确认并公布的其他国际组织制定的标准。国际标准在世界范围内统一使用。

3. 法的效力层级

1）宪法至上

宪法是具有最高法律效力的根本大法，作为根本法和母法，宪法是其他立法活动的最高法律依据，具有最高的法律效力。

2）上位法优于下位法

在我国法律体系中，法律的效力是仅次于宪法而高于其他法的形式。行政法规的法律地位和法律效力仅次于宪法和法律，高于地方性法规和部门规章。地方性法规的效力，高于本级和下级地方政府规章。省自治区人民政府制定的规章的效力，高于本行政区域内较大的市人民政府制定的规章。部门规章之间、部门规章与地方政府规章之间具有同等效力，在各自的权限范围内施行。

3）特别法优于一般法

《立法法》规定，同一机关制定的法律、行政法规、地方性法规、自治条例和单行条例、规章，特别规定与一般规定不一致，适用特别规定。

4）新法优于旧法

新法、旧法对同一事项有不同规定时，新法的效力优于旧法。

5）备案和审查

行政法规、地方性法规、自治条例和单行条例、规章应当在公布后的 30 日内，依照《立法法》的规定报有关机关备案。

1.2 民法

民法是调整平等主体的公民之间、法人之间、公民和法人之间的财产关系和人身关系的法律，主要由《民法通则》和单行民事法律组成，单行民事法律包括合同法、担保法、专利法、商标法、著作权法、婚姻法等。

民事法律是我国法律体系中最基本和最重要的法律之一。民法包括的范围较广,本书将就《民法通则》《中华人民共和国著作权法》(以下简称《著作权法》)、《中华人民共和国专利法》(以下简称《专利法》)、《中华人民共和国商标法》(以下简称《商标法》)等法律规范的部分内容作讲解。

《民法通则》是为了保障公民、法人的合法民事权益,正确调整民事关系,适应社会主义现代化建设事业发展的需要,根据宪法和我国实际情况,总结民事活动的实践经验而制定的,自 1987 年 1 月 1 日起施行,共 9 章,156 条。《民法通则》是我国对民事活动中一些共同性问题所作的法律规定,是民法体系中的一般法。所谓民事活动是指:公民或者法人为了一定的目的设立、变更、终止民事权利和民事义务的行为,如买卖、运输、借贷、租赁等。进行民事活动时,应遵循自愿、公平、等价有偿、诚实信用、守法的原则。

《中华人民共和国物权法》(以下简称《物权法》)是为了维护国家基本经济制度,维护社会主义市场经济秩序,明确物的归属,发挥物的效用,保护权利人的物权,根据宪法制定的法规。由第十届全国人民代表大会第五次会议于 2007 年 3 月 16 日通过,自 2007 年 10 月 1 日起施行。

保护知识产权的三部主要法律为《著作权法》《专利法》及《商标法》。

1.2.1 民事法律关系

法律关系是指由法律规范确定和调整的人与人或者人与社会之间的权利和义务关系。法律关系包括法律关系主体、法律关系客体和法律关系内容三个要素,这三个要素统一存在于某一个特定的法律关系中,其中任何一个要素发生了变化,就必然导致这个特定的法律关系发生变化。

民事法律关系是由民法规范和调整的以权利义务为内容的社会关系,主要包括人身关系和财产关系。

1. 民事法律关系主体

民事法律关系主体简称民事主体,是指民事法律关系中享有权利并承担义务的当事人或参与者。

民事法律关系在什么人之间发生,谁是权利义务的承受者,都涉及民事主体问题。民事主体参与民事法律关系还取决于能力,民法将此能力分解为民事行为能力和民事权利能力。民事行为能力是通过自己的行为取得民事权利和负担民事义务的资格;民事权利能力是能够参加民事活动,享有民事权利和负担民事义务的法律资格。民法承认的民事法律关系的主体主要是自然人和法人。自然人是因出生而获得生命的人类个体,是与法人相对应的概念;法人是法律拟制的"人",是具有民事权利能力和民事行为能力,依法独立享有民事权利和承担民事义务的组织。国家有时也直接参与民事活动,但基于民事主体的平等性,国家出现在民事活动中时,其身份只是公法人。另外,在一些特定的民事法律关系中,其主体也可以是不具有法人资格的其他社会组织。

1) 自然人

自然人是指有生命的人,所涉及的范围非常广泛,包括公民、外国人和无国籍人,他们都可以成为法律关系的主体。

公民是指具有一国国籍的公民。我国《宪法》规定,凡具有中华人民共和国国籍的人都是中华人民共和国公民,不具有中华人民共和国国籍的人不是我国的公民,但是依然属于自然人的范畴。

自然人作为民事主体中广泛存在的一类人,能否通过自己的行为取得民事权利并承担民事义务,取决于其是否具有民事行为能力。所谓民事行为能力,是指民事主体通过自己的行为取得民事权利、承担民事义务的资格。自然人按照民事行为能力可以分为三种:完全民事行为能力人、限制民事行为能力人和无民事行为能力人。

(1) 完全民事行为能力人。根据《民法通则》第 11 条规定:①18 周岁以上的公民(成年人),具有完全的民事行为能力,可以独立进行民事活动;②16 周岁以上不满 18 周岁的公民,以自己的劳动收入为主要生活来源的,视为完全民事行为能力人。

(2) 限制民事行为能力人。根据《民法通则》第 12 条第 1 款规定:①10 周岁以上的未成年人,他们可以进行与其年龄、智力相适应的民事活动,其他民事活动由他的法定代理人代理,或者征得他的代理人同意;②不能完全辨认自己行为的精神病人,可以进行与他的精神状况相适应的民事活动,其他民事活动由他的法定代理人代理,或者征得他的法定代理人同意。

(3) 无民事行为能力人。根据《民法通则》第 13 条第 2 款规定:不满 10 周岁的未成年人;同时《民法通则》第 13 条第 1 款还规定:不能辨认自己行为的精神病人,由他的法定代理人代理民事活动。

各国法律对成年人年龄、构成限制民事行为能力的条件的规定是不同的。对于此种情形,我国《民法通则》第 143 条规定:"中华人民共和国公民定居国外的,他的民事行为能力可以适用定居国法律。"最高人民法院《关于贯彻执行〈中华人民共和国民法通则〉若干问题的意见(试行)》进一步作出了补充:

定居国外的我国公民的民事行为能力,如果其行为是在我国境内所为,适用我国法律;如果是在定居国所为,可以适用其定居国法律。

外国人在我国领域内进行民事活动,如果依照其本国法律为无民事行为能力,但依照我国法律为有民事行为能力,应当认定为有民事行为能力。

无国籍人的民事行为能力,一般参照其定居国法律适用;如未定居的,适用其住所地国法律。

2) 法人

法人是指具有民事权利能力和民事行为能力,依法独立享有民事权利和承担民事义务的组织。根据《民法通则》第 37 条规定,法人应当具备下列 4 个条件:

(1) 必须依法成立;

(2) 有必要的财产或者经费;

(3) 有自己的名称、组织机构和场所;

(4) 能够独立承担民事责任。

《民法通则》把法人分为企业法人和非企业法人两大类。企业法人以营利为目的;非企业法人是指不直接从事生产和经营活动,以国家管理和非经营性社会活动为内容的法人。非企业法人又可分为机关法人、事业单位法人、社会团体法人,如建设行政主管部门、学校、消费者协会等。

3) 其他组织

根据我国《合同法》及相关法律规定,法人以外的其他组织也可以成为民事法律关系的主体,称为非法人组织。根据最高人民法院《关于适用〈中华人民共和国民事诉讼法〉若干问题的意见》第40条规定,其他组织是指合法成立、有一定的组织机构和财产,但又不具备法人资格的组织。在实践中,较为常见的其他组织主要包括:

(1) 法人依法成立并领取营业执照的分支机构;

(2) 依法登记领取营业执照的私营独资企业、合伙组织;

(3) 依法登记领取营业执照的合伙型联营企业;

(4) 依法登记领取我国营业执照的中外合作经营企业、外资企业。

4) 建筑法律关系主体

在建筑法律关系中,主要涉及的主体范围是指参加建筑业活动、受建筑法律规范调整、在法律上享有权利和承担义务的当事人。它包括政府相关部门、业主方、承包方、相关中介组织、中国建设银行以及公民个人等。

(1) 政府相关部门。政府相关部门主要有国家权力机关和国家行政机关。

国家权力机关是指全国人民代表大会及其常务委员会和地方各级人民代表大会及其常务委员会。其职能主要是审查批准国家建设计划和国家预决算,制定并颁布建筑法律,检查并监督国家各项建筑法律制度的执行状况。

国家行政机关是指依照国家宪法和法律设立的依法行使国家行政职权、组织管理国家行政事务的机关,主要涉及国务院及其所属各部、委、地方各级人民政府及其相关职能部门,包括国家计划机关、建设主管机关、建设监督机关、建设各业务主管机关以及审判机关、检察机关等。

(2) 业主方。业主方可以是房地产开发商,也可以是学校、医院、工厂以及各级政府委托的资产管理部门,个人也可以成为业主方。业主方获得参与工程建设权利主体的资格,是从建设项目可行性研究报告获得批准之后开始的,在我国建筑市场中,业主方一般被称为甲方或者建设单位。建设单位是建设投资的支配者,也是工程的组织者和监督者。

(3) 承包方。承包方是指具备承包建筑工程任务的各项相应条件,并且能够满足业主方和合同的要求,提供符合条件的建筑产品并最终获取相应报酬的建筑企业。按照生产形式的不同可以分为勘察、设计单位,建筑安装施工企业,建筑装饰施工企业,混凝土构配件生产厂家,商品混凝土供应单位,劳务作业企业等。我国建筑市场中,一般承包方称为乙方或建筑企业,国际上习惯称为承包商。

(4) 中介组织。中介组织是指具有相应专业服务资质,在建筑市场中受发包方、承包方或者政府管理机构的委托,对工程建设进行高智能服务,从而获取服务费用的咨询机构和其他中介服务组织。中介组织是衡量一个建筑市场中市场体系是否完善、市场经济是否发达和政府与企业之间在市场经济中关系是否成熟的重要指标。从中介组织的工作内容和作用划分,可以分为建筑业协会和其下属的各分会,为建筑业企业服务的各种会计师事务所,律师事务所,资产评估机构,公证机构,仲裁调解机构,招标代理机构,技术咨询公司,质量检查、监督、认证机构,产品检测、鉴定机构等。

（5）中国建设银行。中国建设银行是我国专门办理工程建设贷款和拨款、管理国家固定资产投资的专业银行。主要管理国家工程建设支出预、决算，制定财务管理制度，审批各地区、各部门工程建设财务计划和清算，经办各相关企业的工程建设贷款及行政事业单位和国家指定的基本建设项目的拨款，办理工程建设单位等的收支结算，经办有关固定资产的各项存款，发放技术改造贷款，管理和监督企业的挖掘、改造资金的使用等。

（6）公民个人。作为建筑业领域的主体也可以是公民个人，例如建筑施工企业的技术人员和执业人员，在签订合同的过程中，即为该法律关系的主体。

2. 民事法律关系客体

民事法律关系客体是指民事法律关系主体之间权利和义务所指向的对象。因为法律关系的建立，总是为了保护某种利益，获得某种利益或者转移、分配某种利益。因此，任何外在的客体一旦承载了某种利益价值，就可能会成为法律关系的客体。

法律关系客体的种类包括：

（1）表现为财的客体。财一般指资金及各种有价证券。在建筑法律关系中表现为财的客体主要是建设资金。如工程建设贷款合同的标的，即一定数量的货币。

（2）表现为物的客体。法律意义上的物是指法律关系主体支配的、在生产和生活上需要的客观实体。例如施工中使用的各种材料、机械设备都属于物的范围。

（3）表现为行为的客体。作为法律关系客体的行为是指义务人所要完成的能满足权利人要求的结果。这种结果表现为两种，即物化结果和非物化结果。

物化结果是指义务人的行为凝结于一定的物体，产生一定的物化产品，例如房屋、道路等建设工程。

非物化结果是指义务人的行为没有转化为物化实体，仅表现为一定的行为过程，最终产生了权利人所期望的法律效果，如企业对员工的培训行为。

（4）表现为非物质财富的客体。非物质财富是指人们脑力劳动的成果或智力方面的创作，也称智力成果。例如文学作品就是这种智力成果。智力成果属于非物质财富，也称为精神产品。

上述各种客体不是单独存在于某个法律关系中，在一个特定的法律关系中往往会同时存在不同的客体。

3. 民事法律关系的内容

民事法律关系的内容是指民事法律关系主体之间基于民事法律关系客体对他方所形成的民事权利和民事义务，可分为法定权利和义务、约定权利和义务。

权利和义务都是在一定范围内存在的，超过了特定的范围，权利是不受法律保护的，同时要求义务人作出超出特定范围的义务也是法律所禁止的。

在一个特定的法律关系中，一方当事人的权利往往就是另一方当事人的义务。当事人在享有权利的同时也必须履行相应的义务，或者说当事人履行义务是为了自身权利的实现。

在建筑法律关系中，由不同的主体和不同指向的客体可以形成多种建筑法律关系的内容，例如政府质量监督部门对工程建设依法进行监督和管理，从而与建设单位和施工单位形成的法律关系。

1.2.2　民事法律行为成立要件

1. 民事法律行为的概念

所谓民事法律行为,根据《民法通则》第54条规定,是指"公民或者法人设立、变更、终止民事权利和民事义务的合法行为"。

民事法律行为不同于民事行为。民事行为,是指自然人、法人或者其他组织设立、变更、终止民事权利和民事义务的行为。合法的民事行为称为民事法律行为。不具备民事法律行为所必需的条件的民事行为,是非法的、无效的。民事行为是民事法律行为的上位概念,包括民事法律行为、绝对无效民事行为、可变更可撤销的民事行为、效力待定的民事行为;不包括侵权行为、违约行为、无因管理行为等事实行为。

应该注意的是:①民事行为并非成立时即生效;②民事行为如果符合法律规定的有效条件,就发生法律效力,构成民事法律行为;③如果不具备法律规定的有效条件,就不发生法律效力,即不转化为民事法律行为。

2. 民事法律行为的分类

1) 单方法律行为和双方法律行为

根据民事法律行为所需的意思表示的构成,民事法律行为可分为以下两种。

(1) 单方法律行为。单方法律行为是指基于当事人一方的意思表示就可以发生法律效力的民事法律行为,即这种法律行为仅凭一方的意思表示而无须得到对方同意的意思表示。单方法律行为的成立条件可以是向对方当事人明确表示。订立遗嘱、放弃继承权、撤销委托代理、免除债务、追认无权代理等行为,皆属于单方法律行为。实践中合同当事人一方就可变更、可撤销合同,依法行使变更、撤销权的行为,不需要经过对方当事人同意就可以发生法律效力;再如,一方当事人在行使不安抗辩权时,不需要经过对方同意即可行使,在行使之后才有义务通知对方当事人相关事项。

(2) 双方法律行为。双方法律行为是指需要基于双方当事人意思表示一致才能够发生法律效力的民事法律行为,双方法律行为可以是有偿的,也可以是无偿的。在实践中,民事法律行为绝大部分属于双方法律行为,而双方法律行为则更多地表现为合同的设立、变更和终止等行为。

2) 要式法律行为和不要式法律行为

根据民事法律行为的成立是否必须采用特定形式,民事法律行为可分为以下两种。

(1) 要式法律行为。要式法律行为是指法律规定应当采用特定形式的民事法律行为。《民法通则》第56条规定:"民事法律行为可以采取书面形式、口头形式或者其他形式。法律规定是特定形式的,应当依照法律规定。"在建设工程领域,根据《合同法》第270条的规定,建设工程合同应当采用书面形式。所以,建设工程合同的订立行为属于要式法律行为。

(2) 不要式法律行为。不要式法律行为是指法律没有规定特定形式,当事人可以选择采用书面、口头或其他任何形式均可成立的民事法律行为。《合同法》第197条规定:"借款合同采用书面形式,但自然人之间借款另有约定的除外。"这也就是规定了自然人之间的借款属于不要式法律行为,是否有书面形式均可,但非自然人之间的借款应属于要式法律行为,应该采取书面形式。

3. 民事法律行为的成立要件

1) 行为人具有相应的民事行为能力和民事权利能力

对于自然人,完全民事行为能力行为人应具有完全民事行为能力;限制民事行为能力人由于其行为能力在一定条件或范围内受到限制,只能实施与其意思能力相适应的法律行为,而在能力范围之外的行为,除经其法定代理人同意或者追认外,否则不发生法律效力,但限制民事行为能力人的纯获利益的行为不受该条件的限制。

对于法人,要求其所为的民事法律行为不违反法律的禁止性规定。

2) 行为人意思表示真实

意思表示真实指的是行为人内心的效果意思与表面所表示的意思一致,即不存在认识错误、欺诈、胁迫等外在因素而使得表示意思与效果意思不一致。

但是,意思表示不真实的行为也不是必然的无效行为,关键是考察导致意思不真实的原因,其后果可能是无效行为或者可撤销行为。

3) 不违反法律或者社会公共利益

此种要求表现在以下 3 个方面:

(1) 标的合法。民事法律行为的标的即内容合法,不得违反强制性法律规范,并不得损害社会公共利益。

(2) 形式合法。形式也就是行为人进行意思表示的形式。对于要式民事法律行为,如果当事人没有按照法律规定去实施行为,将可能导致行为不发生法律效力。

(3) 不存在以合法形式掩盖非法目的。以合法形式掩盖非法目的的行为尽管在外在形式上看并没有违反法律或者损害社会公共利益,但是由于该行为的进一步法律后果实质上违反了法律或者损害了社会公共利益,也将导致该行为无效。例如《合同法》中关于合同无效的规定就是属于这种情形。

1.2.3　代理

1. 代理的概念

代理是指代理人以被代理人的名义,在代理权限范围内向第三人实施意思表示或者受领意思表示,其法律后果是直接由被代理人承受的民事法律制度。

《民法通则》第 63 条规定:"代理人在代理权限内,以被代理人名义实施民事法律行为,被代理人对代理人的代理行为,承担民事责任。"代理涉及三方当事人,分别是被代理人、代理人和代理关系所涉及的第三人。

《民法通则》第 63 条同时规定:"依照法律规定或者按照双方当事人约定,应当由本人实施的民事法律行为,不得代理。"

自然人和法人均可成为代理人,但法律对代理人资格有特别规定的除外。如《招标投标法》中规定,招标投标活动中的招标代理机构应当依法设立,并具有法律规定的其他条件。

2. 代理的种类

根据《民法通则》第 64 条第 1 款的规定,代理包括委托代理、法定代理和指定代理。

1) 委托代理

委托代理是代理人根据被代理人授权而进行的代理。因委托代理中,被代理人是以意思表示的方法将代理权授予代理人的,故又称"意定代理"或"任意代理"。在工程建设领域,通过委托代理实施民事法律行为的情形较为常见。

《民法通则》第65条规定,民事法律行为的委托代理,可以用书面形式,也可以用口头形式。法律规定用书面形式的,应当用书面形式。书面委托代理的授权委托书应当载明下列事项并由委托人签字或者盖章:

(1) 代理人的姓名或者名称;

(2) 代理事项、权限和期间;

(3) 委托人签名或者盖章。

2) 法定代理

法定代理是根据法律的直接规定而产生的代理。法定代理主要是为了维护限制民事行为能力人或者无民事行为能力人的合法权益而产生的。法定代理不同于委托代理,属于全权代理。与委托代理的区别在于,法定代理人的代理权,非基于本人的授权行为,而是直接由法律根据一定社会关系的存在而确定。法定代理人原则上应代理被代理人的有关财产方面的一切民事法律行为和其他允许代理的行为。

《民法通则》第14条规定:"无民事行为能力人、限制民事行为能力人的监护人是他们的法定代理人。"

3) 指定代理

指定代理是根据人民法院或者有关机关的指定而产生的代理。例如,根据最高人民法院《关于适用〈中华人民共和国民事诉讼法〉若干问题的意见》第67条的规定,在诉讼中,如果无民事行为能力人、限制民事行为能力人事先没有确定监护人,有监护资格的人又协商不成的,由人民法院在他们之间指定的人担任诉讼之中的代理人。

指定代理与法定代理都是适用于无民事行为能力人或者限制民事行为能力人的法律制度,但二者有一些方面是不同的。第一,法定代理权是基于法律的直接规定而产生的,即法律对这种代理是有明文规定的,如《民法通则》第16条第1款规定:"未成年人的父母是未成年人的监护人。"而指定代理权是由于指定机关的指定而产生的,没有指定行为便不会有指定代理。第二,法定代理和指定代理是前后衔接,互为补充的。法定代理人如果是明确的,则不会发生指定代理,只有在没有法定代理人或担任法定代理人有争议或者法定代理人有正当理由不能履行代理职责的情况下,才产生指定代理。第三,法定代理权的证明文件是能够证明代理人与被代理人之间身份关系的法律文件,如户口簿、结婚证等。

3. 代理人与被代理人的责任承担

1) 授权不明确的责任承担

《民法通则》第65条规定:"委托书授权不明的,被代理人应当向第三人承担民事责任,代理人负连带责任。"

2) 无权代理的责任承担

《民法通则》第66条规定:"没有代理权、超越代理权或者代理权终止后的行为,只有经过被代理人的追认,被代理人才承担民事责任。未经追认的行为,由行为人承担民事责任。本人知道他人以本人名义实施民事行为而不作否认表示的,视为同意。"

《民法通则》第66条同时还规定："第三人知道行为人没有代理权、超越代理权或者代理权已终止还与行为人实施民事行为给他人造成损害的,由第三人和行为人负连带责任。"

3）代理人不履行职责的责任承担

《民法通则》第66条规定："代理人不履行职责而给被代理人造成损害的,应当承担民事责任。代理人和第三人串通,损害被代理人的利益的,由代理人和第三人负连带责任。"

4）代理事项违法的责任承担

《民法通则》第67条规定："代理人知道被委托代理的事项违法仍然进行代理活动的,或者被代理人知道代理人的代理行为违法不表示反对的,由被代理人和代理人负连带责任。"

5）转托他人代理的责任承担

《民法通则》第68条规定："委托代理人为被代理人的利益需要转托他人代理的,应当事先取得被代理人的同意。事先没有取得被代理人同意的,应当在事后及时告诉被代理人,如果被代理人不同意,由代理人对自己所转托的人的行为负民事责任,但在紧急情况下,为了保护被代理人的利益而转托他人代理的除外。"

4. 表见代理

表见代理是指虽无代理权,但表面上足以使人相信有代理权而须由被代理人负授权之责的代理。表见代理是基于本人的过失或本人与无权代理人之间存在特殊关系,代理行为的后果由本人承受的一种特殊的无权代理。

《合同法》第49条规定表见代理的法律后果为："行为人没有代理权、超越代理权或者代理权终止后以被代理人名义订立合同,相对人有理由相信行为人有代理权的,该代理行为有效。"

该规定的目的在于保护善意相对人的合法权益,如果相对人知道行为人没有代理权而与之实施民事法律行为,则应当适用于《民法通则》第66条的规定。

案例:

2012年7月,甲建筑公司(以下简称甲公司)中标某大厦工程,负责施工总承包。2013年5月,甲公司将该大厦装饰工程的施工分包给乙装饰公司(以下简称乙公司)。甲公司驻该项目的项目经理为方某;乙公司驻该项目的项目经理为孙某。方某与孙某是多年的老朋友,一向私交不错。

2014年6月,甲公司在该项目上需租赁部分架管、扣件,但资金紧张。方某听说孙某与丙材料租赁公司(以下简称丙租赁公司)关系密切,便找到孙某帮忙赊租架管、扣件。孙某答应了方某的请求。随后,方某将盖有甲公司合同专用章的空白合同书及该单位的空白介绍信交给孙某。

同年7月12日,孙某找到丙租赁站,出具了甲公司的介绍信和空白合同书,要求租赁脚手架。丙租赁公司经过审查,认为孙某出具的介绍信与空白合同书均盖有公章,真实无误,确信其有授权,于是签订了租赁合同。丙租赁公司依约将脚手架交给孙某,但孙某将脚手架用到了由他负责的其他装修工程上。后丙租赁公司多次向甲公司催要价款无果后,将甲公司诉至人民法院。

分析:孙某的行为已经构成了表见代理,而不是无权代理,因为根据《合同法》第49条规定,行为人没有代理权、超越代理权或者代理权终止后以被代理人名义订立合同,相对人有理由相信行为人有代理权的,该代理行为有效。

本案例所述事件的法律后果根据《民法通则》第66条规定,没有代理权、超越代理权或者代理权终止后的行为,只有经过被代理人的追认,被代理人才承担民事责任。未经追认的行为,由行为人承担民事责任。本人知道他人以本人名义实施民事行为而不作否认表示的,视为同意。代理人不履行职责而给被代理人造成损害的,应当承担民事责任。代理人和第三人串通,损害被代理人的利益的,由代理人和第三人负连带责任。第三人知道行为人没有代理权、超越代理权或者代理权已终止还与行为人实施民事行为给他人造成损害的,由第三人和行为人负连带责任。

5. 代理的终止

1) 委托代理的终止

有下列情形之一的,委托代理终止:

(1) 代理期间届满或代理事务完成;

(2) 被代理人取消委托或代理人辞去委托;

(3) 代理人丧失民事行为能力;

(4) 代理人死亡;

(5) 作为被代理人或代理人的法人终止代理。

2) 法定代理或指定代理的终止

有下列情形之一的,法定代理或者指定代理终止:

(1) 被代理人取得或恢复民事行为能力;

(2) 被代理人或代理人死亡;

(3) 代理人丧失民事行为能力;

(4) 指定代理的人民法院或指定单位取消指定;

(5) 由其他原因引起的被代理人和代理人之间的监护关系消灭。

1.2.4 债

1. 债的概念

根据《民法通则》第84条的规定,债是按照合同的约定或者依照法律的规定,在当事人之间产生的特定的权利和义务关系。享有权利的人是债权人,负有义务的人是债务人。例如在建设工程合同中,发包人有按照合同约定按时向承包人支付工程价款的义务,同时承包人有根据合同要求发包人支付工程价款的权利。这种存在于双方当事人之间的民事法律关系,即债的关系。

2. 债的发生根据

根据《民法通则》有关规定,债的发生根据主要包括如下几种。

1) 合同

合同是具有平等主体资格的自然人、法人和其他组织之间设立、变更、终止民事权利和义务关系的协议。这种在特定当事人之间通过订立合同设立的以债权债务为内容的民事法律关系,称为合同之债。

2) 不当得利

不当得利是指没有合法根据,取得不当利益并造成他人损失。当发生不当得利时,由于一方取得的利益没有法律或合同根据且给他人造成损害,在这种情况下,受损失一方依法有请求不当得利人返还其所得利益的权利,而不当得利人则依法负有返还义务。如售货时多收货款,拾得遗失物据为己有等。取得利益的人称受益人,遭受损害的人称受害人。不当得利的取得,不是由于受益人针对受害人而为的违法行为,而是由于受害人或第三人的疏忽、误解或过错所造成的。受益人与受害人之间因此形成债的关系,受益人为债务人,受害人为债权人,这样,在当事人之间即发生债权债务关系。这种因不当得利所发生的债,称为不当得利之债。

3) 无因管理

无因管理是指没有法定的或者约定的义务,为避免他人利益受损失而进行管理或者服务的行为。管理他人事务的人,为管理人;事务被管理的人,为本人。无因管理之债发生后,管理人享有请求本人偿还因管理事务而支出的必要费用的债权,本人负有偿还该项费用的债务。无因管理是一种法律事实,为债的发生根据之一。这种由于无因管理而产生的债,称为无因管理之债,其债务的产生是基于法律规定,而非当事人意思。

4) 侵权行为

侵权行为是指侵害他人财产或人身权利的违法行为。在民事活动中,根据法律规定,一方实施侵权行为时,受害人有权要求侵害人承担赔偿损失等责任,而侵害人则有负责赔偿的义务,由此引起侵害人和受害人之间的债权债务关系,称为侵权行为之债。

在实践中应当注意区分侵权行为与违约行为。侵权行为违反的是法定义务,而违约行为违反的是特定当事人约定的义务;侵权行为侵犯的是绝对权,违约行为侵犯的是相对权;侵权行为的法律责任包括财产责任和非财产责任,而违约行为的责任仅限于财产责任。

案例:

甲公司开发某小区项目之前,甲公司与乙公司及朱某协商一致,朱某挂靠乙公司承接该项目。甲公司与乙公司签订了建设工程施工合同,朱某以项目部负责人名义向甲公司出具承诺书承接工程。后甲公司以乙公司违反承诺及合同约定为由,要求解除合同。法院判决解除合同,双方按照现状返还工程。朱某起诉甲公司,主张支付拖欠工程款及利息等其他诉请。

法院处理过程认定朱某与乙公司签订的承包协议及出具的承诺书无效,判决甲公司全额支付欠款本息,乙公司承担连带责任,利息自起诉之日起计算。

分析:借用他人资质签订合同,如果发包人在签订合同时明知或者故意追求的,则借用有资质企业的实际施工人与承包人签订的合同和承包人与发包人签订的合同都应认定无效。实际施工人向发包人请求支付工程款基础为不当得利返还请求权,其返还范围包括欠付的工程款及其利息,利息应从在建工程或者已完工工程交付发包人时起计算。

3. 债的常见分类方式

债的分类方式有很多种,最常见的分类方式主要有以下几种。

1) 意定之债与法定之债

根据债的设定及其内容是否允许当事人以自由意思决定,债可以分为意定之债与法定之债。

意定之债是指债的发生及其内容由当事人依其意思决定的债。最常见到的意定之债就是合同之债,另外单方允诺之债也属于意定之债。

法定之债是指债的发生及其内容均由法律予以规定的债。不当得利之债、无因管理之债、侵权行为之债都属于法定之债。

2) 按份之债和连带之债

对多数人之债的进一步分类,根据多数债权人或多数债务人之间对债权或债务的承受情况,可将债分为按份之债和连带之债。

按份之债是指债的一方主体为多数人,各自按照一定的份额享有权利或者承担义务的债。《民法通则》第86条规定:"债权人为二人以上的,按照确定的份额分享权利。债务人为二人以上的,按照确定的份额分担义务。"

连带之债是指债的具有多数人的主体一方之间有连带关系的债,包括连带债权和连带债务(也称为连带责任)。《民法通则》第87条规定:"债权人或者债务人一方人数为二人以上的,依照法律的规定或者当事人的约定,享有连带权利的每个债权人,都有权要求债务人履行义务;负有连带义务的每个债务人,都负有清偿全部债务的义务,履行了义务的人,有权要求其他负有连带义务的人偿付他应当承担的份额。"

连带之债既可由法律的直接规定产生,也可由当事人之间的约定产生。多数人之债中不分份额地承担债务,其中每一个人都有义务向债权人履行全部债务的多数债务人称为连带债务人。例如,经过共同投标而中标的联合体在建筑工程施工过程中发生了违约行为,联合体各方成员都有义务向建设单位履行全部债务,建设单位也有权要求联合体中任何一个成员对此承担全部债务。

连带责任具有如下特点:

(1) 连带债务人中的每一方都负有清偿全部债务的义务;

(2) 债权人有权要求其中任何一个或者多个债务人履行任何比例债务,债务人不得以债务人之间对债务的分担比例有约定而拒绝履行;

(3) 连带债务人中的一人或多人履行了全部债务后,其他债务人对债权人的债务即行解除;

(4) 履行债务超过其应当承担份额的债务人,在债务履行完毕后有权向其他债务人追偿,即行使追偿权。

4. 债的消灭

债的消灭,即债的终止,是指民事主体之间债权债务关系因一定的法律事实而不再存在的情况。造成债的消灭的法律事实主要有:

1) 债的履行

债的履行即债的清偿,是指债务人按照法律的规定或者合同的约定向债权人履行义务。从债务人角度为给付,从债权人角度为履行,从债的消灭角度为清偿。债务人清偿了债务,债权人的权利实现,债的目的达到,债当然也就消灭。因此,清偿为债的消灭的最正常、最常见的原因。

2）债的解除

债的解除即合同有效成立后，因一方当事人的意思表示或双方的协议而导致债的消灭。双方协议终止债的，债即因双方的协议而消灭。但当事人终止债的协议，不得违反法律的强制性规定或禁止性规定。

3）抵销

抵销是指当事人双方相互负有相同种类的给付，将两项债务相互冲抵，使其相互在对等额内消灭。抵销债务，也就是抵销债权。《合同法》第100条规定，"当事人互负债务，标的物种类、品质不相同的，经双方协商一致，也可以抵销"。

4）提存

提存指债务人在债务履行期届满时，将无法给付的标的物交提存机关，以消灭债务的行为。

债务人履行债务需要债权人协助，如债权人不协助债务人的履行，对债务人的履行拒不接受，或者债务人无法向债权人履行，债务人就不能清偿债务。在此情形下，债务人将因债权人不受领而继续承担着清偿责任，这对于债务人是不公平的。因此，为使债务人不因债权人的原因而受迟延履行之累，法律设提存制度。通过提存，债务人得将其无法给付债权人的标的物交给提存机关保存，以代替向债权人的给付，从而免除自己的清偿责任。债务人提存后，债务人的债务即消灭，因而提存亦为债的消灭原因。

如果超过法律规定的期限，债权人仍不领取提存标的物的，应收归国库所有。

5）债务免除

债务免除是指债权人抛弃债权，而使债务人的债务消灭的单方的民事法律行为。如男女一方婚前向另一方有借贷，婚后可以因免除而使得债终止。因免除成立后，债务人不再负担被免除的债务，债权人的债权也就不再存在，债即消灭。但是就法律禁止抛弃的债权而免除债务的，其免除为无效，不发生债消灭的效果。

6）混同

混同即债权与债务同归于一个民事主体，而使债的关系消灭的法律事实。混同以债权与债务归于一人而成立，与人的意志无关，因而属于事件。例如，因债务人继承被继承人对其享有的债权或者债权人继承被继承人对其负担的债务，债权人与债务人合为一人。又例如，债权人承担债务人的债务，此时也发生混同。

7）债务更新

债务更新是指当事人双方成立新债务而使旧债务消灭的法律行为。

8）当事人死亡

债务因当事人死亡而解除，仅指具有人身性质的合同之债。因为人身关系是不可继承和转让的，所以委托合同的受托人死亡时，其所签订的合同也随之解除。

1.2.5　物权

1．物权的概念

物权是指权利人依法对特定的物享有直接支配和排他的权利，包括所有权、用益物权和担保物权。制定物权法，对明确物的归属，充分发挥物的效用，维护经济秩序，促进社会主义现代化建设,具有重要意义。

物权具有如下法律特征:

(1)物权是支配权。物权是权利人直接支配的权利,权利人可以依自己的意志就标的物直接行使权利,无须他人的意思或义务人的行为的介入。

(2)物权是绝对权。物权的权利主体只有一个,权利人是特定的,义务人是不特定的第三人,且义务内容为不作为,即只要不侵犯物权人行使权利就履行义务,因此物权是一种绝对权。

(3)物权是财产权。物权是一种具有物质内容的、直接体现为财产利益的权利,财产利益体现为对物的利用、物的归属和就物的价值设立的担保,与人身权相对。

(4)物权的客体是物,且为有物体,主要包括动产和不动产。

(5)物权具有排他性。首先,物权的权利人可以对抗一切不特定的人;其次,同一物上不许有内容不相容的物权并存,即"一物一权"。

(6)物权作为一种绝对权,必须具有公开性。所以物权必须公示。

2. 物权的种类

物权主要包括下列几种。

1)所有权

所有权是指所有权人对自己的不动产或者动产,依法享有占有、使用、收益和处分的权利。所有权是物权体系的核心,具有绝对性、排他性、永续性3个特征。具体内容包括占有、使用、收益、处置4项权利。

产权和所有权的区别是产权的概念较大,包括所有权。例如,房地产所有权只是房地产产权中主要的一种。

2)用益物权

用益物权是指用益物权人对他人所有的不动产或者动产,享有占有、使用和收益的权利,主要包括土地承包经营权、建设用地使用权、宅基地使用权、地役权、居住权等。

(1)土地承包经营权,即土地承包经营权人依法享受的对其承包经营的耕地、林地、草地等的占有、使用和收益的权利。

(2)建设用地使用权,即建设用地使用权人依法对国家所有的土地享有占有、使用和收益的权利,有权在该土地上建造建筑物、构筑物及其附属设施。本节后面对建设用地使用权有专门的介绍。

(3)宅基地使用权,即宅基地使用权人,也就是农村集体经济组织的成员在依法取得的集体所有的宅基地上建造房屋并享有居住使用的权利。

(4)地役权是指由于通行、取水、排水等需要从而达到使自己不动产便利或者提高其效益而按照合同约定利用他人不动产的权利。地役权是按照当事人的约定设立的用益物权,是存在于他人不动产上的用益物权。例如,在生产过程中需要排放污染物的企业,尽管其营业可能已经获得环保部门的行政许可,但此种排污行为客观上会给相邻不动产的利用造成损害或不便,企业可以与相邻不动产物权人订立契约,支付对价,获得一项排污地役权。

(5)居住权是指对他人所有的住房及其附属设施占有、使用的权利。

3)担保物权

担保物权是指担保物权人在债务人不履行到期债务或者发生当事人约定的实现担保物

权的情形,依法享有就担保财产优先受偿的权利。担保物权包括抵押权、质权和留置权,本节下面对这3种权利进行了专门介绍。

3. 物权的设立、变更、转让和消灭

1) 不动产物权的设立、变更、转让和消灭

《物权法》第9条规定,不动产物权的设立、变更、转让和消灭,经依法登记,发生效力;未经登记,不发生效力,但法律另有规定的除外。依法属于国家所有的自然资源,所有权可以不登记。

不动产物权的设立、变更、转让和消灭,依照法律规定应当登记的,自记载于不动产登记簿时发生效力。

(1) 不动产登记与合同效力的关系

不动产登记代表不动产物权的设立、变更、转让和消灭行为的生效;而合同的生效意味着合同当事人就合同的内容协商一致取得合意且符合合同生效的各项要件而使合同对当事人产生了法律约束力。

合同生效与不动产登记是两个不同的事件。合同生效后,当事人可能进行了不动产登记而使不动产物权的设立、变更、转让和消灭行为生效,也可能没有进行不动产登记而使不动产物权的设立、变更、转让和消灭行为不生效。如果此时未登记,则当事人需要为未能履行合同约定的义务或履行义务不符合规定而承担违约责任。

《物权法》的规定进一步明确了两者之间的关系:当事人之间订立的有关设立、变更、转让和消灭不动产物权的合同,除法律另有规定或者合同另有约定外,自合同成立时生效;未办理物权登记的,不影响合同效力。

(2) 预告登记

由于合同的效力与不动产登记行为,即与不动产物权的设立、变更、转让和消灭行为的生效不存在必然的联系,可能导致当事人即使签订了合同也无法实现物权,《物权法》规定了预登记制度来保障当事人的权利的实现。

《物权法》第20条规定,当事人签订买卖房屋或者其他不动产物权的协议,为保障将来实现物权,按照约定可以向登记机构申请预告登记。预告登记后,未经预告登记的权利人同意,处分该不动产的,将不发生物权效力。

预告登记后,债权消灭或自能够进行不动产登记之日起3个月内申请登记的,预告登记失效。

2) 动产交付

动产交付是指将动产的占有移转给受让人的法律事实。

(1) 动产物权设立和转让行为的生效

交付的效力:动产物权的设立和转让,自交付时发生效力,但法律另有规定的除外。

动产登记的效力:动产交付经常是一种私下的行为,不容易为外界所知晓,所以当事人可能利用这一点规避自己应当履行的义务。为了保护善意第三人的合法权益,《物权法》规定,船舶、航空器和机动车等物权的设立、变更、转让和消灭,未经登记,不得对抗善意第三人。

(2) 动产物权生效的特殊情形

除了交付动产之外,《物权法》还规定了其他几种特殊的动产物权生效的情形。

简易交付:动产物权设立和转让前,权利人已经依法占有该动产的,物权自法律行为生效时发生效力;

指示交付:动产物权设立和转让前,第三人依法占有该动产的,负有交付义务的人可以通过转让请求第三人返还原物的权利代替交付;

占有改定:动产物权转让时,双方又约定由出让人继续占有该动产的,物权自该约定生效时发生效力。

3) 关于物权设立、变更、转让和消灭行为生效的其他规定

《物权法》还对以上的一般情形之外的特殊情形作出了规定。对于这些情形享有不动产物权的,处分该物权时,依照法律规定需要办理登记的,未经登记,不发生物权效力。

(1) 因人民法院、仲裁委员会的法律文书或者人民政府的征收决定等,导致物权设立、变更、转让或者消灭的,自法律文书或者人民政府的征收决定等生效时发生效力。

(2) 因继承或者受遗赠取得物权的,自继承或者受遗赠开始时发生效力。

(3) 因合法建造、拆除房屋等事实行为设立或者消灭物权的,自事实行为成就时发生效力。

案例:

魏某与开发公司签订商品房买卖合同,其向开发公司购买在建别墅一套,总金额600余万元,同时魏某与银行签订了住房按揭抵押合同,约定银行按揭贷款向魏某发放500万元贷款,以上述在建房产作为抵押,并且办理了抵押备案登记。合同签订后,银行发放了贷款,后因开发公司原因未能按时交房和办理产权证书,魏某与其协议解除购房合同。银行起诉要求偿还借款本息,并且对预告登记的抵押房产行使优先受偿权。

法院处理过程中发现,本案房屋抵押系预告登记,并未登记到不动产登记簿,因此不发生抵押权效力,判决房地产开发公司归还贷款本息,驳回银行要求优先受偿权的诉请。

分析:所谓预购商品房抵押权登记,依据城市房地产抵押管理办法第30条第2款,是指登记机关应当在抵押合同上记载,因为此时商品房尚未建成,其尚不可能成立所有权,亦不存在不动产登记簿。预购人未取得使用权登记,房屋抵押权就无法完成,抵押权则不能产生。

《担保法解释》第47条、《物权法》第187条所规定的抵押登记,应指记载于不动产登记簿时的登记,即本登记,非预告登记,系对房屋建成后所有权的抵押登记。

从平衡各方当事人利益而言,在房地产公司和购房人可以协同办理抵押登记的情况下,如果房屋具备办证条件或者房屋已经登记到购房人名下时,可以考虑由银行垫付费用进行抵押登记;如果购房人和房地产公司不配合,则银行提起诉讼,判令房地产公司和购房人协助办理抵押登记,以实现预告登记与正式抵押登记的衔接。

4. 物权的保护

物权受到侵害时,权利人可以通过和解、调解、仲裁、诉讼等途径解决。物权的保护应当采取如下方式:

(1) 因物权的归属、内容发生争议的,利害关系人可以请求权利确认。

(2) 无权占有不动产或者动产的,权利人可以请求返还原物。

(3) 妨害物权或可能妨害物权的,权利人可以请求排除妨害或者消除危险。

（4）造成不动产或动产毁损的，权利人可以请求修理、重作、更换或者恢复原状。

（5）侵害物权而造成权利人损害的，权利人可以请求损害赔偿，也可以请求承担其他民事责任。违反行政管理法律法规的规定，依法应受到行政处罚；构成犯罪的，依法追究刑事责任。

此处所涉及的物权保护方式，在实践中可以单独适用，也可以根据权利被侵害的情形合并适用。

5. 建设用地使用权

建设用地使用权是指建设用地使用权人依法对国家所有的土地享有占有、使用和收益的权利，有权利用该土地建造建筑物、构筑物及其附属设施。

建设用地使用权具有以下的特征：

第一，建设用地使用权是存在于国家所有的土地之上的物权。建设用地使用权的标的仅以土地为限；而且由于我国城市土地属于国家或者集体所有，所以，建设用地使用权只能存在于国家所有的土地上，不包括集体所有的农村土地。

第二，建设用地使用权是以保存建筑物或其他构筑物为目的的权利。如桥梁、沟渠、铜像、纪念碑、地窖，建设用地使用权即以保存此等建筑物或构筑物为目的。

第三，建设用地使用权是使用国家所有的土地的权利。建设用地使用权虽以保存建筑物或其他构筑物为目的，但其主要内容在于使用国家所有的土地。也就是说，即使地上建筑物或其他构筑物灭失，建设用地使用权也不消灭，建设用地使用权人仍有依原来的使用目的而使用土地的权利。

1）建设用地使用权的设立

（1）建设用地使用权的设立范围

建设用地使用权人依法对国家所有的土地享有占有、使用和收益的权利，有权利用该土地建造建筑物、构筑物及其附属设施。

建设用地使用权可以在土地的地表、地上或者地下分别设立。新设立的建设用地使用权不得损害已设立的用益物权。

（2）建设用地使用权的设立方式

设立建设用地使用权，主要可以采取出让或者划拨等方式。

建设用地使用权出让是指国家以土地所有人身份将建设用地使用权在一定期限内让与土地使用者，并由土地使用者向国家支付建设用地使用权出让金的行为，该行为主要通过三种形式实现：协议、招标和拍卖。协议是由市、县人民政府土地管理部门与土地使用人按照平等、自愿、有偿的原则协商一致后，签订建设用地使用权出让合同；招标和拍卖，应当首先由市、县土地管理部门发出招标、拍卖公告，通过招标、拍卖程序，签订建设用地使用权出让合同。根据我国物权法的规定，工业、商业、旅游、娱乐和商品住宅等经营性用地以及同一土地有两个以上意向用地者的，应当采取拍卖、招标等公开竞价的方式出让。采取拍卖、招标、协议等出让方式设立建设用地使用权的，各方当事人应当采取书面形式订立建设用地使用权出让合同。另外，登记机构应当向建设用地使用权人发放建设用地使用权证书，以此来证明建设用地使用权的设立。建设用地使用权出让合同一般包含如下条款：当事人的名称和住所；土地界址、面积等；建筑物、构筑物及其附属设施占用的空间；土地用途；使用期限；出让金等费用及其支付方式；解决争议的方法。

土地划拨是指土地使用人需要按照法律规定的程序提出申请,经行政主管机关批准即可取得土地使用权,并且无须向土地所有人支付租金及其他费用。我国物权法规定,严格限制以划拨方式设立建设用地使用权。根据土地管理法的有关规定,可以通过划拨方式取得的建设用地包括:国家机关用地和军事用地;城市基础设施用地和公益事业用地;国家重点扶持的能源、交通、水利等基础设施用地;法律、行政法规规定的其他用地。上述以划拨方式取得建设用地,须经县级以上地方人民政府依法批准。

另外还有一种方式称为流转,即土地使用人将建设用地使用权再转移的行为,例如转让、互换、出资、赠与等。建设用地使用权转让、互换、出资或者赠与的,应当向登记机构申请变更登记。

在集体所有的土地上设立的建设用地使用权,根据我国物权法的规定,集体所有的土地作为建设用地的,应当依照土地管理法等法律规定办理。

乡(镇)村公益用地使用权:农村集体经济组织或者由农村集体经济组织依法设立的公益组织,在经依法审批后,对用于本集体经济组织内部公益事业的非农业用地所享有的建设用地使用权。

乡(镇)村企业建设用地:农村集体经济组织使用乡(镇)土地利用总体规划确定的建设用地来兴办企业,或与其他单位、个人以土地使用权入股、联营等形式共同举办企业的。

2) 建设用地使用权人的权利和义务

建设用地使用权的权利和义务即建设用地使用权的内容。

(1) 权利

第一,对建设用地上的物享有所有权。所有权针对建设用地使用权人建造的建筑物、构筑物及其附属设施,但有相反证据证明的除外。

第二,建设用地使用权人有权将建设用地使用权转让、互换、出资、赠与或者抵押,但法律另有规定的除外。既然建设用地使用权是以保存建筑物或其他工作物为目的,则其必须与建筑物一并处分,即建设用地使用权转让、互换、出资或者赠与的,附着于该土地上的建筑物、构筑物及其附属设施应当一并处分;反之建筑物、构筑物及其附属设施转让、互换、出资或者赠与的,该建筑物、构筑物及其附属设施占用范围内的建设用地使用权一并处分。但是,在设定建设用地使用权时如果当事人对建设用地使用权的转让做了限制,则建设用地使用权人不得转让其建设用地使用权。

第三,抵押问题。建设用地使用权可以为抵押权的标的物,则此时该土地上的建筑物等也随之抵押。反之当该土地上的建筑物等被抵押时,其使用范围内的建设用地使用权也随之抵押。

第四,出租问题。建设用地使用权人可以作为出租人将建设用地使用权连同其上的建筑物等租赁给他人使用并收取租金。建设用地使用权出租后,原建设用地使用权人仍旧需要向土地所有者履行义务。

需要注意的是,通过土地划拨方式取得的建设用地使用权,只有在下列几种情况下,才可以转让、抵押、出租:

① 土地使用者为公司、企业、其他经济组织和个人;

② 领有国有土地使用证;

③ 具有地上建筑物、其他附着物合法的产权证明;

④ 签订土地使用权出让合同,向当地市、县人民政府补交土地使用权出让金或者以转让、出租、抵押所获收益抵交土地使用权出让金。

如上4种以外的情况,通过划拨土地取得的建设用地使用权不得转让、出租或者抵押。

第五,获得补偿的权利。建设用地使用权期间届满前,因公共利益需要提前收回该土地的,应当依照《物权法》第42条的规定,为了公共利益的需要,依照法律规定的权限和程序可以征收集体所有的土地和单位、个人的房屋及其他不动产。

征收集体所有的土地,应当依法足额支付土地补偿费、安置补助费、地上附着物和青苗的补偿费等费用,安排被征地农民的社会保障费用,保障被征地农民的生活,维护被征地农民的合法权益。

征收单位、个人的房屋及其他不动产,应当依法给予拆迁补偿,维护被征收人的合法权益;征收个人住宅的,还应当保障被征收人的居住条件。

任何单位和个人不得贪污、挪用、私分、截留、拖欠征收补偿费等费用。

住宅建设用地使用权期间届满的自动续期。这个权利确保了住宅不因建设用地使用权期限届满而必然丧失。

非住宅建设用地使用权期间届满后,该土地上的房屋及其他不动产的归属,有约定的按照约定;没有约定或者约定不明确的,依照法律、行政法规的规定办理。

(2) 义务

第一,履约的义务。采用招标、拍卖、协议等出让方式设立建设用地使用权的,当事人应当以书面形式订立建设用地使用权出让合同,建设用地使用权人负有履约的义务。

第二,支付出让金的义务。建设用地使用权人应当依照法律规定以及合同约定支付土地出让金等费用。

第三,不得改变土地用途的义务。建设用地使用权人应当合理利用土地,不得改变土地用途;确需要改变土地用途的,应当依法经有关行政主管部门批准。

第四,登记的义务。

设立:设立建设用地使用权的,应当向登记机构申请建设用地使用权登记。建设用地使用权自登记时设立。登记机构应当向建设用地使用权人发放建设用地使用权证书。

变更:建设用地使用权转让、互换、出资或者赠与的,当事人应当向登记机构申请变更登记。

注销:建设用地使用权消灭的,出让人应当及时办理注销登记。登记机构应当收回建设用地使用权证书。

3) 建设用地使用权的期限

我国法律对于土地使用权期限的规定,是针对土地使用权种类的不同进行规定的。

通过土地划拨方式及乡(镇)村建设用地程序取得的土地使用权,是无期限的。取得该土地使用权的土地使用者,除发生法律规定的土地使用权消灭的原因外,均可以无期限地使用土地。

通过建设用地使用权出让方式取得建设用地使用权的,根据《国有土地使用权出让和转让暂行条例》第12条的规定,按照土地用途的不同,土地使用权出让的最高年限为:

① 居住用地70年;

② 工业用地50年;

③ 教育、科技、文化、卫生、体育用地 50 年;

④ 商业、旅游、娱乐用地 40 年;

⑤ 综合或者其他用地 50 年。

在最高年限内,每一块土地的实际使用年限由出让方和受让方双方商定。根据我国物权法规定,建设用地使用权转让、互换、出资、赠与的,当事人应采取书面形式订立相应合同。合同的期限由当事人协商确定,但不得超过建设用地使用权的剩余期限。

6. 抵押权

在《担保法》中关于抵押权的规定,此处不作介绍,仅介绍《物权法》中关于抵押权的规定,后文的质权和留置权也如此处理。

抵押是指债务人或者第三人不转移对财产的占有,将该财产作为债权的担保,债务人不履行债务时,债权人有权以该财产折价或者以拍卖、变卖该财产的价款优先受偿的担保方式。

债权人就是抵押权人,将财产用于抵押的债务人或者第三人就是抵押人,用于抵押的财产就是抵押物。

1) 可以以在建工程作为抵押物

《物权法》规定了可以以在建工程作为抵押物。同时规定,以正在建造的建筑物抵押的,应当办理抵押登记,抵押权自登记时设立。

2) 抵押财产的确定

经当事人书面协议,企业、个体工商户、农业生产经营者可以将现有的以及将有的生产设备、原材料、半成品、产品抵押,债务人不履行到期债务或者发生当事人约定的实现抵押权的情形,债权人有权就实现抵押权时的动产优先受偿。依照《物权法》第196条规定,抵押财产自下列情形之一发生时确定:

(1) 债务履行期届满,债权未实现;

(2) 抵押人被宣告破产或者被撤销;

(3) 当事人约定的实现抵押权的情形;

(4) 严重影响债权实现的其他情形。

3) 抵押权对第三人的效力

(1) 对买受人的效力。《物权法》第189条规定,依照本法规定抵押的,不得对抗正常经营活动中已支付合理价款并取得抵押财产的买受人。也就是说,买受效力是优先的。

(2) 对承租人的效力。《物权法》第190条规定,订立抵押合同前抵押财产已出租的,原租赁关系不受该抵押权的影响。抵押权设立后抵押财产出租的,该租赁关系不得对抗已登记的抵押权。也就是说,二者关系以先期发生的为准。

4) 抵押权的放弃与顺位的变更

抵押权的顺位是指同一抵押物上存在多个抵押权时,每一个抵押权人行使优先受偿权的先后顺序。

抵押权人可以放弃抵押权或者抵押权的顺位。抵押权人与抵押人可以协议变更抵押权顺位以及被担保的债权数额等内容,但抵押权的变更,必须经过其他抵押权人书面同意,未经同意,不得对其他抵押权人产生不利影响。

债务人以自己的财产设定抵押,抵押权人放弃该抵押权、抵押权顺位或者变更抵押权的,其他担保人在抵押权人丧失优先受偿权益的范围内免除担保责任,但其他担保人承诺仍然提供担保的除外。

5)抵押权的实现与其他债权人的撤销权

债务人不履行到期债务或者发生当事人约定的实现抵押权的情形,抵押权人可以与抵押人协议以抵押财产折价或者以拍卖、变卖该抵押财产所得的价款优先受偿。协议损害其他债权人利益的,其他债权人可以在知道或者应当知道撤销事由之日起一年内请求人民法院撤销该协议。

抵押权人与抵押人本就抵押权实现方式达成协议的,抵押权人可以请求人民法院拍卖、变卖抵押财产。抵押财产折价或者变卖的,应当参照市场价格。

在工程建设领域,建设用地使用权抵押后,该土地新增的建筑物不属于抵押财产。该建设用地使用权实现抵押权时,应当将该土地上新增的建筑物与建设用地使用权一并处分,但新增建筑物所得的价款,抵押权人无权优先受偿。

抵押权人应当在主债权诉讼时效期间行使抵押权;不行使的,人民法院不予保护。

7. 质押

质押是指债务人或者第三人将其动产或权利移交债权人占有,将该动产作为债权的担保,债务人不履行债务时,债权人有权以该动产折价或者以拍卖、变卖该动产的价款优先受偿的担保方式。

债权人就是质权人,将动产或权利用于质押担保的债务人或者第三人就是出质人,移交的动产或权利就是质物。

质押分为动产质押和权利质押。

1)出质人的权利

《物权法》第220条规定,出质人可以请求质权人在债务履行期届满后及时行使质权;质权人不行使的,出质人可以请求人民法院拍卖、变卖质押财产。

出质人请求质权人及时行使质权,因质权人怠于行使权利造成损害的,由质权人承担赔偿责任。

2)质权人的权利和义务

(1)质权人的权利。《物权法》第218条规定,质权人可以放弃质权。债务人以自己的财产出质,质权人放弃该质权的,其他担保人在质权人丧失优先受偿权益的范围内免除担保责任,但其他担保人承诺仍然提供担保的除外。

(2)质权人的义务。《物权法》规定,质权人不得擅自使用、处分质押财产。质权人在质权存续期间,未经出质人同意,擅自使用、处分质押财产,给出质人造成损害的,应当承担赔偿责任。质权人不得擅自转质。质权人在质权存续期间,未经出质人同意转质,造成质押财产毁损、灭失的,应当向出质人承担赔偿责任。

8. 留置权

留置是指债权人按照合同约定占有债务人的动产,债务人不按照合同约定的期限履行债务的,债权人有权以该财产折价或者以变卖、拍卖该财产的价款优先受偿的担保方式。

债权人是留置权人,动产被留置的债务人就是留置人,被留置的财产就是留置物。

1)留置财产

债务人不履行到期债务,债权人可以留置已经合法占有的债务人的动产,并有权就该动产优先受偿。此时债权人为留置权人，占有的动产为留置财产。

2）留置权人的权利

留置权人有权收取留置财产的孳息，收取的孳息应当先充抵收取孳息的费用。同时留置权人具有优先受偿权，即对同一动产上已设立抵押权或者质权，该动产又被留置的，留置权人优先受偿。

3）留置权的实现

留置权人与债务人应当约定留置财产后的债务履行期间。没有约定或者约定不明确的，除鲜活易腐等不易保管和保存的动产外，留置权人应当给债务人2个月以上履行债务的期间。债务人逾期未履行的，留置权人可以与债务人协议以留置财产折价，也可以就拍卖、变卖留置财产所得的价款优先受偿。留置财产折价或者变卖的，应当参照市场价格执行。

案例：

2009年河北某工程施工单位经过合法的招标和投标过程，最后中标，承建了某开发区研发中心发展大厦，合同标的额3 000万元。建设过程中，开发区甲方多次拖欠工程款，2009年10月甲方向当地某银行申请贷款2 000万元，并以研发中心发展大厦为该笔贷款设置了抵押。竣工后，工程施工单位多次索要工程款无果，将甲方诉诸法院，要求其支付拖欠工程款1 800万元，并要求对研发中心发展大厦在上述款项范围内行使优先受偿权。某银行也提出诉讼，要求甲方偿还到期款项，并要求对大厦行使抵押权。法院征求三方同意后，合并审理。审理过程中，对哪方享有优先受偿权产生了争议。

分析：优先受偿权是指某种特殊债权的权力优先于一般的债权，能在一般债权之前先得到满足。建设工程优先受偿权是指承包人对于建设工程的价款就工程折价或者拍卖的价款享有优先受偿的权利。此处的优先受偿权应包含三层含义：第一，承包人为工程增值付出了代价，无须对建筑物存在实际占据，这和留置权有根本的区别；第二，建筑企业无须登记就可以取得优先权利，这又不同于抵押权；第三，优先受偿权的效力是法定的，无须得到双方合意。所以，工程施工单位的优先受偿权是成立的。

2000年12月最高人民法院对担保法若干问题的解释：以依法获准尚未建造的或者正在建造中的房屋或者其他建筑物抵押的，当事人办理了抵押物登记，人民法院可以认定为抵押有效。所以，甲方向银行抵押贷款有效。

哪种权利优先？最高院2002年6月作出了《关于建设工程价款优先受偿权问题的批复》："人民法院在审理房地产纠纷案件和办理执行案件中，应当依照《合同法》第286条的规定，认定建筑工程的承包人的优先受偿权优于抵押权和其他债权。"其原因在于：第一，发包人拖欠的工程款，相当一部分是承包人用来支付的工作人员工资和其他劳务费用，故应优先保护工人工资和其他劳动报酬，这符合劳动者保护相关规定；第二，该制度在一定程度上能够缓解甚至解决了建筑市场上拖欠工程款的严重问题。

当然要注意的是，建筑企业提出优先受偿权的时间是有限制的，应当自建设工程竣工之日或建设工程合同约定的竣工之日起计算，期限不应当超过6个月。其次，建设工程价款包括承包人为建设工程应当支付的工作人员报酬、材料款等实际支出的费用，不包括承包人由于发包人违约所造成的损失。最后，当消费者交付了购买商品房的全部或大部分款项后，建筑企业优先受偿权不得对抗购房的消费者。

1.2.6 知识产权

知识产权是在1967年世界知识产权组织成立后出现的一个概念,是指权利人对其所创作的智力劳动成果所享有的专有权利。各种智力创造比如发明、文学和艺术作品,以及在商业中使用的标志、名称、图像以及外观设计,都可被认为是某一个人或组织所拥有的知识产权。

1. 知识产权概述

我国民法中所谓的知识产权,是指民事主体对智力成果依法享有的专有权利。在建筑工程领域,《建筑法》第4条规定:"国家扶持建筑业的发展,支持建筑科学技术研究,提高房屋建筑设计水平,鼓励节约能源和保护环境,提倡采用先进技术、先进设备、先进工艺、新型建筑材料和现代管理方式。"

知识产权具有如下特征:

1) 具有人身权和财产权的双重性质

人身权是指与民事主体的人身不可分离的,不具有直接财产内容的民事权利。人身权是财产权的对称。

财产权是指民事主体所享有的具有一定物质内容并直接体现为经济利益的权利。

例如,图书作者的署名权即是人身权,而获得稿酬的权利即财产权。

知识产权的客体是非物化的智力成果,这是知识产权与物权、债权等其他民事权利相区别的首要特征。

2) 专有性

知识产权的权利主体依法对使用智力成果享有独占的权利,他人不得侵犯。此特征与债权不同,与物权相同。

3) 地域性

知识产权只在特定国家或者地区的地域范围内有效,某一国家的知识产权要获得他国的法律保护,必须依有关国际条约、双边协议或按互惠原则办理。

4) 时间性

一般来说,依法成立的知识产权只有在法律规定的期限内有效,超过法定保护期后,该知识产权消灭。例如著作权中的发表权或者财产权以及专利权均有保护期的限制。但是,知识产权的时间性并不是绝对的。例如著作人身权中的署名权、修改权和保护作品完整权的保护期不受限制;商标权可依法通过续展来延长保护期;商业秘密则没有时间限制。

我国法律所保护的知识产权的种类有许多种,其中相对比较常见的有著作权、专利权、商标权和商业秘密4种。

2. 著作权

著作权又称版权,是指文学、艺术或者科学作品的作者及其相关主体依法对作品所享有的人身权利和财产权利。著作权主要受到《著作权法》的调整。

1) 著作权的保护对象

著作权法保护的对象是作品,即文学、艺术或科学领域内具有独创性并能以某种有形形式复制的智力成果。根据《著作权法》及其实施条例的规定,作品的种类有很多种。其中,在建设工程领域较为常见的,除文字作品外,还主要包括:

(1)美术作品,指绘画、书法、雕塑等以线条、色彩或者其他方式构成的有审美意义的平面或者立体的造型艺术作品。

(2)建筑作品,指以建筑物或者构筑物形式表现的有审美意义的作品。

(3)图形作品,指为施工、生产绘制的工程设计图、产品设计图以及反映地理现象、说明事物原理或者结构的地图、示意图等作品。

(4)模型作品,指为展示、试验或者观测等用途,根据物体的形式和结构,按照一定比例制成的立体作品。

2)著作权的内容

根据《著作权法》第10条的规定,著作权包括著作人身权和著作财产权。

(1)著作人身权

① 发表权,指作者决定作品是否公之于众的权利。

② 署名权,指作者为表明其身份,在作品上署名的权利。

③ 修改权,指作者修改或者授权他人修改作品的权利。

④ 保护作品完整权,指作者保护其作品不受歪曲、篡改的权利。

(2)著作财产权

① 使用权,指以复制、发行、出租、展览、放映、广播、信息网络传播、摄制、改编、翻译、汇编以及其他方式使用作品的权利。

② 许可使用权,指著作权人可以许可他人使用著作财产权,并依法获得报酬的权利。

③ 转让权,指著作权人可以全部或者部分转让著作财产权,并依法获得报酬的权利。

3)著作权的归属

《著作权法》第2节规定了各种作品著作权的归属,其中,与建设工程领域关系最密切的当属职务作品。

职务作品是指公民为完成法人或者其他组织的工作任务所创作的作品。职务作品包括如下几种。

(1)第一类职务作品

根据《著作权法》第16条第1款的规定,该类作品是指公民为完成法人或其他组织工作任务,而又未主要利用法人或者其他组织的物质技术条件所创作的职务作品。

该类职务作品的著作权由作者享有,但法人或其他组织有权在业务范围内优先使用。作品完成两年内,未经单位同意,作者不得许可第三人以与单位使用的相同方式使用该作品。

(2)第二类职务作品

根据《著作权法》第16条第2款的规定,该类作品是指主要利用法人或其他组织的物质技术条件制作,并由法人或其他组织承担相应责任的工程设计图、产品设计图、地图、计算机软件等职务作品,或法律、行政法规规定及合同内容有约定著作权由法人或者其他组织享有的职务作品。

此类职务作品作者仅享有署名权,著作权的其他权利由法人或者其他组织享有,法人或者其他组织可以给予作者奖励。

　　除职务作品外,委托作品也是建设工程领域较为常见的著作权。所谓委托作品,指作者接受他人委托而创作的作品。例如,设计单位接受建设单位委托而编制的工程设计图纸,根据《著作权法》第17条的规定,委托作品著作权的归属由委托人和受托人通过合同进行约定。合同未作明确约定或没有订立合同的,著作权属于受托人。

　　4）著作权的侵权及保护

　　著作权的侵权行为,指既未取得著作权人同意,又无法律根据,违反法律规定使用他人作品或者行使著作权人专有权的行为,包括但不限于:未经著作权人许可发表其作品;歪曲、篡改、剽窃他人作品;使用他人作品,应当支付报酬而未支付等。

　　对著作权的侵权行为,应当依据具体情况承担民事责任,如停止侵害、消除影响、赔礼道歉、赔偿损失等;对于损害公共利益或情节严重的侵权行为,可由著作权行政管理部门依法对其进行行政处罚;构成犯罪的,依法追究刑事责任。

　　3. 专利权

　　1）专利权的主体

　　专利权人为专利权主体,是指依法享有专利权并承担相应义务的人。根据《专利法》及其实施细则,专利权主体主要包括以下几种。

　　（1）发明人或设计人

　　发明人或设计人指对发明创造的实质性特点作出创造性贡献的人。在完成发明创造过程中,只负责组织工作的人、为物质技术条件的利用提供方便的人或从事其他辅助工作的人,不能认为是发明人或设计人。

　　根据《专利法》第6条第2款的规定,非职务发明创造,申请专利的权利属于发明人或者设计人。申请批准后,该发明人或者设计人为专利权人。

　　（2）发明人或者设计人的单位

　　对于职务发明创造,发明人或者设计人所在的单位是专利权的主体。根据《专利法》第6条第1款的规定,执行本单位的任务或者主要是利用本单位的物质技术条件所完成的发明创造为职务发明创造。职务发明创造申请专利的权利属于该单位;申请被批准后,该单位为专利权人。

　　但是,根据《专利法》第6条第3款的规定,利用本单位的物质技术条件所完成的发明创造,单位与发明人或者设计人订有合同,对申请专利的权利和专利权的归属作出约定的,从其约定。

　　（3）受让人

　　受让人指依法通过合同或其他合法方式而取得专利权的单位或个人。

　　2）专利权的客体

　　专利权的客体,即受专利权保护的对象,指依法应授予专利的发明创造。根据《专利法》及其实施细则的规定,发明创造包括发明、实用新型和外观设计。

　　（1）发明指对产品、方法或者其改进所提出的新的技术方案。

　　（2）实用新型指对产品的形状、构造或者其结合所提出的适于使用的新的技术方案。

　　（3）外观设计指对产品的形状、图案或者其结合以及色彩与形状、图案的结合所作出的富有美感并适于工业应用的新设计。

　　发明专利权的期限为20年,实用新型和外观设计专利权的期限是10年,均自申请之日起计算。专利权期限届满后,专利权即终止。

3) 专利权的侵权及保护

根据《专利法》及其实施细则的有关规定,专利权的侵权行为主要表现为

(1) 未经专利权人许可,实施其专利;

(2) 假冒他人专利;

(3) 以非专利产品冒充专利产品;

(4) 侵夺发明人或者设计人的非职务发明创造专利申请权和其他相关合法权益。

发生专利权侵权行为的,行为人应当依法承担相应的民事责任或者行政责任,情节严重的,还应承担刑事责任。

4. 商标权

根据《商标法》第3条第1款的规定,经商标局核准注册的商标为注册商标,商标注册人享有商标专用权,受法律保护。

根据《商标法》的规定,注册商标的有效期为10年,自核准注册之日起计算。注册有效期满,需要继续使用的,应当依法办理续展注册。注册商标可以转让,转让人和受让人应签订转让协议并共同向商标局提出申请。商标注册人可通过签订商标使用许可合同,许可他人使用其注册商标,但许可人和被许可人应当履行法律规定的相应义务。

根据《商标法》第52条的规定,有下列行为之一的,均属侵犯注册商标专用权:

(1) 未经商标注册人的许可,在同一种商品或者类似商品上使用与其注册商标相同或者近似的商标的;

(2) 销售侵犯注册商标专用权的商品的;

(3) 伪造、擅自制造他人注册商标标识或者销售伪造、擅自制造注册商标标识的;

(4) 未经商标注册人同意,更换其注册商标并将该更换商标的商品又投入市场的;

(5) 给他人的注册商标专用权造成其他损害的。

发生侵犯注册商标专用权的,行为人应当依法承担相应的民事责任或者行政责任,情节严重的,还应承担刑事责任。

案例1:

北京某建筑设计有限公司(以下简称设计公司)为提高在设计市场的竞争力,经过几年努力开发了一套资源库。该库中提供了大量可以直接利用的建筑类房屋、设备、电气、家具和材质等三维图形和动画资源,对于提高建筑表现力和降低劳动量有重要意义。该公司通过互联网向全国进行了软件推广并提供了相关的有偿服务。一年后,设计公司发现上海某软件技术有限公司(以下简称软件公司)大量截取上述三维图片和动画信息,稍加改变后制作了自己的资源库进行出售。设计公司请求法院判令软件公司停止侵权,公开赔礼道歉,赔偿经济损失50万元等。

分析:设计公司是资源库的著作权人,软件公司制作的经过细微改动的资源库,在同类型的建筑形状、颜色、设备运动方式、室内家具设计等整体内容上均出现了与设计公司享有著作权的资源库内容较为明显的相同、相似之处,甚至少数地方出现雷同现象,而软件公司对此未作出合理解释。因此应认定软件公司侵犯了设计公司的著作权,可据此判决软件公司停止侵权、赔偿损失。

案例2:

原告,浙江某建材有限公司(以下简称建材公司)为某种防水材料发明专利权人。2000年6月,原告向地处同一城市的被告——某勘测设计研究院有限公司(以下简称研究院)出具《专利许可授权书》,同意研究院在工程设计中推广应用防水材料发明专利内容。《专利许可授权书》中并未就推广应用防水材料发明专利时如何标注专利信息、是否需支付许可使用费等问题进行明确规定。

同年,该市某投资开发有限公司(以下简称投资公司)作为一项已列入该市年度基本建设计划工程的建设单位,委托被告设计工程的施工图纸并作为招标文件,被告在其设计的施工图纸中采用了涉案防水材料发明专利所记载的技术方案。另一被告,即该工程中标人,某工程集团有限公司(以下简称工程公司)按投资公司提供的施工图纸组织施工,并按投资公司提供的防水材料相关资料向该工程施工单位支付了采购费用。

工程施工过半时,原告对施工现场的防水材料进行了公证取证,并以此为据向法院提起侵犯专利权诉讼。

分析:本案中,施工单位按图施工并按图制造的行为是否构成专利侵权?涉案的防水材料已经申请了发明专利。原告对项目推广工作制定了计划并实施了实质性的推广,应当认为其已经许可他人在工程施工过程中有权使用该专利。原告应当有理由预测到,授权研究院采用其专利设计的行为,势必会引发后续被告工程公司和施工单位按图纸施工并使用该专利的行为;同时被告也有合理理由相信专利权人具有许可他人实施专利的意思。故被告的行为都应当属于正当的生产经营行为。原告起诉被告工程公司和施工单位侵犯其专利权,要求停止侵权、赔偿损失的诉讼请求,没有事实和法律依据,应予驳回。

案例3:

2001年12月至2002年6月间,被告张某等三人,未经某三家市场上著名的果汁品牌注册商标专用权人许可,将某不知名果汁灌装至回收的著名品牌塑料瓶中,加贴上述品牌标签和加压瓶盖后,冒充上述品牌果汁销售牟利。其中张某参与生产、销售假冒某品牌果汁5975件,非法获取人民币356430元。

分析:被告张某等三人未经注册商标所有人许可,在同一种商品上使用与其注册商标相同的商标,其行为已构成假冒注册商标罪;张某还在同一种商品上使用两种以上与其注册商标相同的商标标识,非法经营数额巨大,情节特别严重,已经构成了假冒注册商标罪。法院可以判处张某等人有期徒刑并处罚金。

1.3 建筑法

《全国人民代表大会常务委员会关于修改〈中华人民共和国建筑法〉的决定》已由中华人民共和国第十一届全国人民代表大会常务委员会第二十次会议于2011年4月22日通过,自2011年7月1日起施行。

《建筑法》共包括85条,分别从建筑许可、建筑工程发包与承包、建筑工程监理、建筑安全生产管理、建筑工程质量管理和法律责任等方面作出了规定。

1.3.1 《建筑法》的立法宗旨、适用范围和调整对象

1.《建筑法》的立法宗旨

《建筑法》的立法目的在于加强对建筑活动的监督管理,维护建筑市场秩序,保证建筑工程的质量和安全,促进建筑业健康发展。

2.《建筑法》的适用范围

法律的适用范围是指法律的效力范围,即法律的时间效力、法律的空间效力和法律对人的效力。法律的时间效力是指法律从什么时候开始生效至什么时候失去效力;法律的空间效力是指法律在哪些地域范围内适用;法律对人的效力是指适用该法的主体范围。

《建筑法》的时间效力,自1998年3月1日施行,后经修改于2011年7月1日起施行。由于目前仍处于有效期,故暂时不能确定失效时间。

《建筑法》的空间效力是中华人民共和国境内。对于中国香港和中国澳门两个特别行政区,由于这两个地区的特区基本法附件当中均没有将《建筑法》列入其中,故在这两个特区不适用。

《建筑法》对人的效力是指适用该法的主体范围,即一切从事建筑活动的主体和各级依法负有对建筑活动实施监督管理的政府机关。

3.《建筑法》的调整对象

《建筑法》第2条规定:"在中华人民共和国境内从事建筑活动,实施对建筑活动的监督管理,应当遵守本法。"

建筑活动是指各类房屋建筑及其附属设施的建造和与其配套的线路、管道、设备的安装活动。

建筑活动概念中所谓的"各类房屋建筑",具体是指具有承重结构,能够供人们进行生产、生活等使用的建筑物,例如住宅、工业厂房、仓库、写字楼、体育场馆、电影院、学校等。

建筑活动概念中所谓的"附属设施",具体是指与建筑物配套建造的围墙等设施;"配套的线路、管道、设备的安装活动",具体是指电气、燃气、给水、排水、空调、电梯和消防设施等的线路、管道和设备的安装活动。

另外,《建筑法》中所谓的"建筑活动"的涉及范围仅仅包括建造和安装活动。

需要注意的是,《建筑法》第83条规定,省、自治区、直辖市人民政府确定的小型房屋建筑工程的建筑活动,参照本法执行。依法核定作为文物保护的纪念建筑物和古建筑等的修缮,依照文物保护的有关法律规定执行。抢险救灾及其他临时性房屋建筑和农民自建低层住宅的建筑活动,不适用本法。《建筑法》第84条规定,军用房屋建筑工程建筑活动的具体管理办法,由国务院、中央军事委员会依据本法制定。

1.3.2 《建筑法》的地位、作用和实施

1.《建筑法》的地位

法律地位是指一部具体的法律规范在整个社会的法律体系当中所处的状态,即该法律

属于什么部门以及居于何等层次。

由于《建筑法》可以调整建筑活动中的行政管理关系、经济关系和民事关系,采用行政手段或行政、经济、民事等多种手段相结合的调整方式,故法律地位仅次于宪法。

2.《建筑法》的作用

建筑行业是我国国民经济发展和物质资料生产的重要部门之一,故《建筑法》在其中发挥着重要的作用,主要体现在下列三方面。

1) 规范指导建筑行为

建筑法规对适用其内容的主体范围的规范作用体现在:

(1) 有些建筑行为必须做。这可以认为是带有强制性的表示,在合同中通常体现为义务性规定。例如,《建筑法》第59条规定:"建筑施工企业必须按照工程设计要求、施工技术标准和合同的约定,对建筑材料、建筑构配件和设备进行检验,不合格的不得使用。"

(2) 有些建筑行为禁止做。例如,《建筑法》第28条规定:"禁止承包单位将其承包的全部建筑工程转包给他人,禁止承包单位将其承包的全部建筑工程肢解以后以分包的名义分别转包给他人。"

(3) 有些建筑行为须经授权方可进行。即行为人需要向特定行政机关申请,经批准后,方可被赋予某种权利。例如,《建筑法》第24条规定:"建筑工程的发包单位可以将建筑工程的勘察、设计、施工、设备采购一并发包给一个工程总承包单位,也可以将建筑工程勘察、设计、施工、设备采购的一项或者多项发包给一个工程总承包单位。"

2) 保护合法建筑行为

法律对于合法行为给予保护,是由建筑法规的原则反映的,例如,《建筑法》第4条规定:"国家扶持建筑业的发展,支持建筑科学技术研究,提高房屋建筑设计水平,鼓励节约能源和保护环境,提倡采用先进技术、先进设备、先进工艺、新型建筑材料和现代管理方式。"

3) 处罚违法建筑行为

法律在对行为进行规范和保护的同时,必须有相应的处罚措施,方可保证整个法律顺利执行。例如,《建筑法》第69条规定:"工程监理单位与建设单位或者建筑施工企业串通,弄虚作假、降低工程质量的,责令改正,处以罚款,降低资质等级或者吊销资质证书;有违法所得的,予以没收;造成损失的,承担连带赔偿责任;构成犯罪的,依法追究刑事责任。"

3.《建筑法》的实施

建筑法规的实施,需要国家机关、公务员、社会团体以及公民个人的共同努力和维护,主要体现在执法、司法和守法三个方面。

执法主要指建设行政主管部门和其授权或者委托的单位,依法对建筑法规调整范围内的各项活动和行为进行监督检查,并对违法行为进行行政处罚的行为。它包括行政决定、行政检查、行政处罚和行政强制执行。

司法是指建设行政机关依法定权限和程序进行行政调解、行政复议和行政仲裁,以此来解决各方当事人之间争议的行政行为。

守法是指处于建筑活动中的单位和个人,都应当学习相关法律规范,理解法律条款,并按照法律要求和规范规定来规范自身行为,不得违法。

1.4　建筑工程法律关系

1.4.1　建筑工程法律关系的概念和构成要素

本书前面介绍了关于民事法律关系的知识,其中涉及工程建设领域的内容已有详细介绍,在此只作概括性叙述,具体内容请查阅前面内容。

建筑法律关系是由建筑法规所确定和调整的,在建筑业管理和建筑活动中产生的人与人或人与社会之间的权利义务关系,包括建筑法律关系主体,建筑法律关系客体和建筑法律关系内容。

(1)建筑法律关系主体是指参加建筑活动,受建筑法律规范调整的,在法律上享有权利和承担义务的当事人,包括自然人、法人和其他组织。

(2)建筑法律关系客体是指建筑法律关系主体享有的权利和承担的义务所共同指向的对象。

(3)建筑法律关系内容是指建筑法律关系主体对他方享有的权利和承担的义务,这种权利和义务通常是由相关法律规范或者合同内容来确定的。

案例:

2000年5月,家住江苏某市商住楼内的蔡某等9位购房户,先后向该市消费者协会投诉:他们于1996年5月向某房地产开发公司所购的9套3层楼商住房,存在挑梁、墙体裂缝、屋内漏水等严重质量问题,要求退房或赔偿损失。

消费者协会受理投诉后,及时进行了调查了解。购房户要求每户赔偿2万元自行修房或者退房,而开发公司只同意少量赔偿并修理,还指出该幢房屋经质监部门验收为合格工程,房屋渗水是通病,不存在严重质量问题,不同意退房。

6月2日,经消协委托,市质监部门两位工程师到现场目察,同时,开发公司、设计单位、质监部门与购房户协商后,决定钻孔取样,并对钻芯的挑梁做临时性加固。6月20日,市质监站对该楼底层阳台及2层阳台6根挑梁钻芯取样,检验结果6根挑梁抗压强度均不能达到原设计强度C20等级,该楼1层、2层部分挑梁存在结构安全危险。

7月7日,市房屋安全鉴定站对该房进行了全面鉴定,鉴定结果为:2层阳台隔墙、挑梁和栏板处均有不同程度和数量的裂缝;挑梁混凝土强度偏低;屋面渗水;3层窗台处有水平裂缝。经鉴定认为该建筑各承重结构尚未达到其承载能力的极限状态或处于危险状态,可以安全使用;但由于挑梁有严重缺陷,存在一定的隐患,须立即采取加固措施。

8月6日,消协召集开发公司、购房户协商补偿问题。经调解达成协议:由开发公司补偿给每户购房者29 500元,共计265 500元;挑梁加固由开发公司按设计单位出具的加固施工图进行加固并经质监部门认可,费用由开发公司承担,如该房今后发现结构问题,严重影响安全使用,由开发公司负责。至此,这起房屋质量纠纷终于有了一个圆满的结果。

本案中的经济法律关系的三要素是什么?蔡某等居民是1996年购房的,他们于2000年提出房屋质量有问题。如果蔡某等居民选择诉讼途径解决纠纷,是否已超过诉讼时效?

分析：法律关系的三要素是主体、客体和内容。本案中的主体是蔡某等9位购房户和某房地产开发公司，客体是那9套存在质量问题的商品房，本案法律关系的内容是主体双方各自应当享受的权利和应当承担的义务，具体而言是蔡某等9位购房户按照合同的约定，承担按时、足额支付购房款的义务，在按合同约定支付房款后，该9位购房人就有权要求开发商按时交付质量合格的商品房。某房地产公司的权利是收取购房人的购房款，在享受该项权利之后，就应当承担义务，即按时交付合格的商品房给购房人，并协助购房人办理产权过户手续。

我国《民法通则》规定的诉讼时效一般是两年。诉讼时效的计算起始时间是从权利人知道或应当知道权利受到侵害之日起计算。蔡某等居民虽然是1996年购房的，但在1996年时并没有发现房屋有质量问题。因为房屋的一些质量问题特别是结构的安全隐患、房屋的渗漏等属于隐蔽性瑕疵，只有通过外在的损坏才能表现出来并被发现，不是购房当时就能发现的。所以蔡某等居民发现房屋有质量问题是在2000年，即诉讼时效应当从2000年起计算。因此，蔡某等居民选择诉讼途径解决纠纷，没有超过诉讼时效。况且，根据《建筑工程质量管理条例》，屋面、外墙面及卫生间和有防水要求的房间的防渗漏的保修期为5年（可查阅本书第7章相关内容），该商品房还在保修期内，开发商完全应当承担维修责任。

1.4.2 建筑工程法律关系的产生、变更和终止

1. 建筑法律关系的产生

建筑法律关系的产生是指建筑法律关系中涉及的主体之间形成了一定的权利和义务关系。例如发包方和承包方根据招标文件和中标文件签订了建筑工程承包合同，则主体双方的权利和义务便形成了，即建筑法律关系的产生。

2. 建筑法律关系的变更

建筑法律关系变更是由3个要素变更引起的：

（1）主体变更。主体变更可以表现为主体数目发生变化或者主体性质发生变化。例如工程施工过程中，某个分包商的加入，即主体数目发生变化；又如，合同发生了转让的情形，即主体性质发生了变化。

（2）客体变更。即权利义务所指向的对象发生了变化，可以表现为客体范围的变化和客体性质的变化。例如某工程的工程量经合同当事人协商进行了增加，则客体范围发生了变化；又如某工程由于设计变更，原来的车棚变成了锅炉房，即客体的性质发生了变化。

（3）内容变更。建筑法律关系中主体和客体的变更，必然导致相应的权利和义务发生变更，具体可以表现为权力增加和权利减少。

3. 建筑法律关系的终止

建筑法律关系的终止是指建筑法律关系主体之间的权利和义务消失，对双方当事人失去了法律约束力。具体可以分为自然终止、协议终止和违约终止。

（1）自然终止。自然终止是指特定的建筑法律关系中所规定的权利和义务顺利得到履行，双方均取得各自利益，法律关系自然而然地达到完结。例如施工单位按时按质完成工程，经竣工验收合格交付使用，建设单位也依照合同约定支付了工程款项，双方利益均得到实现，合同自然就结束了。

（2）协议终止。协议终止是指建筑法律关系中主体之间通过协商解除特定的建筑法律关系所规范的权利义务，使得该法律关系归于消灭。主要表现为两种形式：

① 即时终止，即当事人双方就终止法律关系即时协商，达成共识，双方即终止他们之间的法律关系。

② 约定终止，即双方当事人在签订合同时就约定了终止法律关系的条件，合同执行过程中，当达到该条件要求时，无须当事人之间协商，即可终止双方之间的法律关系。

（3）违约终止。违约终止是指建筑法律关系中一方当事人违反合同约定，或者发生了不可抗力，致使特定的建筑法律关系所规范的权利不能得到实现。

1.4.3 建筑法律事实

以上所述的建筑法律关系及建筑法律关系产生、变更和终止的各种情况，并不是建筑法律本身所具备的属性，而是在一定情况下才会发生。这种能够引起建筑法律关系发生的情况，即所谓的建筑法律事实。也就是说，建筑法律事实是建筑法律关系产生、变更和终止的原因。建筑法律事实主要包括两类：

1. 事件

事件是指法律规范所规定的不以人的意志为转移的法律事实。具体表现为：①自然事件，如出生、死亡、地震、海啸、罕见暴雨等；②社会事件，如战争、暴乱等；③意外事件，如爆炸、火灾等。

2. 行为

行为是指能够引起法律关系中权利和义务产生、变更和终止的，并且以人的意志为转移的法律事实。其涵盖了两层意思：第一，该法律行为应当是有行为能力的人所实施的，只有法律有特别规定的，才能产生法律后果；第二，该法律行为应当是有意识的行为，当然，法律在很多情况下也要求当事人为无意识行为承担法律责任，称为无过错责任。

行为可以分为积极行为和消极行为，主要体现在以下 5 个方面：

（1）合法行为，即不违反法律规定，并且受到法律保护的行为，能够产生积极的后果。

（2）违法行为，即触犯了法律的禁止性规定，须受到法律的纠正或者制裁，并产生了消极的法律后果的行为。

（3）行政行为，即国家授权的行政机关依法行使监督、检查或者管理的权利并发生了相应的法律后果的行为。

（4）立法行为，即国家机关在法定权限内通过规定的程序，制定、修改或者废止建筑法律文件的行为。

（5）司法行为，即国家司法机关的法定职能活动。

1.5 工程项目建设程序

1. 工程项目建设程序的概念

工程项目建设程序是指建设项目从投资意向、选址、评估、决策、设计、施工到竣工验收、交付使用的整个建设过程,各项工作必须按照法定的先后次序进行。它是由工程建设项目自身性质所决定的,建设工程项目的标的物,通常都是固定的,其生产过程具有连续性,不可间断,制作周期长,耗资巨大,涉及工程量、人员关系等错综复杂,故决定了其建设程序必须按照一定的客观规律来完成。

目前我国工程项目建设程序主要分为 4 个阶段:

(1) 立项决策阶段;

(2) 编制勘察设计文件阶段;

(3) 建筑工程施工安装阶段;

(4) 竣工验收和交付使用阶段。

以上各阶段均有各自的具体内容和相应规定。本章将就立项决策阶段进行讲解,其他阶段的相关知识会在相关的章节进行详细讲解。

2. 工程建设项目立项决策阶段的法律制度

1) 工程建设项目立项程序

工程建设项目立项阶段的主要工作包括:编制项目建议书,进行可行性研究并编制可行性研究报告,建设场地的地震安全性评价,工程项目环境影响评价。

2) 项目建议书

项目建议书阶段,主要是对项目投资机会和投资意向作出初步评估,形成项目建设的整体构想,此时须向国家有关部门提出申请建设项目的建议文件。

项目建议书是要求建设某一具体工程的建议文件,是整个投资决策的框架。其主要是用来分析并衡量该建设项目是否有实施的必要,是否符合国家规划要求,同时建设单位还要初步分析其投资价值。

项目建议书主要包括的内容有投资项目的提出依据、必要性、拟建规模、各方资源状况、投资估算、进度安排和经济效益、社会效益、环境效益等。

项目建议书按照总投资规模和拟建项目性质的不同,由不同的机关进行审批。

3) 建设项目可行性研究

建设项目可行性研究,是指在立项决策阶段,对项目在技术和经济上是否可行进行科学的分析和论证,为决策提供可靠依据。

可行性研究一般分为投资机会研究阶段、初步可行性研究阶段和详细可行性研究阶段。

可行性研究报告是在可行性研究的基础上,选择经济效益、社会效益和环境效益最佳的方案进行编制。其应当具有一定的深度和准确性,具备评价投资项目的价值。

可行性研究报告按照项目投资规模和项目隶属关系进行审批。大中型及限额以上项目的可行性研究报告,由行业主管部门或省、自治区、直辖市和计划单列市审查同意后,报国家发改委审批;地方投资安排的地方院校、医院以及其他文教卫生事业、企业横向联合投资的大中型建设项目,可行性研究报告由省、自治区、直辖市和计划单列市发改委审批,抄报国家发改委和有关部门备案;小型项目的可行性研究报告,由主管部门和省、自治区、直辖市和计划单列市发改委审批。

可行性研究报告一经批准,不得擅自更改。如果需要变更或者突破投资数额时,应当经过原批准机关同意。

审批通过的可行性研究报告是确定建设项目和编制设计文件的依据。

4)建设项目的环境影响评价

建设项目的环境影响评价是指对规划和建设项目建成后可能造成的环境影响进行分析、预测和评估,提出预防或减轻不良影响的对策和措施以及进行跟踪监测的方法和制度。

5)建设项目的地震安全性评价

建设项目的地震安全性评价是指对具体建设工程地区或者场址周围的地震地质、地球物理、地震活动性、地形变化等进行研究,采用地震危险性概率分析方法,按工程应当采用的风险概率水准,科学地给出相应的工程规划和设计所需的有关抗震设防要求的地震动参数和基础资料。

按照《中华人民共和国防震减灾法》(简称《防震减灾法》)和《地震安全性评价管理条例》,以下建设工程必须进行地震安全性评价:

(1)国家重大建设工程;

(2)受地震破坏后可能引发水灾、火灾、爆炸、剧毒或强腐蚀性物质大量泄漏或者其他严重次生灾害的建设工程;

(3)受地震破坏后可能引发放射性污染的核电站和核设施建设工程;

(4)省、自治区、直辖市认为对本行政区域有重大价值或者有重大影响的其他建设工程。

建设单位应将建设工程的地震安全性评价业务委托给具有相应资质的地震安全性评价单位,与其订立书面合同,明确双方的权利和义务。

建设单位将经评审通过的地震安全性评价结果和经地震工作主管部门审批通过的抗震设防要求列入建设工程可行性研究报告。

6)建设项目的"一书两证"制度

一书是指《建设项目选址意见书》,是建设工程在立项过程中,由城市规划行政主管部门依法核发的关于建设项目选址和布局的法律凭证,其目的是保障项目选址和布局科学合理,符合城市规划要求,满足经济效益、社会效益和环境效益的统一。

两证是指《建设用地规划许可证》和《建设工程规划许可证》。

《建设用地规划许可证》是城市规划行政主管部门依据城市规划要求和建设项目用地的需要,向提出用地申请的建设单位或者个人核发的用来确定建设用地的位置、面积、界限的证件。其目的在于保证土地利用符合城乡规划,维护建设单位依照规定使用土地的合法权益,同时为土地管理部门在城乡规划区内行使对土地权属的管理职能提供有效的法律依据。

《建设工程规划许可证》是指城市规划行政主管部门向建设单位或者个人核发的用来确认其建设工程符合城市规划要求的证件,是领取施工许可证或申领开工报告的必备证件。

复习思考题

1-1 简述我国的法律体系并举例说明。

1-2 简述民事法律关系的构成及各构成要素的含义。

1-3 简述代理的种类及各自的含义。

1-4 简述债的发生根据。

1-5 抵押、质押和留置的各自的概念是什么？它们之间的区别是什么？

1-6 简述建设用地使用权的设立方式和使用期限。

1-7 《建筑法》的立法宗旨、适用范围和调整对象各是什么？

1-8 简述建筑法律关系变更和终止的情形。

1-9 何谓建设项目的"一书两证"制度？

第2章

建筑许可法规

2.1 建筑工程报建制度

建筑工程项目报建是指工程建设项目由建设单位或其代理机构在工程项目可行性研究报告或其他立项文件被批准后,须向当地建设行政主管部门或其授权机构进行报建,交验工程项目立项的批准文件,包括银行出具的资信证明以及批准的建设用地等其他有关文件的行为。

2014 年 10 月 25 日开始施行新的《建筑工程施工许可管理办法》(1999 年 10 月 15 日建设部令第 71 号发布、2001 年 7 月 4 日建设部令第 91 号修正的《建筑工程施工许可管理办法》同时废止)。

2.1.1 建筑工程报建的范围、时间、内容和程序

1. 报建的范围

凡是在我国境内投资兴建的工程建设项目,包括外国独资、合资、合作的工程建设项目,都必须实行报建制度,接受当地建设行政主管部门或其授权机构监督管理。

2. 报建的时间

报建的时间是在项目可行性研究报告或者其他立项文件批准后,建筑工程发包前。也就是说,报建的时间点,即建筑工程项目由规划转入市场的标志点。

3. 报建的内容

报建的内容主要包括工程名称、建设地点、投资规模、资金来源、当年投资额、工程规模、开工、竣工日期、发包方式、工程筹建情况等。

4. 报建的程序

(1) 建设单位或者其代理机构到建设行政管理部门或其授权机构领取建设工程项目登记表。

(2) 按登记表内容及要求认真填写登记表,不得遗漏或虚报。

(3) 将填写完整、准确的登记表报送建设单位主管部门审核、签署意见,并按照要求开

始筹备招标准备工作。

（4）向建设行政管理部门报送登记表，并交验立项批准文件和建设工程规划许可证、土地使用证、投资许可证及资金证明。

（5）建设行政管理部门或其代理机构审核合格并签署意见后，发还建设单位《工程发包许可证》。

2.1.2　建筑工程报建管理规定

对于工程报建的管理，国家实行分级管理，但是由于各地区发展状况不同，经济发达程度差别较大，故法律法规没有对分级管理做统一的具体规定。

2.2　建筑工程施工许可

施工许可制度是指由国家授权有关建设行政主管部门，在建筑工程施工前，依建设单位申请，对该项工程是否符合法定的开工条件进行审查，对符合条件的工程发给施工许可证，允许建设单位开工建设的制度。

我国实行建筑工程施工许可制度，一方面，有利于确保建筑工程在开工前符合法定条件，进而为其开工后顺利实施奠定基础；另一方面，也有利于有关行政主管部门全面掌握建筑工程的基本情况，依法及时有效地实施监督和指导，保证建筑活动依法进行。

2.2.1　建筑工程施工许可证的申领时间与范围

1. 施工许可证申领时间

建筑工程施工许可证的申领时间，是指申请人应当在什么时候申请。根据《建筑法》第7条的规定，施工许可证应当在建筑工程开工前申请领取。这就涉及"开工日期"的确认。开工日期应当是建设工程或者单项工程设计文件中规定的永久性工程计划开始施工的时间，以永久性工程正式破土开槽的时间为准。建设单位在未领取施工许可证时便擅自开工建设，属于违法行为，依法将追究其责任，给予不同程度的行政处罚。

2. 施工许可证申领范围

关于什么样规模的建设工程需要领取施工许可证，《建筑法》第7条规定，除国务院建设行政主管部门确定的限额以下的小型工程，以及已经按照国务院规定的权限和程序批准了开工报告的建设工程外，其余所有的在我国境内建设的工程项目都必须领取施工许可证。

建筑工程施工许可证并不是所有的工程在开工前都需要办理，下列5类工程不需要办理。

（1）国务院建设行政主管部门确定的限额以下的小型工程。根据《建筑工程施工许可证管理办法》规定，工程投资额在30万元以下或者工程建设面积在300m² 以下的，可以不申请办理施工许可证。各省、自治区、直辖市人民政府建设行政主管部门可以根据当地实际情况，对以上限额进行调整，但须报国务院建设行政主管部门备案。

（2）按照国务院规定的权限和程序批准开工报告的建筑工程。开工报告是指建设单位依照国家有关规定向计划行政主管部门申请准予开工的文件。开工报告的审批内容和施工许可证的审批内容基本相同,所以为了避免出现同一项建筑工程的开工由不同的政府行政主管部门多头重复审批的现象,本条规定对实行开工报告审批制度的建筑工程,不再领取施工许可证。至于哪些建筑工程实行开工报告审批制度以及有关行政主管部门对开工报告的审批权限和审批程序,则应当按照国务院的有关规定执行。

（3）抢险救灾工程。由于此类工程的特殊性,《建筑法》明确规定开工前不需要申请施工许可证。

（4）临时性建筑。工程建设过程中经常会出现临时性建筑,例如,工人的宿舍、食堂等。这些临时性建筑由于其生命周期短,《建筑法》也明确规定此类工程不需要申请施工许可证。

（5）军用房屋建筑。由于此类工程涉及军事秘密,不宜过多公开信息,《建筑法》第84条明确规定:"军用房屋建筑工程建筑活动的具体管理办法,由国务院、中央军事委员会依据本法制定。"

2.2.2 建筑工程施工许可证的申领条件和程序

《建筑法》第7条规定,"建筑工程开工前,建设单位应当按照国家有关规定向工程所在地县级以上人民政府建设行政主管部门申请领取施工许可证"。《建筑法》规定建设单位申请领取施工许可证时,应当具备一系列前提条件。

1. 已经办理该建筑工程用地批准手续

根据《中华人民共和国土地管理法》(以下简称《土地管理法》)的有关规定,任何单位和个人进行工程建设,需要使用土地的,必须依法申请使用土地。其中需要使用国有建设用地的,应当向有批准权的土地行政主管部门申请,经其审查,报本级人民政府批准。建设单位依法以出让或者划拨方式取得土地使用权的,应当向县级以上地方人民政府土地管理部门进行登记,由同级人民政府颁发土地使用权证书。该证书是证明建设单位已经办理了建筑工程用地批准手续的文件。

2. 在城市规划区的建筑工程,已经取得规划许可证

《中华人民共和国城市规划法》(以下简称《城市规划法》)对于建设用地规划许可证作出了规定。

（1）以划拨方式提供国有土地使用权的建设项目用地规划许可证。在城市、镇规划区内以划拨方式获得国有土地使用权的建设项目,经有关部门批准、核准并备案后,建设单位应当向城市、县人民政府城乡规划主管部门提出建设用地规划许可的申请,由城市、县人民政府城乡规划主管部门依据控制性详细规划核定建设用地的位置、面积、允许建设的范围,核发建设用地规划许可证。建设单位只有在取得建设用地规划许可证后,方可向县级以上地方人民政府土地管理部门申请用地,经县级以上人民政府审批后,由土地主管部门划拨土地。

（2）以出让方式提供国有土地使用权的建设项目用地规划许可证。在城市、镇规划区内以出让方式获得国有土地使用权的,在国有土地使用权出让前,城市、县人民政府城乡规划主管部门应当依据控制性详细规划,提出出让土地的位置、使用性质和开发强度等规划条

件,作为国有土地使用权出让合同的组成部分。尚未确定规划条件的地块,不得将其国有土地使用权出让。以出让方式取得国有土地使用权的建设项目,在签订国有土地使用权出让合同后,建设单位应当持建设项目的批准、核准、备案文件和国有土地使用权出让合同,向城市、县人民政府城乡规划主管部门领取建设用地规划许可证。

3. 需要拆迁的,其拆迁进度符合施工要求

很多工程建设都涉及拆迁事项。房屋拆迁是指根据城市规划和国家专线工程的拆迁计划以及当地政府的用地文件,拆除和迁移建设用地范围内的房屋及其附属物,并由拆迁人对原房屋及其附属物的所有人或者使用人进行合理补偿或者安置的行为。如果拆迁工作进展不顺利,就意味着后续工作无法进行。因此,开始修建工程之前,必须首先解决拆迁问题。但是,解决拆迁问题并不意味着必须拆迁完毕才能施工。对成片综合开发的地区,应根据建筑工程进度计划,在满足施工要求的基础上,分期分批进行拆迁。只要拆迁的进度能够满足后续施工的要求即可。这样可以形成拆迁与施工的流水作业,缩短总工期,否则过早或过晚进行拆迁工作,都会造成对各项资源的损失和浪费。

4. 已经确定建筑施工企业

建筑施工企业的确定是能否开始施工的重要前提条件,否则将由于不具有开工的可能性而无法获得施工许可证。

建设单位确定建筑施工企业,必须依据《建筑法》《招标投标法》及其相关规定进行。《建筑工程施工许可管理办法》第4条进一步规定,发生以下几种情形,所确定的施工企业无效:

(1) 按照规定应该招标的工程没有招标;

(2) 应该公开招标的工程没有公开招标;

(3) 肢解发包工程;

(4) 将工程发包给不具备相应资质条件的企业。

依法确定建筑施工企业后,双方应当签订建筑安装工程承包合同,明确双方权利和义务。

5. 有满足施工需要的施工图纸及技术资料

按照设计深度不同,设计文件可以分为方案设计文件、初步设计文件和施工图设计文件。根据《建设工程勘察设计管理条例》第26条的规定,对以上各种设计文件的要求分别是:

(1) 编制方案设计文件,应满足编制初步设计文件和控制概算的需要;

(2) 编制初步设计文件,应满足编制招标文件、主要设备材料订货和编制施工图设计文件的需要;

(3) 编制施工图设计文件,应满足设备材料采购、非标准设备制作和施工的需要,并注明建设工程合理使用年限。

施工图设计文件是进行施工作业的技术依据,是在施工过程中确保工程建设质量的关键因素。因此,在开工前必须有满足施工需要的施工图纸和技术资料。鉴于施工图设计文件对工程质量的重要性,《建设工程质量管理条例》和《建筑工程施工许可管理办法》均规定,建设单位除了应当有满足施工需要的施工图纸及技术资料,还应当将施工图设计文件报县级以上人民政府建设行政主管部门或者其他有关部门审查;施工图设计文件未经审查批准的,不得使用。

6. 有保证工程质量和安全的具体措施

建筑工程施工作业过程中,必须把工程的质量和安全问题放在第一位。施工组织设计中应当有根据工程特点编制的质量和安全的技术方案、技术措施。施工组织设计由施工单位负责编制,并进行审批,在开工前编制完毕。国家也从法律法规上进行了明确的规定,《建设工程质量管理条例》第13条规定:"建设单位在领取施工许可证或者开工报告之前,应当按照国家有关规定办理工程质量监督手续。"《建设工程安全生产管理条例》第10条第1款也规定:"建设单位在领取施工许可证时,应当提供建设工程有关安全施工措施的资料";第42条第1款规定:"建设行政主管部门在审核发放施工许可证时,应当对建设工程是否有安全措施进行审查,对没有安全施工措施的,不得颁发施工许可证"。

7. 建设资金已经落实

建筑活动需要较多的资金投入,建设单位在建筑工程施工过程中必须拥有足够的建设资金。一些建设单位为了赶建工程项目,强行要求施工企业垫付工程款项,转嫁资金风险,完全无视国家固定资产投资的宏观调控和企业自身经济状况。根据规定,申请领取施工许可证时必须有已经落实的建设资金,这是预防拖欠工程款、保证施工顺利进行的关键措施。对此,《建筑工程施工许可管理办法》第4条进一步具体规定为:

(1)建设工期不足一年的,到位资金原则上不得少于工程合同价的50%,建设工期超过一年的,到位资金原则上不得少于工程合同价的30%;

(2)建设单位应当提供银行出具的到位资金证明,有条件的可以实行银行付款保函或者其他第三方担保。

8. 法律、行政法规规定的其他条件

建筑工程申请领取施工许可证,除了应当具备以上7项条件外,还应当具备其他法律、行政法规规定的有关条件。这样规定的目的是同其他法律、行政法规的规定相衔接,避免出现法律的空白点,例如按照规定需要委托监理的工程应当进行了委托;另外,随着施工方法的改进,施工活动的情况复杂多变,申请领取施工许可证的条件也不是一成不变的。例如,根据《中华人民共和国消防法》(以下简称《消防法》),对于按规定需要进行消防设计的建筑工程,建设单位应当将其消防设计图纸报送公安消防机构审核;未经审核或者经审核不合格的,建设行政主管部门不得颁发施工许可证,建设单位不得施工。

发证机关在收到建设单位报送的《建筑工程施工许可证申请表》和所附证明文件后,对于符合条件的,应当自收到申请之日起15日内颁发施工许可证;对于证明文件不齐全或者失效的,应当限期要求建设单位补证,审批时间可以自证明文件补正齐全后作相应顺延;对于不符合条件的,应当自收到申请之日起15日内书面通知建设单位,并说明理由。

建筑工程在施工过程中,建设单位或者施工单位发生变更的,应当重新申请领取施工许可证。

2.2.3 施工许可证的有效期与延期

为了维护施工许可证的严肃性,应对其有效期和延期作出必要的规定。

施工许可证有效期,自领取施工许可证之日起3个月内有效,建设单位应当在3个月内开工。这是一项义务性规定,其目的是保证施工许可证的效力,便于发证机关进行监督。这里所说的"领取施工许可证之日",是指建设行政主管部门通知建设单位领取的日期,而不应当是当事人自主决定领取的日期,否则该日期的控制便失去了其行政管理的意义。

工程因故不能开工的,建设单位可以在许可证有效期届满之前向发证机关申请延期,并说明理由。该理由应当是合理的,例如发生不可抗力等。

延期以两次为限,每次不超过 3 个月,也就是说,延期最长为 6 个月,加上领取之日起的 3 个月,建设单位以合理理由不开工的最长期限为 9 个月。超过 9 个月仍不开工,则该证自行废止。

2.2.4　施工许可证和开工报告的管理

建设单位施工许可证的颁发,意味着认可了建设单位的开工条件。当这些条件面临变化的情况下,就存在不再符合开工条件的可能,因此就要废止施工许可证或者对其重新进行核验。

1. 施工许可证废止的条件

《建筑法》第 9 条规定:"建设单位应当从领取施工许可证之日起 3 个月内开工,因故不能按期开工的,应当向发证机关申请延期;延期以两次为限,每次不超过 3 个月。既不开工又不申请延期或者超过延期时限的,施工许可证自行废止。"

2. 重新核验施工许可证的条件

《建筑法》第 10 条规定:"在建的建筑工程因故中止施工的,建设单位应当自中止施工之日起一个月内,向发证机关报告,并按照规定做好建筑工程的维护管理工作。

建筑工程恢复施工时,应当向原发证机关报告;中止施工满 1 年的工程在恢复施工前,建设单位应当报发证机关核验施工许可证。"

3. 重新办理开工报告的条件

对于需要领取开工报告的工程,《建筑法》第 11 条规定:"按照国务院有关规定批准开工报告的建筑工程,因故不能按期开工或者中止施工的,应当及时向批准机关报告情况。因故不能按期开工超过 6 个月的,应当重新办理开工报告的批准手续。"

4. 未取得施工许可证擅自开工的后果

《建筑法》第 64 条规定:"违反本法规定,未取得施工许可证或者开工报告未经批准擅自施工的,责令改正,对不符合开工条件的责令停止施工,可以处以罚款。"

根据工程项目在违法开工时是否具备法定开工条件,可作出不同的处理:对经审查,确属符合法定开工条件的,在补办手续后准予其继续施工;对不符合开工条件的,则应责令建设单位停止施工,并可以处以罚款。

案例:

某火车站候车大厅改造工程为某市市委市政府年度重点工程,其建成并投入使用将对拉动该市经济起到重要作用。由于工程工期紧、任务重、工程量大,因此,市委市政府高度重视,成立了以市委副秘书长为总指挥的建设指挥部(即建设单位)。该工程未申请开工报告。

2009 年 2 月 12 日,建设单位与施工单位签订书面施工合同后,即组织人员、机械等进驻施工现场。按照施工合同的约定,开工日期的批准以建设单位下发的开工指令为准。

2009 年 2 月 28 日,项目监理机构以《监理工程师联系单》的形式,提醒和催促建设单位和项目管理单位尽快办理施工许可证。2009 年 3 月 3 日,在施工许可证未办理完成的情况下,建设单位向项目管理单位、监理单位、施工单位同时下发书面指令,指令工程开工,合同工期自 2009 年 3 月 3 日起计算。当日,项目监理机构及时签发了《监理工程师备忘录》,再次提醒建设单位和项目管理单位办理施工许可手续,并阐明在未办理施工许可证的情况下开工可能导致的后果。工程施工期间,质量监督站、安全监督站相关人员也参与了工程的监督和管理,并以书面形式向建设单位提出,要求尽快办理施工许可证。2009 年 6 月 15 日,该市城乡建设局建设监察支队接到某单位的举报后,来现场进行查处,对施工单位下发了工程暂停施工的责令改正通知书;对建设单位下发了工程整改的责令改正通知书。

分析:这是一起关于行政许可的事件。根据《建筑法》第 7 条规定:建筑工程开工前,建设单位应当按照国家有关规定向工程所在地县级以上人民政府建设行政主管部门申请领取施工许可证。这是建设单位开工前必须履行的一项法定义务。法律同时还规定,未取得施工许可证或者开工报告未经批准擅自施工的,责令改正,对不符合开工条件的责令停止施工,可以处以罚款。

2.3 从业单位资格许可

2.3.1 建设工程企业的必备条件

从事建筑活动的建筑施工企业、勘察单位、设计单位和工程监理单位,按照其拥有的注册资本金、专业技术人员、技术装备和已完成工程的业绩等资质条件,划分为不同的资质等级,经资质审查合格,取得相应等级的资质证书后,方可在其资质等级许可的业务范围内从事建筑活动。

2.3.2 建设工程企业的资质管理

1. 建设工程企业资质管理规定

国务院建设行政主管部门负责全国建筑业企业资质、建设工程勘察与设计资质、工程监理企业资质的归口管理工作,国务院铁道、交通、水利、信息产业、民航等有关部门应配合国务院建设行政主管部门实施相关资质类别和相应行业企业资质的管理工作。

新设立的企业,应到工商行政管理部门登记注册手续并取得企业法人营业执照后,方可到建设行政主管部门办理资质申请手续。任何单位和个人不得涂改、伪造、出借、转让企业资质证书,不得非法扣押、没收资质证书。

2. 建设工程企业资质分类管理

1) 建筑业企业资质管理

建筑业企业是指从事土木工程、建筑工程、线路管道设备安装工程、装修工程的新建、扩建、改建等活动的企业。

建筑业企业资质分为施工总承包、专业承包和劳务分包3个序列。

施工总承包资质、专业承包资质、劳务分包资质序列按照各自工程性质和技术特点,分别划分为若干资质类别,各资质类别按照各自规定的条件划分为若干等级。

(1)施工总承包企业可以承揽的业务范围。取得施工总承包资质的企业(以下简称施工总承包企业),可以从建设单位处承接施工总承包工程。施工总承包企业可以对所承接的施工总承包工程内各专业工程全部自行施工,也可以将专业工程或劳务作业工程依法分包给具有相应资质的专业承包企业或劳务分包企业。

(2)专业承包企业可以承揽的业务范围。取得专业承包资质的企业(以下简称专业承包企业),可以承接施工总承包企业分包的专业工程以及建设单位依法发包的专业工程。专业承包企业可以对所承接的专业工程全部自行施工,也可以将劳务作业工程依法分包给具有相应资质的劳务分包企业。

(3)劳务分包企业可以承揽的业务范围。取得劳务分包资质的企业(以下简称劳务分包企业),可以承接施工总承包企业或专业承包企业分包的劳务作业工程。

2)建设工程勘察设计资质管理

此处内容详见本书第5章相关部分。

3)工程监理企业资质管理

工程监理企业资质可分为综合资质、专业资质和事务所资质。其中,专业资质按照工程性质和技术特点划分为若干工程类别。

综合资质、事务所资质不分级别。专业资质分为甲级、乙级,其中,房屋建筑、水利水电、公路和市政公用专业资质可以设立丙级。

工程监理企业可以开展相应类别建设工程的项目管理、技术咨询等业务。

(1)综合资质可以承揽的业务范围:可以承揽所有专业工程类别建设工程项目的工程监理业务。

(2)专业资质可以承揽的业务范围:

① 专业甲级资质可承揽相应专业工程类别建设工程项目的工程监理业务。

② 专业乙级资质可承揽相应专业工程类别二级以下(含二级)建设工程项目的工程监理业务。

③ 专业丙级资质可承揽相应专业工程类别三级建设工程项目的工程监理业务。

(3)事务所资质可以承揽的业务范围:可承揽三级建设工程项目的工程监理业务,但是,国家规定必须实行强制监理的工程除外。

2.4 专业技术人员执业资格许可

2.4.1 专业技术人员执业资格许可概述

《建筑法》第14条规定:"从事建筑活动的专业技术人员,应当依法取得相应的执业资格证书,并在执业资格证书许可的范围内从事建筑活动。"

在我国,对建筑业专业技术人员实行执业资格制度,是指我国的建筑业专业人员在各自的专业范围内参加全国或行业组织的统一考试,获得相应的执业资格证书,经注册后在资格许可范围内执业的制度。建筑业专业人员执业资格制度是我国强化市场准入制度、提高项目管理水平的重要举措。我国目前在建筑业实行执业资格制度的专业技术人员包括:注册建筑师、注册结构工程师、注册监理工程师、注册造价工程师、注册咨询工程师、注册建造师等。

这些不同岗位的执业资格之间存在着许多共同点,这些共同点正是我国建筑业专业技术人员执业资格的核心内容,其共同点主要表现为如下几点。

(1)各岗位均需要参加统一考试:除依法考核认定取得执业资格证书的从业人员外,其他人员如需跨行业、跨区域执业的,均要参加全国统一考试;只在本行业内部执业的,需要参加本行业统一考试;只在本区域内部执业的,需要参加本区域统一考试。

(2)各考试合格后均需注册:以上考试通过后,只有经过注册后才能成为注册执业人员;没有注册的,即使通过了统一考试,也不能执业。

(3)各注册证书均有各自的执业范围:每个执业资格证书都限定了一定的执业范围,其范围也均由相应的法规或者规章所界定,注册执业人员不得超越范围执业。

(4)各专业注册人员均须接受继续教育:由于知识在不断更新,每一位注册执业人员都必须及时更新知识,因此都必须接受继续教育。接受继续教育的频率和形式由相应的法规或者规章所规定。

2.4.2　注册建造师执业资格

注册建造师是指通过考核认定或考试合格取得中华人民共和国建造师资格证书,并按照《注册建造师管理规定》注册,取得中华人民共和国注册建造师执业证书和执业印章,担任施工单位项目负责人以及从事相关活动的技术人员。

建造师分为一级建造师和二级建造师,本书主要介绍一级建造师的注册、管理、执业的有关规定。本书中所涉及的法律依据主要来源于2002年12月5日由人事部、建设部联合颁布的《建造师执业资格制度暂行规定》和2007年3月1日起施行的《注册建造师管理规定》。

取得建造师执业资格证书的人员,必须经过注册登记,方可以建造师名义执业。未取得注册证书和执业印章的,不得担任大中型建设工程项目的施工单位项目负责人,不得以注册建造师的名义从事相关活动。

1. 注册申请

取得一级建造师资格证书并且受聘于一个建设工程勘察、设计、施工、监理、招标代理、造价咨询等单位的人员,应当通过聘用单位向工商注册所在地的省、自治区、直辖市人民政府建设行政主管部门提出注册申请。

省、自治区、直辖市人民政府建设行政主管部门受理后提出初审意见,并将初审意见和全部申报材料报国务院建设主管部门审批;涉及铁路、公路、水利水电等专业的,由专业部门审核本专业资料,由国务院建设行政主管部门核发《中华人民共和国一级建造师注册证书》,并核定执业印章编号。

注册包括 4 种类型：初始注册、延续注册、变更注册、增项注册。

1) 初始注册

申请人申请初始注册时应当具备以下条件：

(1) 经考核认定或者考试合格取得资格证书；

(2) 受聘于一个相关单位；

(3) 达到继续教育要求；

(4) 没有法律中明确规定不予注册的情形。

初始注册者，应当自资格证书签发之日起 3 年内提出申请，逾期未提出申请者，须达到本专业继续教育的要求后方可申请初始注册。

2) 延续注册

注册有效期满需要继续执业的，申请者应当在注册有效期满 30 日前，按照《注册建造师管理规定》第 7 条和第 8 条的规定申请延续注册，延续注册的，有效期为 3 年。

3) 变更注册

注册有效期内，注册建造师变更执业单位，应当与原聘用单位解除劳动关系，并按照规定办理变更注册手续，变更注册后仍延续原注册有效期。

4) 增项注册

注册建造师需要增加执业专业的，应按照规定申请专业增项注册，并提供相应的资格证明。专业增项注册申报资料由申请表和材料附件两部分组成。

2. 受理

对于申请初始注册的，省、自治区、直辖市人民政府建设行政主管部门应当自受理申请之日起，20 日内审查完毕，并将申请材料和初审意见报至国务院建设主管部门；国务院建设主管部门应当自收到省、自治区、直辖市人民政府建设行政主管部门上报材料之日起，20 日内审批完毕并作出书面决定；有关部门应当在收到国务院建设主管部门移送的申请材料之日起，10 日内审核完毕，并将审核意见报国务院建设主管部门。

对于申请变更注册、延续注册的，省、自治区、直辖市人民政府建设行政主管部门应当自受理申请之日起 5 日内审查完毕；国务院建设主管部门应当自收到省、自治区、直辖市人民政府建设行政主管部门上报材料之日起 10 日内审批完毕并作出书面决定；有关部门在收到国务院建设主管部门移送的申请材料后，应当在 5 日内审核完毕，并将审核意见报国务院建设主管部门。

3. 不予注册的情形

申请人有下列情形之一的，将不予注册：

(1) 不具备完全民事行为能力；

(2) 申请在两个或两个以上单位注册；

(3) 未达到注册建造师继续教育要求；

(4) 受到刑事处罚，刑事处罚尚未执行完毕；

(5) 因执业活动受到刑事处罚，自刑事处罚执行完毕之日起至申请注册之日止不满 5 年；

(6) 因前款规定以外的原因受到刑事处罚，自刑事处罚执行完毕之日起至申请注册之日止不满 3 年；

(7) 被吊销注册证书,自处罚决定之日起至申请注册之日止不满2年;

(8) 在申请注册之日前3年内担任项目经理期间,所负责项目发生过重大质量和安全事故;

(9) 申请人的聘用单位不符合注册单位要求;

(10) 年龄超过65周岁;

(11) 法律、法规规定不予注册的其他情形。

4. 注册证书和执业印章失效的情形

注册建造师有下列情形之一的,其注册证书和执业印章失效:

(1) 聘用单位破产的;

(2) 聘用单位被吊销营业执照的;

(3) 聘用单位被吊销或者撤回资质证书的;

(4) 已与聘用单位解除聘用合同关系的;

(5) 注册有效期满且未延续注册的;

(6) 年龄超过65周岁的;

(7) 死亡或不具有完全民事行为能力的;

(8) 其他导致注册失效的情形。

5. 收回注册证书和执业印章的情形

有下列情形之一的,由注册机关办理注销手续,收回注册证书和执业印章或者公告其注册证书和执业印章作废:

(1) 有上条规定的印章失效情形发生的;

(2) 依法被撤销注册的;

(3) 依法被吊销注册证书的;

(4) 受刑事处罚的;

(5) 法律、法规规定的应当注销注册的其他情形。

6. 注册证书和执业印章的注销

聘用企业与注册建造师解除劳动关系的,应当及时申请办理注销注册或变更注册。聘用企业与注册建造师解除劳动合同关系后无故不办理注销注册或变更注册的,注册建造师可以向省级建设主管部门申请注销注册证书和执业印章。

注册建造师要求注销注册或变更注册的,应当提供与原聘用企业解除劳动关系的有效证明材料。建设主管部门经向原聘用企业核实,聘用企业在7日内没有提供书面反对意见和相关证明材料的,应当配合办理注销注册或变更注册。

7. 执业范围

《建造师执业资格制度暂行规定》规定,一级建造师可以在全国范围内以一级注册建造师的名义执业。通过二级建造师资格考核认定,或参加全国统考取得二级建造师资格证书并经注册的人员,可以在全国范围内以二级建造师的名义执业。工程所在地各级建设主管部门和有关部门不得增设或变相增设工程项目执业准入条件。

1) 原则性规定

建造师经注册后,有权以建造师名义担任建设工程施工的项目经理及从事其他施工管

理活动。根据《建造师执业资格制度暂行规定》,建造师的执业范围包括:

(1) 担任建设工程项目施工的项目经理;

(2) 从事其他施工活动的管理工作;

(3) 法律、行政法规或国务院建设行政主管部门规定的其他业务。

2) 具体规定

《注册建造师管理规定》对建造师执业范围作出了进一步规定。

(1) 受聘单位的性质

《注册建造师管理规定》第20条规定,取得资格证书的人员应受聘于一个具有建设工程勘察、设计、施工、监理、招标代理、造价咨询等一项或多项资质的单位,经注册后方可从事相应的执业活动。担任施工单位项目负责人的,应受聘并注册于一个具有施工资质的企业。

(2) 受聘单位的变更

由于施工项目负责人在施工项目上的重要地位,《注册建造师执业管理办法(试行)》规定,注册建造师担任施工项目负责人期间原则上不得更换。但若发生以下情况,则应当办理书面交接手续后更换施工项目负责人:

① 发包方与注册建造师受聘企业已解除承包合同;

② 发包方同意更换项目负责人;

③ 因不可抗力等特殊情况必须更换项目负责人。

(3) 对执业岗位的规定

《注册建造师管理规定》第21条规定以及2008年2月26日施行的《注册建造师执业管理办法(试行)》第9条规定,注册建造师不得同时在两个及两个以上的建设工程项目上担任施工单位项目负责人。发生下列情形之一的除外:

① 同一工程相邻分段发包或分期施工的;

② 合同约定的工程验收合格的;

③ 因非承包方原因致使工程项目停工超过120天(含),经建设单位同意的。

《注册建造师管理规定》第21条同时规定,注册建造师可以从事建设工程项目总承包管理或施工管理,建设项目管理服务,建设工程技术经济咨询,以及法律、行政法规和国务院建设主管部门规定的其他业务。

《注册建造师管理规定》第21条同时指出,注册建造师的具体执业范围应当按照《注册建造师执业工程规模标准》执行。

8. 基本权利与义务

1) 权利

注册建造师享有以下权利:

(1) 使用注册建造师名称;

(2) 在规定范围内从事执业活动;

(3) 在本人执业活动中形成的文件上签字并加盖执业印章;

(4) 保管和使用本人注册证书、执业印章;

(5) 对本人执业活动进行解释和辩护;

(6) 接受继续教育;

(7) 获得相应的劳动报酬;

(8) 对侵犯本人权利的行为进行申述。

2) 义务

注册建造师应当履行下列义务：

(1) 遵守法律、法规和有关管理规定,恪守职业道德;

(2) 执行技术标准、规范和规程;

(3) 保证执业成果的质量,并承担相应责任;

(4) 接受继续教育,努力提高执业水准;

(5) 保守在执业中知悉的国家秘密和他人的商业、技术等秘密;

(6) 与当事人有利害关系的,应当主动回避;

(7) 协助注册管理机关完成相关工作。

同时,《注册建造师管理规定》第 26 条规定,注册建造师不得有下列行为：

(1) 不履行注册建造师义务;

(2) 在执业过程中,索贿、受贿或者谋取合同约定费用外的其他利益;

(3) 在执业过程中实施商业贿赂;

(4) 签署有虚假记载等不合格的文件;

(5) 允许他人以自己的名义从事执业活动;

(6) 同时在两个或者两个以上单位受聘或者执业;

(7) 涂改、倒卖、出租、出借、复制或以其他形式非法转让资格证书、注册证书和执业印章;

(8) 超出执业范围和聘用单位业务范围内从事执业活动;

(9) 法律、法规、规章禁止的其他行为。

2008 年施行的《注册建造师执业管理办法(试行)》则进一步规定,注册建造师不得有下列行为：

(1) 不按设计图纸施工;

(2) 使用不合格建筑材料;

(3) 使用不合格设备、建筑构配件;

(4) 违反工程质量、安全、环保和用工方面的规定;

(5) 在执业过程中,索贿、行贿、受贿或者谋取合同约定费用外的其他不法利益;

(6) 签署弄虚作假或在不合格文件上签章;

(7) 以他人名义或允许他人以自己的名义从事执业活动;

(8) 同时在两个或者两个以上企业受聘并执业;

(9) 超出执业范围和聘用企业业务范围从事执业活动。

9. 建造师的签字盖章行为

《注册建造师管理规定》第 21 条规定,建设工程施工活动中形成的有关工程施工管理文件,应当由注册建造师签字并加盖执业印章。施工单位签署质量合格的文件上,必须有注册建造师的签字盖章。

《注册建造师执业管理办法(试行)》对于建造师的签字盖章行为作出了进一步规定。

1) 签字盖章行为的效力

担任建设工程施工单位项目负责人的注册建造师对其签署的工程管理文件应承担相应

的责任。注册建造师签章完整的工程施工管理文件方为有效。

因延续注册、企业名称变更或印章污损遗失不能及时盖章的,经注册建造师聘用企业出具书面证明后,可先在规定文件上签字后补盖执业印章,直到完成签章手续。

需要修改注册建造师签字并加盖执业印章的工程施工管理文件,应当征得所在企业同意后,由注册建造师本人进行修改;注册建造师本人不能进行修改的,应当由企业指定具备同等资格条件的注册建造师修改,并由其签字并加盖执业印章。

2）签字盖章的义务

担任建设工程施工单位项目负责人的注册建造师在执业过程中,应当及时、独立完成建设工程施工管理文件签章的工作,无正当理由不得拒绝在文件上签字并加盖执业印章。

担任工程项目技术、质量、安全等岗位的注册建造师,是否要在有关文件上签章,由企业根据实际情况自行规定。

3）拒绝违法签章的权利

注册建造师有权拒绝在不合格或者含有弄虚作假内容的建设工程施工管理文件上签字并加盖执业印章。

4）专业工程文件的签字盖章

建设工程合同包含多个专业工程的,担任建设工程施工单位项目负责人的注册建造师,负责该工程施工管理文件的签章。

专业工程独立发包时,注册建造师执业范围涵盖该专业工程的,可担任该专业工程施工项目负责人。

分包工程施工管理文件应当由分包企业注册建造师签章。分包企业签署质量合格的文件上,则应当由担任总包项目负责人的注册建造师签章。

10. 监督管理部门

国务院建设主管部门对全国注册建造师的注册、执业活动实施统一的监督管理;国务院铁路、交通、水利、信息产业、民航等有关部门按照国务院规定的职责分工,对全国有关专业工程注册建造师的执业活动进行监督管理。

县级以上地方人民政府建设主管部门对本行政区域内的注册建造师的注册、执业活动进行监督管理;县级以上地方人民政府交通、水利、通信等有关部门在各自职责范围内,对本行政区域内有关专业工程注册建造师的执业活动进行监督管理。

国务院建设主管部门应当将注册建造师注册信息告知省、自治区、直辖市人民政府建设主管部门。

省、自治区、直辖市人民政府建设主管部门应当将注册建造师注册信息告知本行政区域内市、县、市辖区人民政府建设主管部门。

11. 监督管理措施

1）撤销注册

注册建造师违法从事相关活动的,违法行为发生地县级以上地方人民政府建设主管部门或者其他有关部门应当依法查处,并将违法事实、处理结果告知该注册建造师的注册机关。

依法应当撤销注册的,违法行为发生地县级以上地方人民政府建设主管部门或其他有关部门应当将违法事实、处理建议以及有关材料及时报告该注册建造师的注册机关。

有下列情形之一的,注册机关依据职权或根据利害关系人的请求,可以撤销注册建造师的注册:

(1) 注册机关工作人员滥用职权、玩忽职守作出准予注册许可的;

(2) 超越法定职权作出准予注册许可的;

(3) 违反法定程序作出准予注册许可的;

(4) 对不符合法定条件的申请人颁发注册证书和执业印章的;

(5) 依法可以撤销注册的其他情形。

申请人以欺骗、贿赂等不正当手段获准注册的,应当予以撤销。

2) 建造师信用档案管理

注册建造师及其聘用单位应当按照要求,向注册机关提供真实、准确、完整的注册建造师信用档案信息。注册建造师信用档案应当包括注册建造师的基本情况、业绩、良好行为、不良行为等内容。违法违规行为、被投诉举报处理、行政处罚等情况应当作为注册建造师的不良行为记入其信用档案。

注册建造师信用档案信息按照有关规定向社会公示,公众有权查阅。

12. 建造师的考试

1) 考试的级别、内容、时间

一级建造师执业资格考试实行统一大纲、统一命题、统一组织的制度,由人事部、建设部共同组织实施,原则是每年组织一次考试。

人事部负责审定一级建造师执业资格考试科目、考试大纲和考试试题,组织各项考务工作;同时与建设部共同对考务工作进行检查、监督、指导并确定合格标准。

建设部负责编制一级建造师执业考试大纲和命题组织工作,统一部署建造师执业资格的培训等各项工作。

一级建造师执业资格考试设《建设工程经济》《建设工程法规及相关知识》《建设工程项目管理》和《专业工程管理与实务》共4个科目。其中前3个科目属于综合知识与能力考核部分,第4个科目属于专业知识与能力考核部分。《专业工程管理与实务》按照建设工程专业要求可以具体划分为建筑工程、公路工程、铁路工程、民航机场工程、港口与航道工程、水利水电工程、市政公用工程、通信与广电工程、矿业工程和机电工程共计10个专业类别。

二级建造师执业资格考试实行全国统一大纲,各省、自治区、直辖市分别组织命题和考试的制度。

人事部负责审定考试大纲,各省、自治区、直辖市人事厅(局),建设厅(委)按照国家确定的考试大纲及有关规定,在本地区组织二级建造师执业资格考试。

二级建造师执业资格考试设《建设工程施工管理》《建设工程法规及相关知识》和《专业工程管理与实务》共3个科目。《专业工程管理与实务》按照建设工程专业要求可以具体划分为建筑工程、公路工程、水利水电工程、市政公用工程、矿业工程和机电工程共计6个专业类别。

考试成绩的管理实行2年一个滚动周期的管理办法,并且应试人员须在连续的两个考试年度内通过全部考试科目。

2) 参加考试的条件

申请参加注册建造师考试,应当符合国家规定的教育标准和职业要求。凡遵守国家法

律、法规,具备下列条件之一者,可以申请参加一级建造师执业资格考试:

(1)取得工程类或工程经济类大学专科学历,工作满 6 年,其中从事建设工程项目施工管理工作满 4 年。

(2)取得工程类或工程经济类大学本科学历,工作满 4 年,其中从事建设工程项目施工管理工作满 3 年。

(3)取得工程类或工程经济类双学士学位或研究生班毕业,工作满 3 年,其中从事建设工程项目施工管理工作满 2 年。

(4)取得工程类或工程经济类硕士学位,工作满 2 年,其中从事建设工程项目施工管理工作满 1 年。

(5)取得工程类或工程经济类博士学位,从事建设工程项目施工管理工作满 1 年。

已经取得一级建造师执业资格证书的人员,可根据实际工作需要,选择报考《专业工程管理与实务》科目中的相应专业。考试合格后核发国家统一印制的相应专业合格证明。该证明为注册时增加职业专业类别的依据。

参加一级建造师考试合格后,由各省、自治区、直辖市人事部门颁发人事部统一印制,人事部、建设部用印的《中华人民共和国一级建造师执业资格证书》。该证书在全国范围内有效。

参加二级建造师考试合格后,由各省、自治区、直辖市人事部门颁发由人事部、建设部统一格式的《中华人民共和国二级建造师执业资格证书》。该证书在所处行政区域内有效。

复习思考题

2-1 简述建筑工程施工许可证的申领时间与范围。

2-2 简述建筑工程施工许可证的申领条件。

2-3 简述施工许可证的有效期与延期的具体要求。

2-4 简述建筑业企业资质序列类别和各类别可承揽的工程。

2-5 简述建造师注册的类别和各自的含义。

2-6 简述建造师注册中不予注册的情形。

第3章

建筑工程发包与承包法规及招标投标法规

3.1 建筑工程发包与承包法规

发包和承包是指按照提前定好的协议,作为承包方的当事人为作为发包方的当事人完成某项工作,发包人接受了工作成果并支付相应的工作报酬的行为。发包和承包是经济活动中统一而对立的两方面,缺一不可。

建筑工程的发包和承包,是指在市场经济活动中,建设单位作为发包单位,将需要完成的建筑工程的勘察、设计、施工等全部工作或者其中一部分工作交给作为承包方的勘察、设计或者施工单位去完成,并且按照双方约定支付工作报酬的行为。在此过程中,各个承包方应当通过参加平等的市场竞争来获取工程项目的承包权利,这是建筑活动适应市场经济的必然结果。

健康的建筑工程发包和承包市场,将有助于激发企业能动性,使市场充满竞争活力,改变传统计划经济体制下僵硬的制度,促进建筑行业健康发展。

3.1.1 建筑工程发包与承包的原则

建筑工程发包和承包是一项特殊的商品交易活动,也是一项重要的法律活动,所以,当事人双方在该活动中应当共同遵守交易法则,依照国家法律和政策规定进行,以确保交易活动顺利、高效和公平地进行。《建筑法》对发包和承包的原则作了如下规定。

(1)承发包双方应当依法订立书面合同并全面履行合同义务的原则。

由于建筑工程的标的物——建筑产品是特殊的商品,有关其各方面规定的合同内容错综复杂,合同履行期较长,为明确双方权利和义务,避免不必要的纠纷产生,减少和规避可预见的风险,《建筑法》和《合同法》都明确规定,建筑工程承包合同应当采用书面形式订立,合同执行过程中出现的合同内容变更等问题也应当采用书面形式确认。全部或部分使用国有资金投资或国家融资的项目,应当采用国家发布的建设工程示范合同文本。

(2)建筑工程发包和承包实行以招标、投标为主,直接发包为辅的原则。

建筑工程发包可以采用招标发包和直接发包两种。招标发包是适应市场经济的一种科学先进的运作模式,也是国际通用的采购方式,已经逐渐得到国家的重视,在《建筑法》中明确规定,建筑工程依法实行招标发包,对不适于招标发包的可以直接发包。《招标投标法》也对招标的各个方面做了明确具体的规定,其内容详见第 4 章相关部分。

(3) 禁止发包方、承包方采取不正当竞争手段的原则。

发包单位及其工作人员不得在建筑工程发包过程中收受贿赂、回扣或索取其他好处;承包单位及其工作人员不得利用向发包单位及其工作人员行贿、提供好处或给予其他好处等不正当竞争手段获取工程,损害其他承包人的合法权益。

(4) 建筑工程依法确定合同价款的原则。

建筑工程合同价款的确定,应当依照国家有关规定,由发包单位和承包单位以合同方式约定;全部或部分使用国有资金或者国家融资的工程项目,应当按照国家发布的工程计价方式和定额标准进行价格评定,确定工程价款。

2001 年 11 月 5 日中华人民共和国建设部发布第 107 号部令,出台了《建筑工程施工发包与承包计价管理办法》(以下简称《办法》),该办法自 2001 年 12 月 1 日起施行。根据《办法》规定,工程发包和承包计价包括编制施工预算、招标标底、投标报价、工程结算和签订合同价等活动内容。

3.1.2 建筑工程发包

1. 发包的方式

建设工程的发包方式主要有两种:招标发包和直接发包。《建筑法》第 19 条规定:"建筑工程依法实行招标发包,对不适用于招标发包的可以直接发包。"

建设工程的招标发包,主要适用《招标投标法》及其有关规定。招标发包可以分为两种方式:一种是公开招标发包,即由建设单位依法定程序,在规定的公开的媒体上发布招标公告,公开提供招标文件,为所有潜在投标人提供可以平等参与竞争投标的机会,从中选择最恰当的投标候选人作为中标人;另一种方式称为邀请招标发包,即由招标人根据已经掌握的情况,预先确定一定数量的符合招标项目基本要求的潜在投标人并发出邀请,从中选择合适的中标人。全部或者部分使用国有资金投资或国家融资的建设项目,应当依法采用招标方式进行发包。

建筑工程一般采用招标发包,只有不适用于招标发包的保密工程、特殊专业工程等可以进行直接发包,即发包人直接与承包人签订承包合同,但是承包人依然要符合资质的要求。《建筑法》第 22 条规定,"建筑工程实行直接发包的,发包单位应当将建筑工程发包给具有相应资质条件的承包单位"。

2. 国家提倡实行工程总承包

建筑工程总承包制度是承包方式多样化的必然产物,也是我国工程建设领域不断改革不断深入的结果。《建筑法》第 24 条第 2 款规定:"建筑工程的发包单位可以将建筑工程的勘察、设计、施工、设备采购一并发包给一个工程总承包单位,也可以将建筑工程勘察、设计、施工、设备采购的一项或者多项发包给一个工程总承包单位"。

工程总承包的具体工作内容和工作方式,由发包单位和承包单位在合同中共同约定。一般来说,我国目前采用的工程总承包方式有如下几种。

1) 设计采购施工(EPC)/交钥匙总承包

EPC 是英文"engineer、procure、construct"首字母缩写,其中文含义是对一个工程负责进行"设计、采购、施工"。

设计采购施工总承包合同,是指工程总承包单位按照合同约定,承担工程项目的设计、采购、施工、试运行服务等工作,并对承包工程的质量、安全、工期和造价等全面负责。该模式最终是向业主提交一个满足使用功能并且具有使用条件的工程项目。

国外的工程公司(在国内称为设计院)负责给业主进行工程建设时通常采用这种模式,即设计、采购、施工三个阶段都负责;目前国内很多实力雄厚的公司也都将这种模式运作得越来越好。从业主的角度考虑,如果采用 EPC 建设模式,需要考察一些战略层次的问题,如业主的目的和专业能力、EPC 与传统 DBB 模式的优缺点、成本和对项目的控制,当然还需要考虑战术层面的问题。

2) 设计-施工(D-B)总承包合同

设计-施工总承包合同是指工程总承包企业按照合同约定,承担工程项目设计和施工任务,并对承包工程的质量、安全、工期和造价等全面负责。

根据工程项目的不同规模、类型和业主要求,工程总承包还可采用设计-采购(E-P)总承包、采购-施工(P-C)总承包等方式。

3. 禁止将建设工程肢解发包和指定采购

1) 禁止发包单位将建设工程肢解发包

根据《建设工程质量管理条例》第 78 条规定,"肢解发包"是指"建设单位将应当由一个承包单位完成的建设工程分解成若干部分发包给不同的承包单位的行为"。肢解发包容易导致以下弊端的产生:

(1) 肢解发包可能会导致发包人变相规避正常招标;

(2) 肢解发包将不利于投资和进度目标的控制;

(3) 肢解发包也会增加发包的成本;

(4) 肢解发包增加了发包人管理的成本。

由于肢解发包存在诸如上述这些弊端,所以,《建筑法》第 24 条规定:"禁止将建筑工程肢解发包"。

2) 发包单位不得指定承包单位采购

《建筑法》第 25 条规定:"按照合同约定,建筑材料、建筑构配件和设备由工程承包单位采购的,发包单位不得指定承包单位购入用于工程的建筑材料、建筑构配件和设备或者指定生产厂、供应商。"

建筑材料、建筑构配件和设备的采购主要有 3 种形式:

(1) 由建设单位负责采购;

(2) 由承包商负责采购;

(3) 由双方约定的供应商供应。

无论采用上面何种形式,均应由当事人自由约定。实践中,建筑材料、建筑构配件和设备,主要由承包单位负责采购,并且应当在合同中明确责任,择优选购,加强检验收,切实保证材料、设备的质量符合各项要求。如果是发包单位需要自行订货采购的,应当在合同中明确约定发包人的供货品种、规格、型号、数量、单价、质量等级、供货时间和地点等。如果双方约定建筑材料和设备是由承包商采购的,则建设单位就不得非法干预其采购过程,更不可以直接为承包商指定生产厂、供应商,否则建设单位将构成违约行为,承包单位亦有权拒绝;

如果由于发包单位指定的建筑材料、构配件或设备不符合强制性标准而造成建设工程质量缺陷的,发包单位应当承担过错责任。

3.1.3　建筑工程承包

1. 工程承包单位的资质等级许可制度

我国对工程承包单位(包括勘察、设计、施工单位)实行资质等级许可制度。《建筑法》第26条第1款规定:"承包建筑工程的单位应当持有依法取得的资质证书,并在其资质等级许可的业务范围内承揽工程。"

资质证书是指承包建筑工程的单位承包建筑工程所必须具备的凭证。承包建筑工程的单位,包括建筑施工企业,监理单位,勘察、设计单位等。根据单位性质和技术、设备不同,资质等级也不尽相同。各单位所承担的业务范围主要由其级别等级决定。一般来说,高资质等级的单位可以承揽低资质单位的业务,但是低资质等级的单位不能从事高资质等级单位的业务。

《建筑法》第26条第2款对违反资质许可制度的行为作出如下规定:

(1) 禁止建筑施工企业超越本企业资质等级许可的业务范围承揽工程;

(2) 禁止以任何形式用其他建筑施工企业的名义承揽工程;

(3) 禁止建筑施工企业以任何形式允许其他单位或者个人使用本企业的资质证书、营业执照,以本企业名义承揽工程。

2. 建筑工程联合承包制度

《建筑法》第27条规定:"大型建筑工程或者结构复杂的建筑工程,可以由两个以上的承包单位联合共同承包。共同承包的各方对承包合同的履行承担连带责任。""两个以上不同资质等级的单位实行联合共同承包的,应当按照资质等级较低的单位的业务许可范围承揽工程。"

承包单位实行联合承包的前提是,大型的或者结构复杂的建筑工程,也就是说,中型、小型或者结构虽然可能特殊但是技术方法并不复杂的工程,都不应当作为联合承包的工程进行施工。至于如何界定大型建筑工程以及结构复杂的建筑工程,应当以国务院、地方政府或国务院有关部门确定的标准为准。一般来说,大型建筑工程应以建筑面积或总造价划分;结构复杂的建筑工程应是结构专业性较强的工程。

联合承包的责任分担,应当是共同承包各方对承包合同履行承担连带责任。连带责任是指联合体一方不能履行义务时,由另一方来承担责任。对于联合体,设置连带责任的目的是加强联合体内部各个当事人的责任感,防患于未然,使建筑工程联合承包能够健康活跃地发展。

高资质与低资质企业进行联合承包时,应当按照资质等级较低的业务许可范围承揽工程。两个以上不同资质类别的承包单位进行联合承包的,应当按照联合体内部分工,各自按照资质等级和类别承揽工程。

案例:

甲施工单位与乙施工单位联合承包一工程。甲施工单位负责沿途桥梁施工,乙负责道路施工。现由于乙施工质量问题,发包人不但通知甲与乙整改,且提出500万索赔。甲认为自己负责的施工部门并没有问题,拒绝了建设单位的要求。

分析:联合承包各方对外的责任承担原则是不区分各自合同义务的,即不能以内部分工为由对不属于自己施工范围的部分不承担责任,故发包人针对施工质量问题,向联合体任何一方主张权利均符合规定。实践中,承包人应选择实力强信誉好社会评价高的单位组成联合体,同时还应在双方合同中明确规定内部分工和责任分担,并确定对外承担责任后的追偿方式。

3.1.4 建筑工程分包

1. 分包的含义

分包是指总承包单位将其所承包的工程中的部分工程发包给其他承包单位完成的活动。分包可以分为专业工程分包和劳务作业分包。

专业工程分包是指总承包单位将其所承包工程中的专业工程发包给具有相应资质条件的其他承包单位完成的活动。

劳务作业分包是指总承包单位或者专业承包单位将其所承包工程中的劳务作业发包给具有相应资质的其他劳务分包单位完成的活动。

2. 对分包的资质管理

《建筑法》第29条规定:"建筑工程总承包单位可以将承包工程中的部分工程发包给具有相应资质条件的分包单位。"

(1)施工总承包企业,获得该资质等级的企业,可以对工程实行施工总承包或对主体工程实行承包。承担工程总承包的企业可以对其所承接工程全部自行完成,也可将非主体工程或劳务作业工程分包给具有相应专业承包资质或劳务分包资质的其他建筑企业。

(2)具有专业承包资质的企业,可以承接施工总承包单位分包的专业工程或建设单位按照法律规定发包的专业工程。专业承包企业可以对所承接的工程全部自行施工,也可将劳务作业分包给具有相应劳务分包资质的劳务分包企业。

(3)具有劳务分包资质的企业,可以承接施工总承包企业或专业承包企业分包的劳务作业。

3. 对分包单位的认可

《建筑法》第29条进一步规定:"除总承包合同中约定的分包外,必须经建设单位认可。"

这条规定实际赋予了建设单位对分包商的否决权,即没有经过建设单位认可的分包商是违法的分包商。尽管《建筑法》将建设单位可以认可的范围局限于"总承包合同中约定的分包单位"以外的分包商,但是,由于总承包合同中的分包单位已经在签订合同时得到了建设单位的认可,所以,实际上需要建设单位认可的分包单位的范围包含了所有的分包单位。

应该注意的是,认可分包单位和指定分包单位是不同的。认可是在总承包单位已经作出选择的基础上进行确认;指定应当首先由建设单位作出选择。在我国,直接指定分包商是违法的,《房屋建筑和市政基础设施工程施工分包管理办法》第7条明确规定:"建设单位不得直接指定分包工程承包人。"《工程建设项目施工招标投标办法》第66条同时规定："招标人不得直接指定分包人"。在国外,指定分包商的行为是合法的,《FIDIC施工合同条件》中就有指定分包商的条款。

4. 禁止违法分包

《建筑法》明确禁止违法实施分包。《建设工程质量管理条例》将违法分包的情形界定为以下几种。

(1)总承包单位将建设工程分包给不具备相应资质条件的单位的;

(2)建设工程总承包合同中未有约定,又未经建设单位认可,承包单位将其承包的部分建设工程交由其他单位完成的;

(3)施工总承包单位将建设工程主体结构的施工分包给其他单位的;

(4)分包单位将其承包的建设工程再分包的。

5. 总承包单位与分包单位的连带责任

《建筑法》第29条第2款规定："建筑工程总承包单位按照总承包合同的约定对建设单位负责;分包单位按照分包合同的约定对总承包单位负责。总承包单位和分包单位就分包工程对建设单位承担连带责任。"

连带责任既可以由合同约定产生,也可以依照法律规定产生。建设单位虽然和分包单位之间没有合同关系,但是当分包工程由于分包单位原因引发质量、安全、进度等方面问题而给建设单位造成损失时,建设单位既可以根据总承包合同向总承包单位追究违约责任,也可以根据法律规定直接要求分包单位承担损失赔偿责任,分包单位不得拒绝。总承包单位和分包单位之间对责任划分的问题,应当根据双方的合同约定或各自过错大小确定;一方向建设单位承担的责任超过其承担份额的,即由于对方过失向建设单位承担了责任的,该方有权向另一方追偿。

6. 禁止转包

转包是指承包单位不行使作为承包者的管理职能,将其所承担的工程完全转给他人进行承包的行为。转包与分包的主要区别在于分包是将一部分工程交由其他单位完成,而转包则是将所有工程全部交由其他单位完成。

转包的形式主要有两种:一种是承包单位将其承包的全部建筑工程转包给他人进行施工;另一种是承包单位将其承包的全部工程肢解后以分包的名义发包给其他承包人,也即变相转包。《建筑法》第28条规定："禁止承包单位将其承包的全部建筑工程转包给他人,禁止承包单位将其承包的全部建筑工程肢解以后以分包的名义分别转包给他人。"

另外,按照法律规范进行分包的工程,分包人在工程分包后,没有在施工现场设立项目管理机构并派驻相应人员的,且未对该工程的施工活动进行组织管理的,应视为转包行为。

案例:

甲施工公司中标了某大型建设项目的桩基工程施工任务,但该公司拿到桩基工程后,由于施工力量不足,就将该工程全部转交给了具有桩基施工资质的乙公司。双方签订了《桩基工程施工合同》,就合同单价、暂定总价、工期、质量、付款方式、结算方式以及违约责任等作了约定。在合同签订后,乙公司组织实施并完成了该桩基工程施工任务。建设单位在组织竣工验收时,发现有部分桩基工程质量不符合规定的质量标准,便要求甲公司负责返工、修理,并赔偿因此造成的损失。但甲公司以该桩基工程已交由乙公司施工为由,拒不承担任何的赔偿责任。

分析:《建筑法》第28条规定:"禁止承包单位将其承包的全部建筑工程转包给他人,禁止承包单位将其承包的全部建筑工程肢解以后以分包的名义分别转包给他人。"

根据《建设工程质量管理条例》第78条规定,本条例所称转包,是指承包单位承包建设工程后,不履行合同约定的责任和义务,将其承包的全部建设工程转给他人或者将其承包的全部建设工程肢解以后以分包的名义分别转给其他单位承包的行为。

《建筑法》第67条规定,承包单位将承包的工程转包的,应责令改正,没收违法所得,并处罚款,可以责令停业整顿,降低资质等级;情节严重的,吊销资质证书。承包单位有以上规定的违法行为的,对因转包工程或者违法分包的工程不符合规定的质量标准造成的损失,与接受转包或者分包的单位承担连带赔偿责任。

《建设工程质量管理条例》第62条也规定,违法承包单位将承包的工程转包或者违法分包的,责令改正,没收违法所得,对施工单位处工程合同价款 0.5% 以上 1% 以下的罚款;可以责令停业整顿,降低资质等级;情节严重的,吊销资质证书。

3.2　建筑工程招标投标法规

《中华人民共和国招标投标法》(以下简称《招标投标法》)由中华人民共和国第九届全国人民代表大会常务委员会第十一次会议于 1999 年 8 月 30 日通过,自 2000 年 1 月 1 日起施行。

《招标投标法》的立法目的在于规范招标投标活动,保护国家利益、社会公共利益和招标投标活动当事人的合法权益,提高经济效益,保证项目质量。本法对在中华人民共和国境内进行的招标投标活动适用。

《招标投标法》共包括 68 条,分别从招标、投标、开标、评标和中标等各主要阶段对招标投标活动作出了规定。

《招标投标法》出台之后,中华人民共和国国家发展计划委员会于 2000 年 5 月 1 日发布了《工程建设项目招标范围和规模标准规定》,2000 年 7 月 1 日发布了《招标公告发布暂行办法》和《工程建设项目自行招标试行办法》;建设部于 2000 年 6 月 30 日发布了《工程建设项目招标代理机构资格认定办法》,2000 年 10 月 18 日发布了《建筑工程设计招标投标管理办法》,2001 年 6 月 1 日发布了《房屋建筑和市政基础设施工程施工招标投标管理办法》;2001 年 7 月 5 日,国家发展计划委员会、建设部等七部(委)联合发布了《评标委员会和评标方法》。

2013 年 3 月 11 日,国家发展和改革委员会、工业和信息化部、财政部、住房和城乡建设部、交通运输部、铁道部、水利部、国家广播电影电视总局、中国民用航空局令第 23 号修订,《工程建设项目施工招标投标办法》于 2013 年 5 月 1 日起施行。

建筑工程招标投标是指在市场经济条件下进行的关于工程建设项目进行发包承包时所采用的一种交易方式。招标投标作为一种交易活动的方式引入市场,意味着将竞争机制引入了项目的交易过程。它能够有效地减少甚至杜绝行贿受贿的腐败现象,避免不正当竞争的行为,节省并合理使用社会资源,保证项目建设公平竞争,对提高建设项目质量具有显著的优越性。

3.2.1　建筑工程招标投标概述

招标是招标人依法提出招标项目及其相应的要求和条件,通过发布招标公告或发出投标邀请书吸引潜在投标人参加投标的行为。

投标是投标人响应招标文件的要求,参加投标竞争的行为。

1. 招标投标活动所应遵循的基本原则

《招标投标法》第5条规定:"招标投标活动应当遵循公开、公平、公正和诚实信用的原则。"

1) 公开原则

第一,要求招标信息公开。《招标投标法》规定,依法必须进行招标的项目的招标公告,应当通过国家指定的报刊、信息网络或者其他媒介发布。无论是招标公告、资格预审公告或是投标邀请书,都应当载明招标人的名称和地址、招标项目的性质、数量、实施地点和时间及获取招标文件的办法等事项。

第二,公开原则还要求招标投标过程公开。《招标投标法》规定开标时招标人应当邀请所有投标人参加,招标人在招标文件要求提交截止时间前收到的所有投标文件,开标时都应当当众予以拆封、宣读。

第三,评标的标准和方法也应当在提供给所有投标人的招标文件中载明,评标时应当严格按照招标文件确定的标准和办法进行,不得采用未在招标文件中列明的任何其他标准。招标人与投标人不得就投标价格、投标方案等实质性内容进行磋商。

第四,中标人确定后,招标人应当在向中标人发送中标通知书的同时,将中标结果通知所有未中标的投标人。中标通知书对招标人和中标人均具有法律效力。中标通知书一经发出,招标人改变中标结果或者投标人放弃中标项目的,均应当承担相应的法律责任。其他未中标的投标人对投标结果存有异议或对招标投标活动中不符合《招标投标法》有关规定的行为,有权向招标人提出或者向有关行政监管部门投诉。

2) 公平原则

公平原则是要求给予所有投标人平等的机会,使其在投标竞争中享有同等的权利,并履行同等的义务。招标人应当向所有潜在投标人提供同等的招标信息;招标人不得以任何理由限制、排斥或者歧视任何投标人;招标文件不得要求或标明特定的生产供应者及含有倾向或排斥潜在投标人的其他内容;招标人不得向他人透露已经获取招标文件的潜在投标人的信息,以至于影响竞争的公平性;招标人不得干预投标人之间的竞争;所有投标人均有权参加开标会;所有的投标文件在投标截止时间前送达的均应当在开标时当众拆封、宣读。

3) 公正原则

公正原则是要求招标人在招标投标活动中应当依据统一的标准衡量每一个投标人的优劣。进行资格审查时,招标人应按照资格预审文件或招标文件中载明的资格审查的条件、标准和方法对潜在投标人或者投标人进行资格审查,不得改变已经载明的条件或者以未载明的资格条件进行资格审查。《招标投标法》还规定评标委员会应当依据招标文件确定的评标标准和方法,对投标文件进行评审和比较。评标委员会成员应当客观、公正地履行职务,恪守职业道德。

4) 诚实信用原则

诚实信用原则是我国民事活动所应遵循的一项重要基本原则。我国《民法通则》第4条规定:"民事活动应当遵循自愿、平等、等价有偿、诚实信用的原则。"《合同法》第6条也明确规定:"当事人行使权利、履行义务应当遵循诚实信用原则。"对于违反诚实信用原则而给他人造成损失的,要依法承担赔偿责任。《招标投标法》在第53~60条规定了各种违背诚实信用原则的行为应承担的法律责任。

案例:

2008年4月2日,某装修公司与某商贸公司签订合作协议,约定:双方合作项目为某办公大楼装饰装修项目工程,面积5万平方米,合作方式为:商贸公司负责做好发包方的前期工作,帮助装修公司参与该工程项目的正式投标并保证中标。双方责任为:商贸公司全力以赴做好发包方的工作,使装修公司所承接的项目不垫资,装修公司负责提供100万元给商贸公司,作为承接该工程的前期工作费用,提供有一级装修资质企业的有效证件,并在承接工程后保质保量完成,保证在前两次收到工程款后,按工程总标金额的7%付清。违约责任为:如商贸公司所提供的合作项目不实,装修公司有权以诈骗诉讼商贸公司,并要求立即退还本金以及每日按3‰支付违约金,如商贸公司利用装修公司的资金进行违法活动,装修公司有权追回付给商贸公司的资金,并要求赔偿。合作合同签订后,装修公司向商贸公司支付了100万元,商贸公司收款后一直未向装修公司披露进行了哪些工作,也未返还100万元,合同约定的工程也未进行招投标。

装修公司认为,商贸公司在协议签订并收取款项后将近两年的时间内,既未按照协议约定提供有关工程合法有效存在并取得中标的结果,也未退还收取的款项。商贸公司应当按照约定返还并承担违约责任。起诉要求:判令商贸公司返还100万元,并支付违约金20万元。

商贸公司辩称:双方签订的协议违反了相关法律规定属无效合同,其公司同意返还本金,不同意支付违约金。

分析:法院认为,我国《招标投标法》第5条明确规定,招标投标活动应当遵循公开、公平、公正和诚实信用原则。商贸公司与装修公司的合作协议约定帮助装修公司在有关工程中参与投标并保证中标而收取费用,明显违反了招标投标活动应遵循的原则,属于以合法形式掩盖非法目的的行为,该协议无效。商贸公司基于该协议取得的款项应予返还。因商贸公司与装修公司对协议无效均有过错,所造成的损失应自行承担,故装修公司要求利息损失的请求,法院不予支持。依据《合同法》第52条第3项、第58条的规定,判决商贸公司返还装修公司100万元,驳回装修公司其他诉讼请求。

2. 强制招标的项目范围和规模标准

强制招标是法律、法规规定的某些特定类型的采购项目,凡是达到了规定的规模标准的,必须通过招标方式进行采购,否则采购单位要承担法律责任。国外先进的经验表明,强制招标制度是发展国家经济的重要制度保障,其好处主要体现在5方面:①可以减少国有资产投资风险,避免投资浪费,从而提高经济效益。②是民主、科学的投资决策的保障,可以防止市场竞争中由于盲目、随意或者独断的决策带来的失误。③对遏制投资领域的不正之风能发挥有效的作用。④为所有符合条件的供应商、承包商提供公开、公平、公正的竞争环境,保证招标者能够择优选择中标人,保证采购项目的质量。⑤有助于打破采购供应领域的地方、行业、部门的垄断和保护政策。

1) 必须招标的工程建设项目范围

《招标投标法》第3条规定,在中华人民共和国境内进行下列工程建设项目包括项目的勘察、设计、施工、监理以及与工程建设有关的重要设备、材料等的采购,必须进行招标:

(1) 大型基础设施、公用事业等关系社会公共利益、公众安全的项目;

(2) 全部或者部分使用国有资金投资或者国家融资的项目;

(3) 使用国际组织或者外国政府贷款、援助资金的项目。

任何单位或个人不得将依法必须进行招标的项目化整为零或者以其他任何方式规避招标。

为了确定必须进行招标的工程建设项目的具体范围和规模标准,规范招标投标活动,根据《招标投标法》第3条的规定,原国家发展计划委员会2000年发布了《工程建设项目招标范围和规模标准规定》,做了以下明确规定:

(1) 关系社会公共利益、公众安全的基础设施项目的范围包括:煤炭、石油、天然气、电力、新能源等能源项目;铁路、公路、管道、水运、航空以及其他交通运输业等交通运输项目;邮政、电信枢纽、通信、信息网络等邮电通信项目;防洪、灌溉、排涝、引(供)水、滩涂治理、水土保持、水利枢纽等水利项目;道路、桥梁、地铁和轻轨交通、污水排放及处理、垃圾处理、地下管道、公共停车场等城市设施项目;生态环境保护项目;其他基础设施项目。

(2) 关系社会公共利益、公众安全的公用事业项目的范围包括:供水、供电、供气、供热等市政工程项目;科技、教育、文化等项目;体育、旅游等项目;卫生、社会福利等项目;商品住宅,包括经济适用住房;其他公用事业项目。

(3) 使用国有资金投资项目的范围包括:使用各级财政预算资金的项目;使用纳入财政管理的各种政府性专项建设基金的项目;使用国有企业事业单位自有资金,并且国有资产投资者实际拥有控制权的项目。

(4) 国家融资项目的范围包括:使用国家发行债券所筹资金的项目;使用国家对外借款或者担保所筹资金的项目;使用国家政策性贷款的项目;国家授权投资主体融资的项目;国家特许的融资项目。

(5) 使用国际组织或者外国政府资金的项目的范围包括:使用世界银行、亚洲开发银行等国际组织贷款资金的项目;使用外国政府及其机构贷款资金的项目;使用国际组织或者外国政府援助资金的项目。

2) 必须招标项目的规模标准

《工程建设项目招标范围和规模标准规定》规定的上述各类工程建设项目,包括项目的勘察、设计、施工、监理以及与工程建设有关的重要设备、材料等的采购,达到下列标准之一的,必须进行招标:

(1) 施工单项合同估算价在200万元人民币以上的;

(2) 重要设备、材料等货物的采购,单项合同估算价在100万元人民币以上的;

(3) 勘察、设计、监理等服务的采购,单项合同估算价在50万元人民币以上的;

（4）单项合同估算价低于以上3项规定的标准，但项目总投资额在3 000万元人民币以上的。

3）法律或国务院规定的其他必须进行招标的项目

除以上所说的必须以招标方式进行的项目外，随着招标投标制度在各领域的深入推行，其他属于政府采购范围的大额项目也应当采用该方式，并且均适用于《招标投标法》的规定。

4）可以不进行招标的工程建设项目

如果建设项目并非必须招标的项目，招标人可以招标也可以不招标。特殊情形的即使符合必须招标项目的条件，也可以不招标。

《招标投标法》第66条规定："涉及国家安全、国家秘密、抢险救灾或者属于利用扶贫资金实行以工代赈、需要使用农民工等特殊情况，不适宜招标的项目，按照国家有关规定可以不进行招标。"

根据2003年3月8日国家发改委、建设部等7部委令第30号发布的《工程建设项目施工招标投标办法》第12条的规定，依法必须进行施工招标的工程建设项目有下列情形之一的，可以不进行施工招标：

（1）涉及国家安全、国家秘密、抢险救灾或者属于利用扶贫资金实行以工代赈需要使用农民工等特殊情况，不适宜进行招标；

（2）施工主要技术采用不可替代的专利或者专有技术；

（3）已通过招标方式选定的特许经营项目投资人依法能够自行建设；

（4）采购人依法能够自行建设；

（5）在建工程追加的附属小型工程或者主体加层工程，原中标人仍具备承包能力，并且其他人承担将影响施工或者功能配套要求；

（6）国家规定的其他情形。

3.2.2 建筑工程招标

招标是整个招标投标活动中最先开始的环节，对后续环节有直接的影响。

1. 招标人

《招标投标法》第8条规定："招标人是依照本法规定提出招标项目、进行招标的法人或者其他组织。"

根据上述条款规定，自然人不能作为招标人。法人是具有相应的民事权利能力和民事行为能力，能够独立享有权利和承担义务的组织；其他组织是除法人以外的不具备法人条件的实体，包括合伙企业、个人独资企业、外国企业和分支机构等。

条款中所谓的"依法提出招标项目"，即招标人应当依照相关规定办理审批手续，落实资金来源，并按照《招标投标法》规定的程序和实质性内容确定招标投标的各个环节的具体事项。

2. 招标条件

《招标投标法》第9条、《房屋建筑和市政基础设施工程施工招标投标管理办法》第8条和《工程建设项目施工招标投标办法》第8条均明确规定，依法必须招标的项目，应当具备如下条件方可进行施工招标：

（1）招标人已经依法成立；

（2）初步设计及概算应当履行审批手续的，已经批准；

（3）招标范围、招标方式和招标组织形式等应当履行核准手续的，已经核准；

（4）有相应资金或者资金来源已经落实；

（5）有招标所需的设计图纸及技术资料；

（6）法律法规规定的其他条件。

3．招标的组织形式

1）公开招标和邀请招标

根据《招标投标法》第 10 条规定，招标可以分为公开招标和邀请招标两种。

（1）公开招标

公开招标即无限竞争性招标，是指招标人按照法定程序，以发布招标公告、提供招标文件的方式，吸引不特定的潜在投标人平等参与投标竞争，从而选择最优的投标人作为中标人。

采用公开招标的方式，其面对的对象是不特定的，是所有对招标项目感兴趣的并且满足相关要求的法人或者其他组织，对参与者的数量也没有限制，具有最大限度的广泛性。但是，不是所有的依法需要招标的工程项目都必须采用公开招标的方式。

（2）邀请招标

邀请招标也称有限竞争性招标或者限制性招标，是招标人根据自己已掌握的情况，以发送邀请书的方式向预先确定的法人或者其他组织进行邀请，只有接受该邀请书的潜在投标人才可以参加投标竞争，没有收到的则无权参加。由于该方式的投标者范围局限于被邀请的范围，所以竞争受到限制，故在实践中，只有国家相关机构或者法律规范规定的不适用于公开招标的项目才可以采用该方式。从另一个角度看，虽然竞争受到了限制，但是同时也节省了招标费用，并且提高了每个投标人的中标概率，有利于提高参与人的投标积极性。招标人确定投标有效期时，也可以大大缩短投标有效期的期限。

根据《招标投标法》和《工程建设项目施工招标投标办法》的规定，符合如下情形之一的，经过有关部门批准可以进行邀请招标：

（1）项目技术复杂或有特殊要求，只有少量几家潜在投标人可供选择的；

（2）受自然地域环境限制的；

（3）涉及国家安全、国家秘密或者抢险救灾，适宜招标但不宜公开招标的；

（4）拟公开招标的费用与项目的价值相比，不值得的；

（5）法律、法规规定不宜公开招标的。

另外，需要注意的是为了保证邀请招标具有一定的竞争性，《招标投标法》第 17 条规定：“招标人采用邀请招标方式的，应当向三个以上具备承担招标项目的能力、资信良好的特定的法人或者其他组织发出投标邀请书。”

2）自行招标和代理招标

从招标实施主体的自主性角度，招标可以分为自行招标和代理招标。

（1）自行招标

自行招标是指招标人自身具有编制招标文件以及组织和评审能力，依法可以独立进行招标活动。

根据《招标投标法》第12条规定:"招标人有权自行选择招标代理机构,委托其办理招标事宜。任何单位和个人不得以任何方式为招标人指定招标代理机构。招标人具有编制招标文件和组织评标能力的,可以自行办理招标事宜。任何单位和个人不得强制其委托招标代理机构办理招标事宜。"

由于招标工作的复杂性和专业性要求,虽然《招标投标法》在一定程度上赋予了招标人选择招标组织形式的权利,但招标人只有满足法定条件,才可以自行招标。对此,中国发展计划委员会于2000年7月1日颁布的《工程建设项目自行招标试行办法》第4条中明确规定了招标人自行办理招标事宜所应当具备的前提条件:

① 具有项目法人资格(或者法人资格);

② 具有与招标项目规模和复杂程度相适应的工程技术、概预算、财务和工程管理等方面的专业技术力量;

③ 有从事同类工程建设项目招标的经验;

④ 设有专门的招标机构或者拥有3名以上专职招标业务人员;

⑤ 熟悉和掌握招标投标法及有关法规规章。

同时,《招标投标法》第12条还规定,依法必须进行招标的项目,招标人自行办理招标事宜的,应当向有关行政监督部门备案。

(2) 代理招标和招标代理机构

代理招标是在招标人不具备上述所列的自行招标条件时采用的方式,具体是指招标代理机构接受招标人委托,代为办理招标事宜。

工程建设项目招标代理(以下简称工程招标代理),是指工程招标代理机构接受招标人的委托,从事工程的勘察、设计、施工、监理以及与工程建设有关的重要设备(进口机电设备除外)、材料采购招标的代理业务。

招标代理机构的性质是依法设立、从事招标代理业务并提供相关服务的社会中介组织。招标代理机构需要具备的资质与条件:应有从事招标代理业务的营业场所和相应资金;有能够编制招标文件和组织评标的相应专业力量;有符合可以作为评标委员会成员人选的技术、经济等方面的专家库。

为了加强主管部门对招标代理机构的管理和监督,2007年1月11日,建设部154号令发布的《工程建设项目招标代理机构资格认定办法》,对招标代理机构的资质等级、资质标准、申请与审批、业务范围等作了明确规定。

招标人不具备自行招标能力,或者不愿意自行招标的,应当委托具有相应资格的专业招标代理机构,由其代理招标。因此,招标代理机构和招标人之间,是代理和被代理的关系,应当遵守《民法通则》中有关代理的规定。

招标代理机构的资格等级分为甲级、乙级和暂定级。甲级招标代理机构由国务院建设主管部门认定其资格,可以承担各类工程的招标代理业务;乙级和暂定级工程招标代理机构由工商注册所在地的省、自治区、直辖市人民政府建设主管部门认定其资格,乙级代理机构可以承担工程总投资1亿元人民币以下的工程招标代理业务,暂定级只能承担工程总投资6 000万元人民币以下的工程招标代理业务。

工程招标代理机构承接业务不限地区,可跨省、自治区、直辖市承揽工程,任何单位或个人不得以任何理由限制或排斥工程招标代理机构在本地区依法开展代理业务。

招标代理机构接受招标人委托,可以承担的招标事宜包括:拟定招标方案、编制并出售招标文件、资格预审文件,审查投标人资格,编制标底,组织投标人现场踏勘,组织开标、评标,协助招标人定标,草拟合同,招标人委托的其他事宜。

招标代理机构在进行工程代理活动中不得出现下列行为:与所代理的招标人有隶属关系、合作经营以及其他利益关系;从事同一工程的招标代理和投标咨询活动;超越资格许可范围承担工程招标代理业务;明知委托事项违法仍进行代理;采取行贿、提供回扣或者给予其他不正当利益等手段承接工程招标代理业务;未经招标人书面同意,转让工程招标代理业务;泄露应当保密的与招标投标活动有关的情况和资料;与招标人或投标人串通,损害国家利益、社会公共利益和他人合法权益;对有关行政监督部门依法责令改正的决定拒不执行或者以弄虚作假方式隐瞒真相;擅自修改经招标人同意并加盖了公章的工程招标代理成果文件;涂改、倒卖、出租、出借或以其他形式非法转让工程招标代理资格证书;法律、法规和规章明确禁止的其他行为。招标代理机构1年内有上述行为之一的,该期限内申请资质升级或申请暂定级的资格许可机关不予批准。

4. 招标公告的发布

公开招标的招标信息必须通过公告的方式予以通知。发布招标公告是公开招标的第一步,将使得所有有投标意向的潜在投标人均有同等机会了解招标事宜。

依法必须进行的招标项目,其招标公告的发布应当通过国家指定的报刊、网络或者其他媒介方式发布。中华人民共和国境内招标公告应采用中文,国际招标公告还应同时附以英文或该国家文字。

施工项目招标公告的主要内容为:招标人名称和地址;招标项目的内容、规模、资金来源;招标项目的实施地点、工期;获取招标文件或资格预审文件的地点和时间;对招标文件或资格预审文件收取的费用;对投标人的资质等级等要求。

案例:

某城市地方政府在城市中心区投资兴建一座现代化公共建筑A,批准单位为国家发展改革委员会,文号为发改投字〔2015〕132号,建筑面积58 644m²,占地面积4 637m²,建筑檐口高度68.96m,地下3层,地上20层。采用公开招标、资格后审的方式确定设计人,要求设计充分体现城市特点,与周边环境相匹配,建成后成为城市的标志性建筑。招标内容分为方案设计、初步设计和施工图设计三部分,以及建设过程中配合发包人解决设计遗留问题等事项。某招标代理机构草拟了一份招标公告如下:

招　标　公　告

招标编号:××××08-××号

××城市的A工程项目,已由国家发展改革委员会投字〔2015〕132号文批准建设,该项目为政府投资项目,已经具备了设计招标条件,现采用公开招标的方式确定该项目设计人,凡符合资格条件的潜在投标人均可以购买招标文件,在规定的投标截止时间投标。

(1)工程概况:详见招标文件。

(2)招标范围:方案设计、初步设计、施工图设计以及工程建设过程中配合招标人解决现场设计遗留问题。

(3)资格审查采用资格后审方式,凡符合本工程房屋建筑设计甲级资格要求并资格审查合格的投标申请人才有可能被授予合同。

（4）对本招标项目感兴趣的潜在投标人，可以从××省××市××路××号政府机关服务中心购买招标文件。时间为 2016 年 9 月 10 日至 2016 年 9 月 12 日，每日上午 8 时 30 分至 12 时 00 分，下午 13 时 30 分至 17 时 30 分（公休日、节假日除外）。

（5）招标文件每套售价为 200 元人民币。售后不退。如需邮购，可以书面形式通知招标人，并另加邮费每套 40 元人民币。招标人在收到邮购款后 1 日内，以快递方式向投标申请人寄送上述资料。

（6）投标截止时间为 2016 年 9 月 20 日 9 时 30 分。投标截止日前递交的，投标文件须送达招标人（地址、联系人见后）；开标当日递交的，投标文件须送达××省××市××路××号市政府机关服务中心。逾期送达的或未送达到指定地点的投标文件将被拒绝。

（7）招标项目的开标会将于上述投标截止时间的同一时间在××省××市××路××号市政府机关服务中心公开进行，邀请投标人派代表人参加开标会议。

（招标代理机构名称、地址、联系人、电话、传真等（略））

分析：该公告有以下不当之处如下：①未载明招标人名称地址；②未载明招标项目概况；③发售招标文件的时间不足 5 日；④投标截止时间不符合法律规定（不得少于 20 日）；⑤投标文件递交的地址不完整，地址应载明单位的具体楼号、房间号。

5. 资格审查

招标人一般都会根据自身对项目的要求，对投标人和投标人提供的文件进行审查。审查分为资格预审和资格后审。

1）资格预审

资格预审是在投标前对潜在投标人进行的资格审查。

采取该方式的，招标人可以发布资格预审公告，并在资格预审文件中载明资格预审的条件、标准和方法。招标人应严格按照该文件载明的内容对潜在投标人进行审查，不得改变该内容，也不得采用文件中未载明的内容作为预审的评判标准。

通过资格预审的投标人，招标人应向其发送资格预审合格通知书，告知其获取招标文件的时间、地点和方法，还应同时告知预审不合格的潜在投标人预审结果。资格预审不合格的潜在投标人不得再参与该项目投标。

2）资格后审

资格后审是开标后对投标人进行的资格审查。凡有资格预审程序的，通常不再进行资格后审，除招标文件另有规定。

采用资格后审的，招标人应当在招标文件中载明对投标人资格要求的条件、标准和方法，并不得改变该内容或以未载明的内容作为资格后审的评价标准。资格后审不合格的投标人的投标将作废标处理。

3）审查内容

《工程建设项目施工招标投标办法》第 20 条规定，资格审查应主要审查潜在投标人或者投标人是否符合下列条件：

（1）具有独立订立合同的权利；

（2）具有履行合同的能力，包括专业、技术资格和能力，资金、设备和其他物质设施状

况,管理能力,经验、信誉和相应的从业人员;

(3) 没有处于被责令停业,投标资格被取消,财产被接管、冻结,破产状态;

(4) 在最近三年内没有骗取中标和严重违约及重大工程质量问题;

(5) 国家规定的其他资格条件。

资格审查时,招标人不得以不合理的条件限制、排斥潜在投标人或者投标人,不得对潜在投标人或者投标人实行歧视待遇。任何单位和个人不得以行政手段或者其他不合理方式限制投标人的数量。

6. 招标文件的编制和出售

招标方应当在发布招标公告或者发送投标邀请书前,根据招标项目的特点和对投标人的要求编制招标文件,需要确定标底的,还应当编制标底,并在开标前对标底严格保密。招标文件的性质不同于招标公告或者投标邀请书,后者只具有通知或要求的性质,而招标文件将是潜在投标人编写投标文件和掌握项目招标相关信息的重要书面依据。

1) 招标文件编制的要求

(1) 原则性要求

我国《招标投标法》第19条明确规定了招标文件编制的要求,招标人应当根据招标项目的特点和需要编制招标文件。招标文件应当包括招标项目的技术要求、对投标人资格审查的标准、投标报价要求和评标标准等所有实质性要求和条件以及拟签订合同的主要条款。

国家对招标项目的技术、标准有规定的,招标人应当按照其规定在招标文件中提出相应要求。招标项目需要划分标段、确定工期的,招标人应当合理划分标段、确定工期,并在招标文件中载明。同时,为了维护招标投标的公证合理,《招标投标法》第20条还规定:"招标文件不得要求或者标明特定的生产供应者以及含有倾向或者排斥潜在投标人的其他内容。"

(2) 招标文件的内容

根据《工程建设项目施工招标投标办法》第24条规定,招标文件一般包括下列内容:

① 招标公告或投标邀请书;

② 投标人须知;

③ 合同主要条款;

④ 投标文件格式;

⑤ 采用工程量清单招标的,应当提供工程量清单;

⑥ 技术条款;

⑦ 设计图纸;

⑧ 评标标准和方法;

⑨ 投标辅助材料。

招标人应当在招标文件中规定实质性要求和条件,并用醒目的方式标明。

另外,根据该办法对施工招标文件还有如下规定:

① 招标人可以要求投标人在提交符合招标文件规定的投标文件外,提交备选投标方案,但应当在招标文件中作出说明,并提出相应的评审和比较办法。

② 招标文件规定的各项技术标准应符合国家强制性标准。招标文件中规定的各项技术标准均不得要求或标明某一特定的专利、商标、名称、设计、原产地或生产供应者,不得含

有倾向或者排斥潜在投标人的其他内容。

③ 施工招标项目需要划分标段、确定工期的,招标人应当合理划分标段、确定工期,并在招标文件中载明。对工程技术上紧密相连、不可分割的单位工程不得分割标段。招标人不得以不合理的标段或工期限制或者排斥潜在投标人或者投标人。

④ 招标文件应当明确规定评标时除价格以外的所有评标因素,以及如何将这些因素量化或者据此进行评估。

⑤ 招标文件应当规定一个适当的投标有效期,以保证招标人有足够的时间完成评标和与中标人签订合同。

⑥ 施工招标项目工期超过 12 个月的,招标文件中可以规定工程造价指数体系、价格调整因素和调整方法。

⑦ 招标人应当确定投标人编制投标文件所需要的合理时间。

⑧ 招标人根据招标项目的具体情况,可以组织潜在投标人踏勘项目现场,向其介绍工程场地和相关环境的有关情况。潜在投标人依据招标人介绍的情况作出的判断和决策,由投标人自行负责。招标人不得单独或者分别组织任何一个投标人进行现场踏勘。

⑨ 对于潜在投标人在阅读招标文件和现场踏勘中提出的疑问,招标人可以书面形式或召开投标预备会的方式解答,但需同时将解答以书面方式通知所有购买招标文件的潜在投标人。该解答的内容为招标文件的组成部分。

(3) 投标保证金

在招标投标过程中,一旦投标截止日期到达,投标人将不得擅自撤回投标文件,如果确需撤回的,将有可能造成招标人时间或费用的损失。为此,招标人可以在招标文件中要求投标人提供投标担保以维护自身的利益。担保可以以投标保证金的方式出现,即支票、现金或银行汇票等。投标保证金只是保障招标人利益不受损害的一种保证方式,其数额不宜过高,否则将影响投标人的积极性。一般数额不超过投标总价的 2%,且最高不得高于 80 万元。招标人确定中标人后,应当及时退还未中标的投标人的投标保证金。

(4) 工程量清单

工程量清单是承包合同的重要组成部分,是把承包合同中规定的准备实施的全部工程项目和内容,按工程部位、性质以及它们的数量、单价、合价等列表表示出来,用于投标报价和中标后计算工程价款的依据。

在建设工程招投标工作中,工程量清单报价应当由招标人按国家统一的工程量计算规则提供工程数量,由投标人自主报价,并按照经评审低价中标的工程造价计价模式进行计算,从而使得最后的投标结果具有可比性。

(5) 标底

建筑工程标底是招标人认可的招标项目的预算价格。它应当由招标人或者委托具有相应资格条件的招标代理机构依据现行的工程量计算要求进行编制。

一个招标项目只能编制一个标底,并应当经过招标管理机构审定,封存后妥善保管,开标前任何人不得启封。

招标人设有标底的,标底将在评标中作为参考,但不是唯一的评标依据。招标人也可以根据项目特点不编制标底,进行无标底招标。例如以表达设计意图为目的和以评价设计效果为核心评价指标的设计招标文件。

（6）相关的时间要求

如果需要澄清或者修改招标文件，根据《招标投标法》第23条规定："招标人对已发出的招标文件进行必要的澄清或者修改的，应当在招标文件要求提交投标文件截止时间至少15日前，以书面形式通知所有招标文件收受人。该澄清或者修改的内容为招标文件的组成部分。"

对于投标人，购买招标文件后需要一定的时间对项目进行了解、分析和论证，然后才能编制出符合招标文件要求的投标文件。《招标投标法》对招标人如何确定投标人编制投标文件时间的问题，作出了明确的规定："招标人应当确定投标人编制投标文件所需要的合理时间；但是，依法必须进行招标的项目，自招标文件开始发出之日起至投标人提交投标文件截止之日止，最短不得少于20日。"

招标文件应当规定一个适当的投标有效期，以保证招标人有足够的时间完成评标和与中标人签订合同。投标有效期从投标人提交投标文件截止之日起计算。《工程建设项目施工招标投标办法》第29条明确规定："在原投标有效期结束前，出现特殊情况的，招标人可以书面形式要求所有投标人延长投标有效期。投标人同意延长的，不得要求或被允许修改其投标文件的实质性内容，但应当相应延长其投标保证金的有效期；投标人拒绝延长的，其投标失效，但投标人有权收回其投标保证金。因延长投标有效期造成投标人损失的，招标人应当给予补偿，但因不可抗力需要延长投标有效期的除外。"

2）招标文件的出售

《工程建设项目施工招标投标办法》第15条规定，招标人应当按招标公告或者投标邀请书规定的时间、地点出售招标文件或资格预审文件。自招标文件或者资格预审文件出售之日起至停止出售之日止，最短不得少于5日。对招标文件或者资格预审文件的收费应当合理，不得以营利为目的。对于所附的设计文件，招标人可以向投标人酌收押金；对于开标后投标人退还设计文件的，招标人应当向投标人退还押金。招标文件或者资格预审文件售出后，不予退还。招标人在发布招标公告、发出投标邀请书后或者售出招标文件或资格预审文件后不得擅自终止招标。

案例：

某国家大型水利工程，由于工艺先进，技术难度大，对施工单位的施工设备和同类工程施工经验要求高，而且对工期的要求也比较紧迫。基于本工程的实际情况，业主决定仅邀请3家国有一级施工企业参加投标。

招标工作内容确定为：成立招标工作小组，发出投标邀请书，编制招标文件，编制标底，发放招标文件，招标答疑，组织现场踏勘，接收投标文件，开标，确定中标单位，评标，签订承发包合同，发出中标通知书。如果将上述招标工作内容的顺序作为招标工作先后顺序是否妥当？

分析：根据我国法律规定，该做法不妥当，正确的顺序应当是：成立招标工作小组，编制招标文件，编制标底，发出投标邀请书，发放招标文件，组织现场踏勘，招标答疑，接收投标文件，开标，评标，确定中标单位，发出中标通知书，签订承发包合同。

上述所说的工程建设项目施工招标文件一般包括下列内容：投标邀请书；投标人须知；合同主要条款；投标文件格式；采用工程量清单招标的，应当提供工程量清单；技术条款；设计图纸；评标标准和方法；投标辅助材料等。

3.2.3　建筑工程投标

1. 投标人

根据《招标投标法》第25条规定："投标人是响应招标、参加投标竞争的法人或者其他组织。依法招标的科研项目允许个人参加投标的,投标的个人适用本法有关投标人的规定。"

根据以上规定,可以看出法律对招标人和投标人的要求,都是参加招标投标活动的法人或者其他组织。但是考虑到科研项目的特殊性,法律增设了个人可以参与科研项目竞标的规定。

2. 投标人的资格

作为参加投标活动的潜在投标人,必须具备一定的条件才能够投标。《招标投标法》第26条对此的规定为："投标人应当具备承担招标项目的能力;国家有关规定对投标人资格条件或者招标文件对投标人资格条件有规定的,投标人应当具备规定的资格条件。"

由此看来,投标人能否承担招标项目的关键在于是否具备该项目要求的能力或者国家规定的相应资格条件。具体来说包括如下两方面:第一,投标人必须具备与招标项目相匹配的人力、物力和财力,具有相应的资质条件、业绩经验;第二,投标人还应当符合国家法律规定的其他条件,例如从事该行业应当具备的注册资本、执业人员和技术装备。

3. 投标文件的编制

1) 一般要求

投标人应当按照招标文件的要求编制投标文件。投标文件应当对招标文件提出的实质性要求和条件作出响应。

所谓"实质性要求和条件",是指招标文件中有关招标项目的技术要求、报价要求、评标标准、合同条款等内容。投标人应对实质性要求作出明确而全面的答复,否则将有可能造成废标的结果。

《工程建设项目施工招标投标办法》第36条同时规定:"投标人应当按照招标文件的要求编制投标文件。投标文件应当对招标文件提出的实质性要求和条件作出响应。投标文件一般包括下列内容:①投标函;②投标报价;③施工组织设计;④商务和技术偏差表。投标人根据招标文件载明的项目实际情况,拟在中标后将中标项目的部分非主体、非关键性工作进行分包的,应当在投标文件中载明。"

2) 特殊要求

根据《招标投标法》规定,投标文件除满足上述基本要求外,还应当包含拟派出的项目负责人与主要技术人员的简历、业绩和拟用于完成招标项目的机械设备等特殊要求。

3) 施工投标报价

施工投标报价是投标人完成招标项目施工任务的合理费用,一般包括直接费、间接费、利润和税金、不可预见费等。

施工投标报价分为工料单价方式和综合单价方式。企业应根据招标文件要求,结合自身情况选择其一,最终汇总成投标总价。

4）投标文件的补充、修改和撤回

《招标投标法》第29条规定："投标人在招标文件要求提交投标文件的截止时间前,可以补充、修改或者撤回已提交的投标文件,并书面通知招标人。补充、修改的内容为投标文件的组成部分。"

补充和修改投标文件,应在投标截止日期之前。投标人补充或者修改的部分将和原投标文件视为一份投标文件,并且也应当以密封的形式在规定时间之前送达至招标人,招标人要履行签收登记手续。

撤回投标文件,同样应当在投标截止日期之前,这体现了契约自由的精神。投标人撤回投标文件,应当以书面形式通知招标人,以备案待查。投标人撤回后,可以在投标截止日期之前,重新编制新的投标文件进行竞标,也可以放弃该招标项目。

如果补充、修改或者撤回投标文件的行为发生在投标截止日期之后,《工程建设项目施工招标投标办法》第40条对此作了明确规定："在提交投标文件截止时间后到招标文件规定的投标有效期终止之前,投标人不得撤销其投标文件,否则招标人可以不退还其投标保证金。"

4. 投标文件的提交

提交投标文件可以有3种方式:投标人本人直接送达至招标人指定地点;投标人委托他人送达至指定地点;投标人采用邮寄方式送达至指定地点。从3种方式的安全性讲,第一种是最为适宜的。

《招标投标法》第28条规定："投标人应当在招标文件要求提交投标文件的截止时间前,将投标文件送达投标地点。招标人收到投标文件后,应当签收保存,不得开启。投标人少于三个的,招标人应当依照本法重新招标。在招标文件要求提交投标文件的截止时间后送达的投标文件,招标人应当拒收。"招标人签收时,应当有书面证明,证明上载明签收的时间、地点、具体签收人、签收包数和密封状况等。如果投标文件没有按照要求进行密封和加写标志,招标人应当拒收,或者告知投标人该情况。履行完签收手续,应登记、备案,并对所有投标文件妥善保管,开标前任何人不得启封。

5. 联合体投标

1）联合体投标概念

联合体投标是指承包单位为了承揽不适于自己单独承包的工程项目而与其他单位联合,以一个投标人的身份参与投标的投标方式。《招标投标法》第31条规定："两个以上法人或者其他组织可以组成一个联合体,以一个投标人的身份共同投标。"但是作为招标人,不得强制投标人组成联合体共同投标,更不得限制投标人之间的竞争。

2）联合体各方应具备的条件

《招标投标法》第31条第2款规定了联合体各方应当具备的资格条件:

(1) 联合体各方均应当具备承担招标项目的相应能力;

(2) 国家有关规定或者招标文件对投标人资格条件有规定的,联合体各方均应当具备规定的相应资格条件;

(3) 由同一专业的单位组成的联合体,按照资质等级较低的单位确定资质等级。

3）联合体内外关系及责任划分

联合体各方的内部关系应当以协议方式确定,明确约定各方拟承担的工作和责任。该协议是在各成员所具备的相应的资格条件基础上制定的,如果后续的工作中出现了纠纷,该协议将是解决纠纷的重要依据。同时,联合体的共同投标协议应当连同投标文件一并交给招标人。《工程建设项目施工招标投标办法》第50条规定,联合体投标未附联合体各方共同投标协议的为废标。

联合体对外关系包括两方面:一是联合体中标的,联合体各方应当共同与招标人签订合同;二是就中标项目向招标人承担连带责任。这就是说,当联合体中任何成员没有履行合同约定的义务时,招标人都可以根据合同和共同投标协议要求联合体任一成员单位承担不超过总债务的任何比例的债务,并且该成员单位不得拒绝。当然,如果该成员单位承担了其他成员应承担的责任,其有权按照共同投标协议向其他成员进行追偿。

4) 联合体各方的责任和义务

联合体通过资格预审取得投标权利后,不得随意改变内部成员的构成。如果确需改变,应当在提交投标文件截止之日前征得招标人同意。如果对联合体的成员构成没有这种限制,就有可能在资格预审后,在联合体中加入本身不符合资格审查条件的其他成员,从而削弱联合体整体实力,并且有可能使得本身不具备资格条件的单位承担了超越本企业资质等级的工程,造成工程项目质量和安全的隐患。

联合体签订共同投标协议后,不得再以自己的名义单独投标,也不能和其他单位组成新的联合体在此参与同一项目的投标竞争。

联合体各方应当指定牵头人。牵头人是代表所有联合体成员负责投标和合同实施阶段的管理协调工作,牵头人应当向招标人提交由所有联合体成员法定代表人签署的授权书。

6. 招标投标活动中的禁止性规定

1) 严厉禁止投标人之间串通投标

《工程建设项目施工招标投标办法》第46条规定,下列行为均属投标人串通投标报价:

(1) 投标人之间相互约定抬高或压低投标报价;

(2) 投标人之间相互约定,在招标项目中分别以高、中、低价位报价;

(3) 投标人之间先进行内部竞价,内定中标人,然后再参加投标;

(4) 投标人之间其他串通投标报价的行为。

2) 严厉禁止招标人与投标人之间串通投标

《工程建设项目施工招标投标办法》第47条规定,下列行为均属招标人与投标人串通投标:

(1) 招标人在开标前开启投标文件并将有关信息泄露给其他投标人,或者授意投标人撤换、修改投标文件;

(2) 招标人向投标人泄露标底、评标委员会成员等信息;

(3) 招标人明示或者暗示投标人压低或抬高投标报价;

(4) 招标人明示或者暗示投标人为特定投标人中标提供方便;

(5) 招标人与投标人为谋求特定中标人中标而采取的其他串通行为。

3) 严厉禁止投标人行贿

《招标投标法》第32条第3款规定,禁止投标人以向招标人或者评标委员会成员行贿的手段谋取中标。

招标投标法的基本原则之一就是公开竞争,行贿受贿行为的存在,会扰乱市场上公平竞争的环境,损害了其他投标人的利益,也助长了腐败现象的滋生。对于采取行贿受贿手段谋取的中标项目,应认定为中标无效,视情节严重程度进行行政处罚,追究民事责任,情节特别严重的还要追究刑事责任。

4) 严厉禁止以低于成本的价格竞标

《招标投标法》第33条规定,投标人不得以低于成本的报价竞标。这里所说的成本,指的是投标人自身的个别成本,也就是说投标人的报价可以低于本行业平均成本,但是不能低于投标人的个人成本。

该规定主要是为了避免投标人以明显的低成本中标后,为了节约成本而在项目实施过程中粗制滥造,偷工减料,造成质量和安全问题。同时,这样的规定也是为了避免"低报价、高索赔"的现象发生,使企业名誉和利益受到双重损害。另外,《反不正当竞争法》第11条也规定:"经营者不得以排挤竞争对手为目的,以低于成本的价格销售商品。"

5) 以他人名义投标或者以其他方式弄虚作假

《招标投标法》第33条规定,投标人不得以他人名义投标或者以其他方式弄虚作假,骗取中标。《工程建设项目施工招标投标办法》第48条进一步说明,以他人名义投标,指投标人挂靠其他施工单位,或从其他单位通过受让或租借的方式获取资格或资质证书,或者由其他单位及其法定代表人在自己编制的投标文件上加盖印章和签字等行为。

案例:

某建设单位准备建一座图书馆,建筑面积 5 000 m²,预算投资 400 万元,建设工期为 10 个月。工程采用公开招标的方式确定承包商。按照《招标投标法》和《建筑法》的规定,建设单位编制了招标文件,并向当地的建设行政管理部门提出了招标申请书,得到了批准。但是在招标之前,该建设单位就已经与甲施工公司进行了工程招标沟通,对投标价格、投标方案等实质性内容达成了一致的意向。

招标公告发布后,来参加投标的公司有甲、乙、丙三家。按照招标文件规定的时间、地点及投标程序,三家施工单位向建设单位投递了标书。在公开开标的过程中,甲和乙承包单位在施工技术、施工方案、施工力量及投标报价上相差不大,乙公司在总体技术和实力上较甲公司好一些。但是,定标的结果确定是甲承包公司。乙公司很不满意,但最终接受了这个竞标的结果。

20 多天后,一个偶然的机会,乙承包公司接触到甲公司的一名中层管理人员,在谈到该建设单位的工程招标问题时,甲公司的这名员工透露说,在招标之前,该建设单位和甲公司已经进行了多次接触,中标条件和标底是双方议定的,参加投标的其他人都蒙在鼓里。对此情节,乙公司认为该建设单位严重违反了法律的有关规定,遂向当地建设行政管理部门举报,要求建设行政管理部门依照职权宣布该招标结果无效。经建设行政管理部门审查,乙公司所陈述事实属实,遂宣布本次招标结果无效。

甲公司认为,建设行政管理部门的行为侵犯了甲公司的合法权益,遂起诉至法院,请求法院依法判令被告承担侵权的民事责任,并确认招标结果有效。

分析:通常情况下,招标人和投标人串通投标的行为包括:①招标人在开标前开启投标文件,并将投标情况告知其他投标人,或者协助投标人撤换投标文件,更改报价;②招标人向投标人泄露标底;③招标人与投标人商定,投标时压低或抬高标价,中标后再给投标人或招标人额外补偿;④招标人预先内定中标人;⑤其他串通投标行为。

该建设单位违反《招标投标法》规定,招标前事先与投标人甲公司就投标价格、投标方案等实质性内容达成一致意向。对建设单位的这种违法行为,由有关行政监督部门给予警告,对单位直接负责的主管人员和其他直接责任人员依法给予处分。

3.2.4 开标、评标和中标

1. 开标

开标是招标人依据招标文件规定的时间、地点,当众开启所有投标人提交的文件,并公开宣布投标人姓名、投标报价和其他内容等的环节。根据《招标投标法》及相关规定,开标应当遵守如下规定。

开标应当在招标文件确定的提交投标文件截止时间的同一时间公开进行;开标地点应当为招标文件中预先确定的地点。

开标由招标人主持,如果是由招标代理机构代理招标人进行招标,则可以由代理机构根据委托合同的约定负责主持开标。开标应邀请所有投标人参加,严格按照法定程序进行,包括宣布开标开始;核对出席开标会的投标人的人数和身份;投标人或者其推选的代表检查投标文件的密封情况,也可以由招标人委托的公证机构检查并公证;工作人员监督拆封;进行唱标和记录以及维护开标现场的正常秩序等。开标过程应当记录,并存档备查。

开标的过程是公开的,这是符合招标投标原则的。招标人不得以任何理由排斥或者限制投标人参加开标,当然,投标人可以选择参加或者不参加,如果接到通知的投标人不参加开标会,则不能对开标会的有效性提出异议。

开标过程是接受社会监督的,所以招标人除了邀请投标人参加外,还应当邀请有关单位代表参加。有关单位代表包括负责本次招标的两名以上主管人员以及主管部门代表、咨询机构代表和公证机关代表等。

投标文件有下列情形之一的,招标人不予受理:

第一,逾期送达的或者未送达指定地点的;

第二,未按招标文件要求密封的。

2. 评标委员会

评标是整个招标投标过程的关键性环节,它不仅关系到众多投标人的利益,也是招标投标公平原则的最好体现,好的评标结果能够将招标人效益最大化。为此,《招标投标法》和《评标委员会和评标方法暂行规定》规定,评标应当由专门的评标委员会负责,以此确保评标结果的科学性和公正性。

1) 评标委员会的组成

评标委员会由招标人负责组建,评标委员会成员的名单在中标结果确定前应当保密。

根据《招标投标法》第37条的规定,依法必须进行招标的项目,其评标委员会由招标人的代表和有关技术、经济等方面的专家组成,成员为5人以上单数,其中技术、经济等方面的专家不得少于成员总数的2/3。

这样的组成方式,能够保证专家的作用在评标活动中得到充分发挥。评标委员会如果设负责人,则负责人由评标委员会成员推举产生,也可由招标人自行确定。负责人与其他评标委员会成员具有同等的表决权。

2）评标专家的选取

根据《招标投标法》和《评标委员会和评标方法暂行规定》的有关规定，技术、经济等方面的评标专家由招标人从国务院有关部门或者省、自治区、直辖市人民政府有关部门提供的专家名册或者招标代理机构专家库的相关专业的专家名单中确定。一般招标项目可以采取随机抽取方式，技术特别复杂、专业性要求特别高或者国家有特殊要求的招标项目，采取随机抽取方式确定的专家难以胜任的，可以由招标人直接确定。

3）评标专家应当符合的条件

《评标委员会和评标方法暂行规定》第11条规定，评标专家应符合下列条件：

（1）从事相关专业领域工作满8年并具有高级职称或者同等专业水平；

（2）熟悉有关招标投标的法律法规，并具有与招标项目相关的实践经验；

（3）能够认真、公正、诚实、廉洁地履行职责；

（4）身体健康，能够胜任评标工作。

4）不得担任评标委员会成员的情形

《招标投标法》第37条还规定，与投标人有利害关系的人不得进入相关项目的评标委员会，已经进入的应当更换。《评标委员会和评标方法暂行规定》第12条则进一步进行了规定，有下列情形之一的，不得担任评标委员会成员，并应主动提出回避：

（1）投标人或者投标人主要负责人的近亲属；

（2）项目主管部门或者行政监督部门的人员；

（3）与投标人有经济利益关系，可能影响对投标公正评审的；

（4）曾因在招标、评标以及其他与招标投标有关活动中从事违法行为而受过行政处罚或刑事处罚的。

5）对评标委员会成员的职业道德要求和保密义务

根据《招标投标法》第44条和《评标委员会和评标方法暂行规定》相关条款规定，评标委员会成员应当客观、公正地履行职责，遵守职业道德，对所提出的评审意见承担个人责任；评标委员会成员不得与任何投标人或者与招标结果有利害关系的人进行私下接触，不得收受投标人、中介人、其他利害关系人的财物或者其他好处；评标委员会成员和与评标活动有关的工作人员不得透露对投标文件的评审和比较、中标候选人的推荐情况以及与评标有关的其他情况。这里所谓的"与评标活动有关的工作人员"，是指评标委员会成员以外的因参与评标监督工作或事务性工作而知晓有关评标情况的所有人员。

6）评标过程的保密性和独立性

评标过程是严格保密的，这与招标投标的原则并不违背。对评标过程保密，是为了避免有些投标人得知评标委员会名单后，采用不正当手段对委员会成员施加压力，影响结果的公正性。

评标委员会是一个独立的组织，不应隶属于任何行政机关，也不属于招标人，只是由招标人负责组建。评标中，任何单位和个人不得非法干预和影响评标过程和结果。

3．评标

1）评标的标准和方法

《招标投标法》第40条规定，评标委员会应当按照招标文件确定的评标标准和方法，对投标文件进行评审和比较;设有标底的,应当参考标底。

建设工程施工项目的评审指标一般包括商务标和技术标。

商务标包括投标报价、施工工期和工程质量。投标报价是依照评标标准价确定的最优投标报价;施工工期应当满足招标人在招标文件中提出的要求,也应当满足工期定额的相关规定,当招标文件要求的工期超过定额工期的15%时,招标人必须在招标文件中明示增加费用;工程质量应当达到国家工程建设项目质量检验评定标准的质量等级。

技术标是指施工组织设计,一般包括4项基本内容:①施工方法与相应的技术组织措施,即施工方案;②施工进度计划;③施工现场平面布置;④有关劳力,施工机具,建筑安装材料,施工用水、电、动力及运输、仓储设施等暂设工程的需要量及其供应与解决办法。

评标方法一般有经评审的最低投标价法、综合评估法或者法律法规允许的其他方法。

经评审的最低投标价法,一般适用于工程技术成熟通用,相关性能标准普及性较高,招标人对各项指标没有特殊要求的项目。采用该方法,评标委员会可以无须对投标文件的技术部分进行价格折算。在满足招标文件实质性要求的基础上评选出投标价格最低的投标人,但投标价格低于企业成本的除外。

综合评估法一般适用于不宜采取最低投标价法的招标项目。综合评估法常用的方法有两种:

(1)最低评标价法,也可以理解成一种以价格加其他因素评标的方法,是扩大的经评审的最低价法。以这种方法评标,一般做法是以投标报价为基数,将报价以外的其他因素(既包括商务因素也包括技术因素)数量化,并以货币折算成价格,将其加减到投标价上去,形成评标价,以评标价最低的投标作为中选投标。

(2)综合评分法,也称打分法,是评标委员会按预先确定的评分标准,对各招标文件需评审的要素(报价和其他非价格因素)进行量化、评审记分,以标书综合分的高低确定中标单位的方法。

2)投标偏差

评标委员会在对所有投标文件进行评审的过程中,应当严格按照招标文件提供的标准和方法进行评价,不得采用招标文件中没有规定的方法作为评价依据。

评标委员会将根据评价依据对投标文件逐个列出其偏差所在,投标偏差可以分为重大偏差和细微偏差。重大偏差是指投标文件实质性内容上存在问题,例如没有按照招标文件要求提供担保或者所提供的担保有瑕疵,投标文件没有按照要求签字盖章,明显违背技术规格和标准,货物包装方式或检验标准等不符合招标文件要求,附有招标人不能接受的条件等。细微偏差是指投标文件实质性内容均响应了招标文件,在个别地方存在漏项或者技术数据信息不完整,经过澄清、说明或者补正,可以修正该偏差,且不影响投标文件有效性和招标投标整个过程的公正性。

评标委员会应当按照各个投标文件的报价价格对投标文件进行排序。以多种货币报价的,应当按照中国银行在开标日公布的汇率中间价换算成人民币。招标文件对汇率标准和汇率风险没有作出明确规定的,其风险由投标人承担。

3)投标文件的澄清、说明和补正

《招标投标法》第39条规定:"评标委员会可以要求投标人对投标文件中含义不明确的

内容作必要的澄清或者说明,但是澄清或者说明不得超出投标文件的范围或者改变投标文件的实质性内容。"

《工程建设项目施工招标投标办法》第51条作了进一步补充规定:"评标委员会可以书面方式要求投标人对投标文件中含义不明确、对同类问题表述不一致或者有明显文字和计算错误的内容作必要的澄清、说明或补正。评标委员会不得向投标人提出带有暗示性或诱导性的问题,或向其明确投标文件中的遗漏和错误。"

《工程建设项目施工招标投标办法》第52条同时规定:"投标文件不响应招标文件的实质性要求和条件的,评标委员会不得允许投标人通过修正或撤销其不符合要求的差异或保留,使之成为具有响应性的投标。"

评标委员会在对实质上响应招标文件要求的投标进行报价评估时,除招标文件另有约定外,应当按下述原则进行修正:

(1)用数字表示的数额与用文字表示的数额不一致时,以文字数额为准。

(2)单价与工程量的乘积与总价之间不一致时,以单价为准。若单价有明显的小数点错误,应以总价为准,并修改单价。

调整后的报价经投标人确认后产生约束力。

投标文件中没有列入的价格和优惠条件在评标时不予考虑。

4)作废标处理的情形

《工程建设项目施工招标投标办法》第50条规定,有下列情形之一的,评标委员会应当否决其投标:

(1)投标文件未经投标单位盖章和单位负责人签字;

(2)投标联合体没有提交共同投标协议;

(3)投标人不符合国家或者招标文件规定的资格条件;

(4)同一投标人提交两个以上不同的投标文件或者投标报价,但招标文件要求提交备选投标的除外;

(5)投标报价低于成本或者高于招标文件设定的最高投标限价;

(6)投标文件没有对招标文件的实质性要求和条件作出响应;

(7)投标人有串通投标、弄虚作假、行贿等违法行为。

评标委员会否决不合格投标或者界定为废标后,因有效投标不足3个造成投标项目明显缺乏竞争的,根据《招标投标法》第42条的规定:"评标委员会可以否决全部投标。依法必须进行招标的项目的所有投标被否决的,招标人应当依法重新招标。"

5)评标报告和中标候选人

(1)评标报告

评标委员会完成评标工作后,应当向招标人提出书面评标报告,并抄送有关行政监督部门。

评标报告应当由评标委员会全体成员签字。对评标结论持有异议的评标委员会成员可以书面方式阐述其不同意见和理由。评标委员会成员拒绝在评标报告上签字且不陈述其不同意见和理由的,视为同意评标结论。评标委员会应当对此作出书面说明并记录在案。

评标委员会向招标人提交书面报告后即告解散。评标过程使用的文件、表格以及其他资料应当即时归还招标人。

（2）中标候选人

评标报告应阐明评标委员对各个投标文件的评审意见和对比结果，在此基础上，评标委员会推荐的1～3人作为中标候选人，并表明排列顺序。中标人的投标，应当符合下列条件之一：

① 能够最大限度地满足招标文件中规定的各项综合评价标准。

② 能够满足招标文件的实质性要求，并且经评审的投标价格最低；但是投标价格低于成本的除外。

4. 确定中标人

根据《招标投标法》和《工程建设项目施工招标投标办法》的有关规定，确定中标人应当遵守如下程序：

（1）评标委员会提出书面评标报告后，招标人一般应当在15日内确定中标人，最迟应当在投标有效期结束后30个工作日前确定。

（2）招标人应当接受评标委员会推荐的中标候选人，不得在评标委员会推荐的中标候选人之外确定中标人。

（3）依法必须招标的项目，招标人应当确定排名第一的中标候选人为中标人。排名第一的中标候选人放弃中标、因不可抗力提出不能履行合同，或者招标文件规定应当提交履约保证金而在规定的期限内未能提交的，招标人可以确定排名第二的中标候选人为中标人，排名第二的中标候选人因同样原因不能签订合同的，招标人可以确定排名第三的中标候选人为中标人。

（4）招标人可以授权评标委员会直接确定中标人。

（5）国务院对中标人的确定另有规定的，从其规定。

5. 中标通知书

根据《招标投标法》及《工程建设项目施工招标投标办法》的有关规定，招标人发出中标通知书应当遵守如下规定：

（1）招标人不得向中标人提出压低报价、增加工作量、缩短工期或其他违背中标人意愿的要求，以此作为发出中标通知书和签订合同的条件。

（2）中标人确定后，招标人应当向中标人发出中标通知书，并同时将中标结果通知所有未中标的投标人。

（3）中标通知书对招标人和投标人具有法律效力。中标通知书发出后，招标人改变中标结果的，或者中标人放弃中标项目的，应当承担法律责任。

6. 签订合同

根据《招标投标法》第16条第1款的有关规定，招标人和中标人应当自中标通知书发出之日起30日内，按照招标文件和中标人的投标文件订立书面合同。招标人和中标人不得再行订立背离合同实质性内容的其他协议。

招标文件要求中标人提交履约保证金或者其他形式履约担保的，中标人应当提交；拒绝提交的，视为放弃中标项目。招标人要求中标人提供履约保证金或其他形式履约担保的，招标人应当同时向中标人提供工程款支付担保。

招标人不得擅自提高履约保证金，不得强制要求中标人垫付中标项目建设资金。

招标人与中标人签订合同后 5 个工作日内,应当向未中标的投标人退还投标保证金。

7.招标投标情况书面报告

根据《招标投标法》第 47 条规定,依法必须进行招标的项目,招标人应当自确定中标人之日起 15 日内,向有关行政监督部门提交招标投标情况书面报告。《工程建设项目施工招标投标办法》第 65 条还规定该书面报告应当至少包括下列内容:招标范围;招标方式和发布招标公告的媒介;招标文件中投标人须知、技术条款、评标标准和方法、合同主要条款等内容;评标委员会的组成和评标报告;中标结果。

案例 1:

在某市一大型工程招标投标项目中,某承包商通过资格预审后,对招标文件进行了仔细分析,编制了投标文件,该承包商将技术标和商务标分别封装,在封口处加盖本单位公章和项目经理签字后,在投标截止日期前 1 天上午将投标文件报送业主。次日(即投标截止日当天)下午,在规定的开标时间前 1 小时,该承包商又递交了一份补充材料,其中声明将原报价降低 4%。但是,招标单位的有关工作人员认为,根据国际上"一标一投"的惯例,一个承包商不得递交两份投标文件,因而拒收承包商的补充材料。

开标会由市招投标办的工作人员主持,市公证处有关人员到会,各投标单位代表均到场。开标前,市公证处人员对各投标单位的资质进行审查,并对所有投标文件进行审查,确认所有投标文件均有效后正式开标,宣读投标单位名称、投标价格、投标工期和有关投标文件的重要说明。问:从所介绍的背景资料来看,在该项目招标程序中存在哪些问题?

分析:该项目招标程序中存在以下问题:

(1)招标单位的有关工作人员不应拒收承包商的补充文件,因为承包商在投标截止时间之前日所递交的任何正式书面文件都是有效文件,都是投标文件的有效组成部分。也就是说,补充文件与原投标文件共同构成一份投标文件,而不是两份相互独立的投标文件。

(2)根据《招标投标法》,开标会应由招标人(招标单位)主持,而不应由市招投标办工作人员主持。

(3)资格审查应在投标之前进行(背景资料说明了承包商已通过资格预审),公证处人员无权对承包商资格进行审查,其到场的作用在于确认开标的公正性和合法性(包括投标文件的合法性)。

(4)公证处人员宣布所有投标文件均为有效标是错误的。因为该承包商的投标文件仅有单位公章和项目经理的签字,而无法定代表人或其代理人的印鉴,应作为废标处理。即使该承包商的法定代表人赋予该项目经理有合同签字权,若没有正式的委托书,该投标文件仍应作废标处理。

案例 2:

河北省某市计划建造一家市级图书馆,作为该地区示范工程,已经列入市政府投资计划和年度财政预算。工程总投资预计为 800 万元。2008 年 6 月 3 日,工程完成全部设计和审批工作,进入了招标阶段。市政府建设管理部门委托了招标代理机构负责招标工作。招标代理机构按照法定招标程序编制了招标公告和招标文件,并在指定媒体上发布了招标公告。之后,招标人和招标代理机构组织潜在投标人进行了现场踏勘和标前会议,进行了开标、评标工作。以上一系列工作均在建设工程交易中心监督和见证下进行。对投标单位的资格审查采用资格后审的方法。截至 2008 年 6 月 30 日,共有 7 家单位递交了有效的投标文件。开标当天,评标委员会在资格后审中发现,有 5 家投标单位因为各种各样的原因没能通过资格审查。此时有效投标数少于 3 个,监督部门要求招标人重新招标。但是招标人考虑到该示范工程的重要意义以及政府对其的重视程度,决定联系剩余的通过了资格审查的两家单位,采用竞争性谈判的方式确定中标企业。2008 年 7 月 1 日,招标人组织各个部门负责人和招标代理机构与这两家单位就合同价格和合同具体内容作了谈判,建议由其中的A公司承包该工程。2007 年 7 月 3 日,A公司组织人员和设备进场。另一家在谈判中落选的B公司,认为受到招标人不公正的待遇,决定向该地区人大进行投诉,要求取消A公司中标资格,并要求招标人对其进行投标的费用给予补偿。经人大组织调查组进行调查发现,虽然招标人的出发点是为了促进地区建设,丰富百姓生活,但是其做法违背了《招标投标法》和《工程建设项目施工招标投标办法》的相关规定,故作出停止施工的决定,取消本次招标结果,重新进行招标。

分析:由本案对该工程的描述可知,该项目由政府投资,使用国有资金,关系社会公共利益,属于必须进行招标的项目范围。并且如果经过考察该工程某些单项估算价格未达到必须招标的项目的要求,也必须履行法定招标程序。

《招标投标法》和《工程建设项目施工招标投标办法》规定,投标人少于 3 个的,招标人应当依法重新招标,重新招标后,投标人仍然少于 3 个,属于必须审批的工程建设项目,报经原审批部门批准后方可不再进行招标,其他工程项目,招标人可自行决定不再进行招标;经资格后审不合格的投标人的投标应当作废标处理。由此可知,该项目属于必须审批的项目,首次招标失败后,应当重新招标,只有重新招标再次失败,才可以经过原项目审批部门批准而不再继续招标。

根据《工程建设项目施工招标投标办法》规定,投标人数量不符合法定要求不重新招标的,有关行政监督部门责令其限期改正,根据情节可处 3 万元以下的罚款;情节严重的,招标无效;被认定为招标无效的,应当重新招标。依法必须进行施工招标的项目违反法律规定,中标无效的,应当依照法律规定的中标条件从其余投标人中重新确定中标人或者依法重新进行招标。中标无效的,发出的中标通知书和签订的合同自始没有法律约束力,但不影响合同中独立存在的有关解决争议方法的条款的效力。

案例 3:

某公路大桥为某高速公路跨越长江的一座特大型公路桥梁,其引桥和接线一期土建招标划分了多个标段,且招标人首先对投标人进行了资格预审。资格预审评审后,各标段通过投标人个数均为 8 家左右,且均为具有良好履约信誉和施工管理综合能力的大型国有施工企业。

受招标人委托,某招标代理单位编制了本项目招标文件,根据国家相关法规规定在招标文件中约定"本项目评标采用合理低价法。招标人将于开标前 7 日以书面形式通知各投标人本项目的招标人最高限价"。但在开标前 7 日,招标人出于某些考虑和对通过资格预审各投标人在投标市场会遵守公平竞争规则的信任,发出书面通知告知投标人取消本项目的投标最高限价。

开标后,各标段投标人的投标报价均远远超出批准的概算;且经过评审,从投标人报价文件可以明显看出存在投标人串通投标、哄抬标价的行为。为此,评标委员会否决了所有投标。

分析：本案做法不妥当之处：招标文件中约定，"招标人将于开标前7日以书面形式通知各投标人本项目的招标人最高限价"及开标前7日发出取消投标最高限价的通知不妥。《招标投标法》第23条规定，招标人对已发出的招标文件进行必要的澄清或者修改的，应当在招标文件要求提交投标文件截止时间至少15日前，以书面形式通知所有招标文件收受人。本案中招标人发出取消控制价上限的通知直接影响投标人编写投标文件，属于招标文件重要条款的修改，发出的时间不符合招投标法规定。

另外，投标人投标文件有明显串通投标、哄抬标价的行为，评标委员会认为本次投标缺乏竞争性。根据《招标投标法》第32条规定，投标人不得相互串通投标报价，不得排挤其他投标人的公平竞争，损害招标人或者其他投标人的合法权益；第42条又规定，评标委员会经评审，认为所有投标都不符合招标文件要求的，可以否决所有投标。

《招标委员会和评标方法暂行规定》（12号令）第22条进一步规定，评标委员会发现投标人以他人的名义投标、串通投标、以行贿手段谋取中标或者以其他弄虚作假方式投标的，该投标人的投标应作废标处理。所以，评标委员会依据《招标投标法》及相关规定否决本项目所有投标。

《招标投标法》第42条同时规定，依法必须进行招标的项目的所有投标被否决的，招标人应当依照本法重新招标。

案例4：

某市政协的综合办公楼进行施工招标，要求投标企业为房屋建筑施工总承包一级及以上资质。资格预审公告后，有15家单位报名参加。

（1）资格预审时，有招标人代表提出不能使用民营企业，应选择国有大中型企业。

（2）资格预审文件中规定资格审查采用合格制，评审过程中招标人发现合格的投标申请人达到12家之多，因此要求对他们进行综合评价和比较，并采用投票方式优选出7家作为最终的资格预审合格投标人。

（3）现场踏勘时，有两家单位因故未能参加，招标人按两家单位放弃投标考虑。

（4）到投标截止时间，有一家投标人因路上堵车迟到了5分钟（已事先电话告知招标人），招标人拒绝接收其投标文件。

（5）开标仪式上，有一家投标人未派代表出席，但其投标文件提前寄到了招标人处，招标人因该投标人代表未在场为由，没有开启其投标文件。

（6）发出中标通知书之前，招标人书面要求中标人作出了2%的让利。

分析：资格审查有资格预审和资格后审两种，本案中资格审查采用合格制，其优点是设置一个门槛，达到要求就通过，投标竞争力强，比较客观公平，有利于获得更多、更好的投标人和投标方案。缺点是，条件设置不当容易造成投标人过多，增加评标成本或投标人不足三人。

本案中存在若干不妥之处：

（1）资格预审时，有招标人代表提出不能使用民营企业，应选择国有大中型企业的说法不妥，属歧视性条件。

（2）资格预审文件中规定资格审查采用合格制，评审过程中招标人发现合格的投标申请人达到12家之多，因此要求对他们进行综合评价和比较，并采用投票方式优选出7家作为最终的资格预审合格投标人。这样做改变了在资格预审公告载明资格预审办法,是错误的。

(3) 现场踏勘时,有两家单位因故未能参加,招标人按两家单位放弃投标考虑的做法不妥,因为法律法规未要求投标人必须现场踏勘。

(4) 开标仪式上,有一家投标人未派代表出席,但其投标文件提前寄到了招标人处,招标人以该投标人代表未在场为由,没有开启其投标文件的做法错误,法规未规定开标时投标人必须到开标现场,投标文件在规定时间送达到指定地点的都应当接收,密封完好,都应当开启、唱标。

(5) 发出中标通知书之前,招标人书面要求中标人作出了 2% 的让利违反了有关法规要求的"在中标前招标人不得同投标人就价格等实质性问题进行谈判"的规定。

复习思考题

3-1 我国目前经常采用的工程总承包方式有哪些? 各自的特点是什么?

3-2 简述建设工程肢解发包的弊端。

3-3 简述联合承包制度的前提条件和具体要求。

3-4 简述招标的范围和规模标准。

3-5 招标人对投标人资格审查的内容是什么?

3-6 投标文件的补充、修改和撤回的具体要求是什么?

3-7 联合体投标中,法律对联合体内外关系和各方的责任划分是如何规定的?

3-8 简述招标投标活动中的禁止性规定。

3-9 简述评标的标准和方法。

3-10 投标文件在何种情形下将被作为废标处理?

3-11 中标的投标人应当满足何种条件?

第4章

合　同　法

《中华人民共和国合同法》(以下简称《合同法》),于 1999 年 3 月 15 日第九届全国人民代表大会第二次会议审议通过,自 1999 年 10 月 1 日起施行。《合同法》规定了我国社会主义市场经济的基本交易规则,规定了合同的主体资格,合同的订立方式和要求,合同的效力问题,合同的履行、变更、终止以及相关的违约责任等,总则部分共 8 章,129 条,分则部分共 15 章,针对各类具体合同作了相关规定,本书主要介绍总则部分。

针对建筑工程领域,《合同法》专门设置了"建设工程合同"一章,对保护和规范建筑市场交易行为提供了法律保证。本书在主要讲解《合同法》的同时,对涉及建设工程合同的内容,如建设工程合同索赔等问题,作具体讲解。

4.1　合同概述

4.1.1　合同概念及分类

合同又称契约,是具有平等主体资格的当事人之间设立、变更或者终止权利义务的协议。这个概念基于我国 1999 年 10 月 1 日起施行的《合同法》的规定,是对合同概念在狭义领域的理解,是产生债权的一种最为普遍和重要的根据,即发生在民事主体之间的一种债权合同。广义的合同,泛指一切能够发生某种权利和义务关系的协议,主体的数量为两个或者两个以上,除债权之外,还包括劳动合同、行政合同和物权合同等。

由合同的概念可知,合同的特征大体可以归纳为:第一,合同是双方的民事法律行为,即需要两个或两个以上的当事人互为意思表示;第二,双方当事人意思表示须达成协议,即意思表示要一致;第三,合同以发生、变更、终止民事法律关系为目的;第四,合同是当事人在符合法律规范要求条件下而达成的协议,故应为合法行为。合同一经成立即具有法律效力,在双方当事人之间就发生了权利、义务关系;或者使原有的民事法律关系发生变更或消灭。当事人一方或双方未按合同履行义务,就要依照合同或法律承担违约责任。

《合同法》的立法原则是为了保护合同当事人的合法权益,维护社会经济秩序,促进社会主义现代化建设。

《合同法》的调整范围,根据《合同法》第 2 条规定,本法所称合同是平等主体的自然人、法人、其他组织之间设立、变更、终止民事权利义务关系的协议。

1. 合同的分类

根据不同的标准,合同种类的划分有很多种,根据与建设工程领域的关系,对合同作如下分类。

1) 要式合同与不要式合同

此种分类方法是按照合同的成立是否须采取一定的形式为根据。

要式合同是指法律、行政法规规定,或者当事人约定应当采用书面形式的合同。前者称为法定之要式合同,后者称为约定之要式合同。所谓书面形式,就是指合同书、信件和数据电文(包括电报、电传、传真电子数据交换和电子邮件)等可以有形地表现所载内容的形式。

不要式合同是相对于要式合同的法律概念,是指不要求采取特定形式的合同并且不特定的形式不影响合同的成立和生效。当事人可以自行选择合同的形式,既可以采取口头方式,也可以采取书面方式。买卖合同、赠与合同、承揽合同、仓储合同、委托合同、行纪合同、居间合同都属于不要式合同。不要式合同成立、生效时间同诺成合同一样,在合意达成时合同即成立。

根据合同自由原则,当事人有权选择合同形式,故合同以不要式合同为常态,但对于一些重要的交易,如不动产买卖,法律规定当事人应当采取特定的形式订立合同。

区分要式合同与不要式合同的主要意义在于,某些法律和行政法规对合同形式的要求可能成为影响合同效力的因素。要式合同以履行特定方式为合同成立的要件,合同是否要式的关键在于合同的存在;不要式合同的成立无须具备某种特定形式。为了深刻认识这一标准必须进一步理解要式与不要式合同的基础——要式行为和不要式行为。

要式行为是指依照法律规定,必须采取一定形式或履行一定程序才能成立的行为,凡不具备法律规定的形式的民事行为便是无效的。例如票据行为就是法定要式行为。一般来说,法律行为除法律有特别规定的以外,都是不要式行为。

不要式行为是无须遵循法律某些特别规定的形式的民事法律行为,即当事人可以自由决定行为的形式,只要该行为意思表示合法,行为即可生效。在民法中所谓的意思自治的含义中包括意思形式的自由,按照自己行为、自己责任的原则,法律很少再干预当事人的行为方式。只在个人行使权利涉及他人义务、公共利益或重大民生事务时,才要求民事法律行为必须以要式方式进行。

案例:

销售旺季来临之前,承德市某公司甲与另一公司乙签订了购买空调100台的合同,约定每台空调价格为1500元,于3日内交货。合同订立后,乙公司当即支付预付款15 000元。甲公司提供40台空调后,乙公司经检验认为该产品质量不合格,要求退货。甲公司认为自己不可能在合同约定的时间内向乙公司提供合同约定的空调,于是建议由丙公司供货,货款由乙公司向丙公司支付。双方经协商一致后约定最后签订合同应当以书面形式。后双方直接通知丙公司向乙公司供货,但迟迟未签订书面的合同。一星期后,丙公司向乙公司交付空调100台,价款共计150 000元。但乙公司扣除了其已经向甲公司支付的15 000元,仅向丙公司支付货款135 000元。丙公司向法院起诉,要求乙公司支付剩余货款,并支付相应的利息。

分析:本案中,甲公司与乙公司之间所订立的由第三人丙公司交付空调的协议,已经涉及第三人的利益。该约定明确涉及交货的时间、价格及支付价款的方式,足见双方已经就合同的实质性内容达成口头协议,虽然未依照约定订立书面的合同,但应当视为口头合同已经成立。口头合同成立后,丙公司即向乙公司交付了约定的100台空调,乙公司接收并支付了90台的货款。可见双方当事人已经就合同的主要义务进行了履行,只是由于乙公司已经向甲公司支付过10台空调的预付款,所以乙公司少向丙公司支付了10台空调的价款,才产生了争议。这样依照合同法相关规定,甲公司与乙公司之间就由丙公司代为交付空调的合同已经有效成立。乙公司拒绝向丙公司支付10台空调的价款,丙公司有权向乙公司追偿。

2) 双务合同与单务合同

双务合同是指双方当事人都享有权利和承担义务的合同。双方的债权债务关系呈对应状态,即每一方当事人既是债权人又是债务人。买卖合同是典型的双务合同,现实生活中的合同大多数为双务合同,如买卖、互易、租赁、承揽等,建设工程施工合同也是双务合同。

单务合同与双务合同相对应,也称为单边合同或片面义务契约,是指一方当事人只享有权利而不尽义务,另一方当事人只负义务而不享有权利的合同,例如赠与合同、归还原物的借用合同和无偿保管合同等。

二者的区别在于:首先它们是否适用同时履行抗辩权规则。其次,在风险负担上,双务合同中,如果当事人因不可抗力导致其不能履行合同义务,其合同义务应被免除,其享有的合同权利亦应消灭。在此情况下,一方当事人因不再负有合同义务,也无权要求对方作出履行。在单务合同中,不存在双务合同中的风险负担问题。

3) 有名合同与无名合同

有名合同是指法律上或者经济生活习惯上按其类型已确定了一定名称并设定专门规范的合同,又称典型合同。如《合同法》分则中所规定的15类合同。

无名合同是指法律没有规定专门名称和专门规范的合同。该类型合同只要成立并且不违反法律、行政法规和社会公共利益即可,它仅需要适应合同的一般法则,在实践中,该类合同广泛存在。无名合同如经法律确认或在形成统一的交易习惯后,可以转化为有名合同。

4) 有偿合同与无偿合同

有偿合同是指合同一方当事人为了享有合同规定的权利,必须向合同另一方当事人承担相应的义务,例如买卖、租赁、承揽、有偿委托、有偿保管等有偿合同,建设工程施工合同也是有偿合同。

无偿合同是指合同一方当事人无须向另一方当事人承担义务,即可享受合同规定的权利,如无偿借用合同。

2. 建设工程合同的分类

在建设工程施工过程中,合同又可以有如下分类。

1) 根据承发包的工程范围划分

根据承发包的工程范围,可以分为建设工程总承包合同和分包合同。

总承包合同是指发包人将建设工程的勘察、设计、施工和设备安装采购等一并发包给一个承包单位,或者将上述任务的一项或者多项发包给一个单位,签订的合同称为建设工程总承包合同。

分包合同是指总承包单位经建设单位认可,将工程中的部分工程发包给分包单位,主体工程自行施工,该总承包单位和分包单位签订的合同称为分包合同。

2) 根据合同计价方式划分

根据合同计价方式,可以分为总价合同、单价合同和成本加酬金合同。

总价合同是指承包单位和发包单位在合同中规定了完成一个项目的全部内容的总价。该类合同在招标投标阶段应该能够适用最低价投标法确定承包商。总价合同又分固定总价合同和变动总价合同两种。固定总价合同适用于以下情况:①工程量小,工期短(一般在 1 年之内),估计在施工过程中环境因素变化小,工程条件稳定并合理;②工程设计详细,图纸完整、清楚,工程任务和范围明确;③工程结构和技术简单,风险小;④投标期相对宽裕,承包商可以有充足的时间详细考察现场、复核工程量,分析招标文件,拟定施工计划。这类合同成立的关键是建设单位必须具备详细而全面的设计图纸,以利于承包商投标报价并有效地预测和降低合同风险。变动总价合同又称为可调总价合同,合同价格是以图纸及规定、规范为基础,按照时价进行计算,得到包括全部工程任务和内容的暂定合同价格。它是一种相对固定的价格,在合同执行过程中,由于通货膨胀等原因而使所使用的工、料成本增加时,可以按照合同约定对合同总价进行相应的调整。当然,一般由于设计变更、工程量变化和其他工程条件变化所引起的费用变化也可以进行调整。因此,通货膨胀等不可预见因素的风险由业主承担,对承包商而言,其风险相对较小,但对业主而言,不利于其进行投资控制,突破投资的风险就增大了。

单价合同是指承包单位和发包单位根据招标文件中列出的分部分项工程的工程量表确定各分部分项工程的费用而签订的合同。该类合同合理地分摊了风险,鼓励承包商通过节约成本和提高工效等手段提高利润,因此适用范围很广。这类合同成立的关键是双方对单价和工程量计算方法的确认。单价合同可以分为固定单价合同和可调单价合同。固定单价合同是经常采用的合同形式,特别是在计算条件已经明确但是设计或其他建设条件(如地质条件)还不太落实的情况下,而以后又需增加工程内容或工程量时,可以按单价适当追加合同内容。在每月或每阶段工程结算时,根据实际完成的工程量结算,在工程全部完成时以竣工图的工程量最终结算工程总价款。可调单价合同,即合同单价可调,一般是在工程招标文件中规定。在合同中签订的单价,根据合同约定的条款,如在工程实施过程中物价发生变化等,可作调整。有的工程在招标或签约时,因某些不确定因素而在合同中暂定某些分部分项工程的单价,在工程结算时,再根据实际情况和合同约定单价进行调整,确定实际结算单价。

成本加酬金合同是指发包商向承包商支付工程的成本,并按照事先约定的方式支付酬金的合同。该类合同具有如下特征:①需要立即开展的项目,如震后救灾项目;②新型工程项目或者技术经济指标尚未确定的项目;③风险很大的项目。因此,签订这类合同的发包商将承担项目实际发生的一切费用,从而承担了项目的全部风险,而承包商由于不承担风险,报酬也就比较低。这类合同的缺点是业主对工程造价不易控制,承包商也就往往不注意降低项目的成本。

3) 根据建设工程的不同阶段划分

根据建设工程的不同阶段,可以分为建设工程勘察合同、建设工程设计合同和建设工程施工合同。

建设工程勘察合同是指承包人和发包人为完成一项勘察任务而签订的明确双方权利和义务的协议。

建设工程设计合同是指承包人和发包人为完成一项设计任务而签订的明确双方权利和义务的协议。

建设工程施工合同是指承包人和发包人为完成建设工程、安装工程等任务而签订的明确双方权利和义务的协议。

4.1.2 订立合同的原则

合同的订立原则是指在整个订立合同的过程中,对发包和承包双方订立合同起指导和规范作用的、双方都应当遵守的准则。

(1)合法、不损害社会公共利益原则。该原则是订立合同的首要原则,决定了成立的合同是否能够产生效力。根据《合同法》第7条规定,当事人订立、履行合同,应当遵守法律、行政法规,尊重社会公德,不得扰乱社会经济秩序,损害社会公共利益。

(2)平等原则。合同是平等主体之间订立的协议,这就说明订立合同的双方在法律上的地位是完全平等的。在建设工程合同当中,发包人和承包人也是平等主体,任何一方都不得利用自己在分工上的优势把自己的意愿强加于对方,任何单位和个人不得非法干预合同的实施。

(3)自愿原则。所谓自愿原则,《合同法》第4条规定,当事人依法享有自愿订立合同的权利,任何单位和个人不得非法干预。当事人有权利选择是否订立合同、与谁订立,在合法的情况下自愿约定合同内容,并且在合同履行过程中,当事人可以选择补充、变更或者解除合同,当事人在合同产生纠纷时,可以自愿选择解决纠纷的方法。只要这些行为不违反法律和强制性规定,不损害社会公共利益,则合同当事人的自愿决定都将受到保护。

(4)公平原则。公平原则是指合同主体在设立双方法律关系的时候,应该做到权利和义务对等,也就是说,当事人承担多少义务,就应该享受多少权利。如果权利和义务严重不对等,则权利损失一方就会显失公平。

(5)诚实信用原则。诚实信用是《民法通则》的基本要求,它要求当事人在订立合同时,不得有欺诈或者胁迫他人的行为;在履行合同义务时,应该根据合同规定和交易习惯,及时和对方沟通,提供必要的条件,避免不必要的损失,保守商业秘密。

4.2 合同的订立

4.2.1 订立合同的形式和程序

《建筑法》第15条明确规定,建筑工程的发包单位与承包单位应当依法订立书面合同,明确双方的权利和义务。同时合同应当参照国家推荐使用的签订合同的示范文本,如《建设工程施工合同(示范文本)》《建设工程委托监理合同(示范文本)》等。

订立合同的程序分为4个步骤,尽管合同订立并不代表合同生效,但是合同订立是合同生效的前提条件,4个步骤缺一不可。

1. 要约邀请

《合同法》第15条规定,要约邀请是希望他人向自己发出要约的意思表示。要约邀请属于订立合同的前期预备行为,只是引诱他人发出要约,不能因相对人的承诺而成立合同。在发出要约邀请以后,要约邀请人撤回其邀请,只要没给善意相对人造成信赖利益的损失,要约邀请人一般不承担责任。例如建设工程前期阶段,以公开招标的招标方在指定的媒体上发布招标公告,或者邀请招标的招标方向不少于3个潜在投标人发出招标邀请书,都属于要约邀请。又如寄送的价目表、拍卖公告、招标公告、招股说明书、商业广告等都为要约邀请。但商品广告的内容符合要约规定的,则视为要约。因为要约邀请只是作出希望别人向自己发出要约的意思表示,因此,要约邀请可以向不特定的任何人发出,也不需要在要约邀请中详细表示,无论对于发出邀请人还是接受邀请人,都没有约束力。

2. 要约

《合同法》第13条规定:"当事人订立合同,采取要约、承诺方式。"《合同法》第14条规定:要约是希望和他人订立合同的意思表示。要约的构成要件包括以下几点。

1) 要约是特定合同当事人的意思表示

就特定的要约而言,其目的旨在与他人订立合同,并且唤起相对人的承诺,所以要约人必须是订立合同一方的当事人,该当事人应当具有订立合同的行为能力。无民事能力人或依法不能独立实施某种行为的限制行为能力人发出欲订立合同的要约,不应产生行为人预期的效果。

2) 要约必须反映其订立合同的基本意图

订约人这种订立合同的意图一定要通过其发出的要约充分表现出来,才能在受要约人承诺的情况下产生合同。而当某一意思表示不具有订立合同的主观目的时,也就不具有必须和承诺人订立合同的作用。根据我国《合同法》第14条规定,要约中必须表明要约经受要约人承诺,要约人经受该意思表示约束。

3) 要约必须是要约人向其希望与之缔结合同的受要约人发出

要约人向其发出要约的相对人既可以是特定的人,也可以是不特定的人。要约原则上应向一个或某些特定的人发出,所以受要约人原则上应当是特定的。当向不特定人发出要约时应具有如下两个条件:第一,必须明确表示其作出的建议是一项要约而不是要约邀请;第二,必须明确承担向多人发送要约的责任,尤其是要约人发出要约后,必须具有向不特定的相对人作出承诺以后履行合同的能力。

4) 要约的内容必须具体明确

所谓具体,是指要约内容必须具有足以使合同成立的主要条款。所谓明确,是指要约内容必须明确,而不能含糊不清。要约应当使受要约人理解要约人的真实意思,否则无法承诺。合同的内容以承诺的内容为准,如果受要约人进行了补充修改而作出的承诺,将认为受要约人对要约的内容进行了实质性变更,称为新要约。

要约的生效:要约开始发生法律效力。《合同法》第16条规定:要约到达受要约人时生效。采用数据电文形式订立合同,收件人指定特定系统接收数据电文的,该数据电文进入该特定系统的时间,视为到达时间;未指定特定系统的,该数据电文进入收件人的任何系统的首次时间,视为到达时间。如果要约在发出以后,因传达要约的信件丢失或没有传达,不能认为要约已经送达。

要约的撤回:《合同法》第 17 条规定,要约可以撤回。撤回要约的通知应当在要约到达受要约人之前或者与要约同时到达受要约人,在此情形下,被撤回的要约实际上是尚未生效的要约。

要约的撤销:不同于要约的撤回,前者发生在要约生效后,后者发生在要约生效前。《合同法》第 18 条规定:要约可以撤销。撤销要约的通知应当在受要约人发出承诺通知之前到达受要约人。但是为了保护当事人的利益,合同法规定了要约不可撤销的情况。一种情况是要约人确定了承诺期限或者以其他形式明示要约不可撤销;另一种情况是受要约人有理由认为要约是不可撤销的,并已经为履行合同做了准备工作。

要约的失效:要约丧失法律效力,即要约人不再受其约束,受要约人也终止了承诺的权利。

《合同法》第 20 条规定,符合下列情形之一的,要约失效:

(1)拒绝要约的通知到达要约人。要约人收到该通知后,要约人即可不再受受要约人承诺的意思表示的约束。

(2)要约人依法撤销要约。依法撤销的要约,自撤销之日起失效,要约人不再受受要约人承诺的意思表示的约束。

(3)承诺期限届满,受要约人未作出承诺。要约中可以约定承诺的期限,超过该期限,受要约人作出的承诺就不再必然有效。

(4)受要约人对要约的内容作出实质性变更。要约的内容产生实质性变化为要约的实质性变更,该变更已经不是要约人自己的意思表示,故要约人可以不受该意思表示的约束。

3. 承诺

承诺是受要约人同意要约的意思表示。《合同法》第 22 条规定:承诺应当以通知的方式作出,但根据交易习惯或者要约表明可以通过行为作出承诺的除外。

承诺的构成要件包括如下 4 条。

1)承诺必须是受要约人作出的

承诺必须是受要约人本人作出的,或者是由其授权的代理人作出,除此以外的任何第三人作出的承诺,即使符合要约的内容,也不能视为承诺。

2)承诺必须向要约人作出

承诺具有绝对的特定性,即受要约人作出承诺的对方当事人必须是要约人本人或者其授权的代理人,除此以外的第三人作为接受承诺的当事人视为无效。

3)承诺和要约的内容必须一致

如果承诺和要约的实质性内容不同,则视为新要约,该承诺也不为承诺。承诺的实质性内容包括合同标的、数量、质量、价款、履行期限、履行地点、履行方式以及解决争议的办法和违约责任等。

如果承诺是对要约的非实质性内容作出变更,除要约人及时表示反对或已有的要约已经明确表明承诺不得对要约内容作出任何变更的以外,该承诺仍然有效,并且合同内容仍然以承诺的内容为准。

4)承诺应在有效期内作出

《合同法》第 23 条规定:承诺应当在要约确定的期限内到达要约人。

要约没有确定承诺期限的,承诺应当依照下列规定到达:

(1) 要约以对话方式作出的,应当即时作出承诺,但当事人另有约定的除外;

(2) 要约以非对话方式作出的,承诺应当在合理期限内到达。

《合同法》第 24 条规定,要约以信件或者电报作出的,承诺期限自信件载明的日期或者电报交发之日开始计算。信件未载明日期的,自投寄该信件的邮戳日期开始计算。要约以电话、传真等快速通信方式作出的,承诺期限自要约到达受要约人时开始计算。

承诺的生效:《合同法》第 26 条规定,承诺通知到达要约人时生效。承诺不需要通知的,根据交易习惯或者要约的要求作出承诺的行为时生效。《合同法》第 16 条第 2 款规定:采用数据电文形式订立合同,收件人指定特定系统接收数据电文的,该数据电文进入该特定系统的时间,视为到达时间;未指定特定系统的,该数据电文进入收件人的任何系统的首次时间,视为到达时间。

承诺的撤回:承诺在发出之后、生效之前,承诺人阻止承诺发生法律效力的行为。《合同法》第 27 条规定,承诺可以撤回。撤回承诺的通知应当在承诺通知到达要约人之前或者与承诺通知同时到达要约人。需要注意的是,承诺可以撤回,但是不能撤销,而要约既可以撤回,也可以撤销。

承诺的超期:受要约人主观上超过承诺期限而发出的承诺,导致要约人延迟收到承诺。受要约人超过承诺期限发出承诺的,除要约人及时通知受要约人该承诺有效的以外,为新要约。

承诺的延误:受要约人发出的承诺因外界原因致使要约人延迟收到。受要约人在承诺期限内发出承诺,按照通常情形能够及时到达要约人,但因其他原因承诺到达要约人时超过承诺期限的,除要约人及时通知受要约人因承诺超过期限不接受该承诺的以外,该承诺有效。

4. 签订合同

根据《建筑法》第 15 条规定,建筑工程的发包单位与承包单位应当依法订立书面合同,明确双方的权利和义务。

4.2.2　合同的主要条款

《合同法》第 12 条规定,当事人可以参照各类合同的示范文本订立合同。合同的内容由当事人约定,一般包括以下条款。

(1) 当事人的名称或者姓名和住所:合同是严肃的法律文件,该条款的目的是明确合同主体。当事人的名称、住所和企业名称等,务必载明清楚,对履行合同义务和确定诉讼管辖具有重要意义。

(2) 标的:合同权利和义务所指向的对象,该条款的目的是明确合同客体。根据客体的不同分类,合同的标的也不同。

(3) 数量:用数字和计量单位衡量合同标的的尺度。如建设工程施工阶段,对于工程量数额的确定等。

(4) 质量:标的的内在品质和外观形态的综合评价指标。如产品的物理化学性质、品种、规格、型号等。

(5) 价款或者报酬:取得标的物一方向给付标的物一方所支付的价金。其表现形式可以是货币,也可以是劳务或者实物等。

(6)履行期限、地点和方式:履行期限是指合同负有义务的一方向享有权利的一方履行义务的时间范围;履行地点是义务人履行义务的地点,建设施工合同的履行地点即项目所在地;履行方式是义务人完成义务的方法。

(7)违约责任:合同任何一方当事人因自身过错不履行或者不适当履行法律或合同中规定的义务而应当承担的法律责任。违约责任的具体内容详见4.6节。

(8)解决争议的方法:合同双方当事人应当在合同中约定,当发生纠纷时,采用何种方式解决纠纷。解决纠纷的方式有4种:和解、调解、仲裁和诉讼。在合同条款中,通常的选择为仲裁和诉讼。需要注意的是,仲裁和诉讼是独立存在的,二者须选其一,如果合同中同时约定两种解决方式,则该条款无效。

案例:

某材料供应单位向某建筑公司发出要约,称对方如同意该要约条件,请在10日内予以答复,否则将另找别家公司签约。第4日正当某建筑公司准备回函同意要约时,该材料供应单位公司又发一函,称前述要约已作废,已与别家公司签订合同。建筑公司认为10日期限尚未届满,要约仍然有效,既然自己同意了要约条件,对方就应该遵守要约。

分析:要约到达要约人时生效,故材料供应单位向建筑公司发出的要约已生效,虽然在要约生效后、承诺人作出承诺之前,要约可以撤销,但是法律还规定,要约人确定承诺期限即代表要约人明示在此期限之内要约不可撤销,所以材料供应单位不能撤销要约。

4.3 合同的效力

4.3.1 合同成立

合同成立是指当事人经过协商一致,完成签订合同的过程。合同成立不等于合同生效。

合同成立的条件是:具备协商一致的当事人,当事人对合同主要条款达成一致,订立的过程经过了要约和承诺两个阶段。

合同成立的时间代表了当事人开始受到合同关系约束的时间。根据《合同法》第25条规定,承诺生效时合同成立。当事人采用合同书形式订立合同的,自双方当事人签字或者盖章时合同成立。当事人采用信件、数据电文等形式订立合同的,可以在合同成立之前要求签订确认书。签订确认书时合同成立。所以,签字、盖章或者签订确认书具有标志合同正式成立的意义。

合同成立的地点是确定法院管辖的重要依据。承诺生效的地点为合同成立的地点。采用数据电文形式订立合同的,收件人的主营业地为合同成立的地点;没有主营业地的,其经常居住地为合同成立的地点。当事人另有约定的,按照其约定。当事人采用合同书形式订立合同的,双方当事人签字或者盖章的地点为合同成立的地点。

4.3.2　合同生效

合同生效是指合同具备生效条件而对合同双方当事人产生法律约束的效力。《合同法》第44条规定："依法成立的合同,自成立时生效"。合同生效需要具备如下条件:

(1) 合同当事人不仅具有相应的民事行为能力,还应该具有相应的民事权利能力。

(2) 意思表示真实。所谓意思表示真实,是指行为人作出的与民事法律关系相关的行为反映其内心真实的意愿。在司法实践中考察合同是否有效,尊重合同当事人签订合同时的真实意愿是重要的参考依据。

(3) 不违反法律、行政法规、强制性规定和社会公共利益。法律、行政法规和各项强制性规定是具体的、形象的,而社会公共利益作为一个抽象但又包含丰富内容的概念,是对法律等具体规范的补充和延伸。

(4) 具备符合法律规定的形式。这些形式既包括书面形式的合同,也包括口头形式或其他形式,也就是说,我国法律允许当事人自主选择合法的合同形式,除非法律或行政法规另有规定。

另外值得一提的是,应当注意两种特殊的合同生效条件。一种是附条件的合同,一种是附期限的合同。

附条件的合同,是根据我国《民法通则》附条件的民事法律行为而来的,指合同当事人设定一定的条件,并将条件的成就与否作为决定效力发生或消灭的根据的合同。当事人订立合同时,有时并不希望立即发生预期的法律后果,而有时又不希望已经发生的法律效力一直存续,而是愿意在一定的事实发生时,让合同的效力发生或终止,使合同的订立更能满足当事人的意愿,体现合同自由。附条件的合同规定,当事人对合同的效力可以约定附条件。附生效条件的合同,自条件成就时生效。附解除条件的合同,自条件成熟时失效。当事人为自己的利益不正当地阻止条件成就的,视为条件成就;不正当地促成条件成就的,视为条件不成熟。例如,甲将房屋出租给乙住,约定一旦甲结婚或其母由外地搬来,甲即可收回出租的房屋供自用。此处甲结婚或其母搬到此地是该房屋租赁合同解除和失效的条件。此房屋租赁合同即为附条件解除的合同。如果在上述房屋租赁合同中,乙为了能够长期租赁甲的房屋,多次在甲的恋爱中制造障碍,甚至阻挠和谋害其母使其不能与甲同住,就构成了不正当阻止条件成就,在这种情况下,虽然"甲结婚或其母搬来同住"的条件尚未成就,房屋租赁合同从表面看似继续有效,但法律视此种情况下条件已经成就,因此,此房屋租赁合同失效。

附期限的合同规定,是指当事人在合同中设定一定的期限,作为决定合同效力的附款。根据《合同法》第46条规定:"当事人对合同的效力可以约定附期限。附生效期限的合同,自期限届至时生效。附终止期限的合同,自期限届满时失效。"

4.3.3　无效合同和免责条款

1. 无效合同

无效合同是指合同虽然成立,但由于严重欠缺某种生效条件而无法产生法律效力的合同,并且无效合同是一种自始没有法律约束力的合同,从合同成立时国家法律就不承认其效

力。根据《合同法》第52条,有下列情形之一的,合同无效:

（1）一方以欺诈、胁迫的手段订立合同,损害国家利益;

（2）恶意串通,损害国家、集体或者第三人利益;

（3）以合法形式掩盖非法目的;

（4）损害社会公共利益;

（5）违反法律、行政法规的强制性规定。

如果合同部分条款违反上述规定,但不影响其他条款的合法性,则合同部分有效,部分无效。

合同被确认无效后,合同中规定的相应的权利和义务即告无效,履行中的合同必须停止履行,尚未履行的将不再履行。

对因合同被确认无效而产生的法律后果,《合同法》第58条规定,合同无效或者被撤销后,因该合同取得的财产,应当予以返还;不能返还或者没有必要返还的,应当折价补偿。有过错的一方应当赔偿对方因此所受到的损失,双方都有过错的,应当各自承担相应的责任。

返还财产是指合同当事人在合同被确认为无效或者被撤销以后,对已经交付给对方的财产,享有返还财产的请求权,对方当事人对于已经接受的财产负有返还财产的义务。

折价补偿是指在因无效合同所取得的对方当事人的财产不能返还或者没有必要返还时,按照所取得的财产的价值进行折算,以金钱的方式对对方当事人进行补偿的责任形式。

赔偿损失是指当合同被确认为无效后,如果由于一方或者双方的过错给对方造成损失时,还要承担损害赔偿责任。此种损害赔偿责任应有损害事实存在,并且赔偿义务人应具有过错,而且过错行为与遭受损失之间有因果关系。

2. 免责条款

免责条款属于民事法律行为,是指合同当事人在合同中约定的免除或者限制其未来责任的条款。免责条款常被合同一方当事人写入合同或存在于格式合同之中,作为明确或隐含的意思要约,以获得另一方当事人的承诺,使其发生法律效力。

免责条款具有如下特点:第一,免责条款旨在免除或限制当事人未来所应负的责任。第二,免责条款是一种合同条款,它是合同的组成部分。第三,免责条款是事先约定的。当事人约定免责条款是为了减轻或免除其未来发生的责任,因此只有在责任发生以前由当事人约定且生效的免责条款,才能导致当事人责任的减轻或免除。若在责任产生以后,当事人之间通过和解协议而减轻责任,则与达成免责条款是有本质区别的。

免责条款与附条件的合同的区别在于,虽然免责条款设定的条件成就以后,当事人将被免除不履行合同的责任,但是,免责条款只是合同的一项条款,其对当事人未来责任的限制和免除并不影响合同本身的效力,也就是说不会导致合同的生效或者解除;而当事人在附条件的合同中设定一定的条件,旨在以条件的成就或者不成就来影响合同本身的效力,如果条件成就,将会发生合同的生效或者终止。

发生如下两种情况,免责条款无效:

（1）造成对方人身伤害的;

（2）因故意或者重大过失造成对方财产损失的。

法律赋予了公民合法的人身权和财产权,当该权益受到侵害时,就违反了法律的规定,故这样的免责条款如果出现在合同中,自然就是无效的。

案例1:

A物资公司欠某工商支行600万元贷款,逾期未还,双方约定由工商支行再贷款800万元给A物资公司,用于平账。之后,工商支行与A物资公司签订了一份借款合同,由B空调公司盖章担保。合同规定,由工商支行借给A公司800万元人民币用于购房,借款期限是1997年11月2日至1998年5月7日,月息为10.05%,B公司作为借款方的担保单位,倘若借款方不能履行,则由担保方连带承担偿还贷款本息的责任。合同订立后,工商支行按照约定将款贷给A公司。次日,A公司将新贷的800万元偿还了以前欠工商支行的贷款。工商支行和A公司均未将这一情况告知B公司。借款期限届满,A公司没有还新款,担保人B公司也没有履行其担保义务。工商支行便向法院提起诉讼,请求判令A公司和B公司偿还借款本息,并判令C集团公司对其下属单位B空调公司担保的债务承担连带责任。

分析:本案例关键性法律问题是如何正确认定恶意串通。其判别方式是当事人主观上应有恶意通谋的故意,或者当事人双方事先存在着通谋。工商支行与A公司的贷款行为属于恶意串通,损害担保人利益的行为。

另外,工商支行与A物资公司的行为属于以合法的形式掩盖非法目的,即利用一个合法的民事行为掩盖另一个非法的民事行为,这个实际上是一种规避法律的民事行为。"恶意串通,损害国家、集体或者第三人利益的"以及"以合法形式掩盖非法目的"的合同均属无效合同,故B空调公司担保的债务不承担连带责任。

案例2:

2008年8月,青岛某房地产开发公司(以下简称房产公司)需要装修其办公楼及建造一幢二层的售楼处。该房产公司法定代表人的亲戚就介绍了本地某装饰设计公司(以下简称装饰公司)承接上述工程。由于房产公司与装修公司的法定代表人之间私人关系较好,所以双方口头约定,工程造价按照装饰公司实际发生的成本外加10%的利润结算工程款。

双方做了上述口头约定后,并未签订书面的施工合同。装饰公司随即安排施工队伍进场施工,上述工程在2009年10月全部完工。在施工过程中,进场材料大部分由房产公司办公室主任签字确认,也有少部分由施工人员赶工或疏忽,没有房产公司人员签字确认。施工过程中,房产公司合计支付了工程款125万元。

装饰公司在完工后即作出了结算。按照双方之前口头约定的计价方式,装饰公司结算出的工程款造价为150万元,并要求房产公司支付剩余工程款。不料,房产公司认为造价偏高,不同意另行支付工程款。由此双方产生矛盾,2011年4月,装饰公司在追讨工程款未果的情况下向该地区人民法院提起诉讼,要求房产公司支付工程款及逾期付款利息合计130万元(扣除已支付的125万元工程款)。

分析:本案合同是否有效?根据《建筑法》第15条第1款规定:"建筑工程的发包单位与承包单位应当依法订立书面合同,明确双方的权利和义务"。装饰装修合同属于建设工程合同,所以必须签订书面合同才有效,这是《建筑法》的强制性规定。而《合同法》又规定违反法律、法规的强制性规定而签订的合同无效。根据建设部关于《建设工程施工合同》示范文本中,合同的组成文件包括:合同协议书、中标通知书、投标书及其附件、合同专用条款、合同通用条款、标准、规范及有关技术文件、图纸、工程量清单、工程报价单或预算书、双方有关工程的洽商、变更等书面协议或文件视为本合同组成部分。所以,工程合同不仅仅指合同本身,还包括一系列工程设计图纸、现场工程量确认签证、结算资料应当都是书面形式的。本案审理中,原告装饰公司提交的证据材料有工程设计图纸、现场部分工程量的确认、原告制作的结算资料等书面证据。因此如果仅仅根据是否存在书面合同一项标准就认定本案件中合同无效是片面的。当然,在施工过程中,还是应该签订好合同,签订合同之前要多做分析,确定合同效力,这样才能尽可能地避免纠纷和争议。

案例 3:

2012 年 1 月,甲公司与乙公司签订建设工程施工合同,乙公司承包甲公司工程。签订后同年 2 月,乙公司根据甲公司招标文件投标后中标,中标数额与此前合同一致。中标通知发出前,乙公司已经陆续开工,2013 年 7 月工程验收合格。乙公司要求甲公司支付工程款,甲公司坚持按照合同支付工程款,且已经支付了 5000 万元,但乙公司以合同无效为由,要求按实结算。双方协商无果,诉至法院。

一审法院处理认定建设工程施工合同在招标前签订而无效,以按实结算工程款数额扣除利润为基数,再扣除已经支付部分作为结欠工程款进行判决。二审改判,按照合同约定工程款扣除已经支付部分作为欠款金额。

分析:建设工程施工合同无效,但建设工程经竣工验收合格,承包人是否有权选择要求发包人参照合同约定结算或者据实结算支付工程款?

《最高人民法院关于审理建设工程施工合同纠纷案件适用法律问题的结算》第 2 条确立了建设施工合同无效,但建设工程经验收合格时的折价补偿原则,即"参照合同约定支付工程款",该条并非赋予承包人选择参照合同约定或者工程定额标准进行结算的权利,除非双方另行协商一致,同意按照定额或者市场价格进行结算,否则,一般应参照合同约定支付工程价款。

4.3.4 效力待定合同

效力待定合同是指合同已经成立,但因为某些原因尚不能确定是否有效,依法需要其他行为或事实的发生来确定其生效。

合同效力待定,意味着合同效力既不是有效,也不是无效,而是处于不确定状态。设立这一不确定状态,目的是使当事人有机会补正能够补正的瑕疵,使原本不能生效的合同尽快生效,以实践合同法尽量成就交易、鼓励交易的基本原则。当然,从加速社会财富流转、促使不确定的权利义务关系尽快确定和稳定的原则出发,合同效力待定的时间不可能很长,效力待定也不可能是合同效力的最后状态。无论如何,效力待定的合同最后要么归于有效,要么归于无效。

效力待定合同主要有如下 4 种类型。

(1) 限制民事行为能力人订立的合同

限制民事行为能力人是指 10 周岁以上不满 18 周岁的未成年人和不能完全辨认自己行为的精神病人。

《合同法》第 47 条规定,限制民事行为能力人订立的合同,经法定代理人追认后,该合同有效,但纯获利益的合同或者与其年龄、智力、精神健康状况相适应而订立的合同,不必经法定代理人追认。相对人可以催告法定代理人在一个月内予以追认。法定代理人未作表示的,视为拒绝追认。合同被追认之前,善意相对人有撤销的权利。撤销应当以通知的方式作出。

（2）无代理权人以他人的名义订立的合同

行为人没有代理权、超越代理权或者代理权终止后以被代理人名义订立的合同,未经被代理人追认,对被代理人不发生效力,由行为人承担责任。相对人可以催告被代理人在1个月内予以追认。被代理人未作表示的,视为拒绝追认。合同被追认之前,善意相对人有撤销的权利。撤销应当以通知的方式作出。

（3）无处分权的人处分他人财产的合同

没有处分权的人无权处分他人财产,但是,在一定条件下,该行为可以转化为合法有效的行为,因此无处分权的人处分他人财产的合同也属于效力待定合同。

《合同法》第51条规定,无处分权的人处分他人财产,经权利人追认或者无处分权的人订立合同后取得处分权的,该合同有效。

（4）越权订立的合同

超越当事人自身岗位权限而行使的民事行为,在权限分工中应该属于无效,但是该行为在某些因素下,可以转换成有效行为。

根据《合同法》的规定,法人或者其他组织的法定代表人、负责人超越权限订立的合同,除相对人知道或者应当知道其超越权限的以外,该代表行为有效。

效力待定的合同与无效合同的区别主要表现在:效力待定的合同虽欠缺法律关于合同的生效要件,但经过权利人的追认可以生效,在追认之前,合同的效力处于待定状态。效力待定不仅保护权利人的利益,而且兼顾了相对人的利益。而无效合同因其具有违法性,所以是自始无效的,不能经过任何人的追认而生效。无效合同不因当事人的追认而发生法律效力是它与效力待定合同的基本区别。

效力待定合同与表见代理的区别在于:表见代理是为了保护善意相对人的信赖利益和交易安全,它虽然具有效力待定合同的一般特征,但由于善意相对人有足够理由相信其所签订的合同属于有效合同,因此,不能把表见代理认定为效力待定合同。表见代理的过错在于被代理人,其法律后果由被代理人承担。表见代理的构成是虽然代理人没有代理权,基于被代理人的过错,而使相对人认为其有代理权而产生代理的效力;而因代理产生的效力待定的合同是因为代理人虽然没有代理权而与相对人签约,但行为对被代理人有利,被代理人可能追认而构成效力待定的合同。

效力待定合同与可撤销合同的区别在于:首先,合同的效力不同。效力待定合同在未被有关权利人追认前,其效力处于待定状态;而可撤销合同在未被撤销前则是有效合同。其次,合同瑕疵不同。效力待定合同的瑕疵是行为人缺乏缔约能力或处分能力,这类瑕疵是可以补救的;而可撤销合同的瑕疵在于当事人意思表示不真实,如因在欺诈、胁迫、重大误解、显失公平等违背真实意思的情况下签订的合同。

4.3.5　可变更和可撤销合同

可变更和可撤销合同是指合同当事人所订立的合同欠缺一定的生效条件,一方当事人可以依照自己的意思要求人民法院或者仲裁机构确认并作出裁决,予以合同内容变更或撤销。在这类合同中,一方当事人处于不利地位,并且在合同中该当事人意思表示不真实,可以请求人民法院或仲裁机构确认。但是当事人如果不申请合同变更或者撤销,人民法院或仲裁机构不会主动予以裁决,当事人如果只请求变更而不请求撤销,人民法院或仲裁机构不得撤销。《合同法》第54条规定,下列合同,当事人一方有权请求人民法院或者仲裁机构变更或者撤销:

(1) 因重大误解订立的;

(2) 在订立合同时显失公平的。

(3) 一方以欺诈、胁迫的手段或者乘人之危,使对方在违背真实意思的情况下订立的合同,受损害方有权请求人民法院或者仲裁机构变更或者撤销。

重大误解是指合同当事人一方由于自己过错而对合同重要内容认识上的错误。重大误解中,表意人的意思表示与其错误认识之间必须具备因果关系,该误解是由表意人自己过失造成,但是这种误解并不是当事人故意发生的,并且根据最高人民法院《关于贯彻执行〈中华人民共和国民法通则〉若干问题的意见(试行)》第71条规定,行为人因为对行为的性质、对方当事人、标的物的品种、质量、规格和数量等的错误认识,使行为的后果与自己的意思相悖,并造成较大损失的,可以认定为重大误解。

显失公平是指合同当事人的权利和义务严重不对等,造成不利地位一方遭受利益上的重大失衡。显失公平的合同是从订立的时候就明显失衡,而不是在订立之后出现的,如果是订立之后出现的,不应该按照显失公平处理。在合同中获得不平等的重大利益的一方,往往在主观上已经预知到失衡结果,但是出于对利益的追求,便利用对方缺乏经验、急于求成或决策轻率,故意获得过高的利益。在建筑市场中,由于发包商和承包商角色上的不同,承包商如果不注重维护自身利益,而一味追求中标,打压对手,往往容易被发包商抓住心理需求,而产生利益上的重大失衡。根据最高人民法院《关于贯彻执行〈中华人民共和国民法通则〉若干问题的意见(试行)》第72条规定,一方当事人利用优势或者利用对方没有经验致使对方的权利义务明显违反公平、等价有偿原则的,可以认定为显失公平。

欺诈、胁迫或者乘人之危是指一方当事人实施欺骗、要挟等行为或利用对方处于危难情况的时机,使对方当事人在违背真实意思的情况下订立的合同。根据最高人民法院《关于贯彻执行〈中华人民共和国民法通则〉若干问题的意见(试行)》第68条规定,一方当事人故意告知对方虚假情况,或者故意隐瞒真实情况,诱使对方当事人作出错误意思的表示,可以认定为欺诈行为。最高人民法院上述《意见(试行)》第69条规定,以给公民及其亲友的生命健康、荣誉、名誉、财产等造成损害为要挟,迫使对方作出违背真实意思表示的,可以认定为胁迫行为。最高人民法院上述《意见(试行)》第76条规定,一方当事人乘对方处于危险之机,为牟取不正当利益,迫使对方作出不真实的意思表示,严重损害对方利益的,可以认定为乘人之危。

对于出现欺诈、胁迫或者乘人之危等情况的合同,合同法中并没有列为必然无效的合同,主要原因是该类型合同如果没有损害国家利益,也没有出现违法情况,那么根据尊重当事人意愿的原则,法律没有必要强行干预。

撤销权的行使,只能是合同不利地位的当事人才能行使,对方当事人不可行使撤销权。

撤销权的行使范围,根据《合同法》第56条规定,无效的合同或者被撤销的合同自始没有法律约束力。合同部分无效,不影响其他部分效力的,其他部分仍然有效。

撤销权行使后的法律后果,根据《合同法》第57条规定,合同无效、被撤销或者终止的,不影响合同中独立存在的有关争议解决方法的条款的效力。《合同法》第58条规定,合同无效或者被撤销后,因该合同取得的财产,应当予以返还;不能返还或者没有必要返还的,应当折价补偿。有过错的一方应当赔偿对方因此所受到的损失,双方都有过错的,应当各自承担相应的责任。《合同法》第59条规定,当事人恶意串通,损害国家、集体或者第三人利益的,因此取得的财产收归国家所有或者返还集体、第三人。

《合同法》第55条规定,有下列情形之一的,撤销权消灭:

(1) 具有撤销权的当事人自知道或者应当知道撤销事由之日起1年内没有行使撤销权;

(2) 具有撤销权的当事人知道撤销事由后明确表示或者以自己的行为放弃撤销权。

可变更、可撤销合同与无效合同的区别在于:

第一,二者产生的原因不同。可变更、可撤销合同产生的原因主要有重大误解、显失公平及乘人之危、欺诈胁迫且不危害国家利益;而无效合同产生的原因主要有以合法形式掩盖非法目的、损害社会公共利益、违反法律强制性规定等。

第二,认定程序的启动不同。可变更、可撤销合同中,是撤销权人决定是否变更、撤销合同,其他机关、团体、个人都无权干预;而无效合同中,人民法院和仲裁机关有主动干预权。

第三,可变更、可撤销合同并非当然无效,其在未被撤销前是有效的;而无效合同是当然无效、自始无效,且不能变更。

第四,对于可变更、可撤销合同,撤销权人行使撤销权必须符合法律规定的期限,超过行使期限,合同有效,不得行使撤销权;而无效合同,不存在期限的限制。

案例:

顾客张某欲从某电器公司购买一正在促销的A型洗衣机,因该产品已售完,该公司销售人员便极力怂恿张某购买B型洗衣机,并保证其性能与A型完全一样。张某一再要求电器公司对此作出保证,并在此前提下支付了全额款项。电器公司上门送货后,在使用过程中,张某发现B型洗衣机的性能与A型以及销售人员的介绍都有着实质和明显的差别,故要求该电器公司予以退换货。电器公司坚决拒绝,张某遂起诉至法院。请分析张某与电器公司买卖洗衣机的合同是否有效,法院应否支持张某退换货的主张。

分析:在张某与电器公司买卖洗衣机的过程中,电器公司实施了欺诈行为,使张某产生了误解,因而张某与电器公司买卖洗衣机的合同是在违背张某真实意思并产生了重大误解的情况下订立的,已经属于可撤销合同。张某有权要求变更或撤销该合同。因此,法院应支持张某要求退换货的主张。

4.4 合同的履行

4.4.1 合同履行的原则

1. 合同履行的概念

合同履行是指当事人根据合同规定的时间、地点、方式、内容以及标准等条款,各自完成合同义务、实现各自权利。全部完成合同规定的义务,称为全部履行;如果部分履行而部分未履行,称为部分履行;合同规定的义务均未履行,称为没有履行。

2. 合同履行的原则

根据《合同法》第60条规定,当事人应当按照约定全面履行自己的义务。当事人应当遵循诚实信用原则,根据合同的性质、目的和交易习惯履行通知、协助、保密等义务。

(1)全面、适当履行原则,是指合同中规定的履行义务,包括义务主体、时间、地点、标的、数量、质量、价款或者报酬等,当事人全部按照约定完成。具体表现为,第一,当事人必须亲自履行合同义务或接受履行,不得擅自转让合同义务或合同权利让其他人代为履行或接受履行。第二,当事人必须按合同约定的标的物履行义务,而且还应依合同约定的数量和质量来给付标的物。第三,当事人必须依照合同约定的时间来履行合同,债务人不得迟延履行,债权人不得迟延受领;如果合同未约定履行时间,则双方当事人可随时提出或要求履行,但必须给对方必要的准备时间。第四,当事人必须严格依照合同约定的地点和完成义务的方式来履行合同。

(2)诚实信用原则,该原则是我国《民法通则》的基本准则,作为《合同法》的原则,可以具体表现为合同履行过程中的协作履行,即债务人实施给付,需要债权人积极配合受领给付,才能达到合同目的。另外,情势变更原则实质上也是诚实信用原则在合同履行中的具体运用,其目的在于消除合同因情势变更所产生的不公平后果。所谓情势变更,即构成合同基础的情势发生根本的变化。在合同有效成立之后、履行之前,如果出现某种不可归责于当事人原因的客观变化会直接影响合同履行结果时,若仍然要求当事人按原来合同的约定履行合同,往往会给一方当事人造成显失公平的结果,这时,法律允许当事人变更或解除合同而免除违约责任的承担。

(3)公平、公正、合理地促进合同履行,该原则在合同订立、变更、发生纠纷的环节中,显得尤为重要,它要求当事人本着善意的交易习惯,信守商业道德,保守商业秘密,相互协作,保证合同顺利履行,及时发现问题、解决问题。

(4)一方当事人不得擅自变更合同,合同依法成立之后,具有法律约束力,任何人不得擅自变更合同。对于能否变更和如何变更合同,《合同法》在若干条款里有明确的规定,这些规定能够有效地完善合同法律制度,并且促进社会主义市场经济稳步发展,保护市场经济中合同当事人的合法权益。

3. 合同条款空缺

按照合同的全面适当履行原则,当事人应当在订立合同时,对合同内容做具体明确的约定。但是,由于当事人可能欠缺法律知识,或者在沟通和认识上疏忽大意,某些合同条款约定并不明确甚至没有约定,导致合同履行困难。为了维护合同当事人的真实意思和正当权益,法律规定当事人可以按照相关规定约定采取措施,补救合同条款空缺的问题。

根据《合同法》第61条规定,合同生效后,当事人就质量、价款或者报酬、履行地点等内容没有约定或者约定不明确的,可以协议补充;不能达成补充协议的,按照合同有关条款或者交易习惯确定。

根据《合同法》第62条规定,当事人就有关合同内容约定不明确,依照本法第61条的规定仍不能确定的,适用下列规定:

(1)质量要求不明确的,按照国家标准、行业标准履行;没有国家标准、行业标准的,按照通常标准或者符合合同目的的特定标准履行。

(2) 价款或者报酬不明确的,按照订立合同时履行地的市场价格履行;依法应当执行政府定价或者政府指导价的,按照规定履行。

(3) 履行地点不明确,给付货币的,在接受货币一方所在地履行;交付不动产的,在不动产所在地履行;其他标的,在履行义务一方所在地履行。

(4) 履行期限不明确的,债务人可以随时履行,债权人也可以随时要求履行,但应当给对方必要的准备时间。

(5) 履行方式不明确的,按照有利于实现合同目的的方式履行。

(6) 履行费用的负担不明确的,由履行义务一方负担。

根据《合同法》第63条规定,执行政府定价或者政府指导价的,在合同约定的交付期限内政府价格调整时,按照交付时的价格计价。逾期交付标的物的,遇价格上涨时,按照原价格执行;价格下降时,按照新价格执行。逾期提取标的物或者逾期付款的,遇价格上涨时,按照新价格执行;价格下降时,按照原价格执行。

4.4.2 合同履行的抗辩权、代位权和撤销权

1. 抗辩权

抗辩权是指在双务合同中,当事人一方不履行或者有可能不履行义务时,对方当事人可以据此不履行自己的义务。《合同法》规定了同时履行抗辩权、先履行抗辩权和不安抗辩权。

1) 同时履行抗辩权

同时履行抗辩权是指在双务合同中,没有规定履行的先后顺序,一方当事人不履行合同义务时,对方当事人有权拒绝履行合同义务的权利。《合同法》第66条规定,当事人互负债务,没有先后履行顺序的,应当同时履行。一方在对方履行之前有权拒绝其履行要求。一方在对方履行债务不符合约定时,有权拒绝其相应的履行要求。

2) 先履行抗辩权

先履行抗辩权是指合同中约定了履行义务的先后顺序,合同成立后,先履行义务的一方未按约定履行,后履行义务的一方有权拒绝履行其义务。《合同法》第67条规定,当事人互负债务,有先后履行顺序,先履行一方未履行的,后履行一方有权拒绝其履行要求。先履行一方履行债务不符合约定的,后履行一方有权拒绝其相应的履行要求。

3) 不安抗辩权

不安抗辩权是指合同中约定了履行义务的先后顺序,合同成立后,先履行债务的一方掌握了后履行义务一方丧失或者有可能丧失履行债务能力的确凿证据,而暂时停止履行其到期债务的权利。不安抗辩权履行的目的在于预防合同在未来履行中有可能损害当事人利益的情况。

当一方当事人行使了不安抗辩权,直接的法律后果是合同暂时停止执行,而不是合同被撤销或者解除。当事人行使了不安抗辩权之后,应立刻通知对方当事人,在对方提供适当担保时应恢复合同履行,对方未能在约定时间内提供可以使其恢复履行能力的担保,则中止履行合同的一方可以解除合同。需要注意的是,行使不安抗辩权一方必须具备确切的证据,否则中止履行合同的行为将视为违约,并承担违约责任。根据《合同法》第68条规定,应当先履行债务的当事人,有确切证据证明对方有下列情形之一的,可以中止履行:

（1）经营状况严重恶化；

（2）转移财产、抽逃资金，以逃避债务；

（3）丧失商业信誉；

（4）有丧失或者可能丧失履行债务能力的其他情形。

2. 代位权

债权人的代位权，是指在合同履行中，债权人为了保障其债权不受损害，而以自己的名义代替债务人行使债权的权利。

《合同法》第73条规定，因债务人怠于行使其到期债权，对债权人造成损害的，债权人可以向人民法院请求以自己的名义代位行使债务人的债权，但该债权专属于债务人自身的除外。

代位权涉及债权和债务问题，所以债权人和债务人的关系必须合法存在，这是首要条件，否则代位权就失去了其合法性基础，债权人也就无法主张行使代位权而保护其权益。代位权还涉及次债务人的问题，也就是说，债务人怠于行使其到期债权，而致使债权人主张代位权，是由于债务人怠于行使对次债务人的到期债权，该行为直接影响到债务人对债权人偿清债务的能力。另外，债务人的债权不应该是专属于债务人自身的债权，因为自身债权都是带有人身性质的，关系到债务人的基本生存条件，例如退休金、养老金、抚恤金、人身保险等。

3. 撤销权

合同履行中债权人的撤销权，是指债权人对于债务人危害其债权实现的不当行为，有请求人民法院予以撤销的权利。

《合同法》第74条规定，因债务人放弃其到期债权或者无偿转让财产，对债权人造成损害的，债权人可以请求人民法院撤销债务人的行为。债务人以明显不合理的低价转让财产，对债权人造成损害，并且受让人知道该情形的，债权人也可以请求人民法院撤销债务人的行为。撤销权的行使范围以债权人的债权为限。债权人行使撤销权的必要费用，由债务人负担。

根据如上条款，债权人行使撤销权必须具备的法律要件包括：①客观上，债务人实施了处分财产的行为。债务人放弃到期债权、无偿转让财产或者以明显不合理低价转让财产的，并且这些行为危害了债权人的利益。②主观上，债务人和第三人在实施危害债权人的行为时具有恶意。《合同法》第74条明确规定了"受让人知道该情形"，即受让人主观上具有恶意。如果受让人并不知情，并无过失，属于善意的第三人，则受让人与债务人的交易应该得到保护，债权人主张的撤销权将不予支持。③债务人处分财产的行为应该发生在债权成立以后，这样一方面可以证明债务人侵害债权人债权是具备主观恶意的，另一方面也可以证明债权人并不是明知债务人履行能力有问题而仍然愿意与之签订协议的可能，从而排除债权人自愿承担风险的可能。④债务人处分财产的行为已经发生了法律效力。如果尚未成立或者没有法律效力的处分财产行为，将无从谈及撤销权。

《合同法》第74条规定，撤销权自债权人知道或者应当知道撤销事由之日起1年内行使。自债务人的行为发生之日起5年内没有行使撤销权的，该撤销权消灭。

案例1：

某服装公司与某纺织厂签订了一份布料买卖合同。合同约定，纺织厂于2000年10月

10日前向服装公司发货,服装公司应于收到货物后10日内支付所有的货款。纺织厂备齐了布料后,得知服装公司的经营状况已经恶化,并且已经有连续两次违约的事实。故向服装公司提出:要求其提供担保后才能发货。服装公司不同意提供担保,并且要求纺织厂按照合同的规定时间先行发货,遭到纺织厂拒绝。双方发生争议,均向人民法院提起诉讼。

分析:纺织厂的行为应该得到支持,其行使的是不安抗辩权,因为纺织厂有对方当事人财务状况恶化并影响了债务偿还能力的确实证据,符合《合同法》第68条规定,并且纺织厂在行使不安抗辩权时,告知对方需要提供适当担保,以便合同的继续履行。如果服装公司拒绝提供担保,纺织厂在合同暂停履行后,可以单方面解除合同,而不会承担违约责任。

案例2:

2005年,原告郑某与某市城建集团下属城建七公司建立购销关系,后因城建七公司拖欠货款,郑某起诉,诉讼中双方达成民事调解书,该调解书确认:城建七公司应于2005年12月25日前偿还郑某货款500万元,滞纳金35万元。后因城建七公司未按确定的时间履行还款义务,郑某遂向法院申请强制执行。

执行中,执行人员在对城建七公司财务部门依法搜查过程中,证实:1998年,城建七公司与阳华房产、某市城建集团签订了关于该市西区危改小区的建设工程施工合同,该工程预算造价为4600万元,竣工日期为1999年3月5日。同时约定,城建七公司在收到工程竣工结算尾款、交付竣工工程、签订保修合同并且交付保修抵押金后,合同即告终止。

之后,2001年,城建七公司与城建集团签订该项目的工程结算单,为1 902万元+2 005万元=3 907万元。后因城建七公司会计报表需做审计,城建七公司向城建集团发出了一份"企业询证函",当中载明:"因下列数据出自公司账本记录,城建七公司与贵公司的交易情况列示如下:西区补偿,交易金额396万元,交易结算情况:已结算。"城建集团于2006年2月在企业确认一栏中加盖了公章。

2006年8月,原告郑某以城建七公司拖欠应付自己债务,且怠于行使其到期债权,给自己造成损害,以自己的名义向本市城建集团提起诉讼,要求城建集团在所欠城建七公司债务范围内,向原告代为偿还欠款396万元。在本案中,原告郑某将城建七公司列为第三人。

分析:根据企业询证函,认定某市城建集团在上述项目仍欠城建七公司工程款396万元。根据最高院《关于适用合同法若干问题的解释(一)》第20条规定,债权人在向次债务人提起的代位权诉讼经人民法院审理后认定代位权成立后,由次债务人向债权人履行清偿义务,债权人与债务人、债务人与次债务人之间相应债权债务关系即予消灭。故城建集团将对城建七公司所负的396万元债务直接偿还给原告。

案例3:

被告王某于2001年8月6日向原告刘某借款50万元开了一家建材商店,并约定该借款于2003年8月5日归还。后因经营不善,被告借款到期无法归还,原告为此提起诉讼,判决生效后,进入执行程序。法院查明:2003年2月8日,被告将其名下价值30万元的房屋赠与其子并在同年3月办理了过户手续;2003年6月2日,被告将其所有的价值20万的丰田小汽车以9万元的低价转让给其弟妹李某,所以此时被告无可供执行的其他财产,法院裁定遂中止执行。原告得知后,即以债务利害关系人身份提起诉讼,认为被告王某的行为侵害了他的债权,要求确认被告房屋赠与以及低价转让汽车的行为无效。王某认为赠与行为发生在债务到期之前是合法的,与李某之间的汽车买卖行为也是经过合法程序完成的,故拒绝原告的诉讼请求。法院经审理判决：被告王某房屋赠与以及低价转让汽车的行为无效。随后,案件进入执行程序,原告通过行使撤销权挽回了损失。

分析:《合同法》第74条规定,因债务人放弃其到期债权或者无偿转让财产,对债权人造成损害的,债权人可以请求人民法院撤销债务人的行为。债务人以明显不合理的低价转让财产,对债权人造成损害,并且受让人知道该情形的,债权人也可以请求人民法院撤销债务人的行为。本案中王某欠刘某人民币50万元,事实清楚,刘某的债权应当由王某的财产来偿还,但王某以拆分和转移家产的形式将房屋赠与其子,而其子对于房屋并没有拥有财产的权利,最多是享有继承的期待权;王某又将小汽车以明显不合理的低价转让给弟妹李某。故被告王某赠与房屋和低价转让小汽车的行为损害了原告刘某的债权,债权人刘某当然可以诉请法院撤销这种侵害行为。刘某行使撤销权费用主要由被告人王某承担。

4.5 合同的变更、终止与解除

4.5.1 合同的变更

合同变更的概念分两种,当主体不变,合同在没有履行或者没有完全履行前,当事人由于某些原因对合同约定的权利和义务进行局部调整,是对合同条款的修改和补充,这是对合同变更的狭义理解;当合同内容和合同主体均变更时,合同的当事人已经发生变化,此时的合同已经不再是原来的合同,也不是对某些条款单纯的修改和补充,而是成为新合同,称为合同转让,这是对合同变更的广义理解。本书中一般情况下,合同变更指的是狭义的变更。

合同变更分为约定变更和法定变更。

约定变更是指当事人协商一致,可以变更合同。

法定变更是指法律规定在某些特定条件下,当事人可以不经过协商而直接变更合同。例如《合同法》第308条规定,在承运人将货物交付收货人之前,托运人可以要求承运人中止运输、返还货物、变更到达地或者将货物交给其他收货人,但应当赔偿承运人因此受到的损失。

合同变更的方式,根据《合同法》第77条规定,法律、行政法规规定变更合同应当办理批准、登记等手续的。依照其规定,经过协商变更的合同,应该采用书面形式。

合同的一方当事人提出变更,而对方当事人不同意变更的,主张变更的一方可以向人民法院提起诉讼或者向仲裁机构申请仲裁裁决。

合同内容发生变更,可能涉及合同的标的、数量、质量、价款或者酬金、履行期限、地点、方式等。《合同法》第78条规定,当事人对合同变更的内容约定不明确的,推定为未变更。

案例1:

某施工单位根据领取的某2000平方米两层厂房工程项目招标文件和全套施工图纸,采用低报价策略编制了投标文件,并获得中标。该施工单位(乙方)于2000年7月2日与建设单位(甲方)签订了该工程项目的固定价格施工合同。合同工期为8个月。甲方在乙方进入施工现场后,因资金紧缺,口头要求乙方暂停施工1个月。乙方亦口头答应。工程按合同规定期限验收时,甲方发现工程质量有问题,要求返工。两个月后,返工完毕。结算时甲方认为乙方迟延交付工程,应按合同约定偿付逾期违约金。乙方认为临时停工是甲方要求的。乙方为抢工期,加快施工进度才出现了质量问题,因此迟延交付的责任不在乙方。甲方则认为临时停工和不顺延工期是当时乙方答应的。乙方应履行承诺,承担违约责任。

该工程采用固定价格合同是否合适?该施工合同的变更形式是否妥当?此合同争议依据合同法律规范应如何处理?

分析:本案例需要注意建设工程施工合同的类型及其适用性,解决合同争议的法律依据。建设工程施工合同以付款方式不同可分为:固定价格合同、可调价格合同和成本加酬金合同。根据各类合同的适用范围,分析该工程采用固定价格合同是否合适。解决合同争议的法律依据主要是《合同法》与《建设工程施工合同(示范文本)》的有关规定。

因为固定价格合同适用于工程量不大且能够较准确计算、工期较短、技术不太复杂、风险不大的项目。该工程基本符合这些条件,故采用固定价格合同是合适的。

根据《合同法》和《建设工程施工合同(示范文本)》的有关规定,建设工程合同应当采取书面形式,合同变更亦应当采取书面形式。若在应急情况下,可采取口头形式,但事后应予以书面形式确认。否则,在合同双方对合同变更内容有争议时,只能以书面协议的内容为准。本案例中甲方要求临时停工,乙方亦答应,是甲、乙方的口头协议,且事后并未以书面的形式确认,所以该合同变更形式不妥。在竣工结算时双方发生了争议,对此只能以原合同规定为准。施工期间,甲方未能及时支付工程款,应对停工承担责任,故应当赔偿乙方停工1个月的实际经济损失,工期顺延1个月。工程因质量问题返工,造成逾期交付,责任在乙方,故乙方应当支付逾期交工1个月的违约金,因质量问题引起的返工费由乙方承担。

案例2:

某厂房建设场地原为农田。按设计要求在建造厂房时,厂房地坪范围内的耕植土应清除,基础必须埋在老土层下2米处。为此,业主在"三通一平"阶段就委托土方施工公司清除了耕植土并用好土回填压实至一定设计标高,故在施工招标文件中指出,施工单位无须再考虑清除耕植土问题。然而,开工后,施工单位在开挖基坑(槽)时发现,相当一部分基础开挖深度虽已达到设计标高,但仍未见老土,且在基础和场地范围内仍有一部分深层的耕植土和池塘淤泥等必须清除。

如果在工程中遇到地基条件与原设计所依据的地质资料不符时,承包商应该怎么办?根据修改的设计图纸,基础开挖要加深加大。为此,承包商提出了变更工程价格和展延工期的要求,该要求是否合理?工程施工中出现变更工程价款和工期的事件之后,甲、乙双方需要注意哪些时效性问题?对合同中未规定的承包商义务,合同实施过程又必须进行的工作,应如何处理较为妥当?

分析:工程变更其中的一种原因即是因地质条件变化引起的设计修改。该案例中承包商遇到工程地质条件发生变化时,根据《建设工程施工合同(示范文本)》对工程变更的有关规定,在工程中遇到地基条件与原设计所依据的地质资料不符时,承包方应及时通知甲方,要求对原设计进行变更。在建设工程施工合同文件规定的时限内,向甲方提出设计变更价款和工期顺延的要求。甲方如确认,则调整合同;如不同意,应由甲方在合同规定的时限内,通知乙方就变更价格协商,协商一致后,修改合同。若协商不一致,按工程承包合同纠纷处理方式解决。承包商提出了变更工程价格和展延工期的要求是合理的。因为工程地质条件的变化,不是一个有经验的承包商能够合理预见到的,属于业主风险。基础开挖加深加大必然增加费用和延长工期。在出现变更工程价款和工期事件之后,主要应注意:①乙方提出变更工程价款和工期的时间;②甲方确认的时间;③双方对变更工程价款和工期不能达成一致意见时的解决办法和时间。对于合同中未规定的承包商义务而实施过程又必须进行的工作,一般情况下,可按工程变更处理,也可以另行委托施工。

4.5.2 合同的终止与解除

1. 合同终止

合同终止是指由于发生法律规定或者当事人约定的情况,致使当事人之间的权利义务关系消灭,合同失去法律效力。

根据《合同法》第 91 条,有下列情形之一的,合同的权利义务终止:

(1) 债务已经按照约定履行;

(2) 合同解除;

(3) 债务相互抵消;

(4) 债务人依法将标的物提存;

(5) 债权人免除债务;

(6) 债权债务同归于一人;

(7) 法律规定或者当事人约定终止的其他情形。

2. 合同解除

合同解除是指合同订立并且生效之后,没有履行完毕之前,双方当事人通过协议或者其他法定方式,使当事人之间设定的权利和义务关系终止的行为。

合同解除分为约定解除和法定解除。

约定解除,《合同法》第 93 条规定,当事人协商一致,可以解除合同。该方式可以是双方在出现纠纷时,经协商解除合同,也可以是双方当事人在订立合同时就约定了解除的条件,当条件成就时,合同当事人即可行使解除权解除合同。

法定解除是指在符合某些法定条件时,一方当事人有权通知另一方当事人解除合同。《合同法》第 94 条规定,有下列情形之一的,当事人可以解除合同:

(1) 因不可抗力致使不能实现合同目的;

(2) 在履行期限届满之前,当事人一方明确表示或者以自己的行为表明不履行主要债务;

(3) 当事人一方迟延履行主要债务,经催告后在合理期限内仍未履行;

(4) 当事人一方迟延履行债务或者有其他违约行为致使不能实现合同目的;

(5) 法律规定的其他情形。

解除权的行使期限,《合同法》第 95 条规定,法律规定或者当事人约定解除权行使期限,期限届满当事人不行使的,该权利消灭。法律没有规定或者当事人没有约定解除权行使期限,经对方催告后在合理期限内不行使的,该权利消灭。

行使解除权的方式,《合同法》第 96 条规定,当事人一方依照本法第 93 条第 2 款、第 94

条的规定主张解除合同的,应当通知对方。合同自通知到达对方时解除。对方有异议的,可以请求人民法院或者仲裁机构确认解除合同的效力。法律、行政法规规定解除合同应当办理批准、登记等手续的,依照其规定。

合同解除的法律后果,《合同法》第97条规定,合同解除后,尚未履行的,终止履行;已经履行的,根据履行情况和合同性质,当事人可以要求恢复原状、采取其他补救措施,并有权要求赔偿损失。

4.6 合同的违约责任

违约责任是指合同当事人不履行或者履行合同不符合约定而根据法律规定或者合同约定应当承担的民事责任。

违约责任是保障合同顺利履行的重要措施,是合同法的重要组成部分。合同履行中应符合公平原则,设立违约责任能够在违约方出现违约行为时,对守约方进行损失上的弥补,有效地保护公平原则的贯彻。同时,掌握违约责任的规定和承担方式,有助于当事人进行风险分析和风险规避,及时有效地维护自身权益。

4.6.1 合同承担违约责任的条件

承担违约责任的条件应满足如下3条:

(1) 客观上,要有违约行为,也就是违约方出现了不履行合同的事实,或者出现了履行合同不符合法律或者合同约定的事实。

(2) 主观上,行为人有过错,这种过错可以是故意的,也可以是过失,只要造成违约事实,均应当承担法律责任。

(3) 当出现上述两个条件时,即可追究违约方的违约责任。但是如果主张赔偿经济损失的,除了具备上述条件外,还应当满足第3个条件,即违约行为与损害事实之间必须有直接的因果关系。

4.6.2 合同承担违约责任的形式

违约责任是一种财产责任,即这种责任表现为违约方支付违约金、定金、赔偿损失等,体现了补偿性和补救性,而不是对对方人身或财产的制裁。所以违约责任承担的原则有两方面,一方面是过错责任原则,即谁有过错谁承担责任,一方有过错则一方承担,双方有过错则双方各自承担相应的责任;另一方面是赔偿实际损失原则,即如果违约金不足以弥补损失,则需要主张额外的赔偿金来弥补不足部分,但是如果受害方本来可以自己避免的损失没有避免,反而扩大了损失,则不能要求违约方给予赔偿。

承担违约责任的方式一般有如下几种。

1. 继续履行

继续履行是指一方当事人违约后,另一方当事人有权要求其按照合同要求继续履行合同,也称为强制履行。这种承担违约责任的方式是为了保护合同当事人订立合同的最终目的,即实现经济利益。《民法通则》第111条规定,当事人一方不履行合同义务或者履行合同义务不符合约定条件的,另一方有权要求履行或者采取补救措施,并有权要求赔偿损失。《合同法》第109条规定,当事人一方未支付价款或者报酬的,对方可以要求其支付价款或者报酬。《合同法》第110条规定,当事人一方不履行非金钱债务或者履行非金钱债务不符合约定的,对方可以要求履行,但有下列情形之一的除外:

(1) 法律上或者事实上不能履行;

(2) 债务的标的不适于强制履行或者履行费用过高;

(3) 债权人在合理期限内未要求履行。

2. 采取补救措施

根据《合同法》第111条,质量不符合约定的,应当按照当事人的约定承担违约责任。对违约责任没有约定或者约定不明确,依照《合同法》第61条的规定仍不能确定的,受损害方根据标的的性质以及损失的大小,可以合理选择要求对方承担修理、更换、重作、退货、减少价款或者报酬等违约责任。

3. 赔偿损失

根据《合同法》第112条,当事人一方不履行合同义务或者履行合同义务不符合约定的,在履行义务或者采取补救措施后,对方还有其他损失的,应当赔偿损失。

在实践中,还有一种承担违约责任的方式,即选择支付违约金或者定金制裁。根据《合同法》第114条规定,当事人可以约定一方违约时应当根据违约情况向对方支付一定数额的违约金,也可以约定因违约产生的损失赔偿额的计算方法。约定的违约金低于造成的损失的,当事人可以请求人民法院或者仲裁机构予以增加;约定的违约金过分高于造成的损失的,当事人可以请求人民法院或者仲裁机构予以适当减少。另外,根据《合同法》第115条规定,当事人可以依照《中华人民共和国担保法》(以下简称《担保法》)约定一方向对方给付定金作为债权的担保。债务人履行债务后,定金应当抵作价款或者收回。给付定金的一方不履行约定的债务的,无权要求返还定金;收受定金的一方不履行约定的债务的,应当双倍返还定金。也就是说,违约金存在于主合同当中,定金存在于从合同当中,根据《合同法》第116条规定,当事人既约定违约金,又约定定金的,一方违约时,对方可以选择适用违约金或者定金条款。

4.6.3　合同违约责任的免除

不可抗力是指不能预见、不能避免并且不能克服的客观情况。不能预见是指按照一般人的能力无法预知事件是否发生、何时发生、发生的程度等;不能避免是指当事人即使预见到事件的发生,但是也无法阻止其发生,如果当事人能够通过努力阻止,则不能称为不可抗力;不能克服是指对于已经发生的事件,当事人通过努力无法消除或者减弱该事件的负面影响。例如当事人无法预知某地何时发生地震,即使能够收到预报,也不能避免地震来临,地震过程中,当事人也无法保护建筑物不受损害,只能任其破坏。

对于不可抗力,国际上没有明确的规定,我国也没有明确的判定标准,在实践中,根据常规,不可抗力一般包括两方面:一方面是自然事件,如地震、火山喷发、海啸、洪水等;另一方面是社会事件,如特定政府行为、暴乱、战争等。

一般合同违约责任的免责事由为不可抗力,《合同法》第 117 条规定,因不可抗力不能履行合同的,根据不可抗力的影响,部分或者全部免除责任,但法律另有规定的除外。当事人延迟履行后发生不可抗力的,不能免除责任。另外,当事人可以在合同中约定其他免除责任的条件,即免责条款,但是该条款必须是合理有效的。

案例:

某施工单位在一项工程施工中,建设单位由于金融危机通知停止施工,具体开工日期等待通知,由于停工,导致施工单位损失,为此,施工单位向建设单位提出索赔,但建设单位以金融危机是不可抗力为由拒绝支付。

分析:我国法律明确规定,不可抗力是指不能预见、不能避免并不能克服的客观情况。因不可抗力不能履行合同或者造成他人损害的,不承担民事责任,法律另有规定的除外。实际上,金融危机应当理解为一种人为造成的"人祸",属于经营过程中的商业风险,不满足不可抗力的概念。所以,施工单位可以主张因发包人擅自停工造成的所有损失。

4.7 合同的索赔

4.7.1 索赔概述

索赔是指合同实施过程中,当事人由于对方当事人的过错或双方都不可控制的原因而发生了实际的损失,要求对方给予补偿或者赔偿的权利。

一般把承包方向发包方提出的赔偿或者补偿的要求称为索赔;把发包方向承包方提出的赔偿或者补偿的要求称为反索赔。

索赔应当遵循客观、合法、合理的原则,要有全面真实的证据,以法律和合同为依据,采用合理的计算方法,并要兼顾对方的利益,切莫把索赔当成一种单纯的追求利益的工具。

4.7.2 建设工程施工合同的索赔

1. 索赔的分类

索赔按照补偿目的分为工期索赔和费用索赔。

工期索赔是承包人要求由于非本方原因造成的施工进程延误,批准展延合同工期。

费用索赔是指当施工条件改变导致承包人开支增加时,要求发包人对超出计划成本的附加开支给予补偿。

索赔按照处理方式分为单项索赔和总索赔。

单项索赔是指在合同规定的索赔有效期内,对某一事件提出索赔。

总索赔是指在工程竣工前,承包人将施工过程中未解决的单项索赔集中提出,成为一篇总索赔报告。

2. 索赔的依据

当事人在提出索赔时,必须有充分的依据或者证据,并且能够充分证明索赔事实的真实性和可存在性,如果当事人不能够完整清晰地提供依据或者证据,则要承担索赔失败带来的风险。

建设工程施工合同索赔的依据包括各项法律、法规、规章制度、合同文件、施工进度文件、施工过程记录、会议纪要、各方备忘录、来往邮件信函、影像资料、各种单据和竣工文件等。

建设工程施工合同索赔的证据包括招标文件、合同文件、各种备忘录、附属文件、经业主认可的工程计划、工程图纸、技术规程、报价文件、会议纪要、施工进度记录、影像资料、气候资料、交接记录文件、材料采购、运输、进场凭证、会计核算文件和市场资料等。

3. 索赔的原因

(1)因气候、水文、政治和人为等因素造成工期延误、费用增加。

(2)勘察资料不准确或者设计变更导致工期延长、费用增加。

(3)业主或者监理工程师发出的变更或者暂停施工的指令,造成工期延长、费用增加。

(4)承办方为了减少合同带来的风险而通过法律允许的方式设定的索赔权利。

(5)业主或者监理工程师发生的违约行为,承包商可以提出索赔。

(6)合同缺陷造成条款遗漏或者矛盾时,承包商按照业主或者监理工程师的解释进行施工,可以针对该部分增加的工期或费用提出索赔。

(7)国家法律或者政策的变更,造成当事人损失时,可以提出索赔。

(8)法律规定的其他原因,如不可抗力,可以提出索赔。

案例:

我国某水电站建设工程,采用国际招标,选定国外某承包公司承包引水洞工程施工。在招标文件列出应由承包商承担的税赋和税率。但在其中遗漏了承包工程总额3.03%的营业税,因此承包商报价时没有包括该税。工程开始后,工程所在地税务部门要求承包商交纳已完工程的营业税92万元,承包商按时缴纳,同时向业主提出索赔要求。对这个问题的责任进行分析认为,业主在招标文件中仅列出几个小额税种,而忽视了大额税种,是招标文件的不完备,或者是有意的误导行为。业主应该承担责任。索赔处理过程中,业主向国家申请免除营业税,并被国家批准。但对已交纳的92万元税款,经双方商定各承担50%。

分析:如果招标文件中没有给出任何税收目录,而承包商报价中遗漏税赋,本索赔要求是不能成立的。这属于承包商环境调查和报价失误,应由承包商负责。因为合同明确规定:"承包商应遵守工程所在国一切法律","承包商应交纳税法所规定的一切税收"。

4.8 建设工程相关合同

4.8.1 承揽合同

承揽合同是承揽人按照定作人的要求完成工作,交付工作成果,定作人给付报酬的合同。承揽包括加工、定作、修理、复制、测试、检验等工作。

1. 承揽合同的法律特征

承揽合同是诺成、有偿、双务、非要式合同,具有以下特征:

1) 承揽合同以完成一定的工作并交付工作成果为标的

在承揽合同中,承揽人必须按照定作人的要求完成一定的工作,但定作人的目的不是工作过程,而是工作成果,这是与单纯提供劳务的合同的不同之处。按照承揽合同所要完成的工作成果可以是体力劳动成果,也可以是脑力劳动成果;既可以是物,也可以是其他财产。

2) 承揽合同的标的物具有特定性

承揽合同是为了满足定作人的特殊要求而订立的,因而定作人对工作质量、数量、规格、形状等的要求使承揽标的物特定化,使它同市场上的物品有所区别,以满足定作人的特殊需要。

3) 承揽人工作具有独立性

承揽人以自己的设备、技术、劳力等完成工作任务,不受定作人的指挥管理,独立承担完成合同约定的质量、数量、期限等责任,但应当接受定作人必要的监督检查。在交付工作成果之前,对标的物意外灭失或工作条件意外恶化风险所造成的损失承担责任。

4) 承揽合同具有一定人身性质

承揽人一般必须以自己的设备、技术、劳力等完成工作并对工作成果的完成承担风险。承揽人不得擅自将承揽的工作交给第三人完成,但是如果经过定作人的同意,承揽人可以将承揽的主要工作交由第三人。

2. 承揽合同当事人的权利和义务

1) 承揽人的义务

(1) 按约定完成工作。承揽人应按合同约定的时间、方式、数量、质量完成交付的工作。这是承揽人的首要义务,也是其获得酬金应付出的代价。承揽人应以自己的设备、技术和劳力亲自完成约定的工作,未经定作人同意,承揽人不得将承揽的主要工作交由第三人完成。承揽人将承揽的辅助工作交由第三人完成,或依约定将承揽的主要工作交由第三人完成的,承揽人就第三人完成的工作对定作人负责。

(2) 提供或接受原材料。完成定作所需的原材料,可以约定由承揽人提供或由定作人提供。承揽人提供原材料的,应按约定选购并接受定作人检查;定作人提供的,承揽人应及时检查,妥善保管,并不得更换材料。

(3) 及时通知和保密的义务。对于定作人提供的原材料不符合约定的,或定作人提供的图纸、技术要求不合理的,应及时通知定作人。对于完成的工作,定作人要求保密的,承揽人应保守秘密,不得留存复制品或技术资料。

(4) 接受监督检查。承揽人在完成工作时,应接受定作人必要的监督和检验,以保证工作符合定作人的要求。

(5) 交付工作成果。承揽人完成的工作成果,应及时交付给定作人,并提交与工作成果相关的技术资料、质量证明等文件。但在定作人未按约定给付报酬或材料价款时,承揽人得留置工作成果。

(6) 对工作成果的瑕疵担保。承揽人交付的工作成果应符合约定的质量,承揽人对已交付工作成果的隐蔽瑕疵及该瑕疵所造成的损害承担责任。交付的工作成果有隐蔽瑕疵,验收时用通常方法或约定的方法不能发现,验收后在使用过程中暴露或致定作人或第三人受损害的,承揽人应根据合同约定或法律的规定,承担损害赔偿责任。

2) 定作人的义务

(1) 按照约定提供材料。合同法规定,由定作人提供材料的,定作人应按照约定提供材料。

(2) 支付报酬。定作人需支付的报酬和材料等费用的标准,合同中有约定的,按照约定的数额支付;如合同中没有约定或者约定不明确,则依通常标准支付。定作人应当按照合同约定的期限支付报酬。对支付报酬期限没有约定或者约定不明确的,依照合同的其他条款、补充协议或者交易习惯;仍不能确定的,在承揽人交付工作成果的同时,定作人应当相应地支付部分报酬。如果承揽人完成的工作成果无须交付,例如,为定作人粉刷墙壁的,则定作人应于工作完成之时支付报酬。定作人未向承揽人支付报酬或者材料费等价款的,承揽人对完成的工作成果享有留置权。定作人应向承揽人支付报酬及材料费等费用,而因承揽人一方的原因无法支付时,定作人可以将报酬或者材料费等价款提存。

(3) 协助义务。为了使承揽人及时完成工作成果,定作人应依约定及按诚实信用原则,积极协助承揽人工作。定作人不履行协助义务的,承揽人有权顺延履行期限,并在定作人对所提供的不符合要求的原材料及图纸等拒绝补正时有合同解除权。

(4) 验收并受领工作成果。对承揽人完成并交付的工作成果,定作人应及时检验,对符合约定要求的,应接受该工作成果。超过约定期限领取定作物的,定作人负受领迟延责任。

3. 承揽合同的终止

1) 承揽合同因一方行使解除权而终止

承揽合同在一方当事人严重违约致使合同不能继续履行时,另一方有权解除合同。

《合同法》第258条规定:"定作人中途变更承揽工作的要求,造成承揽人损失的,应当赔偿损失。"定作人变更、解除合同的,应符合以下要求:

(1) 应在合同成立生效后、承揽工作完成前提出变更或者解除的请求。

(2) 应及时通知承揽人。定作人不对承揽人作变更、解除通知的,不能发生变更、解除的效力。

(3) 对承揽人造成损失的,应负赔偿责任。

2) 承揽合同因当事人协议而终止

承揽合同因当事人双方的合意而成立,也可以因双方的合意而解除。在当事人双方协议解除合同时,承揽合同也即因解除而终止。

3) 承揽合同的法定终止

根据承揽合同的性质,承揽合同可因下列事由而终止:

(1) 承揽人死亡或者失去工作能力。

(2) 定作人死亡,并且其继承人不需要该项工作。

(3) 承揽人或者定作人被宣告破产。

4.8.2　买卖合同

买卖合同是出卖人转移标的物的所有权于买受人,买受人支付价款的合同。根据《合同法》第174条、第175条的规定,法律对其他有偿合同的事项未作规定时,参照买卖合同的规定;互易等移转标的物所有权的合同,也参照买卖合同的规定。

1. 买卖合同的法律特征

(1) 买卖合同是有偿合同。买卖合同的实质是以等价有偿方式转让标的物的所有权,即出卖人移转标的物的所有权于买方,买方向出卖人支付价款。

(2) 买卖合同是双务合同。在买卖合同中,买方和卖方都享有一定的权利,承担一定的义务。

(3) 买卖合同是诺成合同。买卖合同自双方当事人意思表示一致就可以成立,不以一方交付标的物为合同的成立要件,当事人交付标的物属于履行合同。

(4) 买卖合同一般是不要式合同。通常情况下,买卖合同的成立、有效并不需要具备一定的形式,但法律另有规定者除外。

(5) 买卖合同是双方民事法律行为。

2. 买卖合同当事人的权利和义务

1) 出卖人的义务

(1) 交付标的物。交付标的物是出卖人的首要义务,也是买卖合同最重要的合同目的。标的物的交付可分为现实交付和观念交付。现实交付是指标的物交由买受人实际占有;观念交付包括返还请求权让与、占有改定和简易交付。

(2) 转移标的物的所有权。买卖合同以转移标的物所有权为目的,因此出卖人负有转移标的物所有权归买受人的义务。为保证出卖人能够转移标的物的所有权归买受人,出卖人出卖的标的物应当属于出卖人所有或者出卖人有权处分;法律、行政法规禁止或者限制转让的标的物,依照其规定。

2) 买受人的义务

(1) 支付价款。价款是买受人获取标的物所有权的对价。依合同的约定向出卖人支付价款,是买受人的主要义务。买受人须按合同约定的数额、时间、地点支付价款,并不得违反法律以及公共利益。合同无约定或约定不明的,应依法律规定、参照交易惯例确定。

(2) 受领标的物。对于出卖人交付标的物及其有关权利和凭证,买受人有及时受领义务。

(3) 对标的物检查通知的义务。买受人受领标的物后,应当在当事人约定或法定期限内,依通常程序尽快检查标的物。若发现应由出卖人负担保责任的瑕疵时,应妥善保管标的物并将其瑕疵立即通知出卖人。

4.8.3 借款合同

借款合同是借款人向贷款人借款,到期返还借款并支付利息的合同。借款合同有以下基本特征。

(1) 贷款方必须是国家批准的专门金融机构,包括中国人民银行和专业银行。专业银行是指中国工商银行、中国人民建设银行、中国农业银行、中国银行和信用合作社。全国的信贷业务只能由国家金融机构办理,其他任何单位和个人无权与借款方发生借贷关系。

（2）借款方一般是指实行独立核算、自负盈亏的全民和集体所有制企业。国家机关、社会团体、学校、研究单位等实行财政预算拨款的单位则无权向金融机构申请贷款。

（3）借款合同的标的为人民币和外币。在外币的借款合同中,应明确规定借什么货币还什么货币(包括计收利息)。

（4）订立借款合同必须提供保证或担保。借款方向银行申请贷款时,必须有足够的物资作保证或者由第三者提供担保,否则银行有权拒绝提供贷款。

（5）借款合同的贷款利率由国家统一规定,由中国人民银行统一管理。

4.8.4 运输合同

运输合同是承运人将旅客或者货物从起运地点运输到约定地点,旅客、托运人或者收货人支付票款或者运输费用的合同。主要包括客运合同、货物运输合同和多式联运合同。

1. 客运合同

客运合同又称为旅客运输合同,是指承运人与旅客签订的由承运人将旅客及其行李运输到目的地而由旅客支付票款的合同。其特征为:旅客既是合同一方当事人,又是运输对象;客运合同通常采用票证形式;客运合同包括对旅客行李的运送。

旅客的主要义务包括:持票乘运的义务;按时乘运的义务;限量携带行李的义务;遵守安全规则的义务。

承运人的主要义务包括:按约定的时间将旅客运达目的地的义务;不得擅自变更运输路线的义务;保障旅客在运输途中的安全义务;提供必要生活服务的义务。

2. 货物运输合同

货物运输合同,即通常所说的货运合同,是委托人将需要运送的货物交给承运人,由承运人按委托人的要求将货物运送到指定地点交付给委托人或者收货人,并由委托人或收货人支付运费的合同。

托运人的主要义务包括:如实申报货运基本情况的义务;办理有关手续的义务;包装货物的义务;支付运费和其他有关费用的义务。

承运人的主要义务包括:按合同约定调配适当的运输工具和设备,接收承运的货物,按期将货物运到指定的地点;从接收货物时起至交付收货人之前,负有安全运输和妥善保管的义务;货物运到指定地点后,应及时通知收货人收货。

收货人的主要义务是:检验货物的义务;及时提货的义务;支付托运人少交或未交的运费或其他费用的义务。

3. 多式联运合同

多式联运合同是指多式联运经营人将分区段的不同方式的运输联合起来为承运人履行承运义务的运输合同。多式联运合同的特殊效力体现在:

承运人权利和义务由多式联运经营人享有,多式联运之承运人之间的内部责任划分约定,不得对抗托运人。

支付费用的总括性。托运人将全程不同运送设备的运费一次性支付给多式联运经营人,并取得多式联运单据。多式联运单据分可转让和不可转让两种。

对于联合运输过程中的货物灭失或毁损的赔偿责任以及赔偿数额,首先适用法律的特别规定或国际公约的规定;发生损害的运输区段不能确定的,由多式联运经营人负赔偿责任,承运人之间的内部责任依约定或法定分配。

4.8.5 租赁合同

租赁合同是出租人将租赁物交付承租人使用、收益,承租人支付租金的合同。

1. 租赁合同的法律特征

(1) 租赁合同是转移租赁物使用收益权的合同,而不转让其所有权;租赁合同终止时,承租人须返还租赁物。这是租赁合同区别于买卖合同的根本特征。

(2) 租赁合同是双务、有偿合同。

(3) 租赁合同是诺成合同。租赁合同的成立不以租赁物的交付为要件,当事人只要依法达成协议,合同即告成立。

2. 租赁合同当事人的权利和义务

1) 出租人的义务

(1) 交付出租物。出租人应依照合同约定的时间和方式交付租赁物。出租人应使之处于承租人得以使用的状态。如果合同成立时租赁物已经为承租人直接占有,从合同约定的交付时间起承租人即对租赁物享有使用收益权。

(2) 在租赁期间保持租赁物符合约定用途。发生品质降低而害及承租人使用收益或其他权利时,应维护修缮,恢复原状。因修理租赁物而影响承租人使用、收益的,出租人应相应减少租金或延长租期,但按约定或习惯应由承租人修理或租赁物的损坏因承租人过错所致的除外。

(3) 物的瑕疵担保。出租人应担保所交付的租赁物能够为承租人依约正常使用、收益的状态。

(4) 权利的瑕疵担保义务。出租人应担保不因第三人对承租人主张租赁物上的权利而使承租人无法依约对租赁物进行使用收益。

2) 承租人的义务

(1) 支付租金。《合同法》第 226 条规定:"承租人应当按照约定的期限支付租金。对支付期限没有约定或者约定不明确,依照本法第六十一条的规定仍不能确定,租赁期间不满一年的,应当在租赁期间届满时支付;租赁期间一年以上的,应当在每届满一年时支付,剩余期间不满一年的,应当在租赁期间届满时支付。"《合同法》第 227 条规定:承租人无正当理由未支付或者迟延支付租金的,出租人可以要求承租人在合理期限内支付。承租人逾期不支付的,出租人可以解除合同。

(2) 按照约定的方法使用租赁物。承租人应按照约定的方法使用租赁物;无约定的或约定不明确的,可以由当事人事后达成补充协议来确定;不能达成协议的,按合同的有关条款或交易习惯确定;仍不能确定的,应根据租赁物的性质使用。

(3) 妥善保管租赁物。承租人应注意妥善保管租赁物,未尽妥善保管义务,造成租赁物毁损灭失的,应当承担损害赔偿责任。

(4) 不得擅自改善和增设他物。承租人经出租人同意,可以对租赁物进行改善和增设他物。承租人未经出租人同意对租赁物进行改善和增设他物的,出租人可以请求承租人恢复原状或赔偿损失。

（5）通知义务。在租赁关系存续期间,出于必要修理、防止危害或诚实信用原则等缘由,承租人应当及时通知出租人。承租人怠于通知,致出租人不能及时救济而受到损害的,承租人应负赔偿责任。

（6）返还租赁物。租赁合同终止时,承租人应将租赁物返还出租人。逾期不返还,即构成违约,须给付违约金或逾期租金,并须负担逾期中的风险。

4.8.6 融资租赁合同

融资租赁合同是出租人根据承租人对出卖人、租赁物的选择,向出卖人购买租赁物,提供给承租人使用,承租人支付租金的合同。融资租赁合同的法律特征为:

（1）融资合同的出卖人是向承租人履行交付标的物和瑕疵担保义务,而不是向买受人履行义务,即承租人享有买受人的权利但不承担买受人的义务。

（2）融资租赁合同的出租人不负担租赁物的维修与瑕疵担保义务,但承租人须向出租人履行交付租金义务。

（3）根据约定以及支付的价金数额,融资租赁合同的承租人有取得租赁物之所有权或返还租赁物的选择权,即如果承租人支付的是租赁物的对价,就可以取得租赁物的所有权,如果支付的仅是租金,则须于合同期间届满时将租赁物返还出租人。

4.8.7 仓储合同

仓储合同是保管人储存存货人交付的仓储物,存货人支付仓储费的合同。仓储合同的法律特征为:

（1）仓储合同是诺成合同。仓储合同自成立时生效。这是仓储合同区别于保管合同的显著特征。

（2）仓储保管的对象必须是动产,不动产不能作为仓储合同的保管对象。这也是仓储合同区别于保管合同的显著特征。

（3）仓储合同的保管人,必须具有依法取得从事仓储保管业务的经营资格。

（4）仓储的货物所有权不发生转移,只是货物的占有权暂时转移,而货物的所有权或其他权利仍属于存货人所有。

4.8.8 委托合同

委托合同是委托人和受托人约定,由受托人处理委托人事务的合同。委托合同的法律特征为:

（1）委托合同只能发生在双方相互信任的特定人之间。没有当事人双方相互的信任和自愿,即使建立了合同关系也难以巩固。

（2）标的是处理委托事务。关于委托事务的范围,《合同法》并没有将委托事务限于法律行为,但是,委托事务必须是委托人有权实施的,且不违反法律或者社会公共利益、社会公德的行为。

(3) 受托人以委托人的名义和费用处理委托事务。受托人处理事务,不是以自己的名义和费用,而是以委托人的名义和费用进行的。这是委托合同与行纪合同、承揽合同、居间合同等类似合同的重要区别。

(4) 委托合同可以是有偿的,也可以是无偿的。委托合同是否有偿,由当事人双方约定。

4.8.9　保管合同

保管合同是保管人保管寄存人交付的保管物,并返还该物的合同。保管合同的法律特征为:

(1) 保管合同是提供劳务的合同。保管合同的履行,仅转移保管物的位置,而对保管物的所有权、使用权不产生影响。

(2) 保管合同是实践合同。即仅有当事人双方意思表示一致,合同还不能成立,必须有寄存人将保管物交付给保管人的事实。《合同法》第 367 条规定:“保管合同自保管物交付时成立,但当事人另有约定的除外。”

(3) 保管合同是双务合同、不要式合同,由当事人约定是否有偿或无偿。

复习思考题

4-1　合同按照计价方式分为几种?简述各自的特征。

4-2　简述在合同订立过程中,要约邀请和要约的区别与联系。

4-3　简述可撤销合同和无效合同的概念,并说明什么合同是可撤销的,什么合同是无效的。

4-4　合同履行中的抗辩权分为几种?简述各自特征并分析不安抗辩权的法律后果。

4-5　简述违约行为的成立要件以及承担违约责任的方式。

4-6　简述担保的类型,并说明各种担保之间的相同点和不同点。

4-7　简述费用索赔和工期索赔的概念。

4-8　简述建设工程施工合同索赔时需要搜集的依据和证据。

第5章

建筑工程勘察设计法规

5.1 工程勘察设计法律法规概述

建设工程勘察是指根据建设工程的要求,查明、分析、评价建设场地的地质地理环境特征和岩土工程条件,编制建设工程勘察文件的活动。勘察任务在于查明工程项目建设地点的地形地貌、地层土壤岩性、地质构造、水文条件等自然地质条件资料,作出鉴定和综合评价,为建设项目的选址、工程设计和施工提供科学可靠的依据。

建设工程设计是指根据建设工程的要求,对建设工程所需的技术、经济、资源、环境等条件进行综合分析、论证,编制建设工程设计文件的活动。设计是基本建设的重要环节。在建设项目的选址和设计任务书已定的情况下,建设项目是否技术上先进和经济上合理,设计将起着决定作用。

涉及建设工程勘察设计的法律法规很多,有专门法,例如《建设工程勘察设计管理条例》《建设工程勘察设计合同条例》;也有部门规章,例如《建设工程勘察设计资质管理规定》;还有一些诸如《建筑法》《城市规划法》等法律法规的部分内容也对勘察设计工作进行了相关规定。

《建设工程勘察设计管理条例》的立法目的是加强对建设工程勘察、设计活动的管理,保证建设工程勘察、设计质量,保护人民生命和财产安全。从事建设工程勘察、设计活动,必须遵守本条例。从事工程勘察设计应当遵循的原则是:建设工程勘察、设计应当与社会、经济发展水平相适应,做到经济效益、社会效益和环境效益相统一;从事建设工程勘察、设计活动,应当坚持先勘察、后设计、再施工的原则;建设工程勘察、设计单位必须依法进行建设工程勘察、设计,严格执行工程建设强制性标准,并对建设工程勘察、设计的质量负责。

5.2 工程勘察设计单位的资质管理

《建设工程勘察设计资质管理规定》于 2006 年 12 月 30 日经建设部第 114 次常务会议讨论通过,自 2007 年 9 月 1 日起施行。它是根据《中华人民共和国行政许可法》(以下简称《行政许可法》)《建筑法》《建设工程质量管理条例》和《建设工程勘察设计管理条例》等法律、行政法规制定的,其目的是加强对建设工程勘察、设计活动的监督管理,保证建设工程勘察、设计质量。

5.2.1 工程勘察设计资质的监督与管理

1. 工程勘察设计资质监督管理的部门和级别划分

国务院建设主管部门负责全国建设工程勘察、工程设计资质的统一监督管理。国务院铁路、交通、水利、信息产业、民航等有关部门配合国务院建设主管部门实施相应行业的建设工程勘察、工程设计资质管理工作。

省、自治区、直辖市人民政府建设主管部门负责本行政区域内建设工程勘察、工程设计资质的统一监督管理。省、自治区、直辖市人民政府交通、水利、信息产业等有关部门配合同级建设主管部门实施本行政区域内相应行业的建设工程勘察、工程设计资质管理工作。

上级建设主管部门应当加强对下级建设主管部门资质管理工作的监督检查,及时纠正资质管理中的违法行为。

2. 工程勘察设计单位的资质管理

从事建设工程勘察、工程设计活动的企业,应当按照其拥有的注册资本、专业技术人员、技术装备和勘察设计业绩等条件申请资质,经审查合格,取得建设工程勘察、工程设计资质证书后,方可在资质许可的范围内从事建设工程勘察、工程设计活动。企业取得工程勘察、设计资质后,不再符合相应资质条件的,建设主管部门、有关部门根据利害关系人的请求或者依据职权,可以责令其限期改正;逾期不改的,资质许可机关可以撤销其资质。

1) 工程勘察设计资质的撤销

有下列情形之一的,资质许可机关或者其上级机关,根据利害关系人的请求或者依据职权,可以撤销工程勘察、工程设计资质:

(1) 资质许可机关工作人员滥用职权、玩忽职守作出准予工程勘察、工程设计资质许可的;

(2) 超越法定职权作出准予工程勘察、工程设计资质许可的;

(3) 违反资质审批程序作出准予工程勘察、工程设计资质许可的;

(4) 对不符合许可条件的申请人作出工程勘察、工程设计资质许可的;

(5) 依法可以撤销资质证书的其他情形。

以欺骗、贿赂等不正当手段取得工程勘察、工程设计资质证书的,应当予以撤销。

2) 工程勘察设计资质的注销

有下列情形之一的,企业应当及时向资质许可机关提出注销资质的申请,交回资质证书,资质许可机关应当办理注销手续,公告其资质证书作废:

(1) 资质证书有效期届满未依法申请延续的;

(2) 企业依法终止的;

(3) 资质证书依法被撤销、撤回,或者吊销的;

(4) 法律、法规规定的应当注销资质的其他情形。

企业应当按照有关规定,向资质许可机关提供真实、准确、完整的企业信用档案信息;企业的信用档案应当包括企业基本情况、业绩、工程质量和安全、合同违约等情况。被投诉举报和处理、行政处罚等情况应当作为不良行为记入其信用档案；企业的信用档案信息按照有关规定向社会公示。

5.2.2　工程勘察设计资质的分类和分级

1. 工程勘察资质

工程勘察资质分为工程勘察综合资质、工程勘察专业资质、工程勘察劳务资质。

工程勘察综合资质只设甲级；工程勘察专业资质设甲级、乙级，根据工程性质和技术特点，部分专业可以设丙级；工程勘察劳务资质不分等级。

取得工程勘察综合资质的企业，可以承接各专业（海洋工程勘察除外）、各等级工程勘察业务；取得工程勘察专业资质的企业，可以承接相应等级相应专业的工程勘察业务；取得工程勘察劳务资质的企业，可以承接岩土工程治理、工程钻探、凿井等工程勘察劳务业务。

2. 工程设计资质

工程设计资质分为工程设计综合资质、工程设计行业资质、工程设计专业资质和工程设计专项资质。

工程设计综合资质只设甲级；工程设计行业资质、工程设计专业资质、工程设计专项资质设甲级、乙级。根据工程性质和技术特点，个别行业、专业、专项资质可以设丙级，建筑工程专业资质可以设丁级。

取得工程设计综合资质的企业，可以承接各行业、各等级的建设工程设计业务；取得工程设计行业资质的企业，可以承接相应行业相应等级的工程设计业务及本行业范围内同级别的相应专业、专项（设计施工一体化资质除外）工程设计业务；取得工程设计专业资质的企业，可以承接本专业相应等级的专业工程设计业务及同级别的相应专项工程设计业务（设计施工一体化资质除外）；取得工程设计专项资质的企业，可以承接本专项相应等级的专项工程设计业务。

5.2.3　工程勘察设计资质的申请和审批

1. 工程勘察设计资质的申请和审批部门

申请工程勘察甲级资质、工程设计甲级资质，以及涉及铁路、交通、水利、信息产业、民航等方面的工程设计乙级资质的，应当向企业工商注册所在地的省、自治区、直辖市人民政府建设主管部门提出申请。其中，国务院国资委管理的企业应当向国务院建设主管部门提出申请；国务院国资委管理的企业下属一层级的企业申请资质，应当由国务院国资委管理的企业向国务院建设主管部门提出申请。

省、自治区、直辖市人民政府建设主管部门应当自受理申请之日起 20 日内初审完毕，并将初审意见和申请材料报国务院建设主管部门。

国务院建设主管部门应当自省、自治区、直辖市人民政府建设主管部门受理申请材料之日起 60 日内完成审查，公示审查意见，公示时间为 10 日。其中，涉及铁路、交通、水利、信息产业、民航等方面的工程设计资质，由国务院建设主管部门送国务院有关部门审核，国务院有关部门在 20 日内审核完毕,并将审核意见送国务院建设主管部门。

工程勘察乙级及以下资质、劳务资质、工程设计乙级(涉及铁路、交通、水利、信息产业、民航等方面的工程设计乙级资质除外)及以下资质许可由省、自治区、直辖市人民政府建设主管部门实施。具体实施程序由省、自治区、直辖市人民政府建设主管部门依法确定。

省、自治区、直辖市人民政府建设主管部门应当自作出决定之日起 30 日内,将准予资质许可的决定报国务院建设主管部门备案。

2. 工程勘察设计单位资质等级的核定

企业首次申请、增项申请工程勘察、工程设计资质,其申请资质等级最高不超过乙级,且不考核企业工程勘察、工程设计业绩。

已具备施工资质的企业首次申请同类别或相近类别的工程勘察、工程设计资质的,可以将相应规模的工程总承包业绩作为工程业绩予以申报。其申请资质等级最高不超过其现有施工资质等级。

企业合并的,合并后存续或者新设立的企业可以承继合并前各方中较高的资质等级,但应当符合相应的资质标准条件。

企业分立的,分立后企业的资质按照资质标准及该规定的审批程序核定。

企业改制的,改制后不再符合资质标准的,应按其实际达到的资质标准及本规定重新核定;资质条件不发生变化的,按该规定第 16 条办理。

3. 工程勘察设计资质证书有效期

工程勘察、工程设计资质证书分为正本和副本,正本 1 份,副本 6 份,由国务院建设主管部门统一印制,正、副本具备同等法律效力。资质证书有效期为 5 年。

企业在资质证书有效期内名称、地址、注册资本、法定代表人等发生变更的,应当在工商部门办理变更手续后 30 日内办理资质证书变更手续。

4. 工程勘察设计资质证书延期

资质有效期届满,企业需要延续资质证书有效期的,应当在资质证书有效期届满 60 日前,向原资质许可机关提出资质延续申请。

对在资质有效期内遵守有关法律、法规、规章、技术标准,信用档案中无不良行为记录,且专业技术人员满足资质标准要求的企业,经资质许可机关同意,有效期延续 5 年。

5. 工程勘察设计单位资质证书的注销

企业在领取新的工程勘察、工程设计资质证书的同时,应当将原资质证书交回原发证机关予以注销。

5.3　工程勘察设计的发包与承包

建设工程勘察设计发包和承包,属于前文所述的建设工程发包和承包的一种特殊形式,由于其自身工作特性的原因,除了与其他工程发包承包共同接受《建筑法》和《招标投标法》调整外,还受《建设工程勘察设计管理条例》等专门性法律法规和部门规章的调整。此处对于与前文一致的内容不再赘述,仅对其特有内容进行讲解。

5.3.1　工程勘察设计发包的方式

《建设工程勘察设计管理条例》第 12 条和第 13 条规定,建设工程勘察、设计发包依法实行招标发包或者直接发包。原则上,勘察设计任务的委托应该依据《招标投标法》进行招标发包。

进行招标的勘察设计工程,需要具备一定条件方可招标。《工程建设项目勘察设计招标投标办法》第 9 条规定,依法必须进行勘察设计招标的工程建设项目,在招标时应当具备下列条件:

(1) 按照国家有关规定需要履行项目审批手续的,已履行审批手续,取得批准。

(2) 勘察设计所需资金已经落实。

(3) 所必需的勘察设计基础资料已经收集完成。

(4) 法律法规规定的其他条件。

招标人可以依据工程建设项目的不同特点,实行勘察设计一次性总体招标;也可以在保证项目完整性、连续性的前提下,按照技术要求实行分段或分项招标。但招标人不得将依法必须进行招标的项目化整为零,或者以其他任何方式规避招标。

《建设工程勘察设计管理条例》第 16 条也规定,下列建设工程的勘察、设计,经有关主管部门批准,可以直接发包:

(1) 采用特定的专利或者专有技术的;

(2) 建筑艺术造型有特殊要求的;

(3) 国务院规定的其他建设工程的勘察、设计。

5.3.2　工程勘察设计招标的方式

工程建设项目勘察设计招标分为公开招标和邀请招标。

1. 应当公开招标的项目

《工程建设项目勘察设计招标投标办法》第 10 条规定,全部使用国有资金投资或者自有资金投资占控股或者主导地位的工程建设项目,以及国务院发展和改革部门确定的国家重点项目和省、自治区、直辖市人民政府确定的地方重点项目,除符合邀请招标的条件并依法获得批准可以邀请招标外,应当公开招标。

2. 可以邀请招标的项目

《工程建设项目勘察设计招标投标办法》第 11 条规定,依法必须进行勘察设计招标的工程建设项目,在下列情况下可以进行邀请招标:

(1) 项目的技术性、专业性较强,或者环境资源条件特殊,符合条件的潜在投标人数量有限的;

(2) 如采用公开招标,所需费用占工程建设项目总投资的比例过大的;

(3) 建设条件受自然因素限制,如采用公开招标,将影响项目实施时机的。

3. 可以不进行招标的项目

《工程建设项目勘察设计招标投标办法》第 4 条规定,按照国家规定需要政府审批的项

目,有下列情形之一的,经批准,项目的勘察设计可以不进行招标:

(1) 涉及国家安全、国家秘密的;

(2) 抢险救灾的;

(3) 主要工艺、技术采用特定专利或者专有技术的;

(4) 技术复杂或专业性强,能够满足条件的勘察设计单位少于3家,不能形成有效竞争的;

(5) 已建成项目需要改、扩建或者技术改造,由其他单位进行设计影响项目功能配套性的。

5.3.3　勘察设计任务委托的模式

《建设工程勘察设计管理条例》第18条和第19条规定,发包方可以将整个建设工程的勘察、设计发包给一个勘察、设计单位;也可以将建设工程的勘察、设计分别发包给几个勘察、设计单位。除建设工程主体部分的勘察、设计外,经发包方书面同意,承包方可以将建设工程其他部分的勘察、设计再分包给其他具有相应资质等级的建设工程勘察、设计单位。

5.3.4　建设工程勘察设计任务的承包

1. 对承包方的资质要求

此处对承包方的资质要求与《建筑法》和《招标投标法》的规定都是吻合的,即承包方必须在建设工程勘察、设计资质证书规定的资质等级和业务范围内承揽建设工程的勘察、设计业务。

2. 对承包方的投标文件的要求

《建设工程勘察设计管理条例》第24条规定,建设工程勘察、设计发包方与承包方应当执行国家有关建设工程勘察费、设计费的管理规定。

同时《工程建设项目勘察设计招标投标办法》第22条和第23条也规定,投标人应当按照招标文件的要求编制投标文件。投标文件中的勘察设计收费报价,应当符合国务院价格主管部门制定的工程勘察设计收费标准。投标人在投标文件有关技术方案和要求中不得指定与工程建设项目有关的重要设备、材料的生产供应者,或者含有倾向或排斥特定生产供应者的内容。

3. 对投标保证金的要求

《工程建设项目勘察设计招标投标办法》第24条规定,招标文件要求投标人提交投标保证金的,保证金数额一般不超过勘察设计费投标报价的2%,最多不超过10万元人民币。

4. 中标人的确定

对于中标人的确定,是勘察设计招标投标与工程施工、材料设备采购所不同的。《建设工程勘察设计管理条例》第14条和第15条规定,建设工程勘察、设计方案评标,应当以投标人的业绩、信誉和勘察、设计人员的能力以及勘察、设计方案的优劣为依据,进行综合评定。建设工程勘察、设计的招标人应当在评标委员会推荐的候选方案中确定中标方案。但是,建设工程勘察、设计的招标人认为评标委员会推荐的候选方案不能最大限度满足招标文件规定的要求的,应当依法重新招标。

《工程建设项目勘察设计招标投标办法》第33条规定,勘察设计评标一般采取综合评估法。评标委员会应当按照招标文件确定的评标标准和方法,结合经批准的项目建议书、可行性研究报告或者上阶段设计批复文件,对投标人的业绩、信誉和勘察设计人员的能力以及勘察设计方案的优劣进行综合评定。招标文件中没有规定的标准和方法,不得作为评标的依据。

《工程建设项目勘察设计招标投标办法》第35条规定,根据招标文件的规定,允许投标人投备选标的,评标委员会可以对中标人所提交的备选标进行评审,以决定是否采纳备选标。不符合中标条件的投标人的备选标不予考虑。

5. 签订建设工程勘察、设计合同

建设工程勘察、设计的发包方与承包方应当签订建设工程勘察、设计合同。合同应当采用书面形式,使用或参照使用国家制定的《建设工程勘察合同》和《建设工程设计合同》文本。合同内容应符合国家有关建设工程合同的规定和要求。

勘察设计费用应当依据国家的有关规定由委托方和承接方在合同中约定。合同双方不得违反国家有关最低收费标准的规定,任意压低勘察设计费用。委托方应当按照合同约定,及时拨付勘察设计费。

签订勘察设计合同的双方,须将合同文本送交项目所在地的县级以上人民政府建设行政主管部门或其委托机构备案。

6. 勘察设计任务的分包和转包

《建设工程勘察设计管理条例》第19条和第20条规定,除建设工程主体部分的勘察、设计外,经发包方书面同意,承包方可以将建设工程其他部分的勘察、设计再分包给其他具有相应资质等级的建设工程勘察、设计单位。建设工程勘察、设计单位不得将所承揽的建设工程勘察、设计转包。

《建设工程勘察设计市场管理规定》第19条同时规定,承接方应当自行完成承接的勘察设计业务,不得接受无证组织和个人的挂靠。经委托方同意,承接方也可以将承接的勘察设计业务中的一部分委托给其他具有相应资质条件的分承接方,但须签订分委托合同,并对分承接方所承担的业务负责。分承接方未经委托方同意,不得将所承接的业务再次分委托。

复习思考题

5-1 简述工程勘察设计资质的分类和分级。

5-2 工程建设项目进行勘察设计招标时应当具备什么条件?

5-3 工程勘察设计项目可以进行邀请招标和不招标的情形有哪些?

5-4 工程勘察设计项目如何确定中标人?

第6章

工程建设施工准备及相关法规

6.1 工程建设中的保险制度

保险是一种以法律方式确认的分散危险或者消化损失的经济制度。这里所谓的危险，一般包括财产危险、人身危险和法律责任危险等。

《中华人民共和国保险法》(以下简称《保险法》)于1995年6月30日第八届全国人民代表大会常务委员会第十四次会议通过，经过三次修正，于2014年8月31日中华人民共和国主席令第14号公布，自公布之日起施行。

《保险法》第2条规定："本法所称保险，是指投保人根据合同约定，向保险人支付保险费，保险人对于合同约定的可能发生的事故因其发生所造成的财产损失承担赔偿保险金责任，或者当被保险人死亡、伤残、疾病或者达到合同约定的年龄、期限等条件时承担给付保险金责任的商业保险行为。"

工程建设保险是指业主或承包商为顺利完成工程项目而对项目进行中可能发生的人身伤害、财产损失向保险公司投标，以此来规避风险的行为。

工程建设保险种类主要有意外伤害险，建筑工程一切险及安装工程一切险，职业责任险，信用保险等。

6.1.1 保险合同的概念及分类

1. 保险合同的概念

1) 保险合同当事人

《保险法》第10条第1款规定："保险合同是投保人与保险人约定保险权利义务的协议。"根据该规定，保险合同的当事人即主体，为投保人和保险人。其中，保险人是与投保人订立保险合同，并承担赔偿或者给付保险金责任的保险公司。投保人是与保险人订立保险合同，并按照保险合同负有支付保险费义务的人。

2) 保险合同关系人

保险合同关系人是在保险事故或者保险合同约定的条件满足时，对保险人享有保险金给付请求权的人，包括被保险人和受益人。

被保险人是指其人身或财产受保险合同保障,享有保险金请求权的人,投保人可以为被保险人。

受益人是指人身保险合同中由被保险人或者投保人指定的享有保险金请求权的人,投保人、被保险人均可以为受益人。

3) 保险标的和利益

保险标的是指作为保险对象的财产及其有关利益或者人的寿命和身体,它是保险利益的载体。财产保险中的保险标的是各种财产本身或其有关的利益或责任;人身保险中的保险标的是人的身体、生命等。

投保人可以是被保险人本人,也可以是被保险人以外的第三人。保险利益指投保人或被保险人对保险标的的具有的法律上认可的利益,又称可保利益。保险利益产生于投保人或被保险人与保险标的之间的经济联系,它是投保人或被保险人可以向保险公司投保的利益,体现了投保人或被保险人对保险标的所具有的法律上承认的利害关系,应当以保险合同的形式确定下来。

4) 保险金额和保险价值

保险金额是指保险人承担赔偿或者给付保险金责任的最高限额,即投保人对保险标的的实际投保金额,同时又是保险公司收取保险费的计算基础。

保险价值是指投保人与保险人订立财产保险合同时约定的保险标的的实际价值,即投保人对保险标的所享有的保险利益的货币价值。

确定保险价值的方式一般有两种:

(1) 保险价值由投保人和保险人在订立合同时约定,并在合同中明确作出记载。合同当事人通常都根据保险财产在订立合同时的市场价格估定其保险价值,有些不能以市场价格估定的,就由双方当事人约定其价值。采用这种保险合同的保险,发生保险责任范围内的损失时,不论所保财产当时的实际价值是多少,保险人都要按保险合同上载明的保险价值计算赔偿金额。

(2) 保险价值可以在保险事故发生时,按照当时保险标的的实际价值确定。在保险事故已经发生,需要确定保险赔偿金额时,才去确定保险价值的保险,投保人与保险人在订立保险合同时并不加以确定,合同中只记载保险金额,不记载保险价值。

2. 保险合同的分类

保险合同的分类有很多种,根据保险标的不同分为财产保险合同和人身保险合同;根据保险执行效力分为强制保险合同和自愿保险合同;根据合同的性质分为补偿性保险合同和给付性保险合同;根据标的价值在订立合同时是否确定分为定值保险合同和不定值保险合同;根据合同承担风险责任的方式分为单一风险合同、综合风险合同和一切险合同;根据保险人的承保方式分为原保险合同和再保险合同。

1) 财产保险合同和人身保险合同

财产保险合同是投保人和保险人以财产或利益为保险标的,投保人向保险人交纳保险费,在保险事故发生造成所保财产或利益损失时,保险人在保险责任范围内承担赔偿责任,或在约定期限届满时,由保险人承担给付保险金的责任的协议。

人身保险合同是以人的寿命或身体为保险标的的保险合同,是投保人与保险人约定,当被保险人发生死亡、伤残、疾病或生存到约定的年龄、期限时,保险人根据约定承担给付保险金责任的协议。人身保险合同中代位求偿权是被禁止的,但被保险人或者受益人仍有权向第三者请求赔偿。

人身保险合同可分为人寿保险合同、健康保险合同和伤害保险合同。在工程建设领域常见的主要包括工伤保险、建筑意外伤害保险等。

2) 强制保险合同与自愿保险合同

强制保险合同又称法定保险合同,是指依据法律、行政法规的规定而强制实施的保险合同,如铁路、飞机、轮船旅客意外伤害强制保险,以及我国有的地方实行的车辆第三者责任保险等。强制保险多基于国家社会经济政策需要而举办,主要适用于诸如交通工具责任、产品责任、公共责任、雇工责任、职业责任等领域。工程建设领域如我国《建筑法》规定的建筑意外伤害险。

自愿保险合同是指基于投保人自己的意思而订立的保险合同。投保人与保险人订立保险合同,应当遵循公平互利、协商一致、自愿订立的原则,除法律、行政法规规定必须保险的以外,保险公司和其他单位不得强制他人订立保险合同。在我国工程建设领域,建筑工程一切险、安装工程一切险以及相关职业责任险等,均属于自愿保险合同。

6.1.2　保险合同的内容、订立和生效

1. 保险合同的内容

保险合同的内容,即用来确定保险合同当事人权利和义务的保险合同条款。依据不同的标准进行分类,可以对保险合同条款进行如下分类。

1) 法定条款和约定条款

法定条款是指法律规定必须明确规定的条款。法定条款的内容包括保险人名称和住所,投保人、被保险人名称和住所,人身保险的受益人的名称和住所;保险标的;保险责任和责任免除;保险期间和保险责任开始时间;保险价值;保险金额;保险费以及支付办法;保险金赔偿或者给付办法;违约责任和争议处理;订立合同的年、月、日。当保险合同的一项或多项法定条款没有约定或约定不明时,可以适用《合同法》或相关法律的有关规定加以确定。

约定条款也称任意条款,是指保险合同当事人自由约定的条款。投保人和保险人在前条规定的保险合同事项外,可以就与保险有关的其他事项作出约定。通常,任意条款也由保险人根据实际需要订入保险单条款,如人身保险中对保险金额加以限制等。

2) 普通条款和附加条款

普通条款是保险人在事先准备的保险单上根据不同险种而规定的关于双方当事人权利和义务的保险合同条款。普通条款是某一险种的保险合同固定和必备的基本条款,构成了保险合同的基本内容,并成为区分不同种类保险合同的根本依据。

附加条款是用以扩大或者限制普通条款中所规定的权利和义务的补充条款。附加条款主要用来增加普通条款的适用性,以适应投保人的特殊要求,或用于变更保险单上原有内容,如扩大保险责任范围等。

2. 保险合同的订立

1) 投保与承保

订立保险合同分为投保和承保两个阶段。投保是投保人希望与保险人订立保险合同的

意思表示,属于订立保险合同的要约;承保是保险人同意投保人保险要约的意思表示,属于订立保险合同的承诺。《保险法》规定,投保人提出保险要求,经保险人同意承保,并就合同的条款达成协议,保险合同成立。

2)投保单与保险单

投保单是投保人的书面要约。投保单经投保人据实填写交付给保险人就成为投保人表示愿意与保险人订立保险合同的书面要约。《保险法》规定,保险合同成立后,保险人应当及时向投保人签发保险单或者其他保险凭证,并在保险单或者其他保险凭证中载明当事人双方约定的合同内容。

保险单简称为保单,是保险人与被保险人订立保险合同的正式书面证明。保险单必须完整地记载保险合同双方当事人的权利义务及责任。保险单记载的内容是合同双方履行的依据,保险单是保险合同成立的证明。

3)当事人双方义务

投保人负有告知义务。告知的内容主要是指重要事实的告知。其目的是使保险人正确理解与保险标的危险状况有关的重要事实。一般来说,投保人所应告知的事实包括:①足以使保险危险增加的事实;②为特殊动机而投保的,有关此种动机的事实;③表明被保险危险特殊性质的事实;④显示投保人在某方面非正常的事实。

保险人负有说明义务,是指保险人在合同订立阶段向投保人负担对合同条款进行明确陈述、解释的义务。保险合同是最为典型的格式合同,如何维护交易公平是订立保险合同必须解决的问题。我国《保险法》规定了严格的说明义务,保险人不仅要说明合同内容,而且必须明确说明责任免除条款,未明确说明的,该条款不产生效力。

3. 保险合同的生效

《保险法》第14条规定:"保险合同成立后,投保人按照约定支付保险费;保险人按照约定的时间开始承担保险责任。"即保险合同的生效。保险合同作为一种经济法律关系同样适用《合同法》关于合同生效的一般规定,即依法成立的保险合同自成立时生效,但法律另有规定或当事人另有约定的除外。

6.1.3　保险合同的履行

1. 保险人的权利和义务

1)保险人的代位求偿权

代位求偿权是指当保险标的遭受保险事故损失而依法应由第三者承担赔偿责任时,保险人在支付了保险赔款后,在赔偿金额的限度内相应取得对第三者的索赔权利。

代位求偿权的行使范围限于财产保险合同。在财产保险合同中,第三人范围通常不包括被保险人的家庭成员或者其组成人员,除非是由于他们的故意行为而引起保险事故。

在人身保险合同中,保险人不得享有代位求偿权。但被保险人或者受益人仍有权向第三者请求赔偿。

2)给付期限

保险人收到被保险人或者受益人的赔偿或者给付保险金的请求后,应当及时作出核定;情形复杂的,应当在30日内作出核定,但合同另有约定的除外。

任何单位和个人不得非法干预保险人履行赔偿或者给付保险金的义务,也不得限制被保险人或者受益人取得保险金的权利。

保险人依照该规定作出核定后,对不属于保险责任的,应当自作出核定之日起3日内向被保险人或者受益人发出拒绝赔偿或者拒绝给付保险金通知书,并说明理由。

3) 先予赔付

保险人自收到赔偿或者给付保险金的请求和有关证明、资料之日起60日内,对其赔偿或者给付保险金的数额不能确定的,应当根据已有证明和资料可以确定的最低数额先予支付;保险人最终确定赔偿或者给付保险金的数额后,应当支付相应的差额。

4) 除保险金外应由保险人负担的费用

查勘、定损的程序一般由保险人自身的理赔部门及相关专业人员亲自执行,当被保险人与保险人达成协议,也可以通过中立的第三方评估机构来进行。保险人、被保险人为查明和确定保险事故的性质、原因和保险标的的损失程度所支付的必要的、合理的费用,由保险人承担。

关于仲裁或诉讼费用,《保险法》规定,责任保险的被保险人因给第三者造成损害的保险事故而被提起仲裁或者诉讼的,除合同另有约定外,由被保险人支付的仲裁或者诉讼费用以及其他必要的、合理的费用,由保险人承担。该费用一般包括案件受理费、勘验费、鉴定费、律师费和调查取证费等。

2. 投保人的义务

1) 通知义务

根据《保险法》第21条规定,"投保人、被保险人或者受益人知道保险事故发生后,应当及时通知保险人"。该规定有利于保险人采取必要的措施,防止损失的扩大,帮助保险人及时调查损失发生的原因。

对于财产保险,在合同有效期内,保险标的危险程度增加的,投保人按照合同约定应当及时通知保险人。投保人如果未履行该项通知义务,因保险标的危险程度增加而发生的保险事故,保险人不承担赔偿责任。

2) 协助义务

根据《保险法》规定,保险事故发生后,按照保险合同请求保险人赔偿或者给付保险金时,投保人、被保险人或者受益人应当向保险人提供其所能提供的与确认保险事故的性质、原因、损失程度等有关的证明和资料。

3) 维护保险标的安全义务

根据《保险法》规定,投保人应当遵守国家有关消防、安全、生产操作、劳动保护等方面的规定,维护保险标的的安全。保险人可以对保险标的的安全状况进行检查,及时向投保人或被保险人提出消除不安全因素和隐患的书面建议。

保险人为维护保险标的的安全,经被保险人同意,可以采取安全预防措施。

4) 支付保险费义务

交纳保险费是投保人最基本的义务。如投保人不按期交纳保险费,在自愿保险中,则保险合同失效;在强制保险中,就要附加一定数额的滞纳金。不同的保险条款对支付保险费的要求不尽相同,可以一次付清,也可以分期支付。

5) 防止或减少损失责任

对于财产保险合同,保险事故发生时,投保人有责任尽力采取必要的措施,防止或者减少损失。保险事故发生后,投保人为防止或者减少保险标的的损失所支付的必要的、合理的费用,由保险人承担;保险人所承担的数额在保险标的损失赔偿金额以外另行计算,最高不超过保险金额的数额。

6.1.4 建筑工程一切险和安装工程一切险

1. 建筑工程一切险

建筑工程一切险承保各类土木建筑工程,包括民用、工业和公用事业建筑工程项目在建造过程中因自然灾害或意外事故所导致的损失。如房屋、公路、铁路、桥梁、隧道、堤坝、电站、码头、飞机场等工程。建筑工程一切险一般还附加第三者责任险。

自然灾害一般指地震、海啸、雷电、飓风、台风、龙卷风、风暴、暴雨、洪水、水灾、冻灾、冰雹、地崩、山崩、雪崩、火山爆发、地面下陷下沉及其他人力不可抗拒的破坏力强大的自然现象;意外事故,一般指不可预料的以及被保险人无法控制并造成物质损失或人身伤亡的突发性事件,通常包括火灾和爆炸。

保险责任自投保工程开工之日起或自承保项目所用材料运至工地时起,终止时间按照如下规定,以先发生者为准:①保险单规定的保险终止日期;②工程建设或安装完毕,移交给业主或签发了证明时终止;③业主开始使用工程时,如果是部分使用,则该使用部分的保险责任即行终止。

在建筑工程一切险中,保险公司可以在保单上对所有参加该工程的有关参与方都给予保险,参与方包括业主、承包商或分包商、技术顾问等。每个参保人在这份共有的保单中,都独立享有保单中对应自身的保障,无须进行相互追偿。

建筑工程一切险可承保的财产为:合同规定的建筑工程;建筑用机械、工具、设备和临时工房及屋内存放的物件、被保险人为履行合同所需的物件;业主或承包商在工地的原有财产和其他财产;安装工程项目;场地清理费用以及工地内已有建筑物。

保险人对如下危险承担赔偿责任:自然灾害;火灾、爆炸;飞机坠毁、飞机部件或物件坠落;盗窃;工人、技术人员因缺乏经验、疏忽、过失、恶意行为等造成的事故;原材料缺陷或者工艺不善所引起的事故;以及除以上责任以外的其他不可预料的自然灾害和意外事故。

2. 安装工程一切险

安装工程一切险专门承保各类安装工程,如工厂机械设备、钢结构工程、起重机、吊车等机械装置和设备的安装工程,在安装和试车考核过程中因自然灾害或意外事故所导致的损失。

安装工程一切险的保险期限,应以整个工期为保险期限。一般从被保险项目被卸至施工地点时开始生效,至工程预计竣工验收交付使用之日终止。

安装工程一切险的投保人既可以是业主,也可以是承包商或卖方。合同中相关利益者,如所有人、承包人、供货人、制造人以及技术顾问等,都可以列为被保险人。安装工程一切险也可以根据投保人要求附加第三者责任险。

安装工程一切险的保险标的包括安装的机械及安装费;为安装工程使用的承包人的机械、设备;附带投保的土木建筑工程项目,其保额不得超过整个项目保额的20%;场地清理费用以及业主或承包商在工地上的其他财产。

6.1.5　工伤保险条例

工伤保险条例是为了保障因工作遭受事故伤害或者患职业病的职工获得医疗救治和经济补偿,促进工伤预防和职业康复,分散用人单位的工伤风险而制定的。

工伤保险费的征缴按照《社会保险费征缴暂行条例》关于基本养老保险费、基本医疗保险费、失业保险费的征缴规定执行。

1. 工伤认定

职工有下列情形之一的,应当认定为工伤:

(1) 在工作时间和工作场所内,因工作原因受到事故伤害的;

(2) 工作时间前后在工作场所内,从事与工作有关的预备性或者收尾性工作受到事故伤害的;

(3) 在工作时间和工作场所内,因履行工作职责受到暴力等意外伤害的;

(4) 患职业病的;

(5) 因工外出期间,由于工作原因受到伤害或者发生事故下落不明的;

(6) 在上下班途中,受到非本人主要责任的交通事故或者城市轨道交通、客运轮渡、火车事故伤害的;

(7) 法律、行政法规规定应当认定为工伤的其他情形。

职工有下列情形之一的,视同工伤:

(1) 在工作时间和工作岗位,突发疾病死亡或者在48小时之内经抢救无效死亡的;

(2) 在抢险救灾等维护国家利益、公共利益活动中受到伤害的;

(3) 职工原在军队服役,因战、因公负伤致残,已取得革命伤残军人证,到用人单位后旧伤复发的。

职工有前款第(1)项、第(2)项情形的,按照有关规定享受工伤保险待遇;职工有前款第(3)项情形的,按照有关规定享受除一次性伤残补助金以外的工伤保险待遇。

职工符合如上的规定,但是有下列情形之一的,不得认定为工伤或者视同工伤:

(1) 故意犯罪的;

(2) 醉酒或者吸毒的;

(3) 自残或者自杀的。

职工发生事故伤害或者按照职业病防治法规定被诊断、鉴定为职业病,所在单位应当自事故伤害发生之日或者被诊断、鉴定为职业病之日起30日内,向统筹地区社会保险行政部门提出工伤认定申请。遇有特殊情况,经报社会保险行政部门同意,申请时限可以适当延长。

社会保险行政部门受理工伤认定申请后,根据审核需要可以对事故伤害进行调查核实,用人单位、职工、工会组织、医疗机构以及有关部门应当予以协助。职业病诊断和诊断争议的鉴定,依照职业病防治法的有关规定执行。对依法取得职业病诊断证明书或者职业病诊断鉴定书的,社会保险行政部门不再进行调查核实。职工或者其近亲属认为是工伤,用人单位不认为是工伤的,由用人单位承担举证责任。

2．劳动能力鉴定

职工发生工伤，经治疗伤情相对稳定后存在残疾、影响劳动能力的，应当进行劳动能力鉴定。

劳动能力鉴定是指劳动功能障碍程度和生活自理障碍程度的等级鉴定。劳动功能障碍分为十个伤残等级，最重的为一级，最轻的为十级。

自劳动能力鉴定结论作出之日起 1 年后，工伤职工或者其近亲属、所在单位或者经办机构认为伤残情况发生变化的，可以申请劳动能力复查鉴定。

3．工伤保险待遇

职工因工作遭受事故伤害或者患职业病需要暂停工作接受工伤医疗的，在停工留薪期内，原工资福利待遇不变，由所在单位按月支付。

停工留薪期一般不超过 12 个月。伤情严重或者情况特殊，经设区的市级劳动能力鉴定委员会确认，可以适当延长，但延长不得超过 12 个月。工伤职工评定伤残等级后，停发原待遇，享受伤残待遇。工伤职工在停工留薪期满后仍需治疗的，继续享受工伤医疗待遇。生活不能自理的工伤职工在停工留薪期需要护理的，由所在单位负责。

工伤职工有下列情形之一的，停止享受工伤保险待遇：

（1）丧失享受待遇条件的；

（2）拒不接受劳动能力鉴定的；

（3）拒绝治疗的。

6.2 工程建设中的劳动合同与劳动保护制度

《劳动法》于 1994 年 7 月 5 日第八届全国人民代表大会常务委员会第八次会议通过，自 1995 年 1 月 1 日起施行。《劳动法》分为 13 章，共 107 条。

《劳动合同法》于 2008 年 1 月 1 日起施行，为劳动合同的管理提供了法律依据，2012 年 12 月 28 日第十一届全国人民代表大会常务委员会第三十次会议《关于修改〈中华人民共和国劳动合同法〉的决定》修正，于 2013 年 7 月 1 日施行。

6.2.1 劳动合同的概念和订立

1．劳动合同的概念

劳动合同是劳动者与用人单位确立劳动关系，明确双方权利和义务的协议；劳动关系是指劳动者与用人单位（包括各类企业、个体工商户、事业单位等）在实现劳动过程中建立的社会经济关系。劳动合同是劳动关系建立的依据。《劳动法》第 16 条规定："建立劳动关系应当订立劳动合同。"

2．劳动合同的订立

订立劳动合同，应当遵守平等自愿、协商一致的原则，合同订立过程和内容不得违背法律法规和国家强制性规定。劳动合同一经订立生效将对双方当事人产生法律约束力。劳动合同应当以书面形式订立,一般包括必备条款和可备条款。

必备条款是法律规定的劳动合同中必须具备的条款。根据《劳动法》第19条规定,必备条款包括:劳动合同期限;工作内容;劳动保护和劳动条件;劳动报酬;劳动纪律;劳动合同终止的条件;违反劳动合同的责任。

可备条款是法律规定的除必备条款外,可以经当事人协商确定的条款。该条款可使双方当事人的权利义务更加明确,有无该条款并不影响劳动合同的生效。可备条款可以包括试用期条款,保守商业秘密条款,补充保险和福利待遇等。

3. 劳动关系的建立

用人单位自用工之日起即与劳动者建立劳动关系。用人单位与劳动者在用工前订立劳动合同的,劳动关系自用工之日起建立。

劳动者是具有劳动能力,以从事劳动获取合法酬劳的自然人,其应当具备主体资格。《劳动法》规定,劳动者法定的最低就业年龄为16周岁,除文艺、体育和特种工艺单位可按规定招用未满16周岁的未成年人,其他任何单位不得与未满16周岁的未成年人发生劳动法律关系。

用人单位是指依法使用和管理劳动者并给付其报酬的单位。用人单位可以是依法成立的企业、国家机关、事业单位、社会团体或者个体经济组织等。

用人单位招用劳动者时,应当如实告知劳动者工作内容、工作条件、工作地点、职业危害、安全生产状况、劳动报酬,以及劳动者要求了解的其他情况;用人单位有权了解劳动者与劳动合同直接相关的基本情况,劳动者应当如实说明。

用人单位招用劳动者,不得扣押劳动者的居民身份证和其他证件,不得要求劳动者提供担保或者以其他名义向劳动者收取财物。

4. 未及时订立劳动合同的法律后果

已建立劳动关系,未同时订立书面劳动合同的,双方当事人应当自用工之日起1个月内订立书面劳动合同。

(1) 因用人单位的原因未能订立劳动合同的法律后果。

因用人单位的原因未能订立劳动合同的,自用工之日起超过1个月不满1年未与劳动者订立书面劳动合同的,应当依照《劳动合同法》第82条的规定,向劳动者每月支付2倍的工资,并与劳动者补订书面劳动合同,每月支付2倍工资的起算时间为用工之日起满1个月的次日,截止时间为补订书面劳动合同的前一日。

用人单位自用工之日起满1年未与劳动者订立书面劳动合同的,自用工之日起满1个月的次日至满1年的前一日应当依照劳动合同法的规定向劳动者每月支付2倍的工资,并视为自用工之日起满1年的当日已经与劳动者订立无固定期限劳动合同,应当立即与劳动者补订书面劳动合同。

(2) 因劳动者的原因未能订立劳动合同的法律后果。

因劳动者的原因未能订立劳动合同的,经用人单位书面通知后,自用工之日起1个月内,仍不与用人单位订立书面劳动合同的,单位应书面通知劳动者终止劳动关系,并且无须向劳动者支付经济补偿,但是应当依法向劳动者支付其实际工作时间的劳动报酬。

案例：

王某自 2008 年 10 月起在某杂志社做编辑工作。双方签订的劳动合同内容为："某杂志社报酬协议。甲方：某杂志社,乙方：王某。①乙方必须遵守该行业职业道德。②乙方遵守甲方的各项管理规定。③甲方依照考核结果及时按月支付乙方报酬。④乙方有权提出终止本协议,但必须提前一个月时间告知。⑤如乙方破坏职业道德标准,或违反甲方有关管理规定,甲方有权终止本协议。⑥乙方工作所涉及的知识产权归甲方所有。⑦本协议有效期为签订之日起到 2009 年 12 月 31 日。⑧本协议甲乙双方各执一份。"2010 年 6 月,王某领取了 2010 年 1 月至 5 月的工资后就没再上班,并于 2010 年 7 月申请仲裁,认为双方的协议不具备《劳动合同法》必备的条款,不是有效的书面劳动合同,要求某杂志社支付未签订书面劳动合同的双倍工资。仲裁委员会支持了王某的仲裁请求。该杂志社不服诉至法院,法院亦认为双方的协议缺乏工作内容这一核心条款,无法根据协议确定双方的权利和义务,劳动合同并未成立,故判决该杂志社向王某支付 11 个月的双倍工资。

分析：用人单位绝不能以为,只要签订了一个书面合同,就已经履行法定义务了,还需注意这个书面合同必须具备法律规定的必备条款后,才能被视为是合法有效的劳动合同。《劳动合同法》规定劳动合同应当具备以下条款：①用人单位的名称、住所和法定代表人或者主要负责人；②劳动者的姓名、住址和居民身份证或者其他有效身份证件号码；③劳动合同期限；④工作内容和工作地点；⑤工作时间和休息休假；⑥劳动报酬；⑦社会保险；⑧劳动保护、劳动条件和职业危害防护；⑨法律、法规规定应当纳入劳动合同的其他事项。《劳动合同法》规定了用人单位不与劳动者签订书面劳动合同,就要承担支付双倍工资的责任；同时,用人单位与劳动者签订的劳动合同如果不具备法律规定的形式和实质要件,则不能依法成立和生效,用人单位仍需承担支付双倍工资的法律责任。

6.2.2　劳动合同的类别

劳动合同分为固定期限劳动合同、无固定期限劳动合同和以完成一定工作任务为期限的劳动合同。

1. 固定期限劳动合同

固定期限劳动合同是指用人单位与劳动者约定合同终止时间的劳动合同。具体是指劳动合同双方当事人在劳动合同中明确规定了合同效力的起始和终止时间。劳动合同期限届满,劳动关系即告终止。如果双方协商一致,还可以续订劳动合同,延长期限。固定期限的劳动合同可以是较短时间的,如半年、1 年、2 年,也可以是较长时间的,如 5 年、10 年,甚至更长时间。不管时间长短,劳动合同的起始和终止日期都是固定的。具体期限由当事人双方根据工作需要和实际情况确定。用人单位与劳动者协商一致,可以订立固定期限劳动合同。

2. 无固定期限劳动合同

无固定期限劳动合同是指用人单位与劳动者约定无确定终止时间的劳动合同。这里所说的无确定终止时间,是指劳动合同没有一个确切的终止时间,劳动合同的期限长短不能确定,但并不是没有终止时间。只要没有出现法律规定的条件或者双方约定的条件,双方当事人就要继续履行劳动合同规定的义务。一旦出现了法律规定的情形,无固定期限劳动合同也同样能够解除。

用人单位与劳动者协商一致,可以订立无固定期限劳动合同。有下列情形之一的,劳动者提出或者同意续订、订立劳动合同的,除劳动者提出订立固定期限劳动合同外,应当订立无固定期限劳动合同:

(1) 劳动者在该用人单位连续工作满10年的;

(2) 用人单位初次实行劳动合同制度或者国有企业改制重新订立劳动合同时,劳动者在该用人单位连续工作满10年且距法定退休年龄不足10年的;

(3) 连续订立两次固定期限劳动合同,且劳动者没有《劳动合同法》第39条(即用人单位可以解除劳动合同的条件)和第40条第1项、第2项规定(即劳动者患病或者非因工负伤,在规定的医疗期满后不能从事原工作,也不能从事由用人单位另行安排的工作的;劳动者不能胜任工作,经过培训或者调整工作岗位,仍不能胜任工作的)的情形,续订劳动合同的。

若劳动者依据此处的规定提出订立无固定期限劳动合同的,用人单位应当与其订立无固定期限劳动合同。对劳动合同的内容,双方应当按照合法、公平、平等自愿、协商一致、诚实信用的原则协商确定。

这里关于"10年"的计算,《中华人民共和国劳动合同法实施条例》(以下简称《劳动合同法实施条例》)作出了详细的规定:

连续工作满10年的起始时间,应当自用人单位用工之日起计算,包括劳动合同法施行前的工作年限。

劳动者非因本人原因从原用人单位被安排到新用人单位工作的,劳动者在原用人单位的工作年限合并计算为新用人单位的工作年限。原用人单位已经向劳动者支付经济补偿的,新用人单位在依法解除、终止劳动合同,计算支付经济补偿的工作年限时,不再计算劳动者在原用人单位的工作年限。

订立无固定期限的劳动合同,劳动者可以长期在一个单位或部门工作。这种合同适用于工作保密性强、技术复杂、工作又需要保持人员稳定的岗位。这种合同对于用人单位来说,有利于维护其经济利益,减少由于频繁更换关键岗位的关键人员而带来的损失。对于劳动者来说,也有利于实现职业的长期稳定踏实,钻研业务技术。

3. 以完成一定工作任务为期限的劳动合同

以完成一定工作任务为期限的劳动合同,是指用人单位与劳动者约定以某项工作的完成为合同期限的劳动合同。用人单位与劳动者协商一致,可以订立以完成一定工作任务为期限的劳动合同。

这里特别要提到关于"试用期"的问题。劳动合同期限3个月以上不满1年的,试用期不得超过1个月;劳动合同期限1年以上不满3年的,试用期不得超过2个月;3年以上固定期限和无固定期限的劳动合同,试用期不得超过6个月。

同一用人单位与同一劳动者只能约定一次试用期。以完成一定工作任务为期限的劳动合同或者劳动合同期限不满3个月的,不得约定试用期。试用期包含在劳动合同期限内。劳动合同仅约定试用期的,试用期不成立,该期限为劳动合同期限。

《劳动合同法》规定,劳动者在试用期的工资不得低于本单位相同岗位最低档工资或者劳动合同约定工资的80%,并不得低于用人单位所在地的最低工资标准;2008年9月3日公布实施的《劳动合同法实施条例》对此进一步解释道:劳动者在试用期的工资不得低于本单位相同岗位最低档工资的80%或者不得低于劳动合同约定工资的80%,并不得低于用人单位所在地的最低工资标准,否则将面临按应付金额50%以上100%以下的标准向劳动者加付赔偿金的处罚。

6.2.3　劳动合同的效力

劳动合同由用人单位与劳动者协商一致,并经用人单位与劳动者在劳动合同文本上签字或者盖章生效。劳动合同文本由用人单位和劳动者各执一份。

有下列情形的,劳动合同无效或者部分无效:

(1)以欺诈、胁迫的手段或者乘人之危,使对方在违背真实意思的情况下订立或者变更劳动合同的;

(2)用人单位免除自己的法定责任、排除劳动者权利的;

(3)违反法律、行政法规强制性规定的。

劳动合同无效或者部分无效有争议的,由劳动争议仲裁机构或者人民法院确认。

劳动合同部分无效,不影响其他部分效力的,其他部分仍然有效。

劳动合同被确认无效,劳动者已付出劳动的,用人单位应当向劳动者支付劳动报酬。劳动报酬的数额,参照本单位相同或者相近岗位劳动者的劳动报酬确定。

6.2.4　劳动合同的履行和变更

1. 劳动合同的履行

劳动合同履行应当遵循的原则是:亲自履行原则,权利义务统一原则,全面履行原则,协作履行原则。

《劳动合同法》规定,用人单位与劳动者应当按照劳动合同的约定,全面履行各自的义务。劳动者应当按照合同约定付出劳动,依法获得报酬;而用人单位应当按照劳动合同约定和国家规定,向劳动者及时足额支付劳动报酬。劳动者应当严格遵守劳动纪律和劳动标准,而用人单位管理人员不得违章指挥、强令冒险作业,否则将被视为违反劳动合同。劳动者对危害生命安全和身体健康的劳动条件,有权对用人单位提出批评、检举和控告。

2. 劳动合同的变更

劳动合同的变更是指当事人双方对依法成立、尚未履行的劳动合同条款所作的修改或增减。

《劳动合同法》第33条规定:"用人单位变更名称、法定代表人、主要负责人或者投资人等事项,不影响劳动合同的履行。"

用人单位与劳动者协商一致,可以变更劳动合同约定的内容。变更劳动合同,应当采用书面形式。变更后的劳动合同文本由用人单位和劳动者各执一份。

6.2.5　劳动合同的终止和解除

1. 劳动合同解除的概念

劳动合同的解除是指当事人双方提前终止劳动合同的法律效力,解除双方的权利义务关系。

2. 双方协商解除劳动合同

用人单位与劳动者协商一致,可以解除劳动合同。该解除合同的方式没有规定实体、程序上的限定条件,只要双方达成一致,内容、形式、程序不违反法律禁止性、强制性规定即可。用人单位向劳动者提出解除劳动合同并与劳动者协商一致的,用人单位应当向劳动者给予经济补偿。

3. 劳动者单方解除劳动合同

1)预告解除

预告解除是指劳动者履行预告程序后单方解除劳动合同。劳动者提前 30 日以书面形式通知用人单位,可以解除劳动合同。劳动者在试用期内提前 3 日通知用人单位,可以解除劳动合同。

2)即时解除

根据《劳动合同法》第 38 条规定,用人单位有下列情形之一的,劳动者可以解除劳动合同:

(1)未按照劳动合同约定提供劳动保护或者劳动条件的;

(2)未及时足额支付劳动报酬的;

(3)未依法为劳动者缴纳社会保险费的;

(4)用人单位的规章制度违反法律、法规的规定,损害劳动者权益的;

(5)因本法第 26 条第 1 款规定的情形致使劳动合同无效的;

(6)法律、行政法规规定劳动者可以解除劳动合同的其他情形。

用人单位以暴力、威胁或者非法限制人身自由的手段强迫劳动者劳动的,或者用人单位违章指挥、强令冒险作业危及劳动者人身安全的,劳动者可以立即解除劳动合同,不需事先告知用人单位。

另外,《劳动合同法实施条例》进一步规定,具备下列情形之一的,劳动者可以与用人单位解除固定期限劳动合同、无固定期限劳动合同或者以完成一定工作任务为期限的劳动合同:

(1)劳动者与用人单位协商一致的;

(2)劳动者提前 30 日以书面形式通知用人单位的;

(3)劳动者在试用期内提前 3 日通知用人单位的;

(4)用人单位在劳动合同中免除自己的法定责任、排除劳动者权利的;

(5)用人单位违反法律、行政法规强制性规定的。

4. 用人单位单方解除劳动合同的情形

用人单位单方解除劳动合同,应当事先将理由通知工会。用人单位应当研究工会的意见,并将处理结果书面通知工会。用人单位违反法律、行政法规规定或者劳动合同约定的,工会有权要求用人单位纠正。

除用人单位与劳动者协商一致,用人单位可以与劳动者解除合同外,下列情形,用人单位也可以单方与劳动者解除合同。

1) 即时解除

劳动者有下列情形之一的,用人单位可以即时解除劳动合同:

(1) 在试用期间被证明不符合录用条件的;

(2) 严重违反用人单位的规章制度的;

(3) 严重失职,营私舞弊,给用人单位造成重大损失的;

(4) 劳动者同时与其他用人单位建立劳动关系,对完成本单位的工作任务造成严重影响,或者经用人单位提出,拒不改正的;

(5) 以欺诈、胁迫的手段或者乘人之危,使对方在违背真实意思的情况下订立或者变更劳动合同的情形致使劳动合同归于无效的;

(6) 被依法追究刑事责任的。

2) 预告解除

有下列情形之一的,用人单位提前30日以书面形式通知劳动者本人或者额外支付劳动者1个月工资后,可以解除劳动合同。用人单位选择额外支付劳动者1个月工资解除劳动合同的,其额外支付的工资应当按照该劳动者上1个月的工资标准确定。

(1) 劳动者患病或者非因工负伤,在规定的医疗期满后不能从事原工作,也不能从事由用人单位另行安排的工作的;

(2) 劳动者不能胜任工作,经过培训或者调整工作岗位,仍不能胜任工作的;

(3) 劳动合同订立时所依据的客观情况发生重大变化,致使劳动合同无法履行,经用人单位与劳动者协商,未能就变更劳动合同内容达成协议的。

3) 经济性裁员

有下列情形之一,需要裁减人员20人以上或者裁减不足20人但占企业职工总数10%以上的,用人单位提前30日向工会或者全体职工说明情况,听取工会或者职工的意见后,裁减人员方案经向劳动行政部门报告,可以裁减人员:

(1) 依照企业破产法规定进行重整的;

(2) 生产经营发生严重困难的;

(3) 企业转产、重大技术革新或者经营方式调整,经变更劳动合同后,仍需裁减人员的;

(4) 其他因劳动合同订立时所依据的客观经济情况发生重大变化,致使劳动合同无法履行的。

裁减人员时,应当优先留用下列人员:

(1) 与本单位订立较长期限的固定期限劳动合同的;

(2) 与本单位订立无固定期限劳动合同的;

(3) 家庭无其他就业人员,有需要抚养的老人或者未成年人的。

用人单位依照企业破产法规定进行重整的,如果在6个月内重新招用人员的,应当通知被裁减的人员,并在同等条件下优先招用被裁减的人员。

4) 用人单位不得解除劳动合同的情形

劳动者有下列情形之一的,用人单位不得依照上述若干条款的规定解除劳动合同:

（1）从事接触职业病危害作业的劳动者未进行离岗前职业健康检查，或者疑似职业病病人在诊断或者医学观察期间的；

（2）在本单位患职业病或者因工负伤并被确认丧失或者部分丧失劳动能力的；

（3）患病或者非因工负伤，在规定的医疗期内的；

（4）女职工在孕期、产期、哺乳期的；

（5）在本单位连续工作满15年，且距法定退休年龄不足5年的；

（6）法律、行政法规规定的其他情形。

案例：

徐某于1992年8月进入山西某饭店担任厨师。2007年8月29日，双方签订最后一期劳动合同，期限自2007年9月1日至2010年8月31日。2005年9月，徐某因患病开始向饭店请假，此后再未到饭店上班。在徐某的医疗期内，徐某一直向饭店提供医疗证明和病历。2008年3月27日，饭店发给徐某一份通知，通知中饭店认为根据《劳动合同法》规定，徐某至今尚不能恢复工作，将按有关规定于2008年3月31日与其解除劳动合同，同时按《劳动合同法》的相关条款给予相应的经济补偿。2008年4月底，饭店向徐某出示了经济补偿金与医疗补助费的计算清单。2008年7月，徐某诉至法院。经审理法院认为饭店构成违法解除劳动关系，判决饭店向徐某支付违法解除劳动合同的赔偿金。

分析：《劳动合同法》从保护劳动者的角度，赋予了劳动者享受医疗期的权利，但同时也考虑到如果劳动者无期限地休病假，在法定的条件和程序下用人单位可以解除劳动合同。即当劳动者的医疗期已经届满时，用人单位首先应当通知劳动者来上班，如果劳动者的身体状况不能胜任原岗位，还应当另行安排合适的工作，有必要的话还要让劳动者接受岗前培训，如果此时劳动者仍不能从事新的工作，用人单位方可在提前30天或额外支付1个月工资的前提下，行使与劳动者解除合同的权利。如果劳动者患病或非因工负伤，医疗期满后，用人单位既未向劳动者告知医疗期已满，亦未另行为其安排工作，而直接与劳动者解除劳动合同，则构成违法解除，应支付相应的赔偿金。

5. 劳动合同终止

劳动合同终止是指劳动合同法律效力的终止，也就是双方当事人之间劳动关系的终结，彼此之间原有的权利和义务关系不复存在。

根据《劳动合同法》第44条规定，有下列情形之一的，劳动合同终止：

（1）劳动合同期满的；

（2）劳动者开始依法享受基本养老保险待遇的；

（3）劳动者死亡，或者被人民法院宣告死亡或者宣告失踪的；

（4）用人单位被依法宣告破产的；

（5）用人单位被吊销营业执照、责令关闭、撤销或者用人单位决定提前解散的；

（6）法律、行政法规规定的其他情形。

案例：

周某和李某均系天津市某公司职工。2005年3月，因客观原因天津某公司停产歇业，职工待岗。该公司鉴于当时的情况，经研究决定与包括周某和李某在内的29名职工终止劳动关系，给予一次性经济补偿金。2005年12月6日，该公司分别向周某和李某等职工发出

《终止劳动关系证明》。周某和李某认为公司与其终止劳动关系不合法,向法院提起诉讼。法院认为,天津某公司在裁减人员前,未与职工就变更劳动合同进行协商,在裁减人员过程中,没有提前30日向工会或全体职工说明情况,听取工会或职工的意见,亦未提供证据证明其已向劳动行政部门报告,因此,天津市某公司的裁员行为不符合法律规定的程序和条件,故判决撤销天津市某公司对周某和李某作出的《终止劳动关系证明》的行为。

分析:《劳动合同法》在赋予用人单位裁减人员权利的同时,为保护劳动者的权益,亦对用人单位提出了必须按法定程序进行的要求。劳动合同订立时所依据的客观情况发生重大变化时,致使原劳动合同无法履行,经当事人协商不能就变更劳动合同达成协议的,用人单位可以解除劳动合同,但应当提前30日向工会或全体职工说明情况,听取工会或职工意见,并将裁减人员方案向劳动行政部门报告。

6. 终止合同的经济补偿

《劳动合同法》第47条规定了终止劳动合同的补偿标准,具体标准为:

经济补偿按劳动者在本单位工作的年限,每满1年支付1个月工资的标准向劳动者支付。6个月以上不满1年的,按1年计算;不满6个月的,向劳动者支付半个月工资的经济补偿。

劳动者月工资高于用人单位所在直辖市、设区的市级人民政府公布的本地区上年度职工月平均工资3倍的,向其支付经济补偿的标准按职工月平均工资3倍的数额支付,向其支付经济补偿的年限最高不超过12年。

本条所称月工资是指劳动者在劳动合同解除或者终止前12个月的平均工资。按照劳动者应得工资计算,包括计时工资或者计件工资以及奖金、津贴和补贴等货币性收入。劳动者在劳动合同解除或者终止前12个月的平均工资低于当地最低工资标准的,按照当地最低工资标准计算。劳动者工作不满12个月的,按照实际工作的月数计算平均工资。

案例:

某开发公司职工老于至2013年5月已满56岁,并在公司工作了整整15年。后公司感觉老于年龄大了,工作效率不如从前了,于是欲解除与老于的劳动合同。某开发公司向老于发出了书面解除劳动合同的通知书。老于对公司与其解除劳动合同的决定非常不满,并为今后的工作与生活深感担忧,于是在得到公司的解除劳动合同通知后,依据《劳动合同法》的相关规定向劳动仲裁部门提起了劳动仲裁。据《劳动合同法》的规定,某开发公司能否与老于解除劳动合同?

分析:《劳动合同法》第42条规定,劳动者有下列情形之一的,用人单位不得依照本法第40条、第41条的规定解除劳动合同:①从事接触职业病危害作业的劳动者未进行离岗前职业健康检查,或者疑似职业病病人在诊断或者医学观察期间的;②在本单位患职业病或者因工负伤并被确认丧失或者部分丧失劳动能力的;③患病或者非因工负伤,在规定的医疗期内的;④女职工在孕期、产期、哺乳期的;⑤在本单位连续工作满十五年,且距法定退休年龄不足五年的;⑥法律、行政法规规定的其他情形。又根据《劳动合同法》第14条规定,劳动者在该用人单位连续工作满十年的,用人单位与劳动者协商一致,可以订立无固定期限劳动合同。故开发公司不应与老于解除劳动合同,并应签订无固定期限劳动合同。

若老于同意解除与某开发公司的劳动合同,某开发公司应当如何向老于给予经济赔偿? 根据《劳动合同法》第48条规定,用人单位违反本法规定解除或者终止劳动合同,劳动者要求继续履行劳动合同的,用人单位应当继续履行;劳动者不要求继续履行劳动合同或者劳动合同已经不能继续履行的,用人单位应当依照本法第87条规定支付赔偿金,即应当依照本法第47条规定的经济补偿标准的2倍向劳动者支付赔偿金。

经济补偿按劳动者在本单位工作的年限,每满1年支付1个月工资的标准向劳动者支付。6个月以上不满1年的,按1年计算;不满6个月的,向劳动者支付半个月工资的经济补偿。劳动者月工资高于用人单位所在直辖市、设区的市级人民政府公布的本地区上年度职工月平均工资3倍的,向其支付经济补偿的标准按职工月平均工资3倍的数额支付,向其支付经济补偿的年限最高不超过12年。

本条所称月工资是指劳动者在劳动合同解除或者终止前12个月的平均工资。

6.2.6 劳动安全卫生

1. 劳动安全卫生

劳动安全卫生又称劳动保护,以保障职工在职业活动过程中的安全与健康为目的的工作领域及在法律、技术、设备、组织制度和教育等方面所采取的相应措施,是直接保护劳动者在劳动中的安全和健康的法律保障。根据《劳动法》的有关规定,用人单位和劳动者应当遵守如下有关劳动安全卫生的法律规定:

(1) 劳动安全卫生制度。用人单位必须建立、健全劳动安全卫生制度。严格执行国家劳动安全卫生规程和标准,对劳动者进行劳动安全卫生教育,防止劳动过程中的事故,减少职业危害。

(2) 劳动安全卫生设施。劳动安全卫生设施必须符合国家规定的标准。新建、改建、扩建工程的劳动安全卫生设施必须与主体工程同时设计、同时施工、同时投入生产和使用。

(3) 劳动防护用品。用人单位必须为劳动者提供符合国家规定的劳动安全卫生条件和必要的劳动防护用品,对从事有职业危害作业的劳动者应当定期进行健康检查。

(4) 特种作业人员。从事特种作业的劳动者必须经过专门培训并取得特种作业资格。

(5) 劳动者的权利和义务,劳动者在劳动过程中必须严格遵守安全操作规程。劳动者对用人单位管理人员违章指挥、强令冒险作业,有权拒绝执行;对危害生命安全和身体健康的行为,有权提出批评、检举和控告。

2. 女职工的特殊保护

根据我国《劳动法》第59～63条的有关规定,对女职工的特殊保护规定主要包括:

(1) 禁止安排女职工从事矿山井下、国家规定的第四级体力劳动强度的劳动和其他禁忌从事的劳动。

(2) 不得安排女职工在经期从事高处、低温、冷水作业和国家规定的第三级体力劳动强度的劳动。

(3) 不得安排女职工在怀孕期间从事国家规定的第三级体力劳动强度的劳动和孕期禁忌从事的劳动。对怀孕7个月以上的女职工,不得安排其延长工作时间和夜班劳动。

（4）女职工生育享受不少于 90 天的产假。

（5）不得安排女职工在哺乳未满一周岁的婴儿期间从事国家规定的第三级体力劳动强度的劳动和哺乳期禁忌从事的其他劳动，不得安排其延长工作时间和夜班劳动。

3．未成年工特殊保护

所谓未成年工，是指年满 16 周岁未满 18 周岁的劳动者。未成年工的特殊保护是针对未成年工处于生长发育期的特点，以及接受义务教育的需要，采取的特殊劳动保护措施。

应当注意的是，未成年工和童工不是一个概念。未成年工是劳动法的主体，享有劳动权利和拥有劳动行为能力；而童工是不满 16 周岁，不能成为劳动法的主体。《劳动法》第 15 条："禁止用人单位招用未满 16 周岁的未成年人。""文艺、体育和特种工艺单位招用未满 16 周岁的未成年人，必须依照国家有关规定，履行审批手续，并保障其接受义务教育的权利。"

根据我国《劳动法》第 64 条和第 65 条的有关规定，对未成年工的特殊保护主要包括：

（1）不得安排未成年人从事矿山井下、有毒有害、国家规定的第四级体力劳动强度的劳动和其他禁忌从事的劳动。

（2）用人单位应当对未成年工定期进行健康检查。

6.2.7 劳动争议的处理

劳动争议又称劳动纠纷，是指劳动关系当事人之间关于劳动权利和义务的争议。其中有的属于既定权利的争议，即因适用劳动法和劳动合同、集体合同的既定内容而发生的争议；有的属于要求新的权利而出现的争议，是因制定或变更劳动条件而发生的争议。劳动争议的当事人是指劳动关系当事人双方——职工和用人单位（包括自然人、法人和具有经营权的用人单位），即劳动法律关系中权利的享有者和义务的承担者。

我国《劳动法》第 77 条明确规定："用人单位与劳动者发生劳动争议，当事人可以依法申请调解、仲裁、提起诉讼，也可以协商解决。"

1．协商解决劳动争议

协商是指当事人各方在自愿、互谅的基础上，按照法律、政策的规定，通过摆事实讲道理解决纠纷的一种方法。协商的方法是一种简便易行、最有效、最经济的方法，能及时解决争议，节省费用，同时有利于双方的团结和相互的协作关系。

根据《劳动争议调解仲裁法》第 4 条的规定："发生劳动争议，劳动者可以与用人单位协商，也可以请工会或者第三方共同与用人单位协商，达成和解协议。"

2．调解解决劳动争议

劳动争议调解是指在企业与员工之间，由于社会保险、薪资、福利待遇、劳动关系等发生争议时，由第三方进行的和解性咨询，通过劳动争议调解达到法律咨询、和解方式等的说明。

对劳动争议进行调解的组织有：企业劳动争议调解委员会；依法设立的基层人民调解组织；在乡镇、街道设立的具有劳动争议调解职能的组织。

经调解达成协议的，应当制作调解协议书。调解协议书由双方当事人签名或者盖章，经调解员签名并加盖调解组织印章后生效，对双方当事人具有约束力，当事人应当履行。自劳动争议调解组织收到调解申请之日起 15 日内未达成调解协议的,当事人可以依法申请仲裁。

达成调解协议后,一方当事人在协议约定期限内不履行调解协议的,另一方当事人可以依法申请仲裁。因支付拖欠劳动报酬、工伤医疗费、经济补偿或者赔偿金事项达成调解协议,用人单位在协议约定期限内不履行的,劳动者可以持调解协议书依法向人民法院申请支付令,人民法院应当依法发出支付令。

3. 劳动争议仲裁委员会裁决

劳动争议仲裁是指劳动争议仲裁委员会根据当事人的申请,依法对劳动争议在事实上作出判断、在权利义务上作出裁决的一种法律制度。

1) 劳动仲裁受理范围

劳动争议仲裁委员会受理的案件范围为:因确认劳动关系发生的争议;因订立、履行、变更、解除和终止劳动合同发生的争议;因除名、辞退和辞职、离职发生的争议;因工作时间、休息休假、社会保险、福利、培训以及劳动保护发生的争议;因劳动报酬、工伤医疗费、经济补偿或者赔偿金等发生的争议;法律、法规规定的其他劳动争议。

2) 劳动争议仲裁的特点

与《仲裁法》规定的其他通过仲裁解决的争议相比,劳动争议仲裁有以下基本特点:

(1) 从解决对象看,劳动争议仲裁解决劳动争议,这是与《仲裁法》规定的仲裁方式的重大区别。

(2) 从仲裁主体上看,劳动争议仲裁委员会由劳动行政部门代表、工会代表和企业方面代表组成。它不是一般的民间组织,也区别于司法结构、群众自治性组织和行政机构。劳动争议仲裁委员会组成人员应当是单数,是带有司法性质的行政执行机关。

(3) 劳动争议仲裁实行的是法定管辖,而《仲裁法》规定的是约定管辖。

(4) 当事人对劳动争议仲裁裁决不服的,可以向法院起诉。《仲裁法》规定的仲裁,则采用或裁或审的体制。

3) 劳动争议仲裁的申请与受理

根据《劳动争议调解仲裁法》第 27 条的规定,"劳动争议申请仲裁的时效期间为 1 年。仲裁时效期间从当事人知道或者应当知道其权利被侵害之日起计算"。

劳动争议仲裁委员会收到仲裁申请之日起 5 日内,认为符合受理条件的,应当受理,并通知申请人;认为不符合受理条件的,应当书面通知申请人不予受理,并说明理由。对劳动争议仲裁委员会不予受理或者逾期未作出决定的,申请人可以就该劳动争议事项向人民法院提起诉讼。

当事人有正当理由的,可以在开庭 3 日前请求延期开庭。是否延期,由劳动争议仲裁委员会决定。

申请人收到书面通知,无正当理由拒不到庭或者未经仲裁庭同意中途退庭的,可以视为撤回仲裁申请。被申请人收到书面通知,无正当理由拒不到庭或者未经仲裁庭同意中途退庭的,可以缺席裁决。

仲裁庭裁决劳动争议案件,应当自劳动争议仲裁委员会受理仲裁申请之日起 45 日内结束。案情复杂确需延期的,经劳动争议仲裁委员会主任批准,可以延期并书面通知当事人,延长期限不得超过 15 日。逾期未作出仲裁裁决的,当事人可以就该劳动争议事项向人民法院提起诉讼。

仲裁庭裁决劳动争议案件时,其中一部分事实已经清楚,可以就该部分先行裁决。

4) 仲裁执行

当事人对仲裁裁决不服的,自收到裁决书之日起15日内,可以向人民法院起诉;如期满不起诉的,则裁决书即发生法律效力。但是,下列劳动争议,除《劳动争议调解仲裁法》另有规定的以外,仲裁裁决为终局裁决,裁决书自作出之日起发生法律效力:

(1) 追索劳动报酬、工伤医疗费、经济补偿或者赔偿金,不超过当地月最低工资标准12个月金额的争议;

(2) 因执行国家的劳动标准在工作时间、休息休假、社会保险等方面发生的争议。

当事人对发生法律效力的调解书和裁决书,应当依照规定的期限履行。一方当事人逾期不履行的,另一方当事人可以依照民事诉讼法的有关规定向人民法院申请强制执行。

4. 人民法院处理劳动争议

《劳动法》第83条规定,劳动争议当事人对仲裁裁决不服的,可以自收到仲裁裁决书之日起15日内向人民法院提起诉讼。人民法院处理劳动争议适用《民事诉讼法》规定的程序,由各级人民法院民庭受理,实行两审终审。

6.3　工程建设中的环境保护制度

6.3.1　环境保护法概述

中国政府非常重视环境保护立法工作。《中华人民共和国宪法》明确规定:"国家保护和改善生活环境和生态环境,防治污染和其他公害。"《中华人民共和国刑法》将严重危害自然环境、破坏野生动植物资源的行为定为危害公共安全罪和破坏社会主义经济秩序罪。1979年,全国人民代表大会常务委员会通过并颁布了《中华人民共和国环境保护法(试行)》。自1982年以后,全国人民代表大会常务委员会先后通过了《中华人民共和国海洋环境保护法》(以下简称《海洋环境保护法》)、《中华人民共和国水污染防治法》(以下简称《水污染防治法》)和《中华人民共和国大气污染防治法》(以下简称《大气污染防治法》)。1989年12月26日第七届全国人民代表大会常务委员会第十一次会议通过了《中华人民共和国环境保护法》(以下简称《环境保护法》)。另外,国务院还颁布了一系列保护环境、防止污染及其他公害的行政法规。

6.3.2　建设工程项目环境影响评价制度

环境影响评价是指对规划和建设项目实施后可能造成的环境影响进行分析、预测和评估,提出预防或者减轻不良环境影响的对策和措施,进行跟踪监测的方法与制度。通俗说就是分析项目建成投产后可能对环境产生的影响,并提出污染防止对策和措施。为了这个目标,在国务院《建设项目环境保护管理条例》(1998年11月29日国务院令第253号发布)的基础上,我国制定了《中华人民共和国环境影响评价法》(以下简称《环境影响评价法》),进一步以法律的形式确立了环境影响评价制度。

1. 建设项目环境影响评价的分类管理

根据《环境影响评价法》第16条的规定,国家根据建设项目对环境的影响程度,对建设项目的环境影响评价实行分类管理。建设项目的环境影响评价分类管理名录,由国务院环境保护行政主管部门制定并公布。建设单位应当依法组织编制相应的环境影响评价文件。

(1) 可能造成重大环境影响的,应当编制环境影响报告书,对产生的环境影响进行全面评价。其中,根据《环境影响评价法》第17条的规定:建设项目的环境影响报告书应当包括下列内容:

① 建设项目概况;

② 建设项目周围环境现状;

③ 建设项目对环境可能造成影响的分析、预测和评估;

④ 建设项目环境保护措施及其技术、经济论证;

⑤ 建设项目对环境影响的经济损益分析;

⑥ 对建设项目环境监测的建议;

⑦ 环境影响评价的结论。

涉及水土保持的建设项目,还必须有经由水行政主管部门审查同意的水土保持方案。

(2) 可能造成轻度环境影响的,应当编制环境影响报告表,对产生的环境影响进行分析或者专项评价。

(3) 对环境影响很小、不需要进行环境影响评价的,应当填报环境影响登记表。

2. 建设项目环境影响评价文件的审批管理

根据《环境影响评价法》第22条的规定,建设项目的环境影响评价文件,由建设单位按照国务院的规定报有审批权的环境保护行政主管部门审批;建设项目有行业主管部门的,其环境影响报告书或者环境影响报告表应当经行业主管部门预审后,报有审批权的环境保护行政主管部门审批。建设项目的环境影响评价文件未经法律规定的审批部门审查或者审查后未予批准的,该项目审批部门不得批准其建设,建设单位不得开工建设。

对于项目环境将发生变化的,《环境影响评价法》第24条规定,建设项目的环境影响评价文件经批准后,建设项目的性质、规模、地点、采用的生产工艺或者防治污染、防止生态破坏的措施发生重大变动的,建设单位应当重新报批建设项目环境影响评价文件。建设项目的环境影响评价文件自批准之日起超过5年,方决定该开工建设的,其环境影响评价文件应当报原审批部门重新审核。

3. 环境影响的后评价和跟踪管理

《环境影响评价法》第27条规定,在项目建设、运行过程中产生不符合经审批的环境影响评价文件的情形的,建设单位应当组织环境影响的后评价,采取改进措施,并报原环境影响评价文件审批部门和建设项目审批部门备案;原环境影响评价文件审批部门也可以责成建设单位进行环境影响的后评价,采取改进措施。

环境保护行政主管部门应当对建设项目投入生产或者使用后所产生的环境影响进行跟踪检查,对造成严重环境污染或者生态破坏的,应当查清原因、查明责任。

案例：

某公司拟建设复合保温材料(用于外墙保温的玻纤网格布)制造、销售项目。该市环保局对某公司的报告回复的咨询意见为："请委托有资质的单位编制环境影响报告表报我局审批，未经批准，不得擅自开工建设"。经某公司委托的环境科学研究所有限公司进行环境评价的结论是该项目工作过程中会挥发废气。该市环保局根据环评报告表作出相应审批意见。但该公司未根据该审批意见配套建设污染防治设施即投入生产。该市环保局向该公司发出了限期改正通知书，要求停止生产，未经环保验收合格不得投入生产。该公司未经整改，仍继续生产。该市环保局在履行处罚告知等程序后，依据《建设项目环境保护管理条例》第28条的规定，作出行政处罚决定，并依法送达给该公司。该公司不服该行政处罚，遂向法院提起诉讼。该市人民法院经审理后认为，该市环保局要求某公司进行环境影响评价，是国家赋予其管理环境、保护环境的法定职责。该市环保局作出的行政处罚认定事实清楚，证据充分，适用法律正确，程序并无不当，判决驳回某公司的诉讼请求。

分析：实行环境影响评价制度是我国环境保护的重要措施。国务院《建设项目环境保护管理条例》规定，国家实行建设项目环境影响评价制度。对于违反环境影响评价制度规定，擅自进行项目开工生产的，应当受到严惩。本案中某公司应当执行审批意见，但其并未执行，且在收到限期改正通知书后，仍未改正，理应受到相应的行政处罚。

6.3.3 环境保护"三同时"制度

所谓环境保护"三同时"制度，是指"建设项目需要配套建设的环境保护设施，必须与主体工程同时设计、同时施工、同时投产使用"。"三同时"是我国在环境管理中防止出现新污染源污染环境的一项重要原则，它适用于在中国领域内的新建、改建、扩建项目(含小型建设项目)和技术改造项目，以及其他一切可能对环境造成污染和破坏的工程建设项目和自然开发项目。它与环境影响评价制度相辅相成，是防止新污染和破坏的两大"法宝"，是预防为主方针的具体化、制度化。

我国《建设项目环境保护管理条例》于1998年11月18日由国务院第十次常务会议通过，1998年11月29日发布施行。《建设项目环境保护管理条例》对环境保护"三同时"制度进行了详细规定。

1. 设计阶段

根据《建设项目环境保护管理条例》第17条的规定，建设项目的初步设计，应当按照环境保护设计规范的要求，编制环境保护篇章，并依据经批准的建设项目环境影响报告书或者环境影响报告表，在环境保护篇章中落实防治环境污染和生态破坏的措施以及环境保护设施投资概算。

2. 试生产阶段

根据《建设项目环境保护管理条例》第18条、第19条的规定，建设项目的主体工程完工后，需要进行试生产的，其配套建设的环境保护设施必须与主体工程同时投入试运行。建设项目试生产期间，建设单位应当对环境保护设施运行情况和建设项目对环境的影响进行监测。

3. 竣工验收和投产使用阶段

根据《建设项目环境保护管理条例》第 20～23 条的规定,建设项目竣工后,建设单位应当向审批环境影响评价文件的环境保护行政主管部门申请该建设项目需要配套建设的环境保护设施竣工验收。环境保护设施竣工验收,应当与主体工程竣工验收同时进行。需要进行试生产的建设项目,建设单位应当自建设项目投入试生产之日起 3 个月内,向审批环境影响评价文件的环境保护行政主管部门申请该建设项目需要配套建设的环境保护设施竣工验收。分期建设、分期投入生产或者使用的建设项目,其相应的环境保护设施应当分期验收。建设项目需要配套建设的环境保护设施经验收合格,该建设项目方可正式投入生产或者使用。

6.3.4　水、大气、噪声和固体废物环境污染防治

1. 水污染防治

人类的活动会使大量的工业、农业和生活废弃物排入水中,使水受到污染。1984 年颁布的《水污染防治法》中为"水污染"下了明确的定义,即水体因某种物质的介入,而导致其化学、物理、生物或者放射性等方面特性的改变,从而影响水的有效利用,危害人体健康或者破坏生态环境,造成水质恶化的现象,它包括工业污染源、农业污染源和生活污染源三大部分。在我国《水污染防治法》是规范水污染防治的基本法律,《中华人民共和国水污染防治法》已由中华人民共和国第十届全国人民代表大会常务委员会第三十二次会议于 2008 年 2 月 28 日修订通过,自 2008 年 6 月 1 日起施行。

1) 防治水污染的原则性规定

(1) 水污染的环境影响评价

依据《水污染防治法》第 17 条规定,新建、扩建、改建直接或者间接向水体排放污染物的建设项目和其他水上设施,必须遵守国家有关建设项目环境保护管理的规定。在运河、渠道、水库等水利工程内设置排污口,应当经过有关水利工程管理部门同意。建设项目的环境影响报告书,应当对建设项目可能产生的水污染和对生态环境的影响作出评价,制定防治的措施,按照规定的程序报经有关环境保护部门审查批准,同时还应当有该建设项目所在地单位和居民的意见。

(2) 水污染防护设施

根据《水污染防治法》,建设项目中防治水污染的设施,必须与主体工程同时设计、同时施工、同时投产使用。防治水污染的设施必须经过环境保护部门检验,达不到规定要求的,该建设项目不准投入生产或者使用。

国家实行排污许可制度。直接或者间接向水体排放污染物的企业事业单位,应当按照国务院环境保护部门的规定,向所在地的环境保护部门申报登记拥有的污染物排放设施、处理设施和在正常作业条件下排放污染物的种类、数量和浓度,并提供防治水污染方面的有关技术资料。

上述所规定的排污单位排放水污染物的种类、数量和浓度有重大改变的,应当及时申报;其水污染物处理设施必须保持正常使用,拆除或者闲置水污染物处理设施的,必须事先报经所在地的县级以上地方人民政府环境保护部门批准。

2）防治水污染的具体规定

（1）防止地表水污染的具体规定

① 在生活饮用水源地、风景名胜区水体、重要渔业水体和其他有特殊经济文化价值的水体的保护区内，不得新建排污口。在保护区附近新建排污口，必须保证保护区水体不受污染。《水污染防治法》公布前已有的排污口，排放污染物超过国家或者地方标准的，应当治理；危害饮用水源的排污口，应当搬迁。

② 排污单位发生事故或者其他突然性事件，排放污染物超过正常排放量，造成或者可能造成水污染事故的，必须立即采取应急措施，通报可能受到水污染危害和损害的单位，并向当地环境保护部门报告。

③ 禁止向水体排放油类、酸液、碱液或者剧毒废液。

④ 禁止在水体清洗装贮过油类或者有毒污染物的车辆和容器。

⑤ 禁止将含有汞、镉、砷、铬、铅、氰化物、黄磷等的可溶性剧毒废渣向水体排放、倾倒或者直接埋入地下。存放可溶性剧毒废渣的场所，必须采取防水、防渗漏、防流失的措施。

⑥ 禁止向水体排放、倾倒工业废渣、城市垃圾和其他废弃物。

⑦ 禁止在江河、湖泊、运河、渠道、水库最高水位线以下的滩地和岸坡堆放、存贮固体废弃物和其他污染物。

⑧ 禁止向水体排放或者倾倒放射性固体废弃物或者含有高放射性和中放射性物质的废水。向水体排放含低放射性物质的废水，必须符合国家有关放射防护的规定和标准。

⑨ 向水体排放含热废水，应当采取措施，保证水体的水温符合水环境质量标准，防止热污染危害。

⑩ 排放含病原体的污水，必须经过消毒处理；符合国家有关标准后，方准排放。

（2）防止地下水污染的具体规定

① 禁止企业事业单位利用渗井、渗坑、裂隙和溶洞排放、倾倒含有毒污染物的废水、含病原体的污水和其他废弃物。

② 在无良好隔渗地层，禁止企业事业单位使用无防止渗漏措施的沟渠、坑塘等输送或者存贮含有毒污染物的废水、含病原体的污水和其他废弃物。

③ 在开采多层地下水的时候，如果各含水层的水质差异大，应当分层开采；对已受污染的潜水和承压水，不得混合开采。

④ 兴建地下工程设施或者进行地下勘探、采矿等活动，应当采取防护性措施，防止地下水污染。

⑤ 人工回灌补给地下水，不得恶化地下水质。

3）缴纳排污费用

企业事业单位向水体排放污染物的，按照国家规定缴纳排污费；超过国家或者地方规定的污染物排放标准的，按照国家规定缴纳超标准排污费。排污费和超标准排污费必须用于污染的防治，不得挪作他用。

超标准排污的企业事业单位必须制定规划，进行治理，并将治理规划报所住地的县级以上地厅人民政府环境保护部门备案。

案例1：

被告人胡某、丁某于2006年11月底至2008年2月间，明知某化工有限公司系环保部门规定的"废水不外排"企业,亦明知该公司在"氯代醚酮"生产过程中所产生的废水含有有毒、有害物质,仍将大量废水排放至该公司北侧的五支河内,任其流经该市自来水厂取水口,致2008年2月某日该市市区20多万居民饮用水停水长达66小时,造成直接经济损失人民币五百余万元。该市人民法院经审理后认为,被告人胡某、丁某明知钾盐废水中含有有毒、有害物质,仍大量排放,危害公共安全,并致公私财产遭受重大损失,其行为构成投放危险物质罪。在共同犯罪中,被告人胡某系主犯;被告人丁某系从犯,依法可予减轻处罚。据此,人民法院判决:被告人胡某犯投放危险物质罪,判处有期徒刑10年;被告人丁某犯投放危险物质罪,判处有期徒刑6年。

分析:被告二人明知排放的废水中含有有毒、有害物质,仍直接或间接地向其公司周边的河道大量排放,放任危害不特定多数人的生命、健康和公私财产安全结果的发生,其行为构成投放危险物质罪。对故意违规排放污染物,造成重大环境污染事故发生的被告人,依法依投放危险物质罪追究刑事责任,这对于从严惩治环境资源犯罪,进一步加强对环境资源的司法保护具有重要的意义。

案例2:

福建某港口集装箱公司在从事铁矿石(粉)作业过程中,采用露天接卸作业,造成了铁矿石粉尘直接侵入周边居民住宅;同时,对散落在港区路面和港口外道路上的红色状粉尘,采用冲洗方式,冲洗的铁矿石(粉)污水直接排入周边河道和水域,在河道中积淀,并造成河面呈红色。原告朱某等周边80多位居民向中华环保联合会信访反映该港口集装箱公司在从事铁矿石(粉)接卸、驳运过程中产生的污染。经过实地调查,环保联合会认为该港口集装箱公司已经造成了周边环境大气污染、水污染,严重影响了周边地区空气质量、水质和附近居民的生活环境。为此,原告朱某代表周边居民与原告环保联合会共同于2009年6月向法院提起环境民事公益诉讼。受理后,法院根据案件实际情况立即下发了民事裁定书,责令被告福建该港口集装箱公司立即停止实施污染侵害行为,责成被告福建该港口集装箱公司在案件未审结之前,采取切实可行方案和措施,迅速改善环境质量状态。

分析:生态环境和生活环境是人类共同的资源,保护环境,人人有责。福建某港口集装箱公司在接卸铁矿石(粉)的作业过程中,对周边大气和水域造成了污染侵害,应依法承担责任,故原告的诉讼请求应得到法院的支持。该类型企业在港口铁矿石(粉)装卸过程中,必须做到无尘化作业,不得向周边河流、水域排放任何影响水体质量的污染物,不得超过国家规定的噪声标准。

2. 大气污染防治

大气污染是指有害物质进入大气,对人类和生物造成危害的现象。如果对它不加以控制和防治,将严重地破坏生态系统和人类生存条件。《中华人民共和国大气污染防治法》(以下简称《大气污染防治法》)共7章66条,对大气污染防治的监督管理体制、主要的法律制度,防治燃烧产生的大气污染,防治机动车船排放污染以及防治废气、尘埃、恶臭污染的主要措施和法律责任等均做了较为明确、具体的规定,以法律形式反映了国家要实现经济和社会可持续发展战略,着力控制大气污染,谋求良好自然环境的恢复,为人民造福所作的决策和所采取的积极行动。

1）防治大气污染的原则性规定

（1）大气污染的环境影响评价

依据《大气污染防治法》，新建、扩建、改建向大气排放污染物的项目，必须遵守国家有关建设项目环境保护管理的规定。建设项目的环境影响报告书，必须对建设项目可能产生的大气污染和对生态环境的影响作出评价，规定防治措施，并按照规定的程序报环境保护行政主管部门审查批准。

（2）大气污染防治设施

建设项目投入生产或者使用之前，其大气污染防治设施必须经过环境保护行政主管部门验收，达不到国家有关建设项目环境保护管理规定要求的建设项目，不得投入生产或者使用。

向大气排放污染物的单位，必须按照国务院环境保护行政主管部门的规定向所在地的环境保护行政主管部门申报拥有的污染物排放设施、处理设施和在正常作业条件下排放污染物的种类、数量、浓度，并提供防治大气污染方面的有关技术资料。

上述规定的排污单位排放大气污染物的种类、数量、浓度有重大改变的，应当及时申报；其大气污染物处理设施必须保持正常使用，拆除或者闲置大气污染物处理设施的，必须事先报经所在地的县级以上地方人民政府环境保护行政主管部门批准。

向大气排放污染物的，其污染物排放浓度不得超过国家和地方规定的排放标准。

2）防止大气污染的具体规定

依据《大气污染防治法》，与工程建设相关的具体规定包括：

（1）在国务院和省、自治区、直辖市人民政府划定的风景名胜区、自然保护区、文物保护单位附近地区和其他需要特别保护的区域内，不得建设污染环境的工业生产设施；建设其他设施，其污染物排放不得超过规定的排放标准。在本法施行前企业事业单位已经建成的设施，其污染物排放超过规定的排放标准的，依照本法相关规定限期治理。

（2）国务院按照城市总体规划、环境保护规划目标和城市大气环境质量状况，划定大气污染防治的重点城市。

直辖市、省会城市、沿海开放城市和重点旅游城市应当列入大气污染防治的重点城市。

未达到大气环境质量标准的大气污染防治重点城市，应当按照国务院或者国务院环境保护行政主管部门规定的期限，达到大气环境质量标准。该城市人民政府应当制定限期达标规划，并可以根据国务院的授权或者规定，采取更加严格的措施，按期实现达标规划。

（3）在人口集中地区存放煤炭、煤矸石、煤渣、煤灰、砂石、灰土等物料，必须采取防燃、防尘措施，防止污染大气。

（4）向大气排放粉尘的排污单位，必须采取除尘措施。

（5）严格限制向大气排放含有毒物质的废气和粉尘；确需排放的，必须经过净化处理，不超过规定的排放标准。

（6）在人口集中地区和其他依法需要特殊保护的区域内，禁止焚烧沥青、油毡、橡胶、塑料、皮革、垃圾以及其他产生有毒有害烟尘和恶臭气体的物质。

（7）运输、装卸、贮存能够散发有毒有害气体或者粉尘物质的，必须采取密闭措施或者其他防护措施。

（8）在城市市区进行建设施工或者从事其他产生扬尘污染活动的单位，必须按照当地环境保护的规定,采取防治扬尘污染的措施。

3) 缴纳排污费用

征收排污费制度的实质是排污者由于向大气排放了污染物,对大气环境造成了损害,应当承担一定的补偿责任,征收排污费就是进行这种补偿的一种形式。这种制度,一是体现了污染者负担的原则;二是实行这种制度可以有效地促使污染者积极治理污染,所以它也是推行大气环境保护的一种必要手段。因此,在《大气污染防治法》中作出如下一些规定:

(1)国家实行按照向大气排放污染物的种类和数量征收排污费的制度,这是从法律上确立了这项制度。

(2)根据加强大气污染防治的要求和国家的经济、技术条件合理制定排污费的征收标准。

(3)征收排污费必须遵守国家规定的标准,具体办法和实施步骤由国务院规定。

(4)征收的排污费一律上缴财政,按照国务院的规定用于大气污染防治,不得挪作他用,并由审计机关依法实施审计监督。

案例:

2015年10月21日,某市环保局接到群众投诉,称该市某大街交叉路口,每天晚上10点多总有未密封的运渣土车辆疾驰而过,扬撒遗漏现象严重,造成尘土飞扬,严重影响了附近居民及行人的生活和健康。该市环保局执法人员随即对此事开展调查,发现运渣土车辆是从路口东侧一施工工地往外拉渣土的,由于运渣土车装载过满,其自身带有的覆盖渣土的铁板被顶起了二三十公分,几乎起不到遮挡作用,车辆沿线漏洒了许多泥土,激起大量扬尘。执法人员还发现该工地施工现场出口也没设置洗车槽。市环保局要求该施工单位进行限期整改。但是该施工单位未采取任何整改措施,依然照常进行施工作业。

分析:根据《中华人民共和国大气污染防治法》第36条规定,向大气排放粉尘的排污单位,必须采取除尘措施。严格限制向大气排放含有毒物质的废气和粉尘;确需排放的,必须经过净化处理,不超过规定的排放标准。第42条规定,运输、装卸、储存能够散发有毒有害气体或者粉尘物质的,必须采取密闭措施或者其他防护措施。第56条规定,违反本法规定,有下列行为之一的,由县级以上地方人民政府环境保护行政主管部门或者其他依法行使监督管理权的部门责令停止违法行为,限期改正,可以处五万元以下罚款:①未采取有效污染防治措施,向大气排放粉尘、恶臭气体或者其他含有有毒物质气体的;②未采取密闭措施或者其他防护措施,运输、装卸或者储存能够散发有毒有害气体或者粉尘物质的。第58条规定,在城市市区进行建设施工或者从事其他产生扬尘污染的活动,未采取有效扬尘防治措施,致使大气环境受污染的,限期改正,处二万元以下罚款;对逾期仍未达到当地环境保护规定要求的,可以责令其停工整顿。

3. 环境噪声污染防治

环境噪声是指在工业生产、建筑施工、交通运输和社会生活中所产生的干扰周围生活环境的声音。环境噪声污染是指所产生的环境噪声超过国家规定的环境噪声排放标准,并干扰他人正常生活、工作和学习的现象。《中华人民共和国环境噪声污染防治法》(以下简称《环境噪声污染防治法》)由中华人民共和国第八届全国人民代表大会常务委员会第二十二次会议于1996年10月29日通过,自1997年3月1日起施行。

1）防治噪声污染的原则性规定

（1）噪声污染的环境影响评价

《环境噪声污染防治法》第13条规定，新建、改建、扩建的建设项目，必须遵守国家有关建设项目环境保护管理的规定。建设项目可能产生环境噪声污染的，建设单位必须提出环境影响报告书，规定环境噪声污染的防治措施，并按照国家规定的程序报环境保护行政主管部门批准。环境影响报告书中，应当有该建设项目所在地单位和居民的意见。

（2）噪声污染防治设施

建设项目的环境噪声污染防治设施必须与主体工程同时设计、同时施工、同时投产使用。

建设项目在投入生产或者使用之前，其环境噪声污染防治设施必须经原审批环境影响报告书的环境保护行政主管部门验收；达不到国家规定要求的，该建设项目不得投入生产或者使用。

产生环境噪声污染的企业事业单位，必须保持防治环境噪声污染设施的正常使用；拆除或者闲置环境噪声污染防治设施的，必须事先报经所在地的县级以上地方人民政府环境保护行政主管部门批准。

2）防治噪声污染的具体规定

《环境噪声污染防治法》中与工程建设有关的噪声是建筑施工噪声和交通运输噪声。建筑施工噪声是指在建筑施工过程中产生的干扰周围生活环境的声音。交通运输噪声是指机动车辆、铁路机车、机动船舶、航空器等交通运输工具在运行时所产生的干扰周围生活环境的声音。具体规定有：

（1）在城市市区范围内向周围生活环境排放建筑施工噪声的，应当符合国家规定的建筑施工场地环境噪声排放标准。

（2）在城市市区范围内，建筑施工过程中使用机械设备，可能产生环境噪声污染的，施工单位必须在工程开工15日以前向工程所在地县级以上地方人民政府环境保护行政主管部门申报该工程的项目名称、施工场所和期限、可能产生的环境噪声值以及所采取的环境噪声污染防治措施的情况。

（3）在城市市区噪声敏感建筑物集中区域内，禁止夜间进行产生环境噪声污染的建筑施工作业，但抢修、抢险作业和因生产工艺上要求或者特殊需要必须连续作业的除外。

因特殊需要必须连续作业的，必须有县级以上人民政府或者其有关主管部门的证明。前款规定的夜间作业，必须公告附近居民。

（4）建设经过已有的噪声敏感建筑物集中区域的高速公路和城市高架、轻轨道路，有可能造成环境噪声污染的，应当设置声屏障或者采取其他有效的控制环境噪声污染的措施。

"噪声敏感建筑物"是指医院、学校、机关、科研单位、住宅等需要保持安静的建筑物。"噪声敏感建筑物集中区域"是指医疗区、文教科研区和以机关或者居民住宅为主的区域。

（5）在已有的城市交通干线的两侧建设噪声敏感建筑物的，建设单位应当按照国家规定间隔一定距离，并采取减轻、避免交通噪声影响的措施。

（6）在已竣工交付使用的住宅楼进行室内装修活动，应当限制作业时间，并采取其他有效措施，以减轻、避免对周围居民造成环境噪声污染。

3）缴纳排污费用

产生环境噪声污染的单位,应当采取措施进行治理,并按照国家规定缴纳超标准排污费。征收的超标准排污费必须用于污染的防治,不得挪作他用。

4. 固体废物污染防治

根据 2013 年 6 月 29 日第十二届全国人民代表大会常务委员会第三次会议《关于修改〈中华人民共和国文物保护法〉等十二部法律的决定》第一次修正,根据 2015 年 4 月 24 日第十二届全国人民代表大会常务委员会第十四次会议《关于修改〈中华人民共和国港口法〉等七部法律的决定》第二次修正,根据 2016 年 11 月 7 日第十二届全国人民代表大会常务委员会第二十四次会议《关于修改〈中华人民共和国对外贸易法〉等十二部法律的决定》第三次修正。

固体废物是指在生产建设、日常生活和其他活动中产生的污染环境的固态、半固态废弃物质。固体废物污染环境是指固体废物在产生、收集、储存、运输、利用、处置的过程中产生的危害环境的现象。《中华人民共和国固体废物污染环境防治法》(以下简称《固体废物污染环境防治法》)是中华人民共和国颁布的一部关于固体废弃物污染防治及监督管理的法律。该法于 1995 年 10 月 30 日第八届全国人民代表大会常务委员会第十六次会议通过。2004年 12 月 29 日,中华人民共和国第十届全国人民代表大会常务委员会第十三次会议进行修订,修订后的版本自 2005 年 4 月 1 日起施行。

1）固体废物污染防治的原则性规定

（1）固体废物污染的环境影响评价

《固体废物污染环境防治法》第 13 条规定,建设产生工业固体废物的项目以及建设贮存、处置固体废物的项目,必须遵守国家有关建设项目环境保护管理的规定。

建设项目的环境影响报告书,必须对建设项目产生的固体废物对环境的污染和影响作出评价,规定防治环境污染的措施,并按照国家规定的程序报环境保护行政主管部门批准。环境影响报告书经批准后,审批建设项目的主管部门方可批准该建设项目的可行性研究报告或者设计任务书。

（2）固体废物污染环境防治设施

建设项目的环境影响报告书确定需要配套建设的固体废物污染环境防治设施,必须与主体工程同时设计、同时施工、同时投产使用。固体废物污染环境防治设施必须经原审批环境影响报告书的环境保护行政主管部门验收合格后,该建设项目方可投入生产或者使用。对固体废物污染环境防治设施的验收应当与对主体工程的验收同时进行。

2）固体废物污染环境的具体规定

依据《固体废物污染环境防治法》与工程建设有关的具体规定包括:

（1）产生固体废物的单位和个人,应当采取措施,防止或者减少固体废物对环境的污染。

（2）收集、储存、运输、利用、处置固体废物的单位和个人,必须采取防扬散、防流失、防渗漏或者其他防止污染环境的措施。不得在运输过程中沿途丢弃、遗撒固体废物。

禁止任何单位或者个人向江河、湖泊、运河、渠道、水库及其最高水位线以下的滩地和岸坡等法律、法规规定禁止倾倒、堆放废弃物的地点倾倒、堆放固体废物。

（3）在国务院和国务院有关主管部门及省、自治区、直辖市人民政府划定的自然保护区、风景名胜区、生活饮用水源地和其他需要特别保护的区域内,禁止建设工业固体废物集中储存、处置设施、场所和生活垃圾填埋场。

（4）产品和包装物的设计、制造,应当遵守国家有关清洁生产的规定,防止过度包装造成环境污染。

（5）转移固体废物出省、自治区、直辖市行政区域储存、处置的,应当向固体废物移出地的省级人民政府环境保护行政主管部门报告,并经固体废物接受地的省级人民政府环境保护行政主管部门许可。

（6）禁止中国境外的固体废物进境倾倒、堆放、处置。

（7）国家禁止进口不能用作原料的固体废物;限制进口可以用作原料的固体废物。

（8）露天储存冶炼渣、化工渣、燃煤灰渣、废矿石、尾矿和其他工业固体废物的,应当设置专用的储存设施、场所。

（9）施工单位应当及时清运、处置建筑施工过程中产生的垃圾,并采取措施,防止污染环境。

3）危险废物污染环境防治的特别规定

危险废物是指列入国家危险废物名录或者根据国家规定的危险废物鉴别标准和鉴别方法认定的具有危险特性的废物。依据《固体废物污染环境防治法》与工程建设有关的具体规定有:

（1）危险废物的容器和包装物以及收集、储存、运输、处置危险废物的设施、场所,必须设置危险废物识别标志。

（2）以填埋方式处置危险废物不符合国务院环境保护行政主管部门的规定的,应当缴纳危险废物排污费。危险废物排污费征收的具体办法由国务院规定。危险废物排污费用于危险废物污染环境的防治,不得挪作他用。

（3）从事收集、储存、处置危险废物经营活动的单位,必须向县级以上人民政府环境保护行政主管部门申请领取经营许可证,具体管理办法由国务院规定。禁止无经营许可证或者不按照经营许可证规定从事危险废物收集、储存、处置的经营活动。禁止将危险废物提供或者委托给无经营许可证的单位从事收集、储存、处置的经营活动。

（4）收集、储存危险废物,必须按照危险废物特性分类进行。禁止混合收集、储存、运输、处置性质不相容而未经安全性处置的危险废物。禁止将危险废物混入非危险废物中储存。

（5）转移危险废物的,必须按照国家有关规定填写危险废物转移联单,并向危险废物移出地设区的市级以上地方人民政府环境保护行政主管部门提出申请。移出地设区的市级以上地方人民政府环境保护行政主管部门应当经接受地设区的市级以上地方人民政府环境保护行政主管部门同意后,方可批准转移该危险废物。未经批准的,不得转移。转移危险废物途经移出地、接受地以外行政区域的,危险废物移出地设区的市级以上地方人民政府环境保护行政主管部门应当及时通知沿途经过地设区的市级以上地方人民政府环境保护行政主管部门。

（6）运输危险废物,必须采取防止污染环境的措施,并遵守国家有关危险货物运输管理的规定。禁止将危险废物与旅客在同一运输工具上载运。

（7）收集、储存、运输、处置危险废物的场所、设施、设备和容器、包装物及其他物品转作他用时,必须经过消除污染的处理,方可使用。

(8)直接从事收集、储存、运输、利用、处置危险废物的人员,应当接受专业培训,经考核合格,方可从事该项工作。

(9)产生、收集、储存、运输、利用、处置危险废物的单位,应当制定在发生意外事故时采取的应急措施和防范措施,并向所在地县级以上地方人民政府环境保护行政主管部门报告;环境保护行政主管部门应当进行检查。

(10)禁止经中华人民共和国过境转移危险废物。

6.4　节约能源法

《中华人民共和国节约能源法》(以下简称《节约能源法》)已由中华人民共和国第十届全国人民代表大会常务委员会第三十次会议于2007年10月28日修订通过,修订后的《节约能源法》,自2008年4月1日起施行。

依据《节约能源法》,建设部于2005年11月10日发布了《民用建筑节能管理规定》,该规定自2006年1月1日起施行。该规定共30条,涵盖民用建筑节能管理的主体、范围、原则、内容、程序及监督管理和法律责任等,是开展民用建筑节能管理工作的规范性文件。

根据《民用建筑节能管理规定》,民用建筑节能是指民用建筑在规划、设计、建造和使用过程中,通过采用新型墙体材料,执行建筑节能标准,加强建筑物用能设备的运行管理,合理设计建筑围护结构的热工性能,提高采暖、制冷、照明、通风、给排水和通道系统的运行效率,以及利用可再生能源,在保证建筑物使用功能和室内热环境质量的前提下,降低建筑能源消耗,合理、有效地利用能源的活动。

1. 新建建筑节能

建设单位应当按照建筑节能政策要求和建筑节能标准委托工程项目的设计。建设单位不得以任何理由要求设计单位、施工单位擅自修改经审查合格的节能设计文件,降低建筑节能标准。

房地产开发企业销售商品房,应当向购买人明示所售商品房的能源消耗指标、节能措施和保护要求、保温工程保修期等信息,并在商品房买卖合同和住宅质量保证书、住宅使用说明书中载明。

设计单位应当依据建筑节能标准的要求进行设计,保证建筑节能设计质量。

施工单位应当按照审查合格的设计文件和建筑节能施工标准的要求进行施工,保证工程施工质量。

监理单位应当依照法律、法规以及建筑节能标准、节能设计文件、建设工程承包合同及监理合同对节能工程建设实施监理。墙体、屋面的保温工程施工时,监理工程师应当按照工程监理规范的要求,采取旁站、巡视和平行检验等形式实施监理。未经监理工程师签字,墙体材料、保温材料、门窗、采暖制冷系统和照明设备不得在建筑上使用或者安装,施工单位不得进行下一道工序的施工。

建设单位在竣工验收过程中,有违反建筑节能强制性标准行为的,按照《建设工程质量管理条例》的有关规定,重新组织竣工验收。

城乡规划主管部门与建设主管部门应当编制城市详细规划、镇详细规划,应当按照民用建筑节能的要求,确定建筑的布局、形状和朝向。同时应当依法对民用建筑进行规划审查,应当就设计方案是否符合民用建筑节能强制性标准征求同级建设主管部门的意见,对不符合民用建筑节能强制性标准的,不得颁发建设工程规划许可证。

施工图设计文件审查机构应当按照民用建筑节能强制性标准对施工图设计文件进行审查;经审查不符合民用建筑节能强制性标准的,县级以上地方人民政府建设主管部门不得颁发施工许可证。

《民用建筑节能管理规定》第8条规定,国家鼓励发展如下建筑节能产品和技术:

(1) 新型节能墙体和屋面的保温、隔热技术与材料;

(2) 节能门窗的保温隔热和密闭技术;

(3) 集中供热和热、电、冷联产联供技术;

(4) 供热采暖系统温度调控和分户热量计量技术与装置;

(5) 太阳能、地热等可再生能源应用技术及设备;

(6) 建筑照明节能技术与产品;

(7) 空调制冷节能技术与产品;

(8) 其他技术成熟、效果显著的节能技术和节能管理技术。

2. 既有建筑节能

既有建筑节能改造,指对不符合民用建筑节能强制性标准的既有建筑的围护结构、供热系统、采暖制冷系统、照明设备和热水供应设施等实施节能改造的活动。改造应当根据当地经济、社会发展水平和地理气候条件等实际情况,有计划、分步骤地实施分类改造。

实施既有建筑节能改造,应当符合民用建筑节能强制性标准,优先采用遮阳、改善通风等低成本改造措施。既有建筑围护结构的改造和供热系统的改造应当同步进行。

国家机关办公建筑、政府投资和以政府投资为主的公共建筑的节能改造,应合理制定节能改造方案并经充分论证,并按照国家有关规定办理相关审批手续方可进行。

6.5　消防法

《中华人民共和国消防法》(以下简称《消防法》)由中华人民共和国第十一届全国人民代表大会常务委员会第五次会议于2008年10月28日修订通过,自2009年5月1日起施行。

1. 消防设计文件的审核与备案

国务院公安部规定的大型的人员密集场所和其他特殊建设工程,建设单位应当将消防设计文件报送公安机关消防机构审核;公安机关消防机构依法对审核的结果负责。

依法应当经公安机关消防机构进行消防设计审核的建设工程,未经依法审核或者审核不合格的,负责审批该工程施工许可的部门不得给予施工许可,建设单位、施工单位不得施工;其他建设工程取得施工许可后经依法抽查不合格的,应当停止施工。

按照国家工程建设消防技术标准需要进行消防设计的建设工程,除《消防法》第11条另有规定的外,建设单位应当自依法取得施工许可之日起7个工作日内,将消防设计文件报公安机关消防机构备案,公安机关消防机构应当进行抽查。

2. 消防设计竣工的验收与备案

按照国家工程建设消防技术标准需要进行消防设计的建设工程竣工,属于国务院公安部门规定的大型人员密集场所和其他特殊建设工程的,建设单位应当向公安机关消防机构申请消防验收。未经消防验收或者消防验收不合格的,禁止投入使用。

其他按照国家工程建设消防技术标准需要进行消防设计的建设工程竣工,建设单位在验收后应当报公安机关消防机构备案,公安机关消防机构应当进行抽查。经依法抽查不合格的,应当停止使用。

3. 建设工程投入使用前的消防安全检查

《消防法》第15条规定,公众聚集场所在投入使用、营业前,建设单位或者使用单位应当向场所所在地的县级以上地方人民政府公安机关消防机构申请消防安全检查。公安机关消防机构应当自受理申请之日起10个工作日内,根据消防技术标准和管理规定,对该场所进行消防安全检查。未经消防安全检查或者经检查不符合消防安全要求的,不得投入使用、营业。

4. 工程建设中应采取的消防安全措施

(1) 根据《消防法》第19条的规定,生产、储存、经营易燃易爆危险品的场所不得与居住场所设置在同一建筑物内,并应当与居住场所保持安全距离。

生产、储存、经营其他物品的场所与居住场所设置在同一建筑物内的,应当符合国家工程建设消防技术标准。

(2) 根据《消防法》第21条的规定,禁止在具有火灾、爆炸危险的场所吸烟、使用明火。因施工等特殊情况需要使用明火作业的,应当按照规定事先办理审批手续,采取相应的消防安全措施;作业人员应当遵守消防安全规定。进行电焊、气焊等具有火灾危险作业的人员和自动消防系统的操作人员,必须持证上岗,并遵守消防安全操作规程。

(3) 根据《消防法》第22条的规定,生产、储存、装卸易燃易爆危险品的工厂、仓库和专用车站、码头的设置,应当符合消防技术标准。易燃易爆气体和液体的充装站、供应站、调压站,应当设置在符合消防安全要求的位置,并符合防火防爆要求。已经设置的生产、储存、装卸易燃易爆危险品的工厂、仓库和专用车站、码头,易燃易爆气体和液体的充装站、供应站、调压站,不再符合前款规定的,地方人民政府应当组织、协调有关部门、单位限期解决,消除安全隐患。

(4) 根据《消防法》第23条的规定,生产、储存、运输、销售、使用、销毁易燃易爆危险品,必须执行消防技术标准和管理规定。进入生产、储存易燃易爆危险品的场所,必须执行消防安全规定。禁止非法携带易燃易爆危险品进入公共场所或者乘坐公共交通工具。储存可燃物资仓库的管理,必须执行消防技术标准和管理规定。

(5) 根据《消防法》第26条的规定,建筑构件、建筑材料和室内装修、装饰材料的防火性能必须符合国家标准;没有国家标准的,必须符合行业标准。人员密集场所室内装修、装饰,应当按照消防技术标准的要求,使用不燃、难燃材料。

(6) 根据《消防法》第28条的规定,任何单位、个人不得损坏、挪用或者擅自拆除、停用消防设施、器材,不得埋压、圈占、遮挡消火栓或者占用防火间距,不得占用、堵塞、封闭疏散通道、安全出口、消防车通道。人员密集场所的门窗不得设置影响逃生和灭火救援的障碍物。

6.6 档案法

《中华人民共和国档案法》(以下简称《档案法》)于 1987 年 9 月 5 日第六届全国人民代表大会常务委员会第二十二次会议通过,1996 年 7 月 5 日第八届全国人民代表大会常务委员会第二十次会议对其进行了修正。

依据《档案法》,2001 年 3 月 5 日,建设部、国家质量监督总局联合发布了《建设工程文件归档整理规范》(GB/T 50328—2001)。该规范自 2001 年 7 月 1 日起实施,适用于建设工程文件的归档整理以及建设工程档案的验收,专业工程按有关规定执行。

为了做好重大项目的档案验收,国家档案局制定了《重大建设项目档案验收办法》,对重大建设项目档案验收的组织、验收申请、验收要求作出了更具体的规定。

1. 建设工程档案的种类

档案是指过去和现在的国家机构、社会组织以及个人从事政治、军事、经济、科学、技术、文化、宗教等活动直接形成的对国家和社会有保存价值的各种文字、图表、声像等不同形式的历史记录。

建设工程档案是在工程建设活动中直接形成的具有归档保存价值的文字、图表、声像等各种形式的历史记录。根据该国家标准,应当归档的建设工程文件主要包括以下几类。

1) 工程准备阶段文件

工程准备阶段文件指工程开工以前,在立项、审批、征地、勘察、设计、招投标等工程准备阶段形成的文件。主要包括:①立项文件;②建设用地、征地、拆迁文件;③勘察、测绘、设计文件;④招投标文件;⑤开工审批文件;⑥财务文件;⑦建设、施工、监理机构及负责人名单。

2) 监理文件

监理文件指工程监理单位在工程监理过程中形成的文件。主要包括:①监理规划,包括监理规划、监理实施细则和监理部总控制计划等;②监理月报中的有关质量问题;③监理会议纪要中的有关质量问题;④进度控制文件,包括工程开工/复工审批表、工程开工/复工暂停令等;⑤质量控制文件,包括不合格项目通知、质量事故报告及处理意见等;⑥造价控制文件,包括预付款报审与支付、月付款报审与支付、设计变更、洽商费用报审与签认、工程竣工结算审核意见书等;⑦分包资质文件,包括分包单位资质材料、供货单位资质材料、试验等单位资质材料;⑧监理通知,包括有关进度控制的监理通知、有关质量控制的监理通知、有关造价控制的监理通知;⑨合同与其他事项管理文件,包括工程延期报告及审批、费用索赔报告及审批、合同争议、违约报告及处理意见、合同变更材料等;⑩监理工作总结,包括专题总结、月报总结、工程竣工总结、质量评价意见报告。

3) 施工文件

施工文件指施工单位在工程施工过程中形成的文件。不同专业的工程对施工文件的要求不尽相同,一般包括:①施工技术准备文件,包括施工组织设计、技术交底、图纸会审记录、施工预算的编制和审查、施工日志等;②施工现场准备文件,包括控制网设置资料、工程定位测量资料、基槽开挖线测量资料、施工安全措施、施工环保措施等;③地基处理记录;

④工程图纸变更记录,包括设计会议会审记录、设计变更记录、工程洽商记录等;⑤施工材料、预制构件质量证明文件及复试试验报告;⑥设备、产品质量检查、安装记录,包括设备、产品质量合格证、质量保证书,设备装箱单、商检证明和说明书、开箱报告,设备安装记录,设备试运行记录,设备明细表等;⑦施工试验记录、隐蔽工程检查记录;⑧施工记录,包括工程定位测量检查记录、预检工程检查记录、沉降观测记录、结构吊装记录、工程竣工测量、新型建筑材料、施工新技术等;⑨工程质量事故处理记录;⑩工程质量检验记录,包括检验批质量验收记录、分项工程质量验收记录、基础和主体工程验收记录、分部(子分部)工程质量验收记录等。

4) 竣工图和竣工验收文件

竣工图是指工程竣工验收后,真实反映建设工程项目施工结果的图样。竣工验收文件是指建设工程项目竣工验收活动中形成的文件。竣工验收文件主要包括:①工程竣工总结,包括工程概况表、工程竣工总结;②竣工验收记录,包括单位(子单位)工程质量验收记录、竣工验收证明书、竣工验收报告、竣工验收备案表(包括各专项验收认可文件)、工程质量保修书等;③财务文件,包括决算文件、交付使用财产总表和财产明细表;④声像、缩微、电子档案。

2. 建设工程档案的移交程序

工程文件的归档范围,是指对记载与工程建设有关的重要活动、记载工程建设主要过程和现状、具有保存价值的各种载体的文件,均应收集齐全,整理立卷后归档。工程文件归档的具体要求如下:

(1) 归档的工程文件应为原件。

(2) 工程文件的内容及其深度必须符合国家有关工程勘察、设计、施工、监理等方面的技术规范、标准和规程。

(3) 工程文件的内容必须真实、准确,与工程实际相符合。

(4) 归档的文件必须经过分类整理,并应组成符合要求的案卷。

(5) 勘察、设计单位应当在任务完成时,施工、监理单位应当在工程竣工验收前,将各自形成的有关工程档案向建设单位归档。

(6) 凡设计、施工及监理单位需要向本单位归档的文件,应按国家有关规定和《建设工程文件归档整理规范》附录 A 的要求单独立卷归档。

1) 各主要参建单位向建设单位移交工程文件

《建设工程文件归档整理规范》(GB/T 50328—2001)规定,建设、勘察、设计、施工、监理等单位应将工程文件的形成和积累纳入工程建设管理的各个环节和有关人员的职责范围。建设单位在工程招标及与勘察、设计、施工、监理等单位签订合同时,应对工程文件的套数、费用、质量、移交时间等提出明确要求。勘察、设计、施工、监理等单位应将本单位形成的工程文件立卷后向建设单位移交。

建设工程项目实行总承包的,总包单位负责收集、汇总各分包单位形成的工程档案,并应及时向建设单位移交;各分包单位应将本单位形成的工程文件整理、立卷后及时移交总包单位。建设工程项目由几个单位承包的,各承包单位负责收集、整理立卷其承包项目的工程文件,并应及时向建设单位移交。

建设单位应收集和整理工程准备阶段、竣工验收阶段形成的文件,并应进行立卷归档。建设单位还应当与负责组织、监督和检查勘察、设计、施工、监理等单位的工程文件的形成、积累和立卷归档工作,并收集和汇总勘察、设计、施工、监理等单位立卷归档的工程档案。

工程档案一般不少于两套,一套由建设单位保管,一套(原件)移交当地城建档案馆(室)。勘察、设计、施工、监理等单位向建设单位移交档案时,应编制移交清单,双方签字、盖章后方可交接。

2) 建设单位向政府主管机构移交建设项目档案

《建设工程质量管理条例》第 17 条规定:"建设单位应当严格按照国家有关档案管理的规定,及时收集、整理建设项目各环节的文件资料,建立、健全建设项目档案,并在建设工程竣工验收后,及时向建设行政主管部门或者其他有关部门移交建设项目档案。"

列及城建档案馆(室)档案接收范围的工程,建设单位在组织工程竣工验收前,应提请城建档案管理机构对工程档案进行预验收。建设单位未取得城建档案管理机构出具的认可文件,不得组织工程竣工验收。

城建档案管理部门在进行工程档案的验收时,应重点验收以下内容:

(1) 工程档案齐全、系统、完整;

(2) 工程档案的内容真实、准确地反映工程建设活动和工程实际状况;

(3) 工程档案已整理立卷,立卷符合本规范的规定;

(4) 竣工图绘制方法、图式及规格等符合专业技术要求,图面整洁,盖有竣工图章;

(5) 文件的形成、来源符合实际,要求单位或个人签章的文件,其签章手续完备;

(6) 文件材质、幅面、书写、绘图、用墨、托裱等符合要求。

列入城建档案馆(室)接收范围的工程,建设单位在工程竣工验收后 3 个月内,必须向城建档案馆(室)移交一套符合规定的工程档案。

停建、缓建建设工程的档案,暂由建设单位保管。对改建、扩建和维修工程,建设单位应当组织设计、施工单位据文修改、补充和完善原工程档案。对改变的部件,应当重新编制工程档案,并在工程竣工验收后 3 个月内向城建档案馆(室)移交。

建设单位向城建档案馆(室)移交工程档案时,应办理移交手续,填写移交目录,双方签字、盖章后交接。

建设工程竣工验收后,建设单位未按规定移交建设工程档案的,依据《建设工程质量管理条例》第 59 条的规定,建设单位除应被责令改正外,还应当受到罚款的行政处罚。

3. 重大建设项目档案验收

为了做好重大建设项目档案验收,国家档案局制定了《重大建设项目档案验收办法》。该办法对重大建设项目档案验收的组织、验收申请、验收要求作出了具体的规定。该办法适用于各级政府投资主管部门组织或委托组织进行竣工验收的固定资产投资项目(以下简称项目)。

项目建设单位(法人)应向项目档案验收组织单位报送档案验收申请报告,并填报《重大建设项目档案验收申请表》。项目档案验收组织单位应在收到档案验收申请报告的 10 个工作日内作出答复。

1) 申请项目档案验收应具备的条件

(1) 项目主体工程和辅助设施已按照设计建成,能满足生产或使用的需要;

(2) 项目试运行指标考核合格或者达到设计能力;

(3) 完成了项目建设全过程文件材料的收集、整理与归档工作;

(4) 基本完成了项目档案的分类、组卷、编目等整理工作。

2) 验收要求

(1) 项目档案验收会议

项目档案验收应在项目竣工验收3个月之前完成。项目档案验收以验收组织单位召集验收会议的形式进行。项目档案验收组全体成员参加项目档案验收会议,项目的建设单位(法人)及设计、施工、监理和生产运行管理或使用单位的有关人员列席会议。

(2) 档案质量的评价

检查项目档案,采用质询、现场查验、抽查案卷的方式。抽查档案的数量应不少于100卷,抽查重点为项目前期管理性文件、隐蔽工程文件、竣工文件、质检文件、重要合同、协议等。

项目档案验收应根据《国家重大建设项目文件归档要求与档案整理规范》(DA/T 28—2002),对项目档案的完整性、准确性、系统性进行评价。

(3) 项目档案验收意见的主要内容

① 项目建设概况;

② 项目档案管理情况,包括:项目档案工作的基础管理工作,项目文件材料的形成、收集、整理与归档情况,竣工图的编制情况及质量,档案的种类、数量,档案的完整性、准确性、系统性及安全性评价,档案验收的结论性意见;

③ 存在问题、整改要求与建议。

(4) 档案验收结果

项目档案验收结果分为合格与不合格。项目档案验收组半数以上成员同意通过验收的为合格。

项目档案验收合格的项目,由项目档案验收组出具项目档案验收意见。

项目档案验收不合格的项目,由项目档案验收组提出整改意见,要求项目建设单位(法人)于项目竣工验收前对存在的问题限期整改,并进行复查。复查后仍不合格的,不得进行竣工验收,并由项目档案验收组提请有关部门对项目建设单位(法人)通报批评。造成档案损失的,应依法追究有关单位及人员的责任。

复习思考题

6-1 简述保险合同的分类。

6-2 简述保险合同的内容和生效条件。

6-3 建筑意外伤害保险的性质和操作模式的具体表现是什么?

6-4 依法成立的劳动合同必须包含哪些内容?

6-5 未能及时订立劳动合同的法律后果是什么?

6-6 用人单位在何种情形下应当与劳动者订立无固定期限劳动合同?

6-7 何种情形下,用人单位不得单方与劳动者解除劳动合同?

6-8　与其他采用仲裁方式解决的争议相比,劳动争议仲裁有何特点?

6-9　建设项目环境影响评价是如何分类管理的?

6-10　何谓环境保护"三同时"制度?

6-11　我国节能管理的基本思路是什么?

6-12　工程建设中应当采取的消防安全措施有哪些?

6-13　城建档案管理部门在进行工程档案的验收时重点验收内容有哪些?

第7章

工程建设管理法规

7.1 建设安全生产管理法规

2014年8月31日第十二届全国人民代表大会常务委员会第十次会议通过并颁布经修改的《中华人民共和国安全生产法》决定自2014年12月1日起施行。

新《安全生产法》的颁布是当前我国安全生产法制建设中最重要的一件大事。作为安全生产领域的综合性、基础性法律,新《安全生产法》确立了"安全第一、预防为主、综合治理"的工作方针,明确了安全生产的重要地位、主体任务和实现安全生产的根本途径。新《安全生产法》牢固树立以人为本、生命至上的理念,坚守发展决不能以牺牲人的生命为代价这条"红线",建立生产经营单位负责、职工参与、政府监管、行业自律、社会监督的机制,进一步明确了各方安全生产职责。对于建立、健全"党政同责、一岗双责、齐抓共管"的安全生产责任体系,进一步提升安全生产工作的重要地位,强化生产经营单位主体责任,加强政府监管,强化责任追究,预防和减少生产安全事故,保障人民群众生命和财产安全,促进经济社会持续健康发展具有重大意义。

此前,国务院建设行政主管部门制定了一系列工程建设安全生产法规和规范性文件。包括根据《建筑法》《安全生产法》,制定了《建设工程安全生产管理条例》,自2004年2月1日起施行;《建设领域安全生产行政责任规定》(2002年9月9日颁布实施);《建筑施工企业安全生产许可证管理规定》(2004年7月5日颁布实施);《安全生产事故报告和调查处理条例》(2007年6月1日颁布实施);《特种设备安全监察条例》(2009年5月1日颁布实施);《安全生产许可证条例》(2004年1月13日首次发布,2014年7月29日进行修订)。

7.1.1 建设安全生产管理的方针和原则

《建筑法》第36条规定:建筑工程安全生产管理必须坚持安全第一、预防为主的方针。《建筑工程安全生产管理条例》第3条规定:"建设工程安全生产管理,坚持安全第一、预防为主的方针。"

《安全生产法》第3条规定:安全生产工作应当以人为本,坚持安全发展,坚持安全第

一、预防为主、综合治理的方针,强化和落实生产经营单位的主体责任,建立生产经营单位负责、职工参与、政府监管、行业自律和社会监督的机制。

"安全第一"要求从事生产经营活动必须把安全放在首位,不能以牺牲人的生命、健康为代价换取发展和效益。

"预防为主"要求把安全生产工作的重心放在预防上,强化隐患排查治理,打非治违,从源头上控制、预防和减少生产安全事故。

"综合治理"要求运用行政、经济、法治、科技等多种手段,充分发挥社会、职工、舆论监督各个方面的作用,抓好安全生产工作。

坚持"十二字方针",总结实践经验,法律明确要求建立生产经营单位负责、职工参与、政府监管、行业自律、社会监督的机制,进一步明确各方安全生产职责。做好安全生产工作,落实生产经营单位主体责任是根本,职工参与是基础,政府监管是关键,行业自律是发展方向,社会监督是实现预防和减少生产安全事故目标的保障。

安全生产管理的原则是"三个必须",即管业务必须管安全、管行业必须管安全、管生产经营必须管安全;另一原则是谁主管谁负责。

按照"三个必须"的要求,国务院和县级以上地方人民政府应当建立健全安全生产工作协调机制,及时协调、解决安全生产监督管理中存在的重大问题。国务院和县级以上地方人民政府安全生产监督管理部门实施综合监督管理,有关部门在各自职责范围内对有关行业、领域的安全生产工作实施监督管理,并将其统称为负有安全生产监督管理职责的部门。各级安全生产监督管理部门和其他负有安全生产监督管理职责的部门作为执法部门,依法开展安全生产行政执法工作,对生产经营单位执行法律、法规、国家标准或者行业标准的情况进行监督检查。

另一原则是谁主管谁负责。各级建设行政主管部门的行政一把手是本地区建筑安全生产第一责任人,应对所管辖区域建筑行业的安全全面负责。企业法定代表人是本企业安全生产第一责任人,应对本企业项目施工安全全面负责。项目经理是项目上的安全生产第一责任人,应对整个项目全面负责。

7.1.2 建设安全生产的监督管理制度

建设工程的安全生产关系着社会和人民群众的生命和财产安全,国家应通过法律、法规对工程建设进行严格管理。

1. 安全生产监督管理部门

根据《建筑法》第43条、《安全生产法》第9条和《建设工程安全生产管理条例》第39条和第40条的有关规定:

建设行政主管部门负责建筑安全生产的管理,并依法接受劳动行政主管部门对建筑安全生产的指导和监督。

国务院安全生产监督管理部门依照本法,对全国安全生产工作实施综合监督管理;县级以上地方各级人民政府安全生产监督管理部门依照本法,对本行政区域内安全生产工作实施综合监督管理。

国务院有关部门依照本法和其他有关法律、行政法规的规定,在各自的职责范围内对有关行业、领域的安全生产工作实施监督管理;县级以上地方各级人民政府有关部门依照本法和其他有关法律、法规的规定,在各自的职责范围内对有关行业、领域的安全生产工作实施监督管理。

安全生产监督管理部门和对有关行业、领域的安全生产工作实施监督管理的部门,统称为负有安全生产监督管理职责的部门。

根据《建设工程安全生产管理条例》第44条的规定,建设行政主管部门或者其他有关部门可以将施工现场的监督检查委托给建设工程安全监督机构具体实施。

2. 安全生产监督管理措施

《安全生产法》第60条规定:"依照本法第九条规定对安全生产负有监督管理职责的部门依照有关法律、法规的规定,对涉及安全生产的事项需要审查批准(包括批准、核准、许可、注册、认证、颁发证照等,下同)或者验收的,必须严格依照有关法律、法规和国家标准或者行业标准规定的安全生产条件和程序进行审查;不符合有关法律、法规和国家标准或者行业标准规定的安全生产条件的,不得批准或者验收通过。对未依法取得批准或者验收合格的单位擅自从事有关活动的,负责行政审批的部门发现或者接到举报后应当立即予以取缔,并依法予以处理。对已经依法取得批准的单位,负责行政审批的部门发现其不再具备安全生产条件的,应当撤销原批准。"

依据该规定,《建设工程安全生产管理条例》第42条进一步规定,建设行政主管部门在审核发放施工许可证时,应当对建设工程是否有安全施工措施进行审查,对没有安全施工措施的,不得颁发施工许可证。

3. 安全生产监督管理部门的职权

根据《安全生产法》第62条规定,安全生产监督管理部门和其他负有安全生产监督管理职责的部门依法开展安全生产行政执法工作,对生产经营单位执行有关安全生产的法律、法规和国家标准或者行业标准的情况进行监督检查,行使以下职权:

(1)进入生产经营单位进行检查,调阅有关资料,向有关单位和人员了解情况。

(2)对检查中发现的安全生产违法行为,当场予以纠正或者要求限期改正;对依法应当给予行政处罚的行为,依照本法和其他有关法律、行政法规的规定作出行政处罚决定。

(3)对检查中发现的事故隐患,应当责令立即排除;重大事故隐患排除前或者排除过程中无法保证安全的,应当责令从危险区域内撤出作业人员,责令暂时停产停业或者停止使用相关设施、设备;重大事故隐患排除后,经审查同意,方可恢复生产经营和使用。

(4)对有根据认为不符合保障安全生产的国家标准或者行业标准的设施、设备、器材以及违法生产、储存、使用、经营、运输的危险物品予以查封或者扣押,对违法生产、储存、使用、经营危险物品的作业场所予以查封,并依法作出处理决定。

监督检查不得影响被检查单位的正常生产经营活动。

7.1.3 建设工程安全生产管理制度

《建设工程安全生产管理条例》于2003年11月12日经国务院第二十八次常务会议通过,2003年11月24日以中华人民共和国国务院令第393号公布,自2004年2月1日起施行。《建筑法》和《安全生产法》是制定该条例的基本法律依据。

1. 安全生产责任制度

安全生产责任制度是建筑生产中最基本的安全管理制度,是所有安全规章制度的核心。安全生产责任制度将各种不同的安全责任落实到负有安全管理责任的人员和具体岗位人员上,明确各自的分工负责和安全责任,形成完整有效的安全管理体系。

安全责任制度的主要内容包括:

(1) 从事建筑活动主体的负责人的责任制。建筑施工企业的法定代表人要对本企业的安全负主要的安全责任。

(2) 从事建筑活动主体的职能机构或职能处室负责人及其工作人员的安全生产责任制。建筑企业根据需要设置的安全处室或者专职安全人员要对安全负责。

(3) 岗位人员的安全生产责任制。岗位人员必须对安全负责;从事特种作业的安全人员必须进行培训,经过考试合格后方能上岗作业。

2. 群防群治制度

搞好安全生产工作单靠有限的管理人员和安全监督员是不够的,需要每位工程参与者的共同努力。为此,《建筑法》第36条规定,建筑工程安全生产应当建立安全生产群防群治制度。

3. 安全生产认证制度

《安全生产法》和《安全生产许可条例》对安全生产认证制度的相关问题作了具体规定。根据《安全生产许可证条例》《建设工程安全生产管理条例》等有关行政法规,建设部制定了《建筑施工企业安全生产许可证管理规定》,于2004年7月5日起施行。

1) 企业取得安全生产许可证应具备的条件

《安全生产许可证条例》第6条规定,企业取得安全生产许可证,应当具备下列安全生产条件:

(1) 建立、健全安全生产责任制,制定完备的安全生产规章制度和操作规程;

(2) 安全投入符合安全生产要求;

(3) 设置安全生产管理机构,配备专职安全生产管理人员;

(4) 主要负责人和安全生产管理人员经考核合格;

(5) 特种作业人员经有关业务主管部门考核合格,取得特种作业操作资格证书;

(6) 从业人员经安全生产教育和培训合格;

(7) 依法参加工伤保险,为从业人员缴纳保险费;

(8) 厂房、作业场所和安全设施、设备、工艺符合有关安全生产法律、法规、标准和规程要求;

(9) 有职业危害防治措施,并为从业人员配备符合国家标准或者行业标准的劳动防护用品;

(10) 依法进行安全评价;

(11) 有重大危险源检测、评估、监控措施和应急预案;

(12) 有生产安全事故应急救援预案、应急救援组织或者应急救援人员,配备必要的应急救援器材、设备;

(13) 法律、法规规定的其他条件。

2）安全生产许可证的申请

根据《建筑施工企业安全生产许可证管理规定》第5条规定,建筑施工企业从事建筑施工活动前,应当依照本规定向省级以上建设主管部门申请领取安全生产许可证。

3）安全生产许可证的颁发和管理

根据《安全生产许可证条例》第4条的规定,省、自治区、直辖市人民政府建设主管部门负责建筑施工企业安全生产许可证的颁发和管理,并接受国务院建设主管部门的指导和监督。

4）安全生产许可证的有效期

《安全生产许可证条例》第9条规定,"安全生产许可证的有效期为3年。安全生产许可证有效期满需要延期的,企业应当于期满前3个月向原安全生产许可证颁发管理机关办理延期手续。企业在安全生产许可证有效期内,严格遵守有关安全生产的法律法规,未发生死亡事故的,安全生产许可证有效期届满时,经原安全生产许可证颁发管理机关同意,不再审查,安全生产许可证有效期延期3年"。

5）安全生产许可证的变更与注销

《建筑施工企业安全生产许可证管理规定》第9条、第10条和第11条分别规定:

建筑施工企业变更名称、地址、法定代表人等,应当在变更后10日内,到原安全生产许可证颁发管理机关办理安全生产许可证变更手续。

建筑施工企业破产、倒闭、撤销的,应当将安全生产许可证交回原安全生产许可证颁发管理机关予以注销。

建筑施工企业遗失安全生产许可证,应当立即向原安全生产许可证颁发管理机关报告,并在公众媒体上声明作废后,方可申请补办。

6）安全生产许可证的使用管理

根据《安全生产许可证条例》和《建筑施工企业安全生产许可证管理规定》,建筑施工企业应当遵守如下强制性规定:

（1）未取得安全生产许可证的,不得从事建筑施工活动。建设主管部门在审核发放施工许可证时,应当对已经确定的建筑施工企业是否有安全生产许可证进行审查,对没有取得安全生产许可证的,不得颁发施工许可证。

（2）企业不得转让、冒用安全生产许可证或者使用伪造的安全生产许可证。

（3）企业取得安全生产许可证后,不得降低安全生产条件,并应当加强日常安全生产管理,接受安全生产许可证颁发管理机构的监督检查。

7）建筑生产企业的其他安全认证

工程项目的安全认证,是项目开工前对其安全条件的审查。审查内容主要有施工组织设计中是否包含有针对性的安全技术措施和专业工程安全技术方案,项目负责人安全资格条件,专职安全人员资格条件和配备情况,现场施工设备和机具的安全情况等。

专职安全人员的资格认证,按照《安全生产法》第21条规定,矿山、金属冶炼、建筑施工、道路运输单位和危险物品的生产、经营、储存单位,应当设置安全生产管理机构或者配备专职安全生产管理人员。其他生产经营单位,从业人员超过一百人的,应当设置安全生产管理机构或者配备专职安全生产管理人员;从业人员在一百人以下的,应当配备专职或者兼职的安全生产管理人员。第24条规定,生产经营单位的主要负责人和安全生产管理人员必须具备与本单位所从事的生产经营活动相适应的安全生产知识和管理能力。危险物品的生产、经营、储存单位以及矿山、金属冶炼、建筑施工、道路运输单位的主要负责人和安全生产管理人员,应当由主管的负有安全生产监督管理职责的部门对其安全生产知识和管理能力考核合格。考核不得收费。危险物品的生产、储存单位以及矿山、金属冶炼单位应当有注册安全工程师从事安全生产管理工作。鼓励其他生产经营单位聘用注册安全工程师从事安全生产管理工作。注册安全工程师按专业分类管理,具体办法由国务院人力资源和社会保障部门、国务院安全生产监督管理部门会同国务院有关部门制定。

特殊专业队伍的安全认证,主要是对从事人工挖孔桩、地基基础、护壁支撑、塔吊装拆等作业的施工队伍进行资格审查,审查合格的颁发《专业施工安全许可证》,方可从事施工作业。

防护用品、安全设施、机械设备等的安全认证,是对进入施工现场的各类防护用品、电气产品、架设设施、安全设施、机械设备等进行检验检测。技术指标符合安全要求方可允许在施工现场投入使用。

4. 安全生产教育培训制度

《建筑法》第46条规定:"建筑施工企业应当建立、健全劳动安全生产教育培训制度,加强对职工安全生产的教育培训;未经安全生产教育培训的人员,不得上岗作业。"《安全生产管理条例》第36条、第37条和第25条做了具体规定,详见"施工单位安全责任和义务"部分相关内容。

5. 安全生产检查制度

安全生产检查制度是安全生产的保障,是上级管理部门或者企业自身对安全生产状况进行定期或者不定期检查的制度。

安全生产检查应根据施工(生产)季节、气候、环境的特点,制定检查项目内容、标准,一般的检查内容包括检查思想、制度、机械设备装置、安全防护设施、安全教育、培训、操作行为、劳保用品使用、文明施工、伤亡事故处理等。

对检查出来的不安全因素或事故隐患,出具整改单并落实"三定"工作,即定人、定期限、定措施,做到及时复查验收,对整改不力者酌情处罚。

6. 伤亡事故处理报告制度

施工过程发生安全伤亡事故时,企业应当及时采取措施减少人员伤亡和财产损失,同时按照国家规定的上报制度向有关部门逐级上报。事故处理必须遵循一定的程序,按照"事故原因不清不放过,事故责任者得不到处理不放过,整改措施不落实不放过,教训不吸取不放过"的原则。

7. 安全责任追究制度

《安全生产法》第14条规定:"国家实行生产安全事故责任追究制度,依照本法和有关法律、法规的规定,追究生产安全事故责任人员的法律责任。"根据该规定,建设单位、设计单位、施工单位、监理单位,由于没有履行职责而造成人员伤亡和财产损失的,视情节给予相应处理;情节严重的,责令停业整顿、降低资质等级或吊销资质证书;构成犯罪的,依法追究刑事责任。

7.1.4 建筑生产的安全责任体系

1. 建设单位的安全责任和义务

1) 向施工单位提供资料的责任

建设单位应当向施工单位提供施工现场及毗邻区域内供水、排水、供电、供气、供热、通信、广播电视等地下管线资料,气象和水文观测资料,相邻建筑物和构筑物、地下工程的有关资料,并保证资料的真实、准确、完整。

2) 依法履行合同的责任

建设单位不得对勘察、设计、施工、工程监理等单位提出不符合建设工程安全生产法律、法规和强制性标准规定的要求,不得压缩合同约定的工期。

合同约定的工期,是建设单位和施工单位共同签订的,是经双方论证、协商一致而制定的,如果由于外界原因不得不压缩工期,应当在不违反施工工艺的前提下,由合同双方当事人协商一致后方可压缩工期。

3) 提供安全生产费用的责任

建设单位在编制工程概算时,应当确定建设工程安全作业环境及安全施工措施所需费用,并对由于安全生产所必需的资金投入不足导致的后果承担责任。

4) 不得推销劣质材料设备的责任

建设单位不得明示或者暗示施工单位购买、租赁、使用不符合安全施工要求的安全防护用具、机械设备、施工机具及配件、消防设施和器材。

5) 提供安全施工措施资料的责任

建设单位在申请领取施工许可证时,应当提供建设工程有关的安全施工措施的资料。依法批准开工报告的建设工程,建设单位应当自开工报告批准之日起 15 日内,将保证安全施工的措施报送建设工程所在地的县级以上地方人民政府建设行政主管部门或者其他有关部门备案。

6) 对拆除工程进行备案的责任

《建筑法》第 50 条规定:"房屋拆除应当由具备保证安全条件的建筑施工单位承担,由建筑施工单位负责人对安全负责。"

《建设工程安全生产管理条例》第 11 条规定:"建设单位应当将拆除工程发包给具有相应资质等级的施工单位。"

7) 办理特殊作业审批的责任

《建筑法》第 42 条规定,有下列情形之一的,建设单位应当按照国家有关规定办理申请批准手续:①需要临时占用规划批准范围以外场地的;②可能损坏道路、管线、电力、邮电通信等公用设施的;③需要临时停水、停电、中断道路交通的;④需要进行爆破作业的;⑤法律、法规规定需要办理报批手续的其他情况。

案例 1:

某古城繁华街道西口,正在进行爆破拆除某商住楼。一声巨响后,楼房没有如预料的轰然倒下,只是做过预处理的底层支柱受到了较为严重的破坏。经过专家鉴定为事先安放的炸药数量不够,导致爆破失败。调查中发现,该爆破公司为三级资质企业,根据《爆破工程施工企业资质等级标准》规定,三级资质企业只能爆破拆除5层的楼房、50米以下的烟囱;二级企业可承接高度为5~10层的楼房、50~80米高度的烟囱。故该公司根本不能承揽7层楼的爆破工程,属于违规经营、越级施工。

分析:《建筑法》第50条明确规定:"房屋拆除应当由具备保证安全条件的建筑施工单位承担,由建筑施工单位负责人对安全负责"。所谓具备安全条件是指具有拆除房屋建筑的技术人员、技术设备等保证房屋拆除安全的必备条件,不具备拆除条件的不能从事拆除作业。拆除房屋应具备的安全条件,应以建设行政主管部门和有关部门的规定为准,通常表现为符合一定的资质等级条件。例如,对于以采取爆破为拆除手段的建筑施工单位,除符合建设行政主管部门规定的条件外,还应当符合公安主管部门的有关规定,因此,实施房屋拆除的建筑施工单位应具备的安全条件是一个强制性规定。

案例2:

B安装公司(B方)依法承包了A热力公司(A方)在某市的城市供热管道改造工程,B方按照A方提供的地下管线资料进行管道开挖时,将毗邻的燃气管道挖断,造成燃气泄漏。B方立即通知A方及该市燃气公司,并向交通部门申请交通管制后,配合燃气公司专业人员进行抢修,历时3天才恢复正常。经查,挖断燃气管道的原因是A方提供的地下管线间距有误。为保证按期完工,A方要求B方将合同约定的60天压缩为53天。

分析:根据《建设工程安全生产管理条例》第6条规定,建设单位应当向施工单位提供施工现场及毗邻区域内供水、排水、供电、供气、供热、通信、广播电视等地下管线资料,气象和水文观测资料,相邻建筑物和构筑物、地下工程的有关资料,并保证资料的真实、准确、完整。

同时《建设工程安全生产管理条例》第7条规定,建设单位不得对勘察、设计、施工、工程监理等单位提出不符合建设工程安全生产法律、法规和强制性标准规定的要求,不得压缩合同约定的工期。

综上所述,A方没有按照要求提供真实、准确、完整的资料,应当承担由此产生的责任,包括由此引发的工期延误。同时,A方为了保证按期完工,要求压缩工期,应当从两个方面进行分析。一方面,在满足法律法规和强制性标准的前提下,A方不得压缩由自己提供不完整资料造成延误的三天工期;另一方面,A方压缩的工期不但需要满足法律规定,还应当征得B方同意,B方也应当按照法律规定进行施工。另外,如果双方在满足法律规定的前提下,进行工期压缩,应进行必要的合同变更,保存变更资料,双方应协商一致,按照合同约定的标准完成项目。

2. 勘察、设计单位的安全责任和义务

1) 勘察单位的安全责任

建设工程勘察是工程建设的基础性工作。勘察单位的勘察成果文件是建设工程项目规划、选址和设计的重要依据,直接关系到工程质量和安全性能。

(1) 确保勘察文件的质量,以保证后续工作安全的责任。勘察单位应当按照法律、法规和工程建设强制性标准进行勘察,提供的勘察文件应当真实、准确,满足建设工程安全生产的需要。

(2) 科学勘察,以保证周边建筑物安全的责任。勘察单位在勘察作业时,应当严格执行操作规程,采取措施保证各类管线、设施和周边建筑物、构筑物的安全。

2) 设计单位的安全责任

(1) 严格执行设计规范和标准。建筑工程设计应当符合按照国家规定制定的建筑安全规程和技术规范,保证工程的安全性能,防止因设计不合理导致生产安全事故的发生。

(2) 及时提出建议。设计单位应当考虑施工安全操作和防护的需要,对涉及施工安全的重点部位和环节在设计文件中注明,并对防范生产安全事故提出指导意见。采用新结构、新材料、新工艺的建设工程和特殊结构的建设工程,设计单位应当在设计中提出保障施工作业人员安全和预防生产安全事故的措施建议。

(3) 对设计结果承担责任。设计单位和注册建筑师等注册执业人员应当对其设计负责。

3. 监理单位的安全责任和义务

根据《建设工程安全生产管理条例》,工程监理单位的安全责任主要体现在以下几个方面。

1) 审查施工组织设计的责任

工程监理单位应当审查施工组织设计中的安全技术措施或者专项施工方案是否符合工程建设强制性标准。

监理工程师在熟悉设计文件的基础上,应当在项目开工前,由总监理工程师组织专业监理工程师对施工组织设计提出审查意见,并经总监理工程师审核、签字后报送建设单位。

2) 安全隐患报告的责任

工程监理单位在实施监理过程中,发现存在安全事故隐患的,应当要求施工单位整改;情况严重的,应当要求施工单位暂时停止施工,并及时报告建设单位。施工单位拒不整改或者不停止施工的,工程监理单位应当及时向有关主管部门报告。

3) 依法监理的责任

工程监理单位和监理工程师应当按照法律、法规和工程建设强制性标准实施监理,并对建设工程安全生产承担监理责任。

4. 施工单位的安全责任和义务

1) 施工单位应当具备安全生产条件

安全生产条件,是指施工单位能够满足保障生产经营安全的需要,在正常情况下不会导致人员伤亡和财产损失所必需的各种系统、设施和设备以及与施工相适应的管理组织、制度和技术措施等。

施工单位从事建设工程的新建、扩建、改建和拆除等活动,应当具备国家规定的注册资本、专业技术人员、技术装备和安全生产等条件,依法取得相应等级的资质证书,并在其资质等级许可的范围内承揽工程。

2) 主要负责人、项目负责人、安全生产管理机构和专职安全生产管理人员的安全责任

(1) 主要负责人

主要负责人,并不仅限于施工单位的法定代表人,而是指对施工单位全面负责,有生产经营决策权的人。加强对施工单位安全生产的管理,首先要明确责任人。《安全生产法》第5条规定,生产经营单位的主要负责人对本单位的安全生产工作全面负责。

施工单位主要负责人的安全生产方面的主要职责包括:建立、健全安全生产责任制度和安全生产教育培训制度;制定安全生产规章制度和操作规程;保证本单位安全生产条件

所需资金的投入和有效实施；对所承建的建设工程进行定期和专项安全检查，及时消除隐患，并做好安全检查记录；组织制定并实施本单位安全事故应急救援预案；及时、如实报告生产安全事故。

（2）项目负责人

项目负责人，是指施工单位的项目经理，在该项目上代表施工企业法人代表，是该项目的安全生产第一责任人，具有对项目的管理组织、人员调配、资金使用和材料采购等的决策权。《建设工程安全生产管理条例》第21条规定，施工单位的项目负责人应当由取得相应执业资格的人员担任，对建设工程项目的安全施工负责。这里所称"相应执业资格"，目前在我国是指建造师执业资格。

项目负责人的安全责任主要包括：落实安全生产责任制度、安全生产规章制度和操作规程；确保安全生产费用的有效使用；根据工程的特点组织制定安全施工措施，消除安全事故隐患；及时、如实报告生产安全事故。

（3）安全生产管理机构

安全生产管理机构，是施工单位及其在建设工程项目中设置的负责安全生产管理工作的独立职能部门。我国住房和城乡建设部发布的《建筑施工企业安全生产管理机构设置及专职安全生产管理人员配备办法》中，明确建筑施工企业须设置安全生产管理机构。

安全生产管理机构的职责主要包括：组织或参与企业生产安全事故应急救援预案的编制及演练；制定企业安全生产检查计划并组织实施；监督在建项目安全生产费用的使用；参与危险性较大工程安全专项施工方案专家论证会；通报在建项目违规违章查处情况；建立企业在建项目安全生产管理档案；参加生产安全事故的调查和处理工作等。

（4）专职安全生产管理人员

专职安全生产管理人员，是指经建设主管部门或者其他有关部门安全生产考核合格，并取得安全生产考核合格证书，在企业从事安全生产管理工作的专职人员，包括：施工单位安全生产管理机构的负责人及其工作人员和施工现场专职安全生产管理人员。

专职安全生产管理人员的安全责任主要包括：对安全生产进行现场监督检查，发现安全事故隐患，应当及时向项目负责人和安全生产管理机构报告；对于违章指挥、违章操作的，应当立即制止。

3）总承包单位和分包单位的安全责任

（1）总承包单位的安全责任

建设工程实行施工总承包的，由总承包单位对施工现场的安全生产负总责。总承包单位应当自行完成建设工程主体结构的施工。

（2）总承包单位与分包单位的安全责任划分

总承包单位依法将建设工程分包给其他单位的，分包合同中应当明确各自的安全生产方面的权利、义务。总承包单位和分包单位对分包工程的安全生产承担连带责任；分包单位应当服从总承包单位的安全生产管理，分包单位不服从管理导致生产安全事故的，由分包单位承担主要责任。

4）安全生产教育培训

建筑施工企业应当建立、健全劳动安全生产教育培训制度，加强对职工安全生产的教育培训；未经安全生产教育培训的人员，不得上岗作业。《安全生产管理条例》第36条、第37

条和第 25 条进一步做了具体规定：

（1）施工单位的主要负责人、项目负责人、专职安全生产管理人员应当经建设行政主管部门或者其他有关部门考核合格后方可任职。

（2）施工单位应当对管理人员和作业人员每年至少进行一次安全生产教育培训，其教育培训情况记入个人工作档案。安全生产教育培训考核不合格的人员，不得上岗作业。

（3）作业人员进入新岗位前，应当接受安全生产教育培训。未经教育培训或者教育培训考核不合格的人员，不得上岗作业。

（4）作业人员进入新施工现场前，应当接受安全生产教育培训。未经教育培训或者教育培训考核不合格的人员，不得上岗作业。

（5）施工单位在采用新技术、新工艺、新设备、新材料时，应当对作业人员进行相应的安全生产教育培训。

（6）特种作业人员的培训。特种作业人员是指从事特殊岗位作业的人员。垂直运输机械作业人员、安装拆卸工、爆破作业人员、起重信号工、登高架设作业人员等特种作业人员，必须按照国家有关规定经过专门的安全作业培训，并取得特种作业操作资格证书后，方可上岗作业。

5）施工单位应采取的安全措施

（1）编制安全施工技术措施、施工现场临时用电方案和专项施工方案。

（2）安全施工技术交底。

安全施工技术交底，是指生产负责人在生产作业前对直接生产作业人员进行的该作业的安全操作规程和注意事项的培训，并通过书面文件方式予以确认。建设项目中，分部（分项）工程在施工前，项目部应按批准的施工组织设计或专项安全技术措施方案，向有关人员进行安全技术交底。

安全施工技术交底的具体要求如下：实行工程总承包的，由总承包单位向分包单位，分包单位项目技术人员向施工班组长，施工班组长向施工作业人员进行逐级交底；交底应具体、明确，具有较强针对性；应针对将要实施的作业的潜在危险因素和问题进行详细说明；优先采用新的安全技术措施；各工种的安全技术交底一般与分部分项安全技术交底同步进行。

（3）施工现场的安全防护管理。

施工单位应当在施工现场入口处、施工起重机械、临时用电设施、脚手架、出入通道口、楼梯口、电梯井口、孔洞口、桥梁口、隧道口、基坑边沿、爆破物及有害危险气体和液体存放处等危险部位，设置明显的安全警示标志。安全警示标志必须符合国家标准。施工单位应当根据不同施工阶段和周围环境及季节、气候的变化，在施工现场采取相应的安全施工措施。施工现场暂时停止施工的，施工单位应当做好现场防护，所需费用由责任方承担，或者按照合同约定执行。

（4）施工现场的布置要求。

施工单位应当将施工现场的办公、生活区与作业区分开设置，并保持安全距离；办公、生活区的选址应当符合安全性要求。职工的膳食、饮水、休息场所等应当符合卫生标准。施工单位不得在尚未竣工的建筑物内设置员工集体宿舍。

施工现场临时搭建的建筑物应当符合安全使用要求。施工现场使用的装配式活动房屋应当具有产品合格证。

（5）对周边环境采取防护措施。

施工单位对因建设工程施工可能造成损害的毗邻建筑物、构筑物和地下管线等，应当采取专项防护措施。施工单位应当遵守有关环境保护法律法规的规定，在施工现场采取措施，防止或者减少粉尘、废气、废水、固体废物、噪声、振动和施工照明对人和环境的危害和污染。在城市市区内的建设工程，施工单位应当对施工现场实行封闭围挡。

（6）施工现场的消防安全措施。

施工单位应当在施工现场建立消防安全责任制度，确定消防安全责任人，制定用火、用电、使用易燃易爆材料等各项消防安全管理制度和操作规程，设置消防通道、消防水源，配备消防设施和灭火器材，并在施工现场入口处设置明显标志。

（7）安全防护设备管理。

施工单位采购、租赁的安全防护用具、机械设备、施工机具及配件，应当具有生产（制造）许可证、产品合格证，并在进入施工现场前进行查验。施工现场的安全防护用具、机械设备、施工机具及配件必须由专人管理，定期进行检查、维修和保养，建立相应的资料档案，并按照国家有关规定及时报废。作业人员应当遵守安全施工的强制性标准、规章制度和操作规程，正确使用安全防护用具、机械设备等。

（8）起重机械设备管理。

施工单位在使用施工起重机械和整体提升脚手架、模板等自升式架设设施前，应当组织有关单位进行验收，也可以委托具有相应资质的检验检测机构进行验收；使用承租的机械设备和施工机具及配件的，由施工总承包单位、分包单位、出租单位和安装单位共同进行验收。验收合格的方可使用。《特种设备安全监察条例》规定的施工起重机械，在验收前应当经有相应资质的检验检测机构监督检验合格。施工单位应当自施工起重机械和整体提升脚手架、模板等自升式架设设施验收合格之日起 30 日内，向建设行政主管部门或者其他有关部门登记。登记标志应当置于或者附着于该设备的显著位置。

（9）办理意外伤害保险。

6）维护施工作业人员的合法权益，严格履行安全生产义务

建筑施工企业和作业人员在施工过程中，应当遵守有关安全生产的法律、法规和建筑行业安全规章、规程，不得违章指挥或者违章作业。作业人员有权对影响人身健康的作业程序和作业条件提出改进意见，有权获得安全生产所需的防护用品。作业人员对危及生命安全和人身健康的行为有权提出批评、检举和控告。作业人员有权对施工现场的作业条件、作业程序和作业方式中存在的安全问题提出批评、检举和控告，有权拒绝违章指挥和强令冒险作业。在施工中发生危及人身安全的紧急情况时，作业人员有权立即停止作业或者在采取必要的应急措施后撤离危险区域。

5．其他相关单位的安全责任

1）机械设备和配件供应单位的安全责任

为建设工程提供机械设备和配件的单位，应当按照安全施工的要求配备齐全有效的保险、限位等安全设施和装置。

2）出租机械设备和施工机具及配件单位的安全责任

出租的机械设备和施工机具及配件，应当具有生产（制造）许可证、产品合格证，并应当对出租的机械设备和施工机具及配件的安全性能进行检测，在签订租赁协议时，应当出具检测合格证明。禁止出租检测不合格的机械设备和施工机具及配件。

3）施工起重机械和自升式架设设施的安全管理

（1）安装与拆卸活动

在施工现场安装、拆卸施工起重机械和整体提升脚手架、模板等自升式架设设施，必须由具有相应资质的单位承担。安装、拆卸施工起重机械和整体提升脚手架、模板等自升式架设设施，应当编制拆装方案、制定安全施工措施，并由专业技术人员现场监督。施工起重机械和整体提升脚手架、模板等自升式架设设施安装完毕后，安装单位应当自检，出具自检合格证明，并向施工单位进行安全使用说明，办理验收手续并签字。

（2）检验检测

施工起重机械和整体提升脚手架、模板等自升式架设设施的使用达到国家规定的检验检测期限的，必须经具有专业资质的检验检测机构检测。经检测不合格的，不得继续使用。

检验检测机构对检测合格的施工起重机械和整体提升脚手架、模板等自升式架设设施，应出具安全合格证明文件，并对检测结果负责。

案例：

2000年，被告甲工程公司与该公司职工王某签订工程承包合同，约定由王某承包某桥梁行车道板的架设安装。为保障施工安全，合同约定王某要对施工中发生伤、亡、残事故全权负责。原告赵某经人介绍到被告王某处打工。为防止工伤事故，王某曾召集民工开会强调安全问题，要求民工在安放道板下的胶垫时必须使用铁钩，防止道板附落伤人。某日下午，赵某在安放道板下的胶垫时未使用铁钩，直接用手放置。由于支撑道板的千斤顶滑落，重达10多吨的道板坠下，将赵某的左手砸伤。王某立即送赵某到医院住院治疗，24天后出院。赵某住院期间的医疗费、护理费、交通费、伙食费以及出院后的治疗费用总计5 310元，已由王某全部承担。2001年2月，某法医技术室对赵某的伤情进行鉴定，结论是：伤残等级为工伤七级。随后，赵某与王某因赔偿费用发生争执，赵某以王某和工程公司为共同被告，提起诉讼，两被告均辩称：原告违反安全操作规定造成工伤，不同意赔偿。

分析：王某与赵某形成了劳动合同关系，王某应对赵某的劳动保护承担责任。采用人工安装桥梁行车道板本身具有较高的危险性，王某应采取相应的安全措施，进行书面技术指导，同时应当在现场进行监督。而王某仅在作业前口头予以强调，力度明显不足。虽然赵某在施工中也有违反安全操作规则的过失，但其并非铁道建设专业人员，故赵某发生安全事故王某也有不可推卸的责任。被告工程公司是具有相应民事行为能力和民事权利能力的法人，为降低费用而将该项工程发包给个人进行施工，不符合《合同法》的要求，同时增加了劳动者的安全风险。且在与王某签订的承包合同中约定"施工中发生伤、亡、残事故，由王某负责"，把只有企业法人才有能力承担的安全风险推给能力有限的自然人承担，损害了劳动者的合法权益，违反了我国《宪法》和《劳动法》的有关规定，视为无效条款，不受法律保护，故工程公司应承担连带责任。赵某的赔偿要求，应当根据出院后实际发生和将要发生的费用计算，对于日后不确定会发生的费用，例如再次住院费等暂时不予支持。

7.1.5 生产安全事故的应急救援和调查处理

1. 应急救援体系的建立

《安全生产法》第77条规定："县级以上地方各级人民政府应当组织有关部门制定本行

政区域内生产安全事故应急救援预案,建立应急救援体系。"所谓"特别重大事故",是指造成特别重大人身伤亡或巨大经济损失以及事故性质特别严重,产生了重大影响的事故。这类事故发生突然,短时间内事故损失容易迅速扩大,如果没有提前制定有效的应急体系,其后果将不堪设想。

施工企业自身也应当按照国家法律规范制定本单位的应急救援体系。《安全生产法》第79条规定:"危险物品的生产、经营、储存单位以及矿山、金属冶炼、城市轨道交通运营、建筑施工单位应当建立应急救援组织;生产经营规模较小的,可以不建立应急救援组织,但应当指定兼职的应急救援人员。危险物品的生产、经营、储存、运输单位以及矿山、金属冶炼、城市轨道交通运营、建筑施工单位应当配备必要的应急救援器材、设备和物资,并进行经常性维护、保养,保证正常运转。"《安生生产管理条例》第48条同时规定:"施工单位应当制定本单位生产安全事故应急救援预案,建立应急救援组织或者配备应急救援人员,配备必要的应急救援器材、设备,并定期组织演练。"

对于施工企业落实应急救援预案责任的划分,《安生生产管理条例》第49条同时规定:"施工单位应当根据建设工程施工的特点、范围,对施工现场易发生重大事故的部位、环节进行监控,制定施工现场生产安全事故应急救援预案。实行施工总承包的,由总承包单位统一组织编制建设工程生产安全事故应急救援预案,工程总承包单位和分包单位按照应急救援预案,各自建立应急救援组织或者配备应急救援人员,配备救援器材、设备,并定期组织演练。"

施工单位制定并落实安全事故应急救援预案,应当在开工前对可能出现的危险因素进行识别,列出重大危险源和危险物品,制定对应的方案和措施。

重大危险源,是指长期或者临时生产、搬运、使用或者储存危险物品,且危险物品的数量等于或者超过临界量的单元(包括场所和设施)。危险物品,是指易燃易爆物品、危险化学品、放射性物品等能够危及人身安全和财产安全的物品。控制重大危险源是企业安全管理的重点。控制重大危险源的目的,不仅仅是预防重大事故的发生,而且要做到一旦发生事故,能够将事故限制到最低程度,或者能够控制到人们可接受的程度。

2. 事故报告制度

1) 安全事故的等级划分

2007年6月1日起施行的《生产安全事故报告和调查处理条例》,对生产安全事故依据人员伤亡数目或直接经济损失数额作出了明确的等级划分:

(1) 特别重大事故,是指造成30人以上死亡,或者100人以上重伤(包括急性工业中毒,下同),或者1亿元以上直接经济损失的事故;

(2) 重大事故,是指造成10人以上30人以下死亡,或者50人以上100人以下重伤,或者5 000万元以上1亿元以下直接经济损失的事故;

(3) 较大事故,是指造成3人以上10人以下死亡,或者10人以上50人以下重伤,或者1 000万元以上5 000万元以下直接经济损失的事故;

(4) 一般事故,是指造成3人以下死亡,或者10人以下重伤,或者1 000万元以下直接经济损失的事故。

这里所称的"以上"包括本数,所称的"以下"不包括本数。

2) 安全生产事故报告

《建筑法》第51条规定:"施工中发生事故时,建筑施工企业应当采取紧急措施减少人员伤亡和事故损失,并按照国家有关规定及时向有关部门报告。"

《安全生产法》第80~82条进一步明确了事故上报的规定：

生产经营单位发生生产安全事故后,事故现场有关人员应当立即报告本单位负责人。单位负责人接到事故报告后,应当迅速采取有效措施,组织抢救,防止事故扩大,减少人员伤亡和财产损失,并按照国家有关规定立即如实报告当地负有安全生产监督管理职责的部门,不得隐瞒不报、谎报或者迟报,不得故意破坏事故现场、毁灭有关证据。

对于实行施工总承包的建设工程,根据《建设工程安全生产管理条例》第50条的规定,由总承包单位负责上报事故。

负有安全生产监督管理职责的部门接到事故报告后,应当立即按照国家有关规定上报事故情况。负有安全生产监督管理职责的部门和有关地方人民政府对事故情况不得隐瞒不报、谎报或者迟报。

有关地方人民政府和负有安全生产监督管理职责的部门的负责人接到生产安全事故报告后,应当按照生产安全事故应急救援预案的要求立即赶到事故现场,组织事故抢救。

参与事故抢救的部门和单位应当服从统一指挥,加强协同联动,采取有效的应急救援措施,并根据事故救援的需要采取警戒、疏散等措施,防止事故扩大和次生灾害的发生,减少人员伤亡和财产损失。

事故抢救过程中应当采取必要措施,避免或者减少对环境造成的危害。任何单位和个人都应当支持、配合事故抢救,并提供一切便利条件。

（1）事故单位报告的时间和程序

事故发生后,事故现场有关人员应该立即向本单位负责人报告;单位负责人接到报告后应当于1小时内向事故发生地县级以上人民政府安全生产监督管理部门和负有安全生产监督管理职责的有关部门报告。

情况紧急时,事故现场有关人员可以直接向事故发生地县级以上人民政府安全生产监督管理部门和负有安全生产监督管理职责的有关部门报告。

安全生产监督管理部门和负有安全生产监督管理职责的有关部门接到事故报告后,应当依照下列规定上报事故情况,并通知公安机关、劳动保障行政部门、工会和人民检察院:

① 特别重大事故、重大事故逐级上报至国务院安全生产监督管理部门和负有安全生产监督管理职责的有关部门;

② 较大事故逐级上报至省、自治区、直辖市人民政府安全生产监督管理部门和负有安全生产监督管理职责的有关部门;

③ 一般事故上报至设区的市级人民政府安全生产监督管理部门和负有安全生产监督管理职责的有关部门。

安全生产监督管理部门和负有安全生产监督管理职责的有关部门依照前款规定上报事故情况,应当同时报告本级人民政府。国务院安全生产监督管理部门和负有安全生产监督管理职责的有关部门以及省级人民政府接到发生特别重大事故、重大事故的报告后,应当立即报告国务院。

必要时,安全生产监督管理部门和负有安全生产监督管理职责的有关部门可以越级上报事故情况。

安全生产监督管理部门和负有安全生产监督管理职责的有关部门逐级上报事故情况,每级上报的时间不得超过2小时。

（2）上报的内容

报告事故应当包括下列内容：

① 事故发生单位概况；

② 事故发生的时间、地点以及事故现场情况；

③ 事故的简要经过；

④ 事故已经造成或者可能造成的伤亡人数（包括下落不明的人数）和初步估计的直接经济损失；

⑤ 已经采取的措施；

⑥ 其他应当报告的情况。

事故报告后出现新情况的，应当及时补报。自事故发生之日起 30 日内，事故造成的伤亡人数发生变化的，应当及时补报。道路交通事故、火灾事故自发生之日起 7 日内，事故造成的伤亡人数发生变化的，应当及时补报。

（3）应急救援

事故发生单位负责人接到事故报告后，应当立即启动事故相应应急预案，或者采取有效措施，组织抢救，防止事故扩大，减少人员伤亡和财产损失。

事故发生地有关地方人民政府、安全生产监督管理部门和负有安全生产监督管理职责的有关部门接到事故报告后，其负责人应当立即赶赴事故现场，组织事故救援。

事故发生后，有关单位和人员应当妥善保护事故现场以及相关证据，任何单位和个人不得破坏事故现场、毁坏相关证据。

因抢救人员、防止事故扩大以及疏通交通等原因，需要移动事故现场物件的，应当作出标志，绘制现场简图并作出书面记录，妥善保存现场重要痕迹、物证。

事故发生地公安机关根据事故的情况，对涉嫌犯罪的，应当依法立案侦查，采取强制措施和侦查措施。犯罪嫌疑人逃匿的，公安机关应当迅速追捕归案。

安全生产监督管理部门和负有安全生产监督管理职责的有关部门应当建立值班制度，并向社会公布值班电话，受理事故报告和举报。

3. 生产安全事故调查

根据《安全生产法》第 83 条规定，事故调查处理应当按照科学严谨、依法依规、实事求是、注重实效的原则，及时、准确地查清事故原因，查明事故性质和责任，总结事故教训，提出整改措施，并对事故责任者提出处理意见。事故调查报告应当依法及时向社会公布。事故调查和处理的具体办法由国务院制定。事故发生单位应当及时全面落实整改措施，负有安全生产监督管理职责的部门应当加强监督检查。

生产经营单位发生生产安全事故，经调查确定为责任事故的，除了应当查明事故单位的责任并依法予以追究外，还应当查明对安全生产的有关事项负有审查批准和监督职责的行政部门的责任，对有失职、渎职行为的，追究法律责任。

任何单位和个人不得阻挠和干涉对事故的依法调查处理。

1）事故调查的管辖

（1）级别管辖

特别重大事故由国务院或者国务院授权有关部门组织事故调查组进行调查。

重大事故、较大事故、一般事故分别由事故发生地省级人民政府、设区的市级人民政府、县级人民政府负责调查。省级人民政府、设区的市级人民政府、县级人民政府可以直接组织事故调查组进行调查,也可以授权或者委托有关部门组织事故调查组进行调查。

未造成人员伤亡的一般事故,县级人民政府也可以委托事故发生单位组织事故调查组进行调查。

上级人民政府认为必要时,可以调查由下级人民政府负责调查的事故。

自事故发生之日起30日内(道路交通事故、火灾事故自事故发生之日起7日内),因事故伤亡人数变化导致事故等级发生变化,依照本条例规定应当由上级人民政府负责调查的,上级人民政府可以另行组织事故调查组进行调查。

（2）地域管辖

特别重大事故以下等级事故,事故发生地与事故发生单位不在同一个县级以上行政区域的,由事故发生地人民政府负责调查,事故发生单位所在地人民政府应当派人参加。

2）事故调查组的组成

事故调查组的组成应当遵循精简、效能的原则。根据事故的具体情况,事故调查组由有关人民政府、安全生产监督管理部门、负有安全生产监督管理职责的有关部门、监察机关、公安机关以及工会派人组成,并应当邀请人民检察院派人参加。事故调查组可以聘请有关专家参与调查。

事故调查组成员应当具有事故调查所需要的知识和专长,并与所调查的事故没有直接利害关系。事故调查组设组长,组长由负责事故调查的人民政府指定。事故调查组组长主持事故调查组的工作。

3）事故调查的实施

（1）事故调查组的权利。事故调查组有权向有关单位和个人了解与事故有关的情况,并要求其提供相关文件、资料,有关单位和个人不得拒绝。

（2）事故调查组职责。事故调查组应当履行的职责为:查明事故发生的经过、原因、人员伤亡情况及直接经济损失;认定事故的性质和事故责任;提出对事故责任者的处理建议;总结事故教训,提出防范和整改措施;提交事故调查报告。

4）调查的时限

事故调查组应当自事故发生之日起60日内提交事故调查报告;特殊情况下,经负责事故调查的人民政府批准,提交事故调查报告的期限可以适当延长,但延长的期限最长不超过60日。

5）事故调查报告

事故调查报告应当包括下列内容:

（1）事故发生单位概况;

（2）事故发生经过和事故救援情况;

（3）事故造成的人员伤亡和直接经济损失;

（4）事故发生的原因和事故性质;

（5）事故责任的认定以及对事故责任者的处理建议;

（6）事故防范和整改措施。

事故调查报告应当附具有关证据材料。事故调查组成员应当在事故调查报告上签名。事故调查报告保送负责事故调查的人民政府后,事故调查工作即告结束。事故调查的有关资料应归档保存。

4. 建筑生产安全事故的处理

1）事故处理时限

重大事故、较大事故、一般事故，负责事故调查的人民政府应当自收到事故调查报告之日起15日内作出批复；特别重大事故，30日内作出批复；特殊情况下，批复时间可以延长，但延长时间最长不超过30日。

2）事故后的整改

事故发生单位应当认真吸取事故教训，落实防范和整改措施，防止事故再次发生。防范和整改措施的落实情况应当接受工会和职工的监督。

安全生产监督管理部门和负有安全生产监督管理职责的有关部门应当对事故发生单位落实防范和整改措施的情况进行监督检查。

3）公布处理结果

事故处理的情况由负责事故调查的人民政府或者其授权的有关部门、机构向社会公布，依法应当保密的除外。

案例：

2001年7月17日上午8时许，在某造船（集团）有限公司船坞工地，由某电力建筑工程公司等单位承担安装的600吨×170米龙门起重机在吊装主梁过程中发生倒塌事故，造成36人死亡，3人受伤，直接经济损失8 000多万元。事故发生后，党中央、国务院领导同志高度重视，公安、消防、卫生、民政等部门的负责同志赶到现场，对有关人员进行了及时取证并对事故现场进行了有效保护，市人民政府对抢救伤员、善后和事故调查工作也做了明确指示。通过现场勘察、查阅资料、讯问证人等多方取证和科学分析，查明了事故原因，并对事故有关责任人的处理意见进行了反复研究。9月5日，领导小组正式形成了事故调查处理报告，报告主要内容如下。

一、600吨×170米龙门起重机建设项目基本情况

1. 龙门起重机主要参数及主梁提升方法

600吨×170米龙门起重机结构主要由主梁、刚性腿、柔性腿和行走机构等组成。该机的主要尺寸为轨距170米，主梁底面至轨面的高度为77米，主梁高度为10.5米。主梁总长度186米，含上、下小车后重约3 050吨。正在建造的600吨×170米龙门起重机结构主梁分别利用由龙门起重机自身行走机构、刚性腿、主梁17#分段的总成与自制塔架作为2个液压提升装置的承重支架，并采用某建设机器人工程技术研究中心的计算机控制液压千斤顶同步提升的工艺技术进行整体提升安装。

2. 施工合同单位有关情况

2000年9月，造船厂（甲方）与作为承接方的电力建筑工程公司（乙方以下简称电建公司）、某建设机器人工程技术研究中心（丙方，以下简称机器人中心）、某科技发展有限公司（丁方）签订600吨×170米龙门起重机结构吊装合同书。合同中规定，甲方负责提供设计图纸及参数、现场地形资料、当地气象资料。乙方负责吊装、安全、技术、质量等工作；配备和安装起重吊装所需的设备、工具（液压提升设备除外）；指挥、操作、实施起重机吊装全过程中的起重、装配、焊接等工作。丙方负责液压提升设备的配备、布置；操作、实施液压提升

工作(注:液压同步提升技术是丙方的专利)。丁方负责与甲方协调,为乙方、丙方的施工提供便利条件等。

2001年4月,负责吊装的电建公司通过一个叫周东平的包工头与本地大力神建筑工程有限公司(以下简称大力神公司)以包清工的承包方式签订劳务合同。该合同虽然以大力神公司名义签约,但实际上此项业务由周东平(江苏人,非该公司雇员,也不具有法人资格)承包,周招用了25名现场操作工人参加吊装工程。

二、起重机吊装过程及事故发生经过

1. 起重机吊装过程

2001年4月19日,电建公司及大力神公司施工人员进入现场开始进行龙门起重机结构吊装工程,至6月16日完成了刚性腿整体吊装竖立工作。

2001年7月12日,机器人中心进行主梁预提升,通过60%~100%负荷分步加载测试后,确认主梁质量良好,塔架应力小于允许应力。

2001年7月13日,机器人中心将主梁提升离开地面,然后分阶段逐步提升,至7月16日19时,主梁被提升至47.6米高度。因此时主梁上小车与刚性腿内侧缆风绳相碰,阻碍了提升。电建公司施工现场指挥林海考虑天色已晚,决定停止作业,并给起重班长陈忠留下书面工作安排,明确17日早上放松刚性腿内侧缆风绳,为机器人中心8点正式提升主梁做好准备。

2. 事故发生经过

2001年7月17日早7时,施工人员按林海的布置,通过卷扬机先后调整刚性腿的两对内、外两侧缆风绳,现场测量员通过经纬仪监测刚性腿顶部的基准靶标志,并通过对讲机指挥两侧卷扬机操作工进行放缆作业。放缆时,通过10余次放松及调整后,缆风绳处于完全松弛状态。约7时55分,当地面人员正要通知上面工作人员推移缆风绳时,测量员发现基准标志逐渐外移,并逸出经纬仪观察范围,同时还有现场人员也发现刚性腿不断地在向外侧倾斜,直到刚性腿倾覆,主梁被拉动横向平移并坠落,另一端的塔架也随之倾倒。

3. 人员伤亡和经济损失情况

事故造成36人死亡,2人重伤,1人轻伤。死亡人员中,电建公司4人,机器人中心9人(其中有副教授1人,博士后2人,在职博士1人),甲方23人。事故造成经济损失约1亿元,其中直接经济损失8 000多万元。

三、事故原因分析

(1) 刚性腿在缆风绳调整过程中受力失衡是事故的直接原因。经过有关专家对吊装主梁过程中刚性腿处的力学机理分析及受力计算,提出了造成这起事故的直接原因是:在吊装主梁过程中,由于违规指挥、操作,在未采取任何安全保障措施情况下,放松了内侧缆风绳,致使刚性腿向外侧倾倒,并依次拉动主梁、塔架向同一侧倾坠、垮塌。

(2) 施工作业中违规指挥是事故的主要原因。电建公司第三分公司施工现场指挥林海在发生主梁上小车碰到缆风绳需要更改施工方案时,违反吊装工程方案中关于"在施工过程中,任何人不得随意改变施工方案"的作业要求和"如有特殊情况进行调整必须通过一定的程序以保证整个施工过程安全"的规定,未按程序编制修改书面作业指令和逐级报批,在未采取任何安全保障措施的情况下,贸然下令操作,导致事故发生。

(3) 吊装工程方案不完善、审批把关不严是事故的重要原因。由电建公司第三分公司编制、电建公司批复的吊装工程方案中提供的施工阶段结构倾覆稳定验算资料不规范、不齐全；对沪东厂 600 吨龙门起重机刚性腿的设计特点，特别是刚性腿顶部外倾 710 毫米后的结构稳定性没有予以充分的重视；对主梁提升到 47.6 米时，主梁上小车碰刚性腿内侧缆风绳这一可以预见的问题未予考虑，对此情况下如何保持刚性腿稳定的这一关键施工过程更无定量的控制要求和操作要领。吊装工程方案及作业指导书编制后，虽经规定程序进行了审核和批准，但有关人员及单位均未发现存在的上述问题，使得吊装工程方案和作业指导书在重要环节上失去了指导作用。

(4) 施工现场缺乏统一严格的管理，安全措施不落实是事故伤亡扩大的原因。

① 施工现场组织协调不力。在吊装工程中，施工现场甲、乙、丙三方立体交叉作业，但没有及时形成统一、有效的组织协调机构对现场进行严格管理。由于机构职责不明、分工不清，没有起到施工现场总体的调度及协调作用，致使施工各方不能相互有效沟通。乙方在决定更改施工方案后，未正式告知现场施工各方采取相应的安全措施；甲方也未明确将 7 月 17 日的作业具体情况告知乙方。

② 安全措施不具体、不落实。6 月 28 日由工程各方参加的"确保主梁、柔性腿吊装安全"专题安全工作会议，在制定有关安全措施时没有针对吊装施工的具体情况由各方进行充分研究并提出全面、系统的安全措施，有关安全要求中既没有对各单位在现场必要人员作出明确规定，也没有关于现场人员如何进行统一协调管理的条款。施工各方均未制定相应程序及指定具体人员对会上提出的有关规定进行具体落实。

综上所述，该事故是一起由于吊装施工方案不完善，吊装过程中违规指挥、操作，并缺乏统一严格的现场管理而导致的重大责任事故。

四、事故责任人员处理建议

(1) 林海，电力建筑工程公司第三分公司职工。作为施工现场指挥，对于主梁受阻问题，未按施工规定进行作业，安排人员放松刚性腿内侧缆风绳，导致事故发生。对事故负有直接责任，涉嫌重大工程安全事故罪，建议给予开除公职处分，移交司法机关处理。

(2) 王正，中共党员，电力建筑工程公司第三分公司副经理。忽视现场管理，未制定明确、具体的现场安全措施；明知 7 月 17 日要放刚性腿内侧缆风绳，未采取有效保护措施，且事发时不在现场。对事故负有主要领导责任，涉嫌重大工程安全事故罪，建议给予开除公职、开除党籍处分，移交司法机关处理。

(3) 陈芳，大力神建筑工程有限公司经理。作为法人代表，为赚取工程提留款，在对周东平承包项目及招聘人员未进行审查的情况下，允许周使用大力神公司名义进行承包，只管收取管理费而不对其进行实质性的管理。涉嫌重大工程安全事故罪，建议移交司法机关处理。

(4) 周东平，中共党员，600 吨龙门起重机吊装工程劳务工包工头。在不具备施工资质的情况下，借用大力神公司名义与电建公司签订承包协议；招聘没有资质证书人员进入施工队担任关键岗位技术工作。涉嫌重大工程安全事故罪，建议给予开除党籍处分，移交司法机关处理。

(5) 王耀辉等公司领导和技术人员，分别按其职责和责任，给予不同程度的刑事处罚或者行政处分。

(6) 刘添林等甲方领导和技术人员，分别按其职责和责任，给予不同程度的刑事处罚或者行政处分。

(7)周建中等建设机器人工程技术研究中心领导和技术人员,分别按其职责和责任,给予不同程度的刑事处罚或者行政处分。

五、教训和建议

(1)工程施工必须坚持科学的态度,进一步完善安全生产的规章制度,并坚决贯彻执行,以改变那种纪律松弛、管理不严、有章不循的情况。不按科学态度和规定的程序办事,有法不依、有章不循、想当然、凭经验、靠侥幸是安全生产的大敌。

今后在进行起重吊装等危险性较大的工程施工时,应当明确禁止与吊装工程无关的交叉作业,无关人员不得进入现场,以确保施工安全。

(2)必须落实建设项目各方的安全责任,强化建设工程中外来施工队伍和劳动力的管理。在工程的承包中,首先严格市场的准入制度,对承包单位必须进行严格的资质审查。在多单位承包的工程中,发包单位应当对安全生产工作进行统一协调管理。在工程合同的有关内容中必须对业主及施工各方的安全责任作出明确的规定,并建立相应的管理和制约机制,以保证其在实际中得到落实。同时,由于多种经济成分共同发展,出现利益主体多元化、劳动用工多样化趋势。特别是在建设工程中目前大量使用外来劳动力,增加了安全管理的难度。为此,一定要重视对外来施工队伍及临时用工的安全管理和培训教育,必须坚持严格的审批程序,坚持先培训后上岗的制度,对特种作业人员要严格培训考核、发证,做到持证上岗。此外,中央管理企业在进行重大施工之前,应主动向所在地安全生产监督管理机构备案,各级安全生产监督管理机构应当加强监督检查。

(3)要重视和规范科研机构和高等院校参加工程施工时的安全管理,使产、学、研相结合走上健康发展的轨道,以确保施工安全。

7.2 建设工程质量管理法规

建设工程质量,从广义角度讲,应当包括工程实体质量和工程项目参与者的服务质量;狭义的建设工程质量,一般仅指工程实体质量。本章只对狭义工程,即工程实体质量进行讲解和讨论。

《建设工程质量管理条例》于2000年1月10日经国务院第25次常务会议通过,2000年1月30日实施。条例共137条,分别对建设单位、施工单位、工程监理单位和勘察、设计单位的质量责任和义务作出了规定。

7.2.1 建设工程质量标准化管理制度

标准是为了在一定的范围内获得最佳秩序,经协商一致制定并由公认机构批准、共同使用和重复使用的一种规范性文件。它以科学、技术和实践经验的综合成果为基础,经有关方面协商一致,由主管机关批准,以特定形式发布,作为共同遵守的准则和依据。

工程建设标准,是指建设工程设计、施工方法和安全保护的统一的技术要求及有关工程建设的技术术语、符号、代号、制图方法的一般原则。它是由政府或者立法机关颁布,是对新建项目的最低技术要求。

《中华人民共和国标准化法》(以下简称《标准化法》)自 1989 年 4 月 1 日起施行。

1. 工程建设标准的分类

(1) 按工程建设标准级别分类,把工程建设标准分为国家标准、行业标准、地方标准和企业标准。

国家标准:对需要在全国范围内统一的技术标准,应当制定国家标准。《工程建设国家标准管理办法》规定了应当制定国家标准的种类,例如通用术语、符号、建筑模数等。

行业标准:对没有国家标准而又需要在全国某个行业范围内统一的技术要求,可以制定行业标准。《工程建设行业标准管理办法》规定了可以制定行业标准的种类,例如专用术语、符号、试验方法、检测方法等。

地方标准:对没有国家标准和行业标准而又需要在省、自治区、直辖市范围内统一的工业产品的安全、卫生要求,可以制定地方标准。地方标准不得低于相应的国家标准或行业标准。

企业标准:企业生产的产品没有国家标准、行业标准和地方标准的,应当制定相应的企业标准,作为组织生产的依据。企业标准是企业内部统一的技术要求,不能低于其对应的上级标准。国家鼓励企业制定优于国家标准、行业标准和地方标准的企业标准。

(2) 按执行效力,把工程建设标准分为工程建设强制性标准和推荐性标准。

国家标准、行业标准分为强制性标准和推荐性标准。

保障人体健康,人身、财产安全的标准和法律、行政法规规定强制执行的标准是强制性标准,其他标准是推荐性标准。

省、自治区、直辖市标准化行政主管部门制定的工业产品的安全、卫生要求的地方标准,在本行政区域内是强制性标准。

在工程建设领域,工程建设强制性标准,是指直接涉及工程质量、安全、卫生及环境保护等方面的工程建设标准强制性条文。国家工程建设标准强制性条文由国务院建设行政主管部门会同国务院有关行政主管部门确定。《工程建设国家标准管理办法》第 3 条规定了属于强制性标准的工程建设国家标准和行业标准。

(3) 按标准的内容,把工程建设标准分为技术标准、经济标准和管理标准。

技术标准,是指对标准化领域中需要协调统一的技术事项所制定的标准。

经济标准,是指规定和衡量标准化对象的经济性能、经济价值的标准。

管理标准,是指对标准化领域中需要协调统一的管理事项所制定的标准。

(4) 按适用阶段,把工程建设标准分为设计标准、施工及验收标准和建设定额。

2. 工程建设强制性标准的实施与监督管理

1) 工程建设强制性标准的实施

《标准化法》第 14 条规定:强制性标准,必须执行;推荐性标准,国家鼓励企业自愿采用。2000 年 11 月 3 日,建设部发布了《关于加强〈工程建设标准强制性条文〉实施工作的通知》。通知指出,执行《工程建设标准强制性条文》是贯彻落实《建设工程质量管理条例》的重要内容,是从技术上确保建设工程质量的关键。

工程建设中拟采用的新技术、新工艺、新材料,如果不符合现行强制性标准的规定,应当由拟采用单位提请建设单位组织专题技术论证,经批准标准的国务院有关主管部门或者建设行政主管部门审定批准方可实施。

工程建设标准中采用国际标准或国外标准的,现行强制性标准未作规定的,建设单位应当向国务院建设行政主管部门或者有关部门备案。

2) 实施工程建设强制性标准的监督管理

《建设工程质量管理条例》明确规定,国务院建设行政主管部门和国务院铁路、交通、水利等有关部门应当加强对有关建设工程质量的法律、法规和强制性标准执行情况的监督检查;县级以上地方人民政府建设行政主管部门和其他有关部门应当加强对有关建设工程质量的法律、法规和强制性标准执行情况的监督检查。《关于加强〈工程建设标准强制性条文〉实施工作的通知》要求,各级建设行政主管部门要健全本地区实施《工程建设标准强制性条文》的监督机构,明确职责,责任到人。

监督检查可以采取重点检查、抽查和专项检查的方式。

7.2.2 建设工程质量监督制度

建设工程质量监督制度,是指工程质量管理的基本法律制度,包括政府质量监督、工程质量检测、工程质量验评和奖励、材料使用许可和工程质量群众监督。

1. 政府质量监督管理制度

《建设工程质量管理条例》明确规定,国家实行建设工程质量监督管理制度。政府建设工程质量监督的主要目的是保证建设工程使用安全和环境质量,主要依据是法律、法规和强制性标准,主要方式是政府认可的第三方强制监督,主要内容是地基基础、主体结构、环境质量和与此相关的工程建设各方主体的质量行为,主要手段是施工许可制度和竣工验收备案制度。

1) 各级政府主管部门质量监督管理

国务院建设行政主管部门的职责是:贯彻国家建设工程质量的法律、法规、政策,制定有关规定和实施细则;指导全国建设工程质量监督工作;制定质量监督机构和质量监督工程师的资格标准及考核、审批和管理办法,制定考试大纲和考试教材。

省、自治区、直辖市建设行政主管部门的职责是:贯彻国家建设工程质量的法律、法规、政策,制定本地区有关规定和实施细则;负责本地区质量监督机构考核、认定;组织对工程质监工程师和质量监督人员的考核,颁发证书。

各市(地区)、县建设行政主管部门的职责是:贯彻国家和地方有关法律、法规、政策;委托质量监督机构具体实施工程质量监督;在工程竣工验收后,接受质量监督机构报送的工程质量监督报告和竣工验收备案的相关资料;对质监机构上报的需要实施行政处罚的报告进行审核,并依法实施行政处罚。

国务院有关部门按照各自职能对本专业建设工程行使质量监督职责。

2) 建设工程质量监督机构

实践中,建设工程质量监督的日常检查工作通常是由建设工程质量监督机构来完成的。建设工程质量监督机构是由政府认可并委托的第三方,代理政府行使质量监督职能,并对所委托的政府部门负责。因此,政府部门主要对建设工程质量监督机构进行业务指导和管理,不进行具体工程质量监督。

2. 建筑工程质量监督的其他制度

除以上政府质量监督制度外,还有工程质量检测制度、工程质量验评和奖励制度、建筑材料使用许可制度和工程质量群众监督制度。

工程质量检测制度,是对工程质量进行监督管理的重要手段。进行质量检测的单位,是经省级以上人民政府建设行政主管部门或国务院工业、交通行政主管部门(或其授权的机构)考核合格后可以承担建筑工程质量检测任务的机构。它所出具的检测报告具有法定效力。

建筑材料使用许可制度,是为了保证在建设工程中使用的建筑材料性能符合国家标准和设计要求而制定的。它包括建筑材料生产许可证制度、建筑材料产品质量认证制度、建筑材料产品推荐使用制度及建材进场检验制度等。

工程质量群众监督制度,是《建筑法》和《消费者权益保护法》的共同规定。按照这些规定,任何单位和个人对建筑工程的质量事故、质量缺陷都有权向建设行政主管部门或者其他有关部门进行检举、控告、投诉。建立、健全群众监督制度是完善建设工程质量保障体系的重要内容。

7.2.3 建设工程质量责任制度

1. 建设单位的质量责任和义务

1) 依法对工程进行发包的责任

《建设工程质量管理条例》第7条规定,建设单位应当将工程发包给具有相应资质等级的单位,不得将建设工程肢解发包。法律还对此做了更细致的规定,例如发包承包的禁止性行为等。

2) 依法对材料设备招标的责任

《建设工程质量管理条例》第8条规定,建设单位应当依法对工程建设项目的勘察、设计、施工、监理以及与工程建设有关的重要设备、材料等的采购进行招标。建设单位实施的工程建设项目采购行为,应当符合《招标投标法》及其相关规定。

3) 提供原始资料的责任

《建设工程质量管理条例》第9条规定,建设单位必须向有关的勘察、设计、施工、工程监理等单位提供建设工程有关的原始资料。原始资料必须真实、准确、齐全。《建设工程安全生产管理条例》对此有类似规定。

4) 不得干预投标人的责任

《建设工程质量管理条例》第10条规定,建设工程发包单位不得迫使承包方以低于成本价格竞标。建设单位不得任意压缩合理工期,不得明示或者暗示设计单位或者施工单位违反工程建设强制性标准,降低建设工程质量。

5) 送审施工图的责任

施工图设计文件审查是基本建设必须进行的一道程序,建设单位应当严格执行。《建设工程质量管理条例》第11条规定,建设单位应当将施工图设计文件报县级以上人民政府建设行政主管部门或者其他有关部门审查。施工图设计文件未经审查批准的,不得使用。

6) 依法委托监理的责任

根据《建设工程质量管理条例》第12条的规定,实行监理的建设工程,建设单位应当委托具有相应资质等级的工程监理单位进行监理,也可以委托具有工程监理相应资质等级并与被监理工程的施工承包单位没有隶属关系或者其他利害关系的该工程的设计单位进行监理。

7) 确保提供的物资符合要求的责任

《建设工程质量管理条例》第14条规定,按照合同约定,由建设单位采购建筑材料、建筑构配件和设备的,建设单位应当保证建筑材料、建筑构配件和设备符合设计文件和合同要求。如果建设单位提供的建筑材料、建筑构配件和设备不符合设计文件和合同要求,属于违约行为,应当向施工单位承担违约责任,施工单位有权拒绝接收这些货物。

8) 不得擅自改变主体和承重结构进行装修的责任

《建设工程质量管理条例》第15条规定,涉及建筑主体和承重结构变动的装修工程,建设单位应当在施工前委托原设计单位或者具有相应资质等级的设计单位提出设计方案;没有设计方案的,不得施工。

9) 依法组织竣工验收的责任

竣工验收是建设投资成果转入生产或使用的标志。实际施工中,有些建设单位一味追求利益尽早实现,工程尚未竣工验收即投入使用,引发很多质量问题,同时造成工程建设各方纠纷不断。对此,《建设工程质量管理条例》第16条规定,建设单位收到建设工程竣工报告后,应当组织设计、施工、工程监理等有关单位进行竣工验收。建设工程竣工验收应当具备下列条件:

(1) 完成建设工程设计和合同约定的各项内容;

(2) 有完整的技术档案和施工管理资料;

(3) 有工程使用的主要建筑材料、建筑构配件和设备的进场试验报告;

(4) 有勘察、设计、施工、工程监理等单位分别签署的质量合格文件;

(5) 有施工单位签署的工程保修书。

10) 移交建设项目档案的责任

根据《建设工程质量管理条例》第17条规定,建设单位还应当严格按照国家有关档案管理的规定,向建设行政主管部门或者其他有关部门移交建设项目档案。

案例:

1995年1月7日,王某与北京市某开发公司签订了拆迁安置居民回迁购房合同书,根据此合同,王某原租住公房属于拆迁范围,王某属于拆迁安置对象,某开发公司对珠市口东大街回迁楼建设完毕以后,安置王某珠市口东大街小区52号楼602号3居室楼房1套。1998年1月,合同签订后某开发公司如约将回迁楼建设完毕并交付使用。王某在没有办理回迁入住手续的情况下,私自进入珠市口东大街小区52号楼602号房,在向某开发公司的房屋物业公司交纳了装修押金1000元后,于1999年4月对该房进行了装修。装修过程中,聘用没有装修资质的装修人员对房屋内部结构进行拆改,将多处钢筋混凝土结构承重墙砸毁,并将结构柱主钢筋大量截断。其间,某开发公司曾多次向王某发出停工通知,并委托当时的北京市崇文区房屋安全鉴定站对此房进行了鉴定,结论为:房屋墙体被拆改、移位,已对房屋承重结构造成破坏,应恢复原状。王某对此均未理睬。1999年6月,某开发公司向该区人民法院提起诉讼,要求王某立即搬出强占的房屋,停止毁坏住宅楼主体结构的行为,排除妨碍,消除危险,承担对所破坏房屋由专业施工单位进行修复的费用47 440元、鉴定费 340 元、加固设计费 10 000 元。

分析：涉及建筑主体和承重结构变动的装修工程，建设单位应当在施工前委托原设计单位或具有相应资质条件的设计单位提出设计方案，没有方案不得施工。违反上述规定，擅自施工的，责令改正，处以罚款；造成损失的，承担赔偿责任；构成犯罪的依法追究刑事责任。本案中，王某擅自施工，严重违法，不仅要依法承担赔偿责任，还应受到建设行政主管部门的行政处罚。

2. 勘察、设计单位的质量责任和义务

1) 严格执行资质等级制度的责任

《建设工程质量管理条例》第 18 条规定："从事建设工程勘察、设计的单位应当依法取得相应等级的资质证书，并在其资质等级许可的范围内承揽工程。禁止勘察、设计单位超越其资质等级许可的范围或者以其他勘察、设计单位的名义承揽工程。禁止勘察、设计单位允许其他单位或者个人以本单位的名义承揽工程。勘察、设计单位不得转包或者违法分包所承揽的工程。"

2) 执行强制性标准及有关规定的责任

《建设工程质量管理条例》第 19 条规定："勘察、设计单位必须按照工程建设强制性标准进行勘察、设计，并对其勘察、设计的质量负责。"

对于勘察单位，《建设工程质量管理条例》第 20 条规定："勘察单位提供的地质、测量、水文等勘察成果必须真实、准确。"

对于设计单位，《建设工程质量管理条例》第 21 条和第 22 条规定："设计单位应当根据勘察成果文件进行建设工程设计。设计文件应当符合国家规定的设计深度要求，注明工程合理使用年限。""设计单位在设计文件中选用的建筑材料、建筑构配件和设备，应当注明规格、型号、性能等技术指标，其质量要求必须符合国家规定的标准。除有特殊要求的建筑材料、专用设备、工艺生产线等外，设计单位不得指定生产厂、供应商。"设计单位所完成的图纸应当配套齐全，细部节点必须交代清楚，标注说明清晰完整。

3) 技术交底的责任

建设工程勘察、设计单位应当在建设工程施工前，向施工单位和监理单位说明建设工程勘察、设计意图，解释建设工程勘察、设计文件。建设工程勘察、设计单位应当及时解决施工中出现的勘察、设计问题。

设计单位应当就审查合格的施工图设计文件向施工单位作出详细说明。

4) 事故处理的责任

《建设工程质量管理条例》第 24 条规定："设计单位应当参与建设工程质量事故分析，并对因设计造成的质量事故，提出相应的技术处理方案。"

5) 企业应当建立质量保证体系的责任

勘察、设计单位均应按照国家法律法规要求建立质量保证体系。注册建筑师、注册结构工程师等注册执业人员应当在设计文件上签字，对设计文件负责。

3. 施工单位的质量责任和义务

1) 严格执行资质等级制度的责任

《建设工程质量管理条例》第 25 条规定："施工单位应当依法取得相应等级的资质证

书,并在其资质等级许可的范围内承揽工程。禁止施工单位超越本单位资质等级许可的业务范围或者以其他施工单位的名义承揽工程。禁止施工单位允许其他单位或者个人以本单位的名义承揽工程。施工单位不得转包或者违法分包工程。"

2）分包单位保证工程质量的责任

《建设工程质量管理条例》第27条规定："总承包单位依法将建设工程分包给其他单位的,分包单位应当按照分包合同的约定对其分包工程的质量向总承包单位负责,总承包单位与分包单位对分包工程的质量承担连带责任。"

3）按图施工的责任

《建设工程质量管理条例》第28条规定："施工单位必须按照工程设计图纸和施工技术标准施工,不得擅自修改工程设计,不得偷工减料。施工单位在施工过程中发现设计文件和图纸有差错的,应当及时提出意见和建议。"

4）对建筑材料、构配件和设备进行检验的责任

《建设工程质量管理条例》第29条规定："施工单位必须按照工程设计要求、施工技术标准和合同约定,对建筑材料、建筑构配件、设备和商品混凝土进行检验,检验应当有书面记录和专人签字;未经检验或者检验不合格的,不得使用。"

5）见证取样的责任

《建设工程质量管理条例》第31条规定："施工人员对涉及结构安全的试块、试件以及有关材料,应当在建设单位或者工程监理单位监督下现场取样,并送具有相应资质等级的质量检测单位进行检测。"

6）对施工质量进行检验的责任

《建设工程质量管理条例》第30条规定："施工单位必须建立、健全施工质量的检验制度,严格工序管理,作好隐蔽工程的质量检查和记录。隐蔽工程在隐蔽前,施工单位应当通知建设单位和建设工程质量监督机构。"

由于隐蔽工程要被下一道工序覆盖,具有不可逆性,所以要在覆盖之前进行验收,验收的数据就是最终验收的数据。因此,对隐蔽工程的验收应当严格按照法律、法规、强制性标准及合同约定进行。《合同法》第278条也对该问题作了规定,"隐蔽工程验收前,承包人应当通知发包人检查。发包人没有及时检查的,承包人可以顺延工程日期,并有权要求赔偿停工、窝工等损失"。工程具备隐蔽条件或达到合同中专用条款约定的中间验收部位,承包人先进行自检,并在隐蔽或中间验收48小时前以书面形式通知监理工程师验收。验收合格,监理工程师在验收记录上签字后,工程可以隐蔽并继续施工。验收不合格,承包人应当在监理工程师限定的时间内修改后进行重新验收。

案例:

甲为某大学基建处,乙为某施工企业。2007年6月,双方签订施工总承包合同,约定由乙方负责该大学公寓楼的施工。双方在合同中约定:隐蔽工程由双方共同检查,相应检查费用由甲方支付。地下室防水工程完工后,乙方通知甲方检查验收,甲方答复因公司事物繁多,乙方自己检查出具检查记录即可。5天后,甲方又聘请专业人员对地下室防水工程质量进行检查,发现未达到合同约定标准,遂要求乙方对地下室防水工程返工并负担此次检查费用。乙方则认为:合同约定的检查费用由甲方负担,不应由乙方负担此项费用,但对返工重修地下室防水工程的要求予以认可。甲方多次要求乙方付款未果,诉至法院,法院对地下室

防水工程重新鉴定,鉴定结论为地下室防水工程不符合合同中约定的标准。

分析:《合同法》第278条规定:隐蔽工程在隐蔽以前,承包人应当通知发包人检查。发包人没有及时检查的,承包人可以顺延工程工期,并有权要求赔偿停工、窝工等损失。本案中,乙方履行了通知义务,对于甲方不履行检查义务的行为,乙方有权停工待查,停工造成的损失应当由甲方承担。但乙方未这样做,反而自行检查,并出具检查记录交于甲方后继续进行施工。对此,双方均有过错。至于甲方的事后检查费用,应根据实际检查结果而定。如果检查结果是施工质量未达到标准,则检查费用应由乙方承担;如果检查质量符合标准,重复检查的结果是甲方未履行义务所致,则检查费用应由甲方负担。因此,应由乙方承担复检支出费用。

7) 返修保修的责任

《建设工程质量管理条例》第32条规定:"施工单位对施工中出现质量问题的建设工程或者竣工验收不合格的建设工程,应当负责返修。"

此处所谓的"返修",是指在建设工程竣工验收合格前,施工单位应对质量问题履行的义务,返修包括修理和返工。它和"保修"的概念不能混淆。保修,是建设工程竣工验收合格后,施工单位应对保修期内出现的质量问题履行保修义务。《合同法》第281条对返修义务的规定是:因施工人原因致使建设工程质量不符合约定的,发包人有权要求施工人在合理期限内无偿修理或者返工、改建。经过修理或者返工、改建后,造成逾期交付的,施工人应当承担违约责任。

8) 企业应当建立质量保证体系的责任

《建设工程质量管理条例》第26条规定:"施工单位对建设工程的施工质量负责。施工单位应当建立质量责任制,确定工程项目的项目经理、技术负责人和施工管理负责人。建设工程实行总承包的,总承包单位应当对全部建设工程质量负责;建设工程勘察、设计、施工、设备采购的一项或者多项实行总承包的,总承包单位应当对其承包的建设工程或者采购的设备的质量负责。"同时,施工单位还应当遵守隐蔽工程验收制度,建立、健全质量培训制度,加强检测工作,全面完善质量保证体系。

4. 工程监理单位的质量责任和义务

1) 严格执行资质等级制度的责任

《建设工程质量管理条例》第34条规定:"工程监理单位应当依法取得相应等级的资质证书,并在其资质等级许可的范围内承担工程监理业务。禁止工程监理单位超越本单位资质等级许可的范围或者以其他工程监理单位的名义承担工程监理业务。禁止工程监理单位允许其他单位或者个人以本单位的名义承担工程监理业务。工程监理单位不得转让工程监理业务。"

《建设工程质量管理条例》第37条规定,工程监理单位应当选派具备相应资格的总监理工程师和监理工程师进驻施工现场。

2) 监理的回避责任

回避责任即监理单位应当进行独立监理,以保证监理工作公正地开展。《建设工程质量管理条例》第35条规定:"工程监理单位与被监理工程的施工承包单位以及建筑材料、建筑构配件和设备供应单位有隶属关系或者其他利益关系的,不得承担该项建设工程的监理业务。"

3) 按照质量标准依法监理的责任

《建设工程质量管理条例》第36条规定:"工程监理单位应当依照法律、法规以及有关技术标准、设计文件和建设工程承包合同,代表建设单位对施工质量实施监理,并对施工质量承担监理责任。"

《建设工程质量管理条例》第38条规定:"监理工程师应当按照工程监理规范的要求,采取旁站、巡视和平行检验等形式,对建设工程实施监理。"

4) 确认质量和应付工程款的责任

《建设工程质量管理条例》第37条规定:"未经监理工程师签字,建筑材料、建筑构配件和设备不得在工程上使用或者安装,施工单位不得进行下一道工序的施工。未经总监理工程师签字,建设单位不拨付工程款,不进行竣工验收。"

5. 材料、设备供应单位的质量责任和义务

建筑材料、构配件生产厂和供应商应当保证所提供的材料、构配件符合国家标准和合同要求,并应当对合同条款约定的内容进行质量验收。

建筑材料、构配件及设备产品或其包装上的标识应当符合如下要求:①有产品质量检验合格证明;②有中文标明的产品名称、生产厂的厂名和厂址;③产品包装和商标样式符合国家有关规定和标准要求;④设备应有详细产品使用说明书,电气设备应附有线路图;⑤获得生产许可证或使用产品质量认证标志的产品,应有生产许可证或者质量认证的编号、批准日期和有效期限。

建筑材料、构配件及设备供应单位不得生产国家命令淘汰的产品;不得伪造各项证明和标识;不得以假充真,以次充好。

7.2.4 建设工程竣工验收和备案制度

1. 建设工程竣工验收

竣工验收是指建设工程项目竣工后开发建设单位会同设计、施工、设备供应单位及工程质量监督部门,对该项目是否符合规划设计要求以及建筑施工和设备安装质量进行全面检验,取得竣工合格资料、数据和凭证。工程项目的竣工验收是施工全过程的最后一道程序,也是工程项目管理的最后一项工作。它是建设投资成果转入生产或使用的标志,也是全面考核投资效益、检验设计和施工质量的重要环节。

1) 竣工验收的范围

凡新建、扩建、改建的基本建设项目(工程)和技术改造项目,按批准的设计文件所规定的内容建成,符合验收标准的,必须及时组织验收,办理固定资产移交手续。

2) 竣工验收依据

竣工验收依据包括:批准的设计任务书、初步设计或扩大初步设计、施工图和设备技术说明书、现行施工技术验收规范以及主管部门(公司)有关审批、修改、调整文件等。从国外引进新技术或成套设备的项目以及中外合资建设项目,还应按照签订的合同和国外提供的设计文件等资料,进行验收。

3) 竣工验收的条件

《建筑法》第61条规定:"交付竣工验收的建筑工程,必须符合规定的建筑工程质量标

准,有完整的工程技术经济资料和经签署的工程保修书,并具备国家规定的其他竣工条件。建筑工程竣工经验收合格后,方可交付使用;未经验收或者验收不合格的,不得交付使用。"

《建设工程质量管理条例》第 16 条规定:"建设单位收到建设工程竣工报告后,应当组织设计、施工、工程监理等有关单位进行竣工验收。建设工程竣工验收应当具备下列条件:①完成建设工程设计和合同约定的各项内容;②有完整的技术档案和施工管理资料;③有工程使用的主要建筑材料、建筑构配件和设备的进场试验报告;④有勘察、设计、施工、工程监理等单位分别签署的质量合格文件;⑤有施工单位签署的工程保修书。"

工业项目进行竣工验收必须符合以下要求:①生产性项目和辅助性公用设施,已按设计要求建完,能满足生产使用;②主要工艺设备配套设施经联动负荷试车合格,形成生产能力,能够生产出设计文件所规定的产品;③必要的生活设施,已按设计要求建成;④生产准备工作能适应投产的需要;⑤环境保护设施、劳动安全卫生设施、消防设施已按设计要求与主体工程同时建成使用。

4) 竣工验收的程序

根据《房屋建筑工程和市政基础设施工程验收暂行规定》,工程竣工验收的程序应当按如下要求进行:

(1) 工程完工后,施工单位向建设单位提交工程竣工报告,申请工程竣工验收。实行监理的工程,工程竣工报告须经总监理工程师签署意见。

(2) 建设单位收到工程竣工报告后,对符合竣工验收要求的工程,组织勘察、设计、施工、监理等单位和其他有关方面的专家组成验收组,制定验收方案。

(3) 建设单位应当在工程竣工验收 7 个工作日前将验收的时间、地点及验收组名单书面通知负责监督该工程的工程质量监督机构。

(4) 建设单位组织工程竣工验收,具体包括如下内容:

① 建设、勘察、设计、施工、监理单位分别汇报工程合同履约情况和在工程建设各个环节执行法律、法规和工程建设强制性标准的情况;

② 审阅建设、勘察、设计、施工、监理单位的工程档案资料;

③ 实地查验工程质量;

④ 对工程勘察、设计、施工、设备安装质量和各管理环节等方面作出全面评价,形成经验收组人员签署的工程竣工验收意见。

参与工程竣工验收的建设、勘察、设计、施工、监理等各方不能形成一致意见时,应当协商提出解决的方法,待意见一致后,重新组织工程竣工验收。

工程竣工验收合格后,建设单位应当及时提出工程竣工验收报告。工程竣工验收报告主要包括工程概况、建设单位执行基本建设程序情况,对工程勘察、设计、施工、监理等方面的评价,工程竣工验收时间、程序、内容和组织形式,工程竣工验收意见等内容。

工程竣工验收报告还应附有下列文件:施工许可证;施工图设计文件审查意见;竣工验收条件所规定的文件;验收组人员签署的工程竣工验收意见;市政基础设施工程应附有质量检测和功能性试验资料;施工单位签署的工程质量保修书;法规、规章规定的其他有关文件。

5) 验收参与人员

由建设单位负责组织竣工验收小组。验收组组长由建设单位法人代表或其委托的负责人担任。验收组副组长应至少由一名工程技术人员担任。验收组成员由建设单位上级主管部门、建设单位项目负责人、建设单位项目现场管理人员及勘察、设计、施工、监理单位与项目无直接关系的技术负责人或质量负责人组成,建设单位也可邀请有关专家参加验收小组。

验收委员会或验收组,负责审查工程建设的各个环节,听取各有关单位的工作报告,审阅工程档案资料并实地察验建筑工程和设备安装情况,并对工程设计、施工和设备质量等方面作出全面的评价。不合格的工程不予验收,对遗留问题提出具体解决意见,限期落实完成。

6)竣工决算的编制

所有竣工验收的项目(工程)在办理验收手续之前,必须对所有财产和物资进行清理,编制竣工决算,分析预(概)算执行情况,考核投资效果,报上级主管部门(公司)审查。竣工项目(工程)经验收交接后,应及时办理固定资产移交手续,加强固定资产的管理。

2. 建设工程竣工验收备案制度

建设工程竣工验收备案,是指建设单位在建设工程竣工验收后,将建设工程竣工验收报告和规划、公安消防、环保等部门出具的认可文件或者准许使用文件报建设行政主管部门审核的行为。

根据《建设工程质量管理条例》第 49 条的规定:"建设单位应当自建设工程竣工验收合格之日起 15 日内,将建设工程竣工验收报告和规划、公安消防、环保等部门出具的认可文件或者准许使用文件报建设行政主管部门或者其他有关部门备案。建设行政主管部门或者其他有关部门发现建设单位在竣工验收过程中有违反国家有关建设工程质量管理规定行为的,责令停止使用,重新组织竣工验收。"

建设单位办理工程竣工验收备案应当提交下列文件:

(1) 工程竣工验收备案表;

(2) 工程竣工验收报告。竣工验收报告应当包括工程报建日期,施工许可证号,施工图设计文件审查意见,勘察、设计、施工、工程监理等单位分别签署的质量合格文件及验收人员签署的竣工验收原始文件,市政基础设施的有关质量检测和功能性试验资料以及备案机关认为需要提供的有关资料;

(3) 法律、行政法规规定应当由规划、环保等部门出具的认可文件或者准许使用文件;

(4) 法律规定应当由公安消防部门出具的对大型的人员密集场所和其他特殊建设工程验收合格的证明文件;

(5) 施工单位签署的工程质量保修书;

(6) 法规、规章规定必须提供的其他文件。

住宅工程还应当提交《住宅质量保证书》和《住宅使用说明书》。

备案机关收到建设单位报送的竣工验收备案文件,验证文件齐全后,应当在工程竣工验收备案表上签署文件收讫。

工程竣工验收备案表一式两份,一份由建设单位保存,另一份留备案机关存档。

工程质量监督机构应当在工程竣工验收之日起 5 日内,向备案机关提交工程质量监督报告。

案例：

2008年2月，浙江某施工单位承接福建某工业厂房项目。合同约定工期自2008年1月10日至同年9月22日，双方确认的施工进度计划表中显示，2008年8月，业主将同时进行吊车等设备安装。2008年10月初，业主将吊车设备以外的其他机械设备搬入厂房。之后，业主一直以工程不具备竣工验收条件为由拒绝付款。承包方协商无果，遂按约定提起仲裁。仲裁过程中，双方就工期发生很大的争议。承包方主张，业主未经竣工验收即投入使用，2008年10月初业主将吊车以外的设备运至厂房内，即应当视为工程竣工日期。但业主辩称，其搬入的设备是经承包方同意的，且合同中约定了业主设备同期安装。仲裁机构经过调查后发现，虽然合同约定了业主有权同期安装设备，但双方对于此类吊车等设备有特别约定，而业主在2008年10月初将约定以外的机械设备搬入厂房，超出了合同的约定，故应视为业主的行为构成对厂房的使用。因此，在顺延必要的工期后，承包方的工期并未逾期，驳回业主的逾期索赔。

分析：《建筑法》第61条规定，建筑工程竣工经验收合格后方可交付使用，未经验收或验收不合格的不得交付使用。

《最高人民法院关于审理建设工程施工工合同纠纷案件适用法律问题的解释》（下称《解释》）第14条规定，当事人对建设工程实际竣工日期有争议时，建设工程未经竣工验收，发包人擅自使用的，以转移占有建设工程之日为竣工日期。

《解释》第13条还规定，建设工程未经竣工验收，发包人擅自使用后，又以使用部分质量不符合约定为由主张权利的，不予支持，但是承包人应当在建设工程的合理使用寿命内对地基基础工程和主体结构质量承担民事责任。

建设工程承发包双方可以在合同中约定承包方施工与业主安装设备同时进行。一旦约定成立，双方应尊重约定。业主安装约定设备的行为不构成对工程的使用，也不能视为对承包方同期已完成工程质量的认可。但业主超出约定对工程加以不合理的占有、使用，则业主应承担《解释》中规定的未经竣工验收即使用的法律后果。

7.2.5 建设工程质量保修制度

建设工程质量保修，是《建筑法》确立的重要的法律制度，是指建设工程竣工验收后在保修期限内出现的质量缺陷或质量问题，由施工单位依照法律规定或合同约定予以修复，并由相关责任方承担责任的制度。健全并完善工程保修制度，能够促使项目各方加强质量管理，维护消费者利益。

《建设工程质量管理条例》在建设工程的保修范围、保修期限和保修责任等方面作出了更具体的规定。

1. 质量缺陷与质量保证金

质量缺陷，是指建设工程的质量不符合工程建设有关的强制性标准以及合同的约定，存在危及人身和财产安全的危险性。质量缺陷按照其形成原因可以分为勘察缺陷、设计缺陷、施工缺陷和指示缺陷。勘察和设计缺陷，是指工程在勘察和设计过程中形成不合理或不达标的危险性；施工缺陷，是指工程在施工过程中形成的因施工原因而使项目存在的缺陷；

指示缺陷,是指工程设计和施工均不存在问题,但是由于产品具有特殊性或特定的使用方法、使用条件等,而对产品缺少必要的说明和指示,从而导致在使用过程中出现的不合理的危险性。

质量保证金,又称保修金(以下简称保证金),是指发包人与承包人在建设工程承包合同中约定,从应付的工程款中预留,用以保证承包人在缺陷责任期内对建设工程出现的缺陷进行维修的资金。

2005年1月12日,建设部、财政部为规范建设工程质量保证金(保修金)管理,落实工程在缺陷责任期内的维修责任,根据《建筑法》《建设工程质量管理条例》《建设工程价款结算暂行办法》和《基本建设财务管理规定》等相关规定,制定了《建设工程质量保证金管理暂行办法》(以下简称《办法》)。

《办法》规定,缺陷责任期从工程通过竣(交)工验收之日起计。缺陷责任期一般为6个月、12个月或24个月,具体可由发、承包双方在合同中约定。

缺陷责任期内,由承包人原因造成的缺陷,承包人应负责维修,并承担鉴定及维修费用。如承包人不维修也不承担费用,发包人可按合同约定扣除保证金,并由承包人承担违约责任。承包人维修并承担相应费用后,不免除对工程的一般损失赔偿责任。由他人原因造成的缺陷,发包人负责组织维修,承包人不承担费用,且发包人不得从保证金中扣除费用。

缺陷责任期内,承包人认真履行合同约定的责任,到期后,承包人向发包人申请返还保证金。发包人在接到承包人返还保证金申请后,应于14日内会同承包人按照合同约定的内容进行核实。如无异议,发包人应当在核实后14日内将保证金返还给承包人。

案例:

某建设单位甲与承包单位乙签订工程施工合同。合同中约定,缺陷责任期到期后乙即可向甲提出返还全部质量保证金的申请。在缺陷责任期内,乙拒绝履行维修义务。甲请丙单位进行维修并支付人民币3000元。缺陷责任期到期日为2015年6月8日。在6月12日,乙向甲提出返还保证金申请,甲收到申请以乙没有履行维修义务为由不予答复。乙即对甲提起诉讼,要求甲返还全部质量保证金2万元。

分析:根据《建设工程质量保证金管理暂行办法》第8条,缺陷责任期内,由承包人原因造成的缺陷,承包人应负责维修,并承担鉴定及维修费用。如承包人不维修也不承担费用,发包人可按合同约定扣除保证金,并由承包人承担违约责任。承包人维修并承担相应费用后,不免除对工程的一般损失赔偿责任。由他人原因造成的缺陷,发包人负责组织维修,承包人不承担费用,且发包人不得从保证金中扣除费用。

又根据《建设工程质量保证金管理暂行办法》第10条,发包人在接到承包人返还保证金申请后,应于14日内会同承包人按照合同约定的内容进行核实。如无异议,发包人应当在核实后14日内将保证金返还给承包人,逾期支付的,从逾期之日起,按照同期银行贷款利率计付利息,并承担违约责任。发包人在接到承包人返还保证金申请后14日内不予答复,经催告后14日内仍不予答复,视同认可承包人的返还保证金申请。

2. 工程保修范围和最低保修期限

《建筑法》第62条规定,建筑工程的保修范围应当包括地基基础工程、主体结构工程、屋面防水工程和其他土建工程,以及电气管线、上下水管线的安装工程,供热、供冷系统工程等项目。

《建设工程质量管理条例》第40条规定了保修范围，及其在正常使用条件下各自对应的最低保修期限：

(1) 基础设施工程、房屋建筑的地基基础工程和主体结构工程，为设计文件规定的该工程的合理使用年限；

(2) 屋面防水工程、有防水要求的卫生间、房间和外墙面的防渗漏，为5年；

(3) 供热与供冷系统，为两个采暖期、供冷期；

(4) 电气管线、给水排水管道、设备安装和装修工程，为2年。

建设工程的保修期，自竣工验收合格之日起计算。最低保修期限属于法律强制性规定，发承包双方约定的保修期限不得低于条例规定的期限，但可以延长；超出该范围的其他项目的保修不是强制的，而是发承包双方意思的反映，通常由发包方在招标文件中事先明确规定，或由双方在竣工验收前另行达成约定。

3. 保修责任

《建设工程质量管理条例》第41条规定："建设工程在保修范围和保修期内发生质量问题的，施工单位应当履行保修义务，并对造成的损失承担赔偿责任。"

法律还规定了3种不属于保修范围的情况：①因使用不当造成的质量缺陷；②第三方造成的质量缺陷；③不可抗力造成的质量缺陷。

4. 保修程序

根据国家有关规定及行业惯例，就工程质量保修事宜，建设单位和施工单位应遵守如下基本程序：

(1) 建设工程在保修期限内出现质量缺陷，建设单位应当向施工单位发出保修通知。

(2) 施工单位接到保修通知后，应当到现场核查情况，在保修书约定的时间内予以保修。发生涉及结构安全或者严重影响使用功能的紧急抢修事故，施工单位接到保修通知后，应当立即到达现场抢修。

(3) 施工单位不按工程质量保修书约定保修的，建设单位可以另行委托其他单位保修，由原施工单位承担相应责任。

(4) 保修费用由造成质量缺陷的责任方承担。如果质量缺陷是由于施工单位未按照工程建设强制性标准和合同要求施工造成的，则施工单位不仅要负责保修，还要承担保修费用。但是，如果质量缺陷是由于设计单位、勘察单位或建设单位、监理单位的原因造成的，施工单位仅负责保修，并有权对由此发生的保修费用向建设单位索赔。建设单位向施工单位承担赔偿责任后，有权向造成质量缺陷的责任方追偿。

5. 质量保修书

工程质量保修书，是建设工程竣工验收应具备的条件之一。工程质量保修书也是一种合同，是发承包双方就保修范围、保修期限和保修责任等设立权利义务的协议，集中体现了承包单位对发包单位的工程质量保修承诺。

《建设工程质量管理条例》第39条第2款规定："建设工程承包单位在向建设单位提交工程竣工验收报告时，应当向建设单位出具质量保修书。质量保修书中应当明确建设工程的保修范围、保修期限和保修责任。"

案例:

2004 年 6 月,江苏某大学为建学生公寓,与当地一建筑公司签订了一份建设工程合同。合同约定:工程采用固定总价合同形式,主体工程和内外承重砖一律使用国家标准砌块,每层加水泥圈梁;某大学可预付工程款(合同价款的 10%);工程的全部费用于验收合格后一次付清;交付使用后,如果在 6 个月内发生严重质量问题,由承包人负责修复等。1 年后学生公寓如期完工,在学校和该建筑公司共同进行竣工验收时,学校发现工程 2～5 层的内承重墙体裂缝较多,要求建筑公司修复后再验收,但是建筑公司认为不影响使用而拒绝修复。由于开学在即,该大学退让后接收了该工程。在使用了 9 个月之后,公寓楼 5 层的内承重墙倒塌,致使 1 人死亡,3 人受伤,其中 1 人致残。受害者与该大学要求建筑公司赔偿损失,并修复倒塌工程。建筑公司以使用不当且已过保修期为由拒绝赔偿,无奈之下,受害者联合该大学一起将建筑公司起诉至法院。法院在审理期间对工程事故原因进行了鉴定,鉴定结论为某建筑公司偷工减料致宿舍楼内承重墙倒塌。

分析:根据《建设工程质量管理条例》第 40 条规定,主体结构为终身保修,某大学与某建筑公司在合同中约定保修期限为 6 个月,违反了国家强制性法律规定,因此合同的该项条款是无效的,当然也就无须执行该条款。根据此判断,建筑公司应当向受害者承担损害赔偿责任,包括:医疗费,因误工减少的收入,残废者生活补助费等。造成受害人死亡的,还应支付丧葬费、抚恤费、死者生前抚养的人必要的生活费用等。此外,建筑公司在施工中偷工减料,造成质量事故,有关主管部门应依照《建筑法》第 74 条"建筑施工企业在施工中偷工减料的,使用不合格的建筑材料、建筑构配件和设备的,或者有其他不按照工程设计图纸或者施工技术标准施工行为的,责令改正,处以罚款;情节严重的,责令停业整顿,降低资质等级或者吊销资质证书;造成建筑工程质量不符合规定的质量标准的,负责返工、修理,并赔偿因此造成的损失;构成犯罪的,依法追究刑事责任",可对其进行法律制裁。

复习思考题

7-1 简述安全生产监督管理部门的职权。

7-2 安全责任制度的主要内容有哪些?

7-3 企业取得安全许可证应具备哪些条件?

7-4 建设单位和施工单位的安全责任和义务各自是什么?

7-5 总承包单位与分包单位的安全责任如何划分?

7-6 简述安全事故的等级及划分标准。

7-7 简述建设工程政府质量监督管理制度的具体内容。

7-8 建设单位和施工单位的质量责任和义务各自是什么?

7-9 建设工程竣工验收的范围和条件各是什么?

7-10 简述建设工程保修范围和最低保修期。

第8章

建设工程纠纷处理法规

建设工程生产周期长、投资巨大,对技术要求错综复杂,故各个方面的法律监管十分严格。但即使通过行政手段和国家各项立法制度管理建设工程,仍不可避免出现各种工程纠纷。因此,国家对如何处理工程纠纷也作了严格的要求。同时,作为纠纷当事人,想要在纠纷处理过程中和最终解决方案上维护自身利益,除必要的专业支持外,还需要懂得证据的重要性以及如何收集和保全证据。

8.1 建设工程常见纠纷处理方式

按照纠纷主体的关系,建设领域的纠纷主要分为民事纠纷和行政纠纷两大类。

1. 民事纠纷

民事纠纷是指平等主体的当事人之间发生的纠纷,这种纠纷又可分为两大类:合同纠纷和侵权纠纷。

(1) 合同纠纷是指当事人之间关于合同成立、生效、履行等问题出现的纠纷。按照合同不同阶段,可以分为建设工程勘察设计合同纠纷、建设工程施工合同纠纷、建设工程委托监理合同纠纷、建材及设备采购合同纠纷等。

(2) 侵权纠纷是指由于当事人对另一方合法权益造成侵害而产生的纠纷。其主要表现为相邻关系、环境保护、施工过程安全措施失当等原因引起的损害赔偿事实。

2. 行政纠纷

行政纠纷是指行政机关与相对人之间因行政管理而产生的纠纷,包括因行政机关滥用职权、越权管理、不作为等而产生的纠纷以及因被管理人逃避监督管理、非法抗拒管理等而产生的纠纷。如建设工程报批过程中符合批准条件而不予办理相关证明所导致的纠纷;在施工过程中对行政机关进行行政处罚不服而产生的纠纷等。

民事纠纷是工程建设领域最常见的纠纷形式。建设工程民事纠纷的处理方式主要有4种,分别是和解、调解、仲裁和诉讼。我国《合同法》第128条规定,一方当事人可以通过和解或者调解解决合同争议。当事人不愿意和解、调解或者和解、调解不成的,可以根据仲裁协议向仲裁机构申请仲裁。当事人没有订立仲裁协议或者仲裁协议无效的,可以向人民法院起诉。当事人应当履行发生法律效力的判决、仲裁裁决、调解书;拒不履行的,对方可以请求人民法院执行。

8.1.1 和解

和解,是合同当事人依据有关法律规定和合同约定,自愿通过积极寻求双方利益的平衡点,最大限度地满足各自需求,互相谅解,化解矛盾纠纷。

和解是解决纠纷的首选方式,因为它具有节约费用和时间、维护良好合作关系的优点。当然,和解的缺点也显而易见,即其不具有强制约束力,当事人可以不按照和解协议执行,如果一方当事人不按照和解协议执行,另一方当事人不可以请求人民法院强制执行。但是,可以要求对方就不执行该和解协议承担违约责任。

8.1.2 调解

调解,是指在第三方主持下,通过说服教育,使当事人互相作出让步,相互谅解,达成调解协议的方式。

调解仍然具有节约时间和费用的优点,并能够最大限度地维护双方的长期合作关系和合同利益。同时,由于第三方的介入,使得问题有可能从另一个角度看待和解决,便于消除当事人之间的对立情绪。

调解的形式主要有以下几种。

(1)民间调解是指当事人以外的临时选择的第三人或社会组织通过调解解决纠纷。民间调解达成的协议不具有强制约束力,但是具有与合同同等的法律效力。

(2)行政调解是指在有关行政机关的主持下,依据相关法律、行政法规、规章及政策,处理纠纷的一种方式,行政调解达成的协议不具有强制约束力。

(3)法院调解是指在人民法院的主持下,在双方当事人自愿的前提下进行调解。调解成功将制作调解书。调解书经双方当事人签收后,即具有法律效力。

(4)仲裁调解,仲裁庭在作出裁决前,可以进行调解。当事人自愿调解的,仲裁庭应当调解。通过仲裁调解达成协议的,仲裁庭应当制作调解书或者根据协议的结果制作裁决书。调解书与裁决书具有同等的法律效力,调解书经当事人签收后即发生法律效力。

由上可知法院调解和仲裁调解具有强制约束力,如果一方当事人不按照调解协议执行,另一方当事人可以申请法院强制执行。而对于不具有强制约束力的民间调解和行政调解,如果一方当事人不按照调解协议执行,另一方当事人不可以申请法院强制执行,但可以要求对方就不执行该调解协议承担违约责任。

8.1.3 仲裁

1. 仲裁的概念

仲裁,亦称公断,是指发生争议的当事人根据达成的仲裁协议,自愿将该争议提交中立的第三者(仲裁机构)进行裁判的争议解决制度,同时双方负有自觉履行仲裁结果的义务。仲裁协议有两种形式:一种是在争议发生之前订立的,它通常作为合同中的一项仲裁条款出现;另一种是在争议之后订立的,它是把已经发生的争议提交给仲裁的协议。这两种形式的仲裁协议,其法律效力是相同的。

《中华人民共和国仲裁法》(以下简称《仲裁法》)于 1994 年 8 月 31 日由第八届全国人民代表大会常务委员会第九次会议通过,自 1995 年 9 月 1 日起施行。

2006 年 8 月最高人民法院又发布了《关于适用〈中华人民共和国仲裁法〉若干问题的解释》。另外,有关仲裁裁决的国际公约有《承认和执行外国仲裁裁决公约》,于 1958 年 6 月 10 日在纽约签订,也简称《纽约公约》,该公约为执行外国仲裁裁决提供了便利和保证。

根据《仲裁法》的第 2 条规定可知,仲裁范围必须是合同纠纷和其他财产权益纠纷。劳动争议仲裁和农业承包合同纠纷仲裁不受《仲裁法》的调整。此外,根据《仲裁法》第 3 条的规定,下列纠纷不能仲裁:

(1) 婚姻、收养、监护、扶养、继承纠纷;

(2) 依法应当由行政机关处理的行政争议。

2. 仲裁的特性

仲裁作为一种解决合同财产纠纷的民间裁判制度,有着不同于和解、调解解决方式的特点,同时其与司法和行政解决纠纷的手段也有着重大的区别,有以下几个主要特征。

1) 自愿性

仲裁以当事人的意思自治为前提,即是否将纠纷提交仲裁进行裁定,向哪个仲裁委员会申请仲裁,仲裁庭如何组成,仲裁员的选择以及仲裁的审理方式等都是在当事人自愿的基础上,由当事人协商确定的。

2) 专业性

专家裁案,是民商事仲裁的重要特点之一。民商事纠纷往往涉及特殊的知识领域,会遇到许多复杂的法律、经济贸易和有关的技术性问题,故专家裁判更能体现专业权威性。根据中国《仲裁法》的规定,仲裁机构都备有分专业的、由专家组成的仲裁员名册供当事人进行选择。

3) 独立性

仲裁委员会与行政机关没有隶属关系,仲裁委员会之间也没有隶属关系。在仲裁过程中,仲裁庭独立进行仲裁,不受任何行政机关、社会团体和个人的干涉,也不受其他仲裁机构的干涉,显示出最大的独立性。

4) 保密性

仲裁以不公开审理为原则。同时,当事人及其代理人、证人、翻译、仲裁员、仲裁庭咨询的专家和指定的鉴定人、仲裁委员会有关工作人员亦要遵守保密义务,不得对外界透露案件的有关情况。

5) 快捷性

仲裁实行一裁终局制度,仲裁裁决一经作出即发生法律效力,这使得当事人之间的纠纷能够迅速得以解决。

3. 仲裁协议

仲裁协议是指当事人自愿将已经发生或者可能发生的争议通过仲裁解决的书面协议,是申请仲裁的必备材料。在民商事仲裁中,仲裁协议是仲裁的前提,没有仲裁协议,就不存在有效的仲裁。

1) 仲裁协议的形式

根据《仲裁法》第 16 条第 1 款的规定:"仲裁协议包括合同中订立的仲裁条款和其他以

书面形式在纠纷发生前或者纠纷发生后达成的请求仲裁的协议。"由此可见,仲裁协议应当采用书面形式,口头方式达成的仲裁意思表示无效。仲裁协议既可以表现为合同中的仲裁条款,也可以表现为独立于合同而存在的仲裁协议书。实践中,仲裁条款是最常见的仲裁协议形式。

2) 仲裁协议的内容

根据《仲裁法》第16条的规定,仲裁协议应当具有下列内容。

(1) 请求仲裁的意思表示。请求仲裁的意思表示不明确的仲裁协议无法判断当事人的真实意思,仲裁机构无法受理当事人的仲裁申请。意思表达必须是双方当事人共同的意思表示,并且不存在当事人被胁迫、欺诈等而订立仲裁协议的情况。

(2) 仲裁事项。仲裁事项解决的是"仲裁什么"的问题,即仲裁庭审理和裁决纠纷的范围。当事人只有把订立于仲裁协议中的争议事项提交仲裁,仲裁机构才能受理。超出仲裁事项范围而进行的仲裁,所作出的裁决经一方当事人申请,法院可以不予执行或者撤销。

(3) 选定的仲裁委员会。由于仲裁没有法定管辖的规定,因此当事人选择仲裁委员会可以不受地点的限制,但必须明确、具体。如果没有约定或约定不明确,且当事人达不成补充协议的,仲裁协议无效。

以上3项内容必须同时具备,仲裁协议才能有效。

3) 仲裁协议的效力

(1) 对当事人的法律效力。仲裁协议一经有效成立,即对当事人产生法律约束力。发生纠纷后,当事人只能通过向仲裁协议中所约定的仲裁机构申请仲裁的方式解决该纠纷,而丧失了就该纠纷向法院提起诉讼的权利。

(2) 对法院的约束力。有效的仲裁协议将排除法院的司法管辖权。根据《仲裁法》第26条的规定,当事人达成仲裁协议,一方向人民法院起诉未声明有仲裁协议,人民法院受理后,另一方在首次开庭前提交仲裁协议的,人民法院应当驳回起诉(但仲裁协议无效的除外)。

(3) 仲裁协议的独立性。《仲裁法》第19条规定,仲裁协议独立存在,合同的变更、解除、中止或者无效,不影响仲裁协议的效力。

4. 仲裁程序

1) 申请和受理

根据《仲裁法》第22条、第23条的规定,当事人申请仲裁,应当向仲裁委员会递交仲裁协议、仲裁申请书及副本。

根据《仲裁法》的有关规定,仲裁委员会收到仲裁申请书之日起5日内,认为符合受理条件的应当受理,并通知当事人;认为不符合受理条件的,应当书面通知当事人不予受理,并说明理由。

仲裁委员会受理仲裁申请后,应当在仲裁规则规定的期限内将仲裁规则和仲裁员名册送达申请人,并将仲裁申请书副本和仲裁规则、仲裁员名册送达被申请人。被申请人收到仲裁申请书副本后,应当在仲裁规则规定的期限内向仲裁委员会提交答辩书;做好证据材料的核对及整理工作,必要时可提交补充证据;及时提交仲裁员选定书、法定代表人证明书、详细写明委托权限的授权委托书等有关材料。仲裁委员会收到答辩书后,应当在仲裁规则规定的期限内将答辩书副本送达申请人。被申请人未提交答辩书的,不影响仲裁程序的进行。被申请人有权提出反请求。当事人申请财产保全的,仲裁委员会应当将当事人的申请依照民事诉讼法的有关规定提交人民法院。

2)仲裁庭的组成

根据《仲裁法》第30条的规定,仲裁庭可以由3名仲裁员或者1名仲裁员组成。由3名仲裁员组成的,设首席仲裁员。

《仲裁法》第34条规定,仲裁员有下列情形之一的,必须回避,当事人也有权提出回避申请:

(1)是本案当事人或者当事人、代理人的近亲属;

(2)与本案有利害关系;

(3)与本案当事人、代理人有其他关系,可能影响公正仲裁的;

(4)私自会见当事人、代理人,或者接受当事人、代理人的请客送礼的。

3)开庭和裁决

(1)仲裁开庭和审理

仲裁应当开庭进行。当事人协议不开庭的,仲裁庭可以根据仲裁申请书、答辩书以及其他材料作出裁决。当事人应当对自己的主张提供证据。仲裁庭认为有必要收集的证据,可以自行收集。证据应当在开庭时出示,当事人可以质证。当事人在仲裁过程中有权进行辩论。仲裁庭应当将开庭情况记入笔录。

(2)仲裁中的和解、调解

根据《仲裁法》的规定,当事人申请仲裁后,可以自行和解。达成和解协议的,可以请求仲裁庭根据和解协议作出裁决书,也可以撤回仲裁申请。当事人达成和解协议,撤回仲裁申请后反悔的,可以根据仲裁协议申请仲裁。

根据《仲裁法》的有关规定,仲裁庭在作出裁决前,可以先行调解。当事人自愿调解的,仲裁庭应当调解。调解不成的,应当及时作出裁决。调解达成协议的,仲裁庭应当制作调解书或者根据协议的结果制作裁决书。调解书与裁决书具有同等法律效力。调解书经双方当事人签收后,即发生法律效力。在调解书签收前当事人反悔的,仲裁庭应当及时作出裁决。

(3)仲裁裁决

根据《仲裁法》的有关规定,仲裁裁决应当按照多数仲裁员的意见作出,少数仲裁员的不同意见可以记入笔录。仲裁庭不能形成多数意见时,裁决应当按照首席仲裁员的意见作出。裁决书自作出之日起发生法律效力,当事人不得就已经裁决的事项再申请仲裁,也不得就此提起诉讼;仲裁裁决具有强制执行力。

5.仲裁裁决的撤销

仲裁裁决的撤销,是指对符合法定应予撤销情形的仲裁裁决,经当事人申请,法院裁定撤销该仲裁裁决的行为。提出仲裁裁决撤销申请应当自收到裁决书之日起6个月内提出,必须是仲裁当事人,且该当事人必须向有管辖权的中级人民法院提请撤销。

1)申请撤销仲裁裁决的理由和条件

根据《仲裁法》第58条的规定,当事人提出证据证明裁决有下列情形之一的,可以向仲裁委员会所在地的中级人民法院申请撤销裁决:

(1)没有仲裁协议的;

(2)裁决的事项不属于仲裁协议的范围或者仲裁委员会无权仲裁的;

（3）仲裁庭的组成或者仲裁的程序违反法定程序的；

（4）裁决所依据的证据是伪造的；

（5）对方当事人隐瞒了足以影响公正裁决的证据的；

（6）仲裁员在仲裁该案时有索贿受贿、徇私舞弊、枉法裁决行为的。

2）仲裁裁决被撤销的法律后果

仲裁裁决被人民法院依法撤销后，当事人之间的纠纷并未解决。在这种情况下，根据《仲裁法》第 9 条的规定，当事人就该纠纷可以根据双方重新达成的仲裁协议申请仲裁，也可以向人民法院起诉。

6. 仲裁裁决的执行

1）仲裁裁决的强制执行

《仲裁法》第 62 条规定："仲裁裁决作出后，当事人应当履行裁决。一方当事人不履行的，另一方当事人可以依照民事诉讼法的有关规定，向人民法院申请执行。"

2）仲裁裁决的不予执行

根据《仲裁法》第 63 条和《民事诉讼法》的相关规定，被申请人提出证据证明裁决有下列情形之一的，经人民法院组成合议庭审查核实，裁定不予执行：

（1）当事人在合同中没有仲裁条款或者事后没有达成书面仲裁协议的；

（2）裁决的事项不属于仲裁协议的范围或者仲裁机构无权仲裁的；

（3）仲裁庭的组成或者仲裁的程序违反法定程序的；

（4）认定事实的主要证据不足的；

（5）适用法律确有错误的；

（6）仲裁员在仲裁该案时有索贿受贿、徇私舞弊、枉法裁决行为的。

仲裁裁决被人民法院依法裁定不予执行的，当事人就该纠纷可以重新达成仲裁协议，并依据该仲裁协议申请仲裁，也可以向人民法院提起诉讼。

8.1.4　诉讼

诉讼，是由法院代表国家，通过司法程序行使审判权，从而解决争议的方式。

1. 民事诉讼的概念

民事诉讼，是指人民法院在当事人和其他诉讼参与人的参加下，以审理、裁判、执行等方式解决民事纠纷的活动，以及由此产生的各种诉讼关系的总和。

诉讼参与人包括原告、被告、第三人、证人、鉴定人、勘验人等。

《中华人民共和国民事诉讼法》（以下简称《民事诉讼法》）是调整和规范法院和诉讼参与人的各种民事诉讼活动的基本法律，于 2007 年 10 月由全国人民代表大会常务委员会通过，它规定了凡在中华人民共和国领域内进行民事诉讼，必须遵守本法。

2. 民事诉讼的基本特征

1）公权性

民事诉讼是由人民法院代表国家意志行使司法审判权，通过司法手段解决平等民事主体之间的纠纷。

2）强制性

强制性是公权力的重要属性。民事诉讼中,只要原告起诉符合法定的条件,不论被告是否愿意,诉讼都会发生。此外,法院的裁判则具有强制执行的效力,当事人不自动履行生效裁判,法院依另一方当事人申请可依法强制执行。

3）程序性

民事诉讼是指依照法定程序进行的诉讼活动,无论是法院,还是当事人和其他诉讼参与人,均须按照民事诉讼法律规定的程序实施诉讼行为。

3．民事诉讼法律基本制度

《民事诉讼法》第10条规定:"人民法院审理民事案件,依照法律规定实行合议、回避、公开审判和两审终审制度。"

1）合议制度

合议制度是指3人以上单数的审判人员组成合议庭,对民事案件进行审理的制度。其目的是为了发挥集体的力量,弥补个人能力的不足,以保证案件的审判质量。合议庭评议案件,实行少数服从多数的原则。

2）回避制度

回避制度是指为了保证案件的公正审判,而要求与案件有一定利害关系的审判人员或其他有关人员,不得参与本案的审理活动或诉讼活动的审判制度。

3）公开审判制度

公开审判制度是指人民法院审理民事案件,除法律规定的情况外,审判过程及结果应当向社会公开,允许群众旁听庭审和宣判过程,允许新闻媒体对庭审过程进行采访、报道,并将案件向社会披露。

4）两审终审制度

两审终审制度是指一个民事诉讼案件经过两级法院审判后即告终结的制度。根据两审终审制度,对于一般民事诉讼案件,当事人不服一审法院的判决或裁定,可上诉至二审法院。二审法院所作的判决、裁定为生效判决、裁定,当事人不得再上诉。最高人民法院所做的一审判决、裁定,为终审判决、裁定,当事人不得上诉。

4．诉讼管辖与回避制度

1）诉讼管辖

诉讼管辖,是指各级法院之间以及不同地区的同级法院之间,受理第一审民事案件、经济纠纷案件的职权范围和具体分工。管辖可以按照不同标准作多种分类,其中最重要、最常用的是级别管辖和地域管辖。

（1）级别管辖

级别管辖,是指按照一定的标准,划分上下级法院之间受理第一审民事案件的分工和权限。我国法院有4级,分别是基层人民法院、中级人民法院、高级人民法院和最高人民法院,每一级均受理一审民事案件。我国《民事诉讼法》主要根据案件的性质、复杂程度和案件影响来确定级别管辖。

基层人民法院(指县级、不设区的市级、市辖区的法院)管辖第一审民事案件,法律另有规定的除外。

中级人民法院管辖下列第一审民事案件:第一,重大涉外案件(包括涉港、澳、台地区的案件);第二,在本辖区有重大影响的案件,一般是指在政治上或经济上有重大影响的案件;第三,最高人民法院确定由中级人民法院管辖的案件。

高级人民法院管辖的案件是在本辖区内有重大影响的第一审民事案件。

最高人民法院管辖在全国范围内有重大影响的案件以及它认为应当由自己审理的案件。这类案件为数极少。只要最高人民法院认为某一案件应当由其审理,不论该案属于哪一级、哪一个法院管辖,它都有权将案件提上来自己审判,从而取得对案件的管辖权。这是法律赋予最高审判机关在管辖上的特殊权力。但应明确的是,由最高人民法院作为第一审管辖的民事案件实行一审终审,不能上诉。

在实践中,争议标的金额的大小,往往是确定级别管辖的重要依据,但各地人民法院确定的级别管辖的争议标的数额标准不尽相同。

(2)地域管辖

地域管辖,是指按照各法院的辖区和民事案件的隶属关系,划分同级法院受理第一审民事案件的分工和权限。地域管辖实际上是以法院与当事人、诉讼标的以及法律事实之间的隶属关系和关联关系来确定的。

地域管辖与级别管辖不同。级别管辖是从纵向关系上划分上、下级人民法院之间受理第一审民事案件的权限和分工的,其解决的是某一民事案件应由哪一级人民法院管辖的问题;而地域管辖是从横向关系上划分同级人民法院之间受理第一审民事案件的权限和分工的,其解决的是某一民事案件应由哪一个人民法院管辖的问题。但是二者也是有机联系的,地域管辖是在级别管辖的基础上划分的,只有在级别管辖已经明确的前提下,才能确定地域管辖。也就是说要最终确定某一案件的管辖法院,则必须在确定了级别管辖之后,再通过地域管辖来进一步具体落实受诉法院。根据《民事诉讼法》的规定,地域管辖分为一般地域管辖、特殊地域管辖、协议管辖、专属管辖和共同管辖。

① 一般地域管辖

一般地域管辖是指以当事人与法院的隶属关系来确定诉讼管辖,通常实行"原告就被告"原则,即以被告住所地作为确定管辖的标准。

② 特殊地域管辖和协议管辖

特殊地域管辖,是指以被告住所地、诉讼标的所在地、法律事实所在地为标准确定的管辖。我国《民事诉讼法》规定了9种特殊地域管辖的诉讼,其中与工程建设领域关系最为密切的是因合同纠纷提起的诉讼。

发生合同纠纷的,我国《民事诉讼法》还规定了协议管辖制度。协议管辖,是指当事人可就第一审民事案件,在纠纷发生前后,在法律允许的范围内,以书面形式约定案件的管辖法院。协议管辖仅适用于合同纠纷。《民事诉讼法》第25条规定:"合同的当事人可以在书面合同中协议选择被告住所地、合同履行地、合同签订地、原告住所地、标的物所在地人民法院管辖,但不得违反本法对级别管辖和专属管辖的规定。"

③ 专属管辖

专属管辖,是指法律规定某些特殊类型的案件专门由特定的法院管辖。专属管辖是排他性管辖,排除了诉讼当事人协议选择管辖法院的权利。

我国《民事诉讼法》第34条规定下列案件,由本条规定的人民法院专属管辖:a.因不动产纠纷提起的诉讼,由不动产所在地人民法院管辖;b.因港口作业中发生纠纷提起的诉讼,由港口所在地人民法院管辖；c.因继承遗产纠纷提起的诉讼，由被继承人死亡时住所地或者主要遗产所在地人民法院管辖。

应当注意的是，根据最高人民法院《关于审理建设工程施工合同纠纷案件适用法律问题的解释》的规定，建设工程施工合同纠纷不适用专属管辖，而应当按照《民事诉讼法》第24条的规定，适用合同纠纷的地域管辖原则，即由被告住所地或合同履行地人民法院管辖。发包人和承包人也可根据《民事诉讼法》第25条的规定，在发包人住所地、承包人住所地、合同签订地、工程所在地的范围内，通过协议确定管辖法院。

④共同管辖

共同管辖是指两个以上的法院对同一个诉讼案件都有合法的管辖权的情况。

（3）移送管辖和指定管辖

①移送管辖

人民法院发现受理的案件不属于本院管辖的，应当移送有管辖权的人民法院，受移送的人民法院应当受理。受移送的人民法院认为受移送的案件依照规定不属于本院管辖的，应当报请上级人民法院指定管辖，不得再自行移送。

所谓不得再自行移送，是指移送案件的人民法院所作出的移送案件裁定，对接受移送案件的人民法院具有约束力。即受移送案件的法院必须受理，不得以任何理由再自行移送。如受移送案件的人民法院认为该院依法确无管辖权时，应报请上级人民法院指定管辖。这样既可以避免法院之间相互推诿或者争夺管辖权，又可以防止拖延诉讼，及时保护当事人合法权益。

②指定管辖

有管辖权的人民法院由于特殊原因，不能行使管辖权的，由上级人民法院指定管辖。人民法院之间因管辖权发生争议，由争议双方协商解决；协商解决不了的，报请它们的共同上级人民法院指定管辖。指定管辖的实质，是法律赋予上级人民法院在特殊情况下有权变更和确定案件管辖法院，以适应审判实践的需要，保证案件及时正确地裁判。

（4）管辖权异议

管辖权异议，是指当事人认为受诉法院或受诉法院向其移送案件的法院对案件无管辖权时，而向受诉法院或受移送案件的法院提出的不服管辖的意见或主张。《民事诉讼法》第38条规定："人民法院受理案件后，当事人对管辖权有异议的，应当在提交答辩状期间提出。人民法院对当事人提出的异议，应当审查。异议成立的，裁定将案件移交有管辖权的人民法院；异议不成立的，裁定驳回。"

2）回避

根据《民事诉讼法》第45条规定，审判人员、书记员、翻译人员、鉴定人、勘验人有下列情形之一的，必须回避，当事人有权用口头或者书面方式申请回避：

（1）是本案当事人或者当事人、诉讼当事人的近亲属；

（2）与本案有利害关系；

（3）与本案当事人有其他关系，可能影响对案件公正审理的。

5.诉讼参加人的规定

1）当事人

民事诉讼中的当事人，是指因民事权利和义务发生争议，以自己的名义进行诉讼，请求人民法院进行裁判的公民、法人或其他组织。

民事诉讼当事人包括原告、被告和第三人。以自己的名义提起诉讼,请求法院保护其权益,因而使诉讼成立的人,称为原告。与原告相对的一方,被控侵犯原告权益,需要追究民事责任,并经法院通知其应诉的人,称为被告。对他人之间的诉讼标的有独立的请求权或虽无独立的请求权,但是与案件的处理结果有法律上的利害关系,而参加他人之间正在进行的诉讼的人是第三人。不以自己的名义,而以他人名义进行诉讼的人,如诉讼代理人,不是民事诉讼当事人。虽然以自己的名义参与诉讼,但不受法院裁判约束,没有利害关系的人,如证人、鉴定人,也不是民事诉讼当事人。

根据《民事诉讼法》第49条规定:"公民、法人和其他组织可以作为民事诉讼的当事人。法人由其法定代表人进行诉讼。其他组织由其主要负责人进行诉讼。"公民、法人和其他组织虽然都可以成为民事诉讼中的原告或被告,但在实践中,情况还是比较复杂的,需要进一步结合最高人民法院《关于适用〈中华人民共和国民事诉讼法〉若干问题的意见》及相关规定进行正确认定。

2)诉讼代理人

诉讼代理人,是指根据法律规定或当事人的委托,代理当事人进行民事诉讼活动的人。与代理分为法定代理、委托代理和指定代理一样,诉讼代理人通常也可分为法定诉讼代理人、委托诉讼代理人和指定诉讼代理人。在工程建设领域,最常见的是委托诉讼代理人。委托诉讼代理人在诉讼中的地位与法定诉讼代理人不同,它不相当于当事人的诉讼地位,而只是具有独立诉讼地位的诉讼参加人。

《民事诉讼法》第58条第1款规定:"当事人、法定代理人可以委托一至二人作为诉讼代理人。"委托诉讼代理人既可以是律师,也可以是当事人的近亲属、有关的社会团体或者所在单位推荐的人,以及经人民法院许可的其他公民。

6. 财产保全及先予执行的规定

在民事诉讼中,从人民法院受理当事人的起诉开始,到作出生效的法律文书并实现文书所确定的权利,往往需要较长的时间。为了防止过长的诉讼时间带来的对当事人权利无法周密保护的问题,民事诉讼法规定了财产保全和先予执行的制度。

1)财产保全

(1)财产保全的概念

所谓财产保全,是指人民法院在利害关系人起诉前或者当事人起诉后,为保障将来的生效判决能够得到执行或者避免财产遭受损失,对当事人的财产或者争议的标的物,采取限制当事人处分的强制措施。民事案件从人民法院受理到作出生效判决需要经过几个月甚至更长的时间。法院判决生效后,如果债务人不履行义务,债权人申请强制执行又需要一段时间。在这一过程中,如果债务人隐匿、转移或者挥霍争议中的财产或者以后用于执行的财产而得不到制止,不仅会激化当事人双方的矛盾,而且可能会使生效的判决不能得到执行。有些争执标的物,如水果、水产品等,容易腐烂变质,必须及时处理,保存价款,以减少当事人的损失。

(2)财产保全的种类

财产保全有两种,即诉讼财产保全和诉前财产保全。

诉讼财产保全,是指在诉讼过程中,为了保证人民法院的判决能够执行,人民法院根据当事人的申请,或在必要时依职权裁定对有关财产采取保全措施的制度。根据《民事诉讼法》第 92 条的规定,人民法院采取诉讼财产保全措施的,可以责令申请人提供担保。申请人不提供担保的,驳回申请。人民法院接受申请后,对情况紧急的,必须在 48 小时内作出裁定。裁定采取诉讼财产保全措施的,应当立即开始执行。

诉前财产保全,是指在诉讼发生前,利害关系人因情况紧急,不立即申请财产保全将会使其合法权益受到难以弥补的损失的情况下,人民法院根据利害关系人的申请,对有关的财产采取保全措施的制度。根据《民事诉讼法》第 93 条的规定,利害关系人请求人民法院采取诉前财产保全措施,应当提供担保,不提供担保的,驳回申请。人民法院接受申请后,必须在 48 小时内作出裁定。裁定采取诉前财产保全措施的,应当立即开始执行。申请人应当在人民法院采取诉前财产保全措施后 15 日内起诉。未在该期限内起诉的,人民法院应当解除诉前财产保全。

诉前财产保全属于应急性的保全措施,目的是保护利害关系人不致遭受无法弥补的损失。例如,双方当事人签订购销合同,需方按约定给付供方 150 万元的预付款,事后发现供方有欺诈行为,根本没有能力履行合同,而且所付货款有被转移的可能,如不及时采取强制保全措施加以控制,必将产生难以弥补的损失。由于从债权人起诉到法院受理需要一段时间,法律就有必要赋予利害关系人在情况紧急时,请求法院及时保全可能被转移的财产的权利。

（3）财产保全的实施

根据《民事诉讼法》的有关规定,"财产保全限于请求的范围,或者与本案有关的财物"。其中,"请求的范围"一般指保全的财产其价值与诉讼请求相当或与利害关系人的请求相当;"与本案有关的财物"一般指本案的标的物。财产保全的措施包括"查封、扣押、冻结或者法律规定的其他方法"。

被申请人提供担保的,人民法院应当解除财产保全。申请有错误的,申请人应当赔偿被申请人因财产保全所遭受的损失。

2）先予执行

所谓先予执行,是指人民法院在作出终审判决以前,为解决权利人生活或生产经营的急需,根据当事人申请,依法裁定义务人预先履行义务的诉讼法律制度。

先予执行的着眼点是满足权利人的迫切需要。例如,原告因高度危险作业而遭受严重的身体伤害,亟须住院治疗,原告无力负担医疗费用,而与负有承担医疗费用义务的被告不能协商解决,原告诉至人民法院,请求法院判决。民事案件从起诉到作出生效判决,需要经过较长的时间,如不先予执行,必然使原告的治疗时间耽误或者造成严重后果。

人民法院对下列案件,根据当事人的申请,可以裁定先予执行:追索赡养费、抚养费、抚育费、抚恤金、医疗费用的;追索劳动报酬的;因情况紧急需要先予执行的。

7. 审判程序

审判程序是民事诉讼法规定的最为重要的内容,它是人民法院审理案件使用的程序,可以分为一审程序、二审程序和审判监督程序。

1）一审程序

一审程序包括普通程序和简易程序。

普通程序是《民事诉讼法》规定的民事诉讼当事人进行第一审民事诉讼和人民法院审理

第一审民事案件所通常适用的诉讼程序。同时,由于我国现行《民事诉讼法》并未单独规定有关审判程序的总则,普通程序的有关规定在一定程度上还起着程序总则的作用。例如,《民事诉讼法》第157条规定:"第二审人民法院审理上诉案件,除依照本章规定外,适用第一审普通程序。"

适用普通程序审理的案件,根据《民事诉讼法》第135条的规定,应当在立案之日起6个月内审结。有特殊情况需要延长的,由本院院长批准,可以延长6个月;还需要延长的,报请上级法院批准。

(1)起诉和受理

① 起诉

根据《民事诉讼法》第108条规定,起诉必须符合下列条件:

(a)原告是与本案有直接关系的公民、法人和其他组织;

(b)有明确的被告;

(c)有具体的诉讼请求、事实和理由;

(d)属于人民法院受理民事诉讼的范围和由受诉人民法院管辖。

起诉方式,应当以书面起诉为原则,口头起诉为例外。工程实践中,基本都是采用书面起诉方式。《民事诉讼法》第109条第1款规定:"起诉应当向人民法院提交起诉状,并按照被告人数提出副本。"根据《民事诉讼法》第110条规定,起诉状应当记明下列事项:当事人的姓名、性别、年龄、民族、职业、工作单位和住所,法人或者其他组织的名称、住所和法定代表人或者主要负责人的姓名、职务;诉讼请求和所根据的事实和理由;证据和证据来源,证人姓名和住所。

② 受理

根据《民事诉讼法》第112条的规定,人民法院收到起诉状,经审查,认为符合起诉条件的,应当在7日内立案并通知当事人。认为不符合起诉条件的,应当在7日内裁定不予受理。原告对裁定不服的,可以提起上诉。

(2)审理前的主要准备工作

① 送达起诉状副本和提出答辩状

《民事诉讼法》第113条规定:"人民法院应当在立案之日起五日内将起诉状副本发送被告,被告在收到之日起十五日内提出答辩状。被告提出答辩状的,人民法院应当在收到之日起五日内将答辩状副本发送原告。被告不提出答辩状的,不影响人民法院审理。"当事人对管辖权有异议的,应当在提交答辩状期间提出。

② 告知当事人诉讼权利义务及组成合议庭

人民法院对决定受理的案件,应当在受理案件通知书和应诉通知书中向当事人告知有关的权利和义务,或者口头告知。

普通程序的审判组织应当采用合议制。《民事诉讼法》第115条规定:"合议庭组成人员确定后,应当在三日内告知当事人。"

(3)开庭审理

① 法庭调查

法庭调查,是在法庭上出示与案件有关的全部证据,对案件事实进行全面调查并由当事人进行质证的程序。根据《民事诉讼法》第124条的规定,法庭调查包括:法庭当事人陈述;

告知证人的权利义务，证人作证，宣读未到庭的证人证言；出示书证、物证和视听资料；宣读鉴定结论；宣读勘验笔录。

②法庭辩论

法庭辩论，是当事人及其诉讼代理人在法庭上行使辩论权，针对有争议的事实和法律问题进行辩论的程序。其目的是通过当事人及其诉讼代理人的辩论，对有争议的问题逐一进行审查和核实，借此查明案件的真实情况和正确适用法律。法定辩论终结后，由审判长按原告、被告、第三人的先后顺序征得各方面最后意见。

③法庭笔录

《民事诉讼法》第133条规定，书记员应当将法庭审理的全部活动记入笔录，由审判人员和书记员签名。

法庭笔录应当当庭宣读，也可以告知当事人和其他诉讼参与人当庭或者在5日内阅读。当事人和其他诉讼参与人认为对自己的陈述记录有遗漏或者差错的，有权申请补正。法庭笔录由当事人和其他诉讼参与人签名或者盖章。

④宣判

法庭辩论终结，应当依法作出判决。根据《民事诉讼法》的有关规定，判决前能够调解的，还可以进行调解。调解书经双方当事人签收后，即具有法律效力。调解不成的，如调解未达成协议或者调解书送达前一方反悔的，人民法院应当及时判决。

根据《民事诉讼法》第129条、第130条的规定，原告经传票传唤，无正当理由拒不到庭的，或者未经法庭许可中途退庭的，可以按撤诉处理；被告反诉的，可以缺席判决。被告经传票传唤，无正当理由拒不到庭的，或者未经法庭许可中途退庭的，可以缺席判决。

人民法院一律公开宣告判决，同时必须告知当事人上诉权利、上诉期限和上诉的法院。最高人民法院的判决、裁定，以及超过上诉期没有上诉的判决、裁定，是发生法律效力的判决、裁定。

2）二审程序

第二审程序，又称上诉程序或终审程序，是指由于民事诉讼当事人不服地方各级人民法院尚未生效的第一审判决或裁定，在法定上诉期间内，向上一级人民法院提起上诉而引起的诉讼程序。由于我国实行两审终审制，上诉案件经二审法院审理后，作出的判决、裁定为终审的判决、裁定，诉讼程序即告终结。

（1）上诉期间

根据《民事诉讼法》第147条的规定，当事人不服地方人民法院第一审判决的，有权在判决书送达之日起15日内向上一级人民法院提起上诉；不服地方人民法院第一审裁定的，有权在裁定书送达之日起10日内向上一级人民法院提起上诉。

（2）上诉状

《民事诉讼法》规定当事人提起上诉，应当递交上诉状。上诉状应当通过原审法院提出，并按照对方当事人的人数提出副本。

（3）二审法院对上诉案件的处理

根据《民事诉讼法》第153条的规定，第二审人民法院对上诉案件，经过审理，按照下列情形，分别处理：

①原判决认定事实清楚，适用法律正确的，判决驳回上诉，维持原判决；

② 原判决适用法律错误的,依法改判;

③ 原判决认定事实错误,或者原判决认定事实不清,证据不足,裁定撤销原判决,发回原审人民法院重审,或者查清事实后改判;

④ 原判决违反法定程序,可能影响案件正确判决的,裁定撤销原判决,发回原审人民法院重审。

第二审人民法院的判决、裁定,是终审的判决、裁定。第二审法院作出的具有给付内容的判决,具有强制执行力,如果有履行义务的当事人拒不履行,对方当事人有权向法院申请强制执行。

对于发回原审法院重审的案件,原审法院仍将按照一审程序进行审理。因此,当事人对重审案件的判决、裁定,仍然可以上诉。

8. 审判监督程序

1) 审判监督程序的概念

审判监督程序,即再审程序,是指对已经发生法律效力的判决、裁定、调解书,人民法院认为确有错误,对案件再行审理的程序。

审判监督程序的意义是通过审判监督程序,可依法纠正已经发生法律效力的错误判决、裁定,有利于保证国家法律的统一和正确实施,准确有效地惩罚犯罪分子,充分体现和贯彻实事求是、有错必纠的方针政策;有利于加强最高人民法院对地方各级人民法院,上级人民法院对下级人民法院以及人民检察院对人民法院审判工作的监督,及时发现审判中存在的问题,改进审判工作方法和作风,提高审判人员的素质;通过审判监督程序,可以充分发挥人民群众对审判工作的监督作用。

2) 审判监督程序的提起

(1) 人民法院提起再审的程序

人民法院提起再审,必须是已经发生法律效力的判决、裁定确有错误。其程序为:"各级人民法院院长对本院已经发生法律效力的判决、裁定,发现确有错误,认为需要再审的,应当提交审判委员会讨论决定。最高人民法院对地方各级人民法院已经发生法律效力的判决、裁定,上级人民法院对下级人民法院已经发生法律效力的判决、裁定,发现确有错误的,有权提审或者指令下级人民法院再审。"再审的裁定中同时写明中止原判决裁定的执行。

(2) 当事人申请再审的程序

当事人申请不一定引起审判监督程序,依据《民事诉讼法》,当事人对已经发生法律效力的判决、裁定认为有错误的,可以向上一级人民法院申请再审,但不停止判决、裁定的执行。当事人的申请符合下列情形之一的,人民法院应当再审:

① 有新的证据,足以推翻原判决、裁定的;

② 原判决、裁定认定的基本事实缺乏证据证明的;

③ 原判决、裁定认定事实的主要证据是伪造的;

④ 原判决、裁定认定事实的主要证据未经质证的;

⑤ 对审理案件需要的证据,当事人因客观原因不能自行收集,书面申请人民法院调查收集,人民法院未调查收集的;

⑥ 原判决、裁定适用法律确有错误的;

⑦ 违反法律规定,管辖错误的;

⑧ 审判组织的组成不合法或者依法应当回避的审判人员没有回避的；

⑨ 无诉讼行为能力人未经法定代理人代为诉讼或者应当参加诉讼的当事人，因不能归责于本人或者其诉讼代理人的事由，未参加诉讼的；

⑩ 违反法律规定，剥夺当事人辩论权利的；

⑪ 未经传票传唤，缺席判决的；

⑫ 原判决、裁定遗漏或者超出诉讼请求的；

⑬ 据以作出原判决、裁定的法律文书被撤销或者变更的。

对违反法定程序可能影响案件正确判决、裁定的情形，或者审判人员在审理该案件时有贪污受贿，徇私舞弊，枉法裁判行为的，人民法院应当再审。

当事人申请再审，应当在判决、裁定发生法律效力后 2 年内提出；2 年后据以作出原判决、裁定的法律文书被撤销或者变更，以及发现审判人员在审理该案件时有贪污受贿，徇私舞弊，枉法裁判行为的，自知道或者应当知道之日起 3 个月内提出。

3）抗诉

抗诉是指人民检察院对人民法院发生法律效力的判决、裁定，发现有提起抗诉的法定情形，提请人民法院对案件重新审理。最高人民检察院对各级人民法院已经发生法律效力的判决、裁定，上级人民检察院对下级人民法院已经发生法律效力的判决、裁定，发现有上文情形之一的，应当提请上级人民检察院向同级人民检察院提出抗诉。

9. 督促程序

督促程序是中国现行《民事诉讼法》中的一种审判程序，是指人民法院根据债权人提出的要求债务人给付一定的金钱或者有价证券的申请，向债务人发出附条件的支付令，以催促债务人限期履行义务，如果债务人在法定期间内不提出异议，该支付令即具有执行力的一种程序。中国在 1982 年《民事诉讼法（试行）》中并没有规定督促程序，至 1991 年《民事诉讼法》才增设了这一程序。

10. 执行程序

审判程序与执行程序是并列的独立程序。审判程序是产生裁判书的过程，执行程序是实现裁判书内容的过程。

1）执行程序的概念

执行程序，是指人民法院的执行组织依照法定的程序，对发生法律效力的法律文书确定的给付内容，以国家强制力为后盾，依法采取强制措施，迫使义务人履行义务的行为。

2）执行根据

执行应当具备的条件是，其应当以生效的法律文书为根据，具备给付内容，并且执行必须以负有义务一方当事人无故拒不履行义务为前提。

执行根据，是当事人申请执行、人民法院移交执行以及人民法院采取强制措施的依据。执行根据是执行程序发生的基础，没有执行根据，当事人不能向人民法院申请执行，人民法院也不得采取强制措施。

3）执行案件的管辖

发生法律效力的民事判决、裁定，以及刑事判决、裁定中的财产部分，由第一审人民法院或者与第一审人民法院同级的被执行的财产所在地人民法院执行。

法律规定两个以上人民法院都有执行管辖权的，由最先接受申请的人民法院执行。

4) 执行程序

（1）申请

《民事诉讼法》第 212 条规定，发生法律效力的民事判决、裁定，当事人必须履行。一方拒绝履行的，对方当事人可以向人民法院申请执行，也可以由审判员移送执行员执行。调解书和其他应当由人民法院执行的法律文书，当事人必须履行。一方拒绝履行的，对方当事人可以向人民法院申请执行。申请执行的期间为 2 年，从法律文书规定履行期限的最后一日起计算，法律文书规定分期履行的，从规定的每次履行期限的最后一日起计算；法律文书未规定履行期间的，从文书生效之日起计算。

（2）执行

人民法院的裁判生效后，由审判该案的审判人员将案件直接交付执行人员，随即开始执行程序。

（3）再审请

人民法院自收到申请执行书之日起超过 6 个月未执行的，申请执行人可以向上一级人民法院申请执行。上一级人民法院经审查，可以责令原人民法院在一定期限内执行，也可以决定由本院执行或者指令其他人民法院执行。

5) 执行措施

执行措施是指人民法院依照法定程序强制执行生效法律文书的方法和手段。被执行人不履行法律文书确定的义务，并有可能隐匿、转移财产的，执行员可以立即采取强制执行措施。

执行措施主要有：

（1）查封、冻结、划拨被执行人的存款；

（2）扣留、提取被执行人的收入；

（3）查封、扣押、拍卖、变卖被执行人的财产；

（4）对被执行人及其住所或财产隐匿地进行搜查；

（5）强制被执行人交付法律文书指定的财物或票证；

（6）强制被执行人迁出房屋或退出土地；

（7）强制被执行人履行法律文书指定的行为；

（8）办理财产权证照转移手续；

（9）强制被执行人支付迟延履行期间的债务利息或迟延履行金；

（10）债权人可以随时请求人民法院执行。

2007 年 10 月 28 日第十届全国人民代表大会常务委员会第三十次会议通过关于修改《中华人民共和国民事诉讼法》的决定中对于执行措施增加了两条：

（1）被执行人未按执行通知履行法律文书确定的义务，应当报告当前以及收到执行通知之日前一年的财产情况。被执行人拒绝报告或者虚假报告的，人民法院可以根据情节轻重对被执行人或者其法定代理人、有关单位的主要负责人或者直接责任人员予以罚款、拘留。

（2）被执行人不履行法律文书确定的义务的，人民法院可以对其采取或者通知有关单位协助采取限制出境，在征信系统记录、通过媒体公布不履行义务信息以及法律规定的其他措施。

6）执行中止和终结

（1）执行中止

执行中止是指在执行过程中，因发生特殊情况，需要暂时停止执行程序。《民事诉讼法》第232条规定，有下列情况之一的，人民法院应裁定中止执行：①申请人表示可以延期执行的；②案外人对执行标的提出确有理由异议的；③作为一方当事人的公民死亡，需要等待继承人继承权利或承担义务的；④作为一方当事人的法人或其他组织终止，尚未确定权利义务承受人的；⑤人民法院认为应当中止执行的其他情形，如被执行人确无财产可供执行等。中止的情形消失后，应当恢复执行。

（2）执行终结

执行终结是指在执行过程中，因出现某些特殊情况，执行工作无法继续进行或没有必要继续进行时，结束执行程序。《民事诉讼法》第233条规定，有下列情况之一的，人民法院应当裁定终结执行：①申请人撤销申请的；②据以执行的法律文书被撤销的；③作为被执行人的公民死亡，无遗产可供执行，又无义务承担人的；④追索赡养费、抚养费、抚育费案件的权利人死亡的；⑤作为被执行人的公民因生活困难无力偿还借款，无收入来源，又丧失劳动能力的；⑥人民法院认为应当终结执行的其他情形。

8.1.5 仲裁时效

1. 仲裁时效的概念

仲裁时效是指权利人向仲裁机构请求保护其权利的法定期限，也即权利人在法定期限内没有行使权力，即丧失提请仲裁以保护其权益的权利。仲裁分为商事仲裁和劳动仲裁两个大类。《仲裁法》第74条规定："法律对仲裁时效有规定的，适用该规定。法律对仲裁时效没有规定的，适用诉讼时效的规定。"

2. 仲裁时效期间

依照《仲裁法》第74条的规定，商事仲裁时效适用相关诉讼时效的规定，具体包括：

《民法通则》第135条规定，向人民法院请求保护民事权利的诉讼时效期间为2年，法律另有规定的除外。第136条规定，下列的诉讼时效期间为1年：①身体受到伤害要求赔偿的；②出售质量不合格的商品未声明的；③延付或者拒付租金的；④寄存财物被丢失或者损毁的。

在未来新《民法总则》里明确规定，向人民法院请求保护民事权利的诉讼时效期间不再是2年，改为3年。

《合同法》第129条规定，因国际货物买卖合同和技术进出口合同争议提起诉讼或者申请仲裁的期限为4年。

《中华人民共和国劳动争议调解仲裁法》（以下简称《劳动争议调解仲裁法》）第27条规定，劳动争议申请仲裁的时效期间为1年。

3. 仲裁时效的计算

仲裁时效期间应从权利人知道或者应当知道权利被侵害时起计算。同样，《民法通则》有关诉讼时效中止及中断的规定也应适用于商事仲裁时效和劳动仲裁时效。在仲裁时效期间的最后6个月内,权利人因不可抗力或者其他障碍不能行使请求权的,仲裁时效中止,从中止的原因消除之日起,仲裁时效期间继续计算;权利人提出要求或者义务人同意履行的行为可构成仲裁时效中断,从中断时起,仲裁时效期间得以重新计算。

此外,对于劳动仲裁来说,如果劳动关系存续期间因拖欠劳动报酬发生争议的,劳动者申请仲裁不受仲裁时效期间的限制;但是,劳动关系终止的,应当自劳动关系终止之日起1年内提出。

8.1.6 诉讼时效

1. 诉讼时效的概念

诉讼时效,是指权利人在法定期间内,不行使权利即丧失请求人民法院保护的权利。超过诉讼时效期间,在法律上发生的效力是权利人的胜诉权消灭,即丧失请求法院保护的权利。诉讼时效届满后,义务人虽可拒绝履行其义务,权利人请求权的行使仅发生障碍,权利本身及请求权并不消灭。超过诉讼时效期间权利人起诉,如果符合民事诉讼法规定的起诉条件,法院仍然应当受理。但是,如果法院经受理后查明无中止、中断、延长事由的,判决驳回诉讼请求。

根据《民法通则》第138条的规定,超过诉讼时效期间,当事人自愿履行的,不受诉讼时效限制。最高人民法院《关于贯彻执行中华人民共和国〈民法通则〉若干问题的意见(试行)》第171条则进一步规定,过了诉讼时效期间,义务人履行义务后又以超过诉讼时效为由反悔的,不予支持。

2. 诉讼时效期间的种类

根据我国《民法通则》及有关法律的规定,诉讼时效期间通常可划分为4类。

(1) 普通诉讼时效,是指在一般情况下普遍适用的时效,这类时效不是针对某一特殊情况规定的,而是普遍适用的。我国《民法通则》第135条规定:"向人民法院请求保护民事权利的诉讼时效期间为2年,法律另有规定的除外。"因此我国一般民事诉讼的一般诉讼时效为2年。

(2) 短期诉讼时效,是指诉讼时效不满2年的时效。下列诉讼时效期间为1年:①身体受到伤害要求赔偿的;②延付或拒付租金的;③出售质量不合格的商品未声明的;④寄存财物被丢失或损毁的。

(3) 长期诉讼时效,是指诉讼时效在2年以上20年以下的诉讼时效。如《环境保护法》第42条规定:"因环境污染损害赔偿提起诉讼的时效期间为3年,从当事人知道或者应当知道受到污染损害起时计算"。又如《海商法》第265条规定:"有关船舶发生油污损害的请求权,时效期间为3年,自损害发生之日起计算;但是,在任何情况下时效期间不得超过从造成损害的事故发生之日起6年"。

(4) 最长诉讼时效,为20年。我国《民法通则》第137条规定:"从权利被侵害之日起超过二十年,人民法院不予保护"。根据这一规定,最长的诉讼时效的期间是从权利被侵害之日起计算,权利享有人不知道自己的权利被侵害,时效最长也是20年,超过20年,人民法院不予保护。

时效具有强制性,任何时效都由法律、法规强制规定,任何单位或个人对时效的延长、缩短、放弃等约定都是无效的。

3．诉讼时效期限的起算

《民法通则》第 137 条规定,诉讼时效期间从知道或者应当知道权利被侵害时起计算。这是原则性规定,依照《最高人民法院关于审理民事案件适用诉讼时效制度若干问题的规定》,在下列情况下,诉讼时效期间的计算方法是:

(1) 对于人身伤害而发生的损害赔偿请求权,伤害明显的,从受伤害之日起算;伤害当时未曾发现,后经检查确诊并能证明是由侵害引起的,从伤势确诊之日起算。

(2) 当事人约定一方债务分期履行的,诉讼时效期间从最后一期履行届满之日起计算。

(3) 未约定履行期限的合同,依照《合同法》第 61 条、第 62 条的规定,可以确定履行期限的,诉讼时效期间从履行期限届满之日起计算;不能确定履行期限的,诉讼时效期间从债权人要求债务人履行义务的宽限期届满之日起计算,但债务人在债权人第一次向其主张权利之时明确表示不履行义务的,诉讼时效期间从债务人明确表示不履行义务之日起计算。

(4) 享有撤销权的当事人一方请求撤销合同的,应适用《合同法》第 55 条"当事人自知道或者应当知道撤销事由之日起一年内没有行使撤销权的,撤销权消灭"的规定。对方当事人对撤销合同请求权提出诉讼时效抗辩的,人民法院不予支持。合同被撤销,返还财产、赔偿损失请求权的诉讼时效期间从合同被撤销之日起计算。

(5) 返还不当得利请求权的诉讼时效期间,从当事人一方知道或者应当知道不当得利事实及对方当事人之日起计算。

(6) 管理人因无因管理行为产生的给付必要管理费用、赔偿损失请求权的诉讼时效期间,从无因管理行为结束并且管理人知道或者应当知道之日起计算。本人因不当无因管理行为产生的赔偿损失请求权的诉讼时效期间,从其知道或者应当知道管理人及损害事实之日起计算。

4．诉讼时效的中止和中断

1) 诉讼时效中断

诉讼时效的中断,是指在诉讼时效期间进行中,因发生一定的法定事由,致使已经经过的时效期间统归无效,待时效中断的事由消除后,诉讼时效期间重新起算。

《民法通则》第 140 条规定:"诉讼时效因提起诉讼、当事人一方提出要求或者同意履行义务而中断。从中断时起,诉讼时效期间重新计算。"

《最高人民法院关于审理民事案件适用诉讼时效制度若干问题的规定》规定了诉讼时效中断的特殊情形。

2) 诉讼时效中止

诉讼时效中止,是指在诉讼时效进行中,因一定的法定事由产生而使权利人无法行使请求权,暂停计算诉讼时效期间。

《民法通则》第 139 条规定,在诉讼时效期间的最后 6 个月内,因不可抗力或者其他障碍不能行使请求权的,诉讼时效中止。从中止时效的原因消除之日起,诉讼时效期间继续计算。

根据上述规定,诉讼时效中止,应当同时满足以下两个条件:

(1) 权利人由于不可抗力或者其他障碍,不能行使请求权;

(2) 导致权利人不能行使请求权的事由发生在诉讼时效期间的最后 6 个月内。

符合上述两个条件,诉讼时效中止,即诉讼时效期间暂时停止计算。等到导致诉讼时效中止的原因消除后,也就是权利人开始可以行使请求权时起,诉讼时效期间继续计算。

案例1:

2012年5月8日,马某骑车回家经过一个工地,掉入没有设置明显标志和采取安全措施的坑中,当时未予注意,5月29日去医院检查才发现骨折。马某于同年6月10日出院,找到建设项目的发包人和承包人要求赔偿。两个单位相互推诿。次日,马某前往法院起诉,突遭台风袭击,被迫中途返回。

请分析本案的诉讼时效类型,分析其中涉及诉讼时效中断或者中止的情形。

分析:马某为身体受到损害而要求赔偿,故适用短期诉讼时效为1年。根据法律规定,该诉讼时效的起算时间从知道或应当知道权利被侵害时计算,故起算日为2012年5月29日,也就是说本案的诉讼时效将于2013年5月29日届满。但是,6月10日当事人提出赔偿要求,故此时诉讼时效中断,从6月10日重新起算,故诉讼时效将于2013年6月10日届满。次日,马某去法院起诉,突遭台风,属于不可抗力,但是不满足诉讼时效中止的条件,因为时效中止的条件必须是在诉讼时效期间的最后6个月内。

案例2:

2012年5月张某向王某借取一万元人民币,并出具未注明还款时间的借据一份,2013年4月、2015年3月王某分别以口头方式,2016年以书面方式向张某催讨欠款,张某均以自己系支取合伙利润(张某与王某系合伙人)而非借款为由,拒绝归还。为此,王某向法院提起民事诉讼。庭审中,张某否认王某于2015年3月有向自己第二次催讨过欠款,因此认为该诉讼已超过两年的诉讼时效,请求依法驳回诉讼请求。

分析:根据法律规定,当事人向人民法院请求保护民事权利的诉讼时效期间为3年。未注明还款日期的借据的诉讼时效从权利人主张权利时开始计算。本案是否超过诉讼时效的关键问题是,如何认定王某第二次口头向张某主张权利的行为。对此,可以从以下两方面加以认定。

第一,根据法律有关规定,未注明还款期限的借据,诉讼时效为20年,但自权利人主张权利时起,诉讼时效为两年。该案庭审中,王某与张某双方均认可2013年4月王某第一次向张某主张权利的行为,由于双方认可,故无须证据予以证实。由于该次主张权利行为的成立,导致本案诉讼时效自2013年4月开始计算至2015年4月止届满。

第二,张某否认王某在2015年3月(届满前)向自己第二次口头主张权利的行为,王某对自己第二次向张某口头主张权利行为,应提供证据证实。其不能提供相应证据予以证实,应承担举证不能的法律后果。即法院对该次口头主张权利的行为,不予认定。王某虽于2016年以书面方式再次向张某主张权利,但张某对该债务未予重新认可,故本案已超过诉讼时效。

第三,张某虽有规避法律的嫌疑,但王某无论是在主张权利的过程中或是在诉讼过程中,均有避免张某规避法律行为发生的可能,因此该诉讼风险应由王某承担。

所以,当事人是否会保护好自身权利,有可能产生截然不同的结果,因此,在民间借贷中当事人应善于保护好自己的合法权益。

5. 不适用于诉讼时效的情形

根据我国现行法律的规定,诉讼时效只适用于财产权中的债权性请求权。因此下列权利不适用诉讼时效：

（1）人身权的请求权。

（2）财产性支配权：包括物权和知识产权。

（3）抗辩权。

（4）形成权。即权利人得以自己一方的意思表示而使法律关系发生变化的权利。在特定情形下，法律允许权利主体对某项法律关系采取单方面的行动。在义务人不履行某项请求权的情况下，必须以强制力来迫使其履行。而在这里则是另外一种情况。权利主体采取行动不需要另外一个人的参与。这种权利便是形成权。形成权适用除斥期间的规定，不适用诉讼时效的规定。

（5）存款本息的请求权具有无特定履行期限、存款人可以随时请求金融机构兑付的特殊性，如果适用诉讼时效，会关系到民众的生存利益，对于民众的生存利益会带来深刻影响，也不符合这个法律存在的特性，所以存款本息不适用。

（6）认购人是基于对国家和对金融机构的信赖购买债权的，他的投资具有类似于储蓄的性质，所以由国债和金融债产生的支付体系请求权不应该适用诉讼时效。

（7）基于投资产生的缴付出资的请求权，不受诉讼时效的规定，主要是考虑到充足的资本是企业开展对外经营活动的保障，也是对外承担民事责任的担保，足额出资也是公司法定义务，缴付出资请求权不应该受到时效的限制，否则有违公司资本充足的原则。

（8）如果对物权请求权适用诉讼时效，那么，超过诉讼时效而被他人占有的财产就会成为无主物。

但需注意的是：人身权、物权、知识产权受到侵害后权利人根据侵权行为要求对方承担损害赔偿的请求权由于是债权，所以受诉讼时效的限制。

案例：

某沿海城市为发展旅游业，经批准兴建一座三星级大酒店。该项目甲方于2000年10月10日分别与某建筑工程公司（乙方）和某外资装饰工程公司（丙方）签订了主体建筑工程施工合同和装饰工程施工合同。合同约定主体建筑工程施工于当年11月10日正式开工。合同日历工期为2年5个月。因主体工程与装饰工程分别为两个独立的合同，由两个承包商承建，为保证工期，当事人约定：主体与装饰施工采取立体交叉作业，即主体完成三层，装饰工程承包者立即进入装饰作业。为保证装饰工程达到三星级水平，业主委托监理公司实施"装饰工程监理"。在工程施工一年半时，甲方要求乙方将竣工日期提前2个月，双方协商修订施工方案后达成协议。该工程按变更后的合同工期竣工，经验收后投入使用。在该工程投入使用两年半后，乙方因甲方少付工程款起诉至法院。诉称：甲方于该工程验收合格后签发了竣工验收报告，并已开张营业。在结算工程款时，甲方本应付工程总价款1600万元人民币，但只付1400万元人民币。特请求法庭判决被告支付剩余的200万元及拖期的利息。

在庭审中，被告答称：原告主体建筑工程施工质量有问题，如：电梯间门洞、大厅墙面、游泳池等主体施工质量不合格。因此，装修商进行返工，并提出索赔，经监理工程师签字报业主代表认可，共支付15万美元，折合人民币120余万元。此项费用应由原告承担。另还有其他质量问题，并造成客房、机房设备、设施损失计人民币75万元，共计损失200万元人民币，应从总工程款中扣除，故支付乙方主体工程款总额为1400万元人民币。

原告辩称：被告称工程主体不合格不属实，并向法庭呈交了业主及有关方面签字的合格竣工验收报告及业主致乙方的感谢信等证据。

被告又辩称：竣工验收报告及感谢信，是在原告法定代表人宴请我方时，提出为了企业晋级的情况下，我方代表才签的字。此外，被告代理人又向法庭呈交业主被日本立成装饰工程公司提出的索赔15万美元(经监理工程师和业主代表签字)的清单56件。

原告再辩称：被告代表发言无事实依据，请求法庭以文字为证。又指出：被告委托的监理工程师监理的装饰合同，支付给装饰公司的费用凭单，并未经过我方(乙方)代表的签字认可，因此不承担责任。

原告最后请求法庭关注：从签发竣工验收报告到起诉前，乙方向甲方多次以书面方式提出结算要求。在长达两年多的时间里，甲方从未向乙方提出过工程存在质量问题。

那么，原告、被告之间的合同是否有效？主体工程施工质量不合格时，业主应采取哪些正当措施？对于乙方因工程款纠纷的起诉和甲方因工程质量问题的起诉，法院应否予以保护？装饰合同执行中的索赔，是否对乙方具有约束力？

分析：该案例所涉及的法律、法规有：《中华人民共和国民法通则》《中华人民共和国合同法》《建设工程施工合同(示范文本)》《建设工程质量管理条例》等。

合同双方当事人符合建设工程施工合同主体资格的要求，并且合同订立形式与内容均合法，所以原、被告之间的合同有效。

根据《建设工程质量管理条例》的规定，主体工程保修期为设计文件规定的该工程合理使用年限。在保修期内发生质量问题的，业主应及时通知承包商进行修理。承包商在接到修理通知7日内派人修理。承包商不在约定期限内派人修理，业主可委托其他人员修理，保修费用从质量保修金内扣除。

根据我国《民法通则》的规定，向人民法院请求保护民事权利的诉讼时效期限为2年，从当事人知道或应当知道权利被侵害时起算。本案例中业主在直至庭审前的2年多时间里，一直未就质量问题提出异议，已超过诉讼时效，所以，不予保护。而乙方自签发竣工验收报告后，向甲方多次以书面方式提出结算要求，其诉讼权利应予保护。

本案例中，主体工程合同与装饰工程合同是两个分别独立的合同。如果确因主体工程质量不合格，装修商进行返修向甲方提出索赔，根据《建设工程施工合同(示范文本)》的规定，甲方应在索赔事件发生28天内向乙方发出索赔通知，否则乙方可不接受业主索赔要求。因此，本案例中装饰合同执行中的索赔条款对乙方无约束力。

8.2 证据的种类、保全及应用

证据，是证明(案件)事实的依据，或是在诉讼中能够证明案件真实情况的各种资料，证据问题是诉讼的核心问题，全部诉讼活动实际上都是围绕证据的搜集和运用进行。当事人要证明自己提出的主张，需要向法院提供相应的证据资料。正确搜集证据需要知晓证据的种类；运用证据保全手段可以不使对自己有利的证据灭失；掌握证据的应用，能够确保证据发挥作用。

8.2.1 证据的种类

根据《民事诉讼法》第63条的规定,根据表现形式的不同,民事证据有以下8种,分别是:当事人的陈述,书证,物证,视听资料,电子数据,证人证言,鉴定意见和勘验笔录。

1. 书证和物证

1)书证

书证,是指以所载文字、符号、图案等方式所表达的思想内容来证明案件事实的书面材料或者其他物品。书证在民事诉讼和仲裁中普遍存在并被大量运用,具有非常重要的作用。书证一般表现为各种书面形式文件或纸面文字材料(但非纸类材料亦可成为书证载体,例如木、竹金属等),如合同文件、各种信函、会议纪要、电报、传真、电子邮件、图纸、图表等。书证具有重大意义:①有些书证可以直接证明案件的性质、作案动机和目的;②可以鉴别其他证据的真伪;③可以揭穿犯罪分子的狡辩和虚伪的陈述;④在贪污等经济犯罪案件中,书证是不可缺少的证据。

2)物证

物证,则是指能够证明案件事实的物品及其痕迹,凡是以其存在的外形、重量、规格、损坏程度等物体的内部或者外部特征来证明待证事实的一部或者全部的物品及痕迹,均属于物证范畴。在工程实践中,在对建筑材料、设备以及工程质量进行鉴定的过程中所涉及的各种证据,往往表现为物证这种形式。

在特定情况下,同一物品既可以作书证,又可以作物证。以其书写的内容证明待证事实的情况下是书证,以其外部特征来证明待证事实的情况下又是物证。

在民事诉讼和仲裁过程中,应当遵循"优先提供原件或者原物"原则。根据《民事诉讼法》第68条和最高人民法院《关于民事诉讼证据的若干规定》的有关规定,书证应当提交原件,物证应当提交原物;提交原件或者原物确有困难的,可以提交复制品、照片、副本、节录本;当事人如需自己保存证据原件、原物或者提供原件、原物确有困难的,可以提供经人民法院核对无异的复制件或者复制品;无法与原件、原物核对的复印件、复制品,不能单独作为认定案件事实的依据。

2. 视听资料

视听资料,是指利用录音、录像等技术手段反映的声音、图像以及电子计算机储存的数据证明案件事实的证据。常见的视听资料包括录像带、录音带、传真资料、胶卷、电话录音、雷达扫描资料以及储存于软盘、硬盘或光盘中的计算机数据等。

视听资料虽然具有易于保存、生动逼真等优点,但另一方面,视听资料也有容易通过技术手段被篡改的缺点,并且视听资料的取得还需考虑是否已经侵害了他人合法权益。对此,最高人民法院《关于民事诉讼证据的若干规定》规定,存在有疑点的视听资料,不能单独作为认定案件事实的依据;对于未经对方当事人同意私自录制其谈话取得的资料,只要不是以侵害他人合法权益(如侵害隐私)或者违反法律禁止性规定的方法(如窃听)取得的,仍可以作为认定案件事实的依据。

3. 证人证言和当事人陈述

1) 证人证言

证人，是指了解案件情况并向法院、仲裁机构或当事人提供证词的人。证言，是指证人将其了解的案件事实向法院所作的陈述或者证词。证人就案件情况所作的陈述即为证人证言。

凡是知道案件情况的单位和个人，都有义务出庭作证。有关单位的负责人应当支持证人作证。证人确有困难不能出庭的，经人民法院许可，可以提交书面证言。不能正确表达意志的人，不能作证。最高人民法院《关于民事诉讼证据的若干规定》第69条则进一步规定，"与一方当事人或者其代理人有利害关系的证人出具的证言，以及无正当理由未出庭作证的证人证言，不能单独作为认定案件事实的依据"。

2) 当事人陈述

当事人陈述，是指当事人在诉讼或仲裁中，就本案的事实向法院或仲裁机构所作的陈述。诉讼中的原告、被告和第三人就他们对案件事实的感知和认识所发表的陈词及叙述，依靠当事人陈述，可以反映案件事实的全部或部分面貌。

根据《民事诉讼法》第71条的规定，"人民法院对当事人的陈述，应当结合本案的其他证据，审查确定能否作为认定事实的根据"。最高人民法院《关于民事诉讼证据的若干规定》第76条则进一步规定："当事人对自己的主张，只有本人陈述而不能提出其他相关证据的，其主张不予支持。但对方当事人认可的除外。"

4. 鉴定意见和勘验笔录

1) 鉴定意见

在诉讼中运用专门知识或技能，对某些专门性问题进行检验、分析后所作出的科学判断，称为鉴定。进行这种鉴定活动的人，称为鉴定人。鉴定人对案件中需要解决的专门性问题进行鉴定后作出的结论，称为鉴定意见。诉讼中常见的鉴定有：法医学鉴定，司法精神病学鉴定，会计鉴定，刑事技术和其他种种技术鉴定。

鉴定意见作为我国民事证据的一种，在建设工程纠纷的处理过程中，具有特殊的重要性。工程质量、造价等方面的纠纷处理的过程中，针对有关的专业问题，鉴定意见是法院或仲裁机构据以查明案件事实、进行裁判的重要手段之一。

2) 勘验笔录

勘验笔录是指人民法院为了查明案件的事实，指派勘验人员对与案件争议有关的现场、物品或物体进行查验、拍照、测量，并将查验的情况与结果制成的笔录。通过该途径作为获取证据的方法不但历史悠久，而且各国法律均有所规定，并在司法实践中得到广泛采用。根据《民事诉讼法》第73条规定，勘验物证或者现场，勘验人必须出示人民法院的证件，并邀请当地基层组织或者当事人所在单位派人参加。当事人或者当事人的成年家属应当到场，拒不到场的，不影响勘验的进行。有关单位和个人根据人民法院的通知，有义务保护现场，协助勘验工作。勘验人应当将勘验情况和结果制作笔录，由勘验人、当事人和被邀参加人签名或者盖章。

5. 电子数据

电子数据是案件发生过程中形成的，以数字化形式存储、处理、传输的，能够证明案件事实的数据。电子数据包括但不限于下列信息、电子文件：网页、博客、微博、朋友圈、贴吧、网盘等网络平台发布的信息；手机短信、电子邮件、即时通信、通信群组等网络应用服务的通信信息；用户注册信息、身份认证信息、电子交易记录、通信记录、登录日志等信息；文档、图片、音视频、数字证书、计算机程序等电子文件。

8.2.2　证据的收集和保全

解决纠纷的过程就是证明的过程，在诉讼或仲裁中，哪些事实需要证据证明，哪些无须证明；需要证明的事实由谁证明；靠什么证明；怎么证明；证明到什么程度，这五个问题构成了证据应用的全部内容，即证明对象、举证责任、证据收集、证明过程、证明标准。证据保全是重要的证据固定措施。

1. 证据的收集

证据的收集是指执法机关和律师为了证明特定的案件事实，按照法律规定的范围和程序，收集证据和证据材料的法律活动。证据必须由司法人员和当事人依据法定程序收集和提供。

法律为证据的收集提供了保障。例如，根据《中华人民共和国律师法》第34条规定："受委托的律师自案件审查起诉之日起，有权查阅、摘抄和复制与案件有关的诉讼文书及案卷材料。受委托的律师自案件被人民法院受理之日起，有权查阅、摘抄和复制与案件有关的所有材料。"再如《中华人民共和国刑事诉讼法》第43条规定："审判人员、检察人员、侦查人员必须依照法定程序，收集能够证实犯罪嫌疑人、被告人有罪或者无罪、犯罪情节轻重的各种证据。"同时，法律也对收集证据手段的合法性做了明确规定，《中华人民共和国刑事诉讼法》第43条规定："严禁刑讯逼供和以威胁、引诱、欺骗以及其他非法的方法收集证据。"

证据收集一般可以通过如下方式进行：①律师向与案件有关的单位或者个人就某一专门性问题进行询问；②律师为了获取相关材料而进行资料查阅；③申请鉴定与造价审计；④申请法院调查取证。

2. 证据保全

纠纷处理的过程是围绕证据展开的，但是，从纠纷的产生直至案件开庭审理必然有一个时间间隔，在这段时间内，有些证据由于自然原因或人为原因，可能会灭失或难以取得。为了防止这种情况可能给当事人的举证以及法院、仲裁机构的审理带来困难，《民事诉讼法》规定了证据保全制度。

证据保全，即在证据可能灭失或以后难以取得的情况下，法院根据申请人的申请或依职权，对证据加以规定和保护的制度。《民事诉讼法》第74条的规定："在证据可能灭失或者以后难以取得的情况下，诉讼参加人可以向人民法院申请保全证据，人民法院也可以主动采取保全措施。"

1) 证据保全的申请

根据最高人民法院《关于民事诉讼证据的若干规定》第23条规定，当事人依据《民事诉讼法》第74条的规定向人民法院申请保全证据的，不得迟于举证期限届满前7日。当事人申请保全证据的，人民法院可以要求其提供相应的担保。

《仲裁法》第46条也规定："在证据可能灭失或者以后难以取得的情况下，当事人可以申请证据保全。当事人申请证据保全的,仲裁委员会应当将当事人的申请提交证据所在地的基层人民法院。"

2) 证据保全的实施

根据最高人民法院《关于民事诉讼证据的若干规定》第24条的规定,人民法院进行证据保全,可以根据具体情况,采用查封、扣押、拍照、录音、录像、复制、鉴定、勘验、制作笔录等方法。人民法院进行证据保全,可以要求当事人或者诉讼代理人到场。

8.2.3　证据的应用

1. 证明对象

证明对象,是指由实体法律规范所确定的,对诉辩请求产生法律意义的,应当由当事人提供证据加以证明的事实。明确证明对象,是为了使司法人员从理论上认识到诉讼中应该证明的问题范围,从而有目的、有步骤地依法收集、运用证据加以证明,不致使调查研究的范围过宽或过窄,影响对案件的正确、合法、及时的处理。证明对象包括实体法事实和程序法事实。

根据最高人民法院《关于民事诉讼证据的若干规定》的规定,如下事实当事人无须举证加以证明:众所周知的事实;自然规律和定理;根据法律规定或者已知事实以及日常生活经验能够推定出的另一个事实;已经为人民法院发生法律效力的裁判所确认的事实;已经为仲裁机构的生效裁决所确认的事实;已经为有效公证文书所证明的事实。

2. 民事诉讼举证责任的分配原则

举证责任,是指当事人对自己提出的主张有收集或提供证据的义务,并有运用该证据证明主张的案件事实成立或有利于自己的主张的责任,否则将承担其主张不能成立的危险。

1) 一般原则

一般原则,即"谁主张,谁举证",当事人应当对自己主张的事实收集证据加以证明。例如甲认为乙欠了自己钱,就要提出乙欠钱的证据(欠条等);如果乙反过来说钱已经还了,也要提出自己的证据。

合同纠纷中,主张合同成立并生效的当事人对合同订立和生效的事实负有举证责任;主张合同变更、解除、中止、撤销的当事人对引起合同变动的事由负有举证责任;合同履行过程发生争议的,负有履行义务的一方承担举证责任;代理权发生争议,主张代理权一方当事人承担举证责任。

侵权纠纷中,主张损害赔偿的权利人应当对引起损害赔偿的事实加以证明;免责事由应当由行为人加以证明。

劳动争议纠纷中,由于用人单位作出开除、除名、辞退、解除劳动合同、减少劳动报酬、结算劳动者工作年限等决定而引发劳动争议的,由用人单位承担举证责任。

虽然举证责任是当事人应尽的义务,但我国《民事诉讼法》同时又规定,在某些情形下,对某些证据,人民法院应当强调收集。这些情形主要包括:①当事人及其诉讼代理人因客观原因不能自行收集证据;②人民法院认为审理案件需要的证据;③人民法院认为需要鉴定、勘验的证据;④当事人提供的证据互相有矛盾,无法认定的证据。除了以上4种情形由人民法院调查收集证据外,其余情形都应由当事人及其诉讼代理人调查收集。

2）举证责任倒置

举证责任倒置，指基于法律规定，将通常情形下本应由提出主张的一方当事人（一般是原告）就某种事由不负担举证责任，而由他方当事人（一般是被告）就某种事实存在或不存在承担举证责任，如果该方当事人不能就此举证证明，则推定原告的事实主张成立的一种举证责任分配制度。在一般证据规则中，"谁主张谁举证"是举证责任分配的一般原则，而举证责任的倒置则是这一原则的例外。

最高人民法院《关于适用〈中华人民共和国民事诉讼法〉若干问题的意见》第74条规定，下列侵权诉讼中，对原告提出的侵权事实，被告否认的，由被告负责举证。这些侵权诉讼包括：①因产品制造方法发明专利引起的专利诉讼；②高度危险作业致人损害的侵权诉讼；③因环境污染引起的损害赔偿诉讼；④建筑物或者其他设施以及建筑物的搁置物、悬挂物发生倒塌、脱落、坠落致人损害的侵权诉讼；⑤饲养动物致人损害的侵权诉讼；⑥有关法律规定由被告承担举证责任的情形。司法解释和国内的学理解释均把这一规定视为举证责任的倒置。

在刑事上也是存在举证责任倒置的情形的，如巨额财产来源不明罪，需由被告人就自己财产来源的合法性举证。

另外，我国《工伤保险条例》里关于举证责任倒置的规定，劳动保障行政部门受理工伤认定申请后，根据审核需要可以对事故伤害进行调查核实，用人单位、职工、工会组织、医疗机构以及有关部门应当予以协助。职业病诊断和诊断争议的鉴定，依照职业病防治法的有关规定执行。对依法取得职业病诊断证明书或者职业病诊断鉴定书的，劳动保障行政部门不再进行调查核实。职工或者其直系亲属认为是工伤，用人单位不认为是工伤的，由用人单位承担举证责任。

3. 证明过程

1）举证时限

举证时限，是指法律规定或法院、仲裁机构指定的当事人能够有效举证的期限。举证时限是一种限制当事人诉讼行为的制度，其主要目的在于促使当事人积极举证，提高诉讼效率，防止当事人违背诚实信用原则，在证据上搞"突然袭击"。

根据最高人民法院《关于民事诉讼证据的若干规定》的有关规定，人民法院在送达案件受理通知书和应诉通知书的同时向当事人送达举证通知书，举证通知书应载明人民法院根据案件情况指定的举证期限以及逾期提供证据的法律后果。由人民法院指定举证期限的，该指定的期限不得少于30日，自当事人收到案件受理通知书和应诉通知书的次日起计算。举证期限也可以由当事人协商一致，并经人民法院认可。

2）证据交换

我国民事诉讼中的证据交换，是指在诉讼答辩期届满后开庭审理前，在人民法院的主持下，当事人之间相互明示其持有证据的过程。证据交换制度的设立，有利于当事人之间明确争议焦点，集中辩论；有利于法院尽快了解案件争议焦点，集中审理；有利于当事人尽快了解对方的事实依据，促进当事人进行和解和调解。

证据交换应当在审判人员的主持下进行。在证据交换的过程中，审判人员对当事人无异议的事实、证据应当记录在卷；对有异议的证据，按照需要证明的事实分类记录在卷，并记载异议的理由。通过证据交换，确定双方当事人争议的主要问题。

3）质证

质证，是指当事人在法庭的主持下，围绕证据的真实性、合法性、关联性，针对证据证明力有无以及证明力大小，进行质疑、说明与辩驳的过程。根据最高人民法院《关于民事诉讼证据的若干规定》第47条的规定，证据应当在法庭上出示，由当事人质证。未经质证的证据，不能作为认定案件事实的依据。

（1）书证、物证、视听资料的质证

根据最高人民法院《关于民事诉讼证据的若干规定》第49条的规定。对书证、物证、视听资料进行质证时，当事人有权要求出示证据的原件或者原物，但有下列情况之一的除外：出示原件或者原物确有困难并经人民法院准许出示复制件或者复制品的；原件或者原物已不存在，但有证据证明复制件、复制品与原件或原物一致的。

（2）证人、鉴定人和勘验人的质证

根据最高人民法院《关于民事诉讼证据的若干规定》第55条和第56条规定，证人应当出庭作证。证人确有困难不能出庭的，经人民法院许可，证人可以提交书面证言或者视听资料或者通过双向视听传输技术手段作证。审判人员和当事人可以对证人进行询问。证人不得旁听法庭审理；询问证人时，其他证人不得在场。人民法院认为有必要的，可以让证人进行对质。

鉴定人应当出庭接受当事人质询。鉴定人确因特殊原因无法出庭的，经人民法院准许，可以书面答复当事人的质询。经法庭许可，当事人可以向证人、鉴定人、勘验人发问。

4）认证

认证，即证据的审核认定，是指人民法院对经过质证或当事人在证据交换中认可的各种证据材料作出审查判断，确认其能否作为认定案件事实的根据。认证是正确认定案件事实的前提和基础，其具体内容是对证据有无证明力和证明力大小进行审查确认。

最高人民法院《关于民事诉讼证据的若干规定》规定，审判人员应当依照法定程序，全面、客观地审核证据，依据法律的规定，遵循法官职业道德，运用逻辑推理和日常生活经验，对证据有无证明力和证明力大小独立进行判断，并公开判断的理由和结果。

复习思考题

8-1 建设领域常见的纠纷有哪几类？

8-2 简述采用和解、调解和仲裁方式解决纠纷的各自特点。

8-3 民事诉讼参与人都包括哪些人？对各自的要求是什么？

8-4 诉讼管辖的分类和各自管辖范围都是什么？

8-5 简述财产保全的概念及适用范围。

8-6 仲裁时效和诉讼时效的概念是什么？各自期限如何计算？

8-7 简述证据的种类，并举例说明。

8-8 通过哪些途径可以收集证据？

第9章

建筑法律责任

9.1 法律责任概述

法律责任是指因违反了法定义务或契约义务，或因不当行使法律权利所产生的，由行为人承担的不利后果。

法律义务不同，行为人所需要承担法律责任的形式也不同。法律责任的形式主要可分为民事法律责任、行政法律责任、刑事法律责任等。有时，法律关系主体的同一行为可能违反多项法律义务，而需承担多种形式的法律责任。如产品致人损害就有可能导致民事法律责任和行政法律责任的产生。

1. 法律责任的构成要件

法律责任的构成要件，是指构成法律责任必须具备的各种条件或必须符合的标准，它是国家机关要求行为人承担法律责任时进行分析、判断的标准。根据违法行为的一般特点，法律责任的构成要件可以划分为：主体、过错、违法行为、损害事实和因果关系5个方面。

(1) 法律责任主体，是指违法主体或者承担法律责任的主体。责任主体不完全等同于违法主体。

(2) 过错，即承担法律责任的主观故意或者过失。

(3) 违法行为，是指违反法律所规定的义务、超越权利的界限行使权利以及侵权行为的总称，实践中认为违法行为包括犯罪行为和一般违法行为。

(4) 损害事实，即受到的损失和伤害的事实，包括对人身、对财产、对精神(或者3个方面兼有的)的损失和伤害。

(5) 因果关系，即行为与损害之间的因果关系，它是存在于自然界和人类社会中的各种因果关系的特殊形式。

2. 免责

免责，是指行为人实施了违法行为，应当承担法律责任，但由于法律的特别规定，可以部分或全部免除其法律责任，即不实际承担法律责任。免责的条件和方式可以分为：

(1) 时效免责，是指超过了诉讼时效，向法院起诉一方丧失胜诉权。

(2) 不诉免责，是指受害的一方不起诉另一方，因此另一方不用承担责任。

(3) 自首、立功免责。

(4) 有效补救免责。即对于那些实施违法行为,造成一定损害,但在国家机关归责之前采取及时补救措施的人,免除其部分或全部责任。

(5) 协议免责或意定免责。这是指双方当事人在法律允许的范围内通过协商所达成的免责,即所谓"私了"。

(6) 自助免责。自助免责是对自助行为所引起的法律责任的减轻或免除。所谓自助行为是指权利人为保护自己的权利,在情势紧迫而又不能及时请求国家机关予以救助的情况下,对他人的财产或自由施加扣押、拘束或其他相应措施,而为法律或公共道德所认可的行为。

(7) 人道主义免责。在权利相对人没有能力履行责任或全部责任的情况下,有关的国家机关或权利主体可以出于人道主义考虑,免除或部分免除有责主体的法律责任。

3. 惩罚性责任与补偿性责任

根据追究责任的目的,法律责任分为惩罚性责任和补偿性责任。

(1) 惩罚,即法律制裁,是国家以法律的道义性为基础,通过强制对责任主体的人身和精神实施制裁的责任方式。

(2) 补偿,是国家以功利性为基础,通过强制力或当事人要求责任主体以作为或不作为形式弥补或赔偿所造成损失的责任方式。

9.2 行政法律责任

行政法律责任,是指有违反有关行政管理的法律规范的规定,但尚未构成犯罪的行为所依法应当受到的法律制裁。行政法律责任主要包括行政处罚和行政处分。

9.2.1 行政处罚

行政处罚是指国家行政机关及其他依法可以实施行政处罚权的组织,对违反经济、行政管理法律、法规、规章,尚不构成犯罪的公民、法人及其他组织实施的一种法律制裁。

1. 行政处罚的特征

行政处罚的前提是相对方实施了违反行政法律规范的行为,而非违反了《刑法》《民法》等其他法律规范的行为。

行政处罚的适用主体是行政机关或法律、法规授权的组织。这一点使它与刑罚区别开来。刑罚的适用主体是人民法院。行政处罚与刑罚的区别是:制裁的性质不同;适用的违法行为不同;惩罚程度及适用的程序不同;制裁机关不同;处罚形式不同。

行政处罚的适用对象是作为行政相对方的公民、法人或其他组织,属于外部行政行为。这一点将它与行政处分区别开来。行政处分只能适用于行政机关的工作人员或其他由行政机关任命或管理的人员。行政处罚与行政处分的区别是:制裁的对象不同;制裁的行为性质不同;制裁的原则不同;惩罚的范围和程度不同;采取的形式不同;两者的救济途径不同。

行政处罚以对违法行为人的惩戒为目的,而不以实现义务为目的。这一点将它与行政强制执行区别开来。行政强制执行的目的在于促使义务人履行义务。

2. 行政处罚的种类

行政处罚的种类,主要是指行政处罚机关对违法行为的具体惩戒制裁手段。根据《行政处罚法》和其他法律、法规的规定,我国的行政处罚可以分为以下几种。

1) 人身罚

人身罚也称自由罚,是指特定行政主体限制和剥夺违法行为人的人身自由的行政处罚。这是最严厉的行政处罚。人身罚主要是指行政拘留和劳动教养。

(1) 行政拘留,也称治安拘留,是特定的行政主体依法对违反行政法律规范的公民,在短期内剥夺或限制其人身自由的行政处罚。

(2) 劳动教养,是指行政机关对违法或有轻微犯罪行为,尚不够刑事处罚且又具有劳动能力的人所实施的一种处罚改造措施。

2) 行为罚

行为罚又称能力罚,是指行政主体限制或剥夺违法行为人特定的行为能力的制裁形式。它是仅次于人身罚的一种较为严厉的行政处罚措施。

(1) 责令停产、停业。这是行政主体对从事生产经营者所实施的违法行为而给予的行政处罚措施。它直接剥夺生产经营者进行生产经营活动的权利。只适用于违法行为严重的行政相对方。

(2) 暂扣或者吊销许可证和营业执照。这是指行政主体依法收回或暂时扣留违法者已经获得的从事某种活动的权利或资格的证书,目的在于取消或暂时中止被处罚人的一定资格,剥夺或限制某种特许的权利。

3) 财产罚

财产罚是指行政主体依法对违法行为人给予的剥夺财产权的处罚形式。它是运用最广泛的一种行政处罚。

(1) 罚款,指行政主体强制违法者承担一定金钱给付义务,要求违法者在一定期限内交纳一定数量货币的处罚。

(2) 没收财物(没收违法所得、没收非法财物等),是指行政主体依法将违法行为人的部分或全部违法所得、非法财物(包括违禁品或实施违法行为的工具)收归国有的处罚方式。

4) 申诫罚

申诫罚又称精神罚、声誉罚,是指行政主体对违反行政法律规范的公民、法人或其他组织的谴责和警戒。它是对违法者的名誉、荣誉、信誉或精神上的利益造成一定损害的处罚方式。

(1) 警告,指行政主体对违法者提出告诫或谴责。

(2) 通报批评,是对违法者在荣誉上或信誉上的惩戒措施。通报批评必须以书面形式作出,并在一定范围内公开。

3. 行政处罚适用与时效

1) 行政处罚的适用

行政处罚适用的条件:一是必须已经实施了违法行为,且该违法行为违反了行政法规范;二是行政相对人具有责任能力;三是行政相对人的行为依法应当受到处罚;四是违法行为未超过追究时效。

如下情形,可以根据相关规定不予处罚:不满 14 周岁的人有违法行为的;精神病人在不能辨认或控制自己行为时有违法行为的;违法行为轻微并及时纠正,没有造成危害后果的;违法行为在两年内未被发现的,除法律另有规定外。

如下情形,可以根据相关规定从轻或减轻处罚:一是已满 14 周岁不满 18 周岁的人有违法行为的;二是主动消除或减轻违法行为危害后果的;三是受他人胁迫有违法行为的;四是配合行政机关查处违法行为有立功表现的;五是其他依法应从轻或减轻行政处罚的情形。所谓从轻处罚,是指在行政处罚的法定种类和法定幅度内,适用较轻的种类或者依照处罚的下限或者略高于处罚的下限给予处罚,但不能低于法定处罚幅度的最低限度。所谓减轻处罚,是指在法定处罚幅度的最低限以下给予处罚。

关于从重处罚问题,《行政处罚法》未作明确规定,但某些特别法律、法规对应当从重处罚的情形作了明确规定。如《治安管理处罚法》第 20 条规定,违反治安管理有下列情形之一的,从重处罚:①有较严重后果的;②教唆、胁迫、诱骗他人违反治安管理的;③对报案人、控告人、举报人、证人打击报复的;④6 个月内曾受过治安管理处罚的。又如,《海关行政处罚实施条例》第 53 条规定,有下列情形之一的,应当从重处罚:①因走私被判处刑罚或者被海关行政处罚后在 2 年内又实施走私行为的;②因违反海关监管规定被海关行政处罚后在 1 年内又实施同一违反海关监管规定的行为的;③有其他依法应当从重处罚的情形的。

2) 行政处罚的追究时效

根据《行政处罚法》规定,行政处罚的追究时效为 2 年,在违法行为发生后 2 年内未被行政机关发现的,不再给予行政处罚;法律另有规定的除外。如修订后的《税收征管法》规定,违反税收法律、行政法规应当给予行政处罚的行为,在 5 年内未被发现的,不再给予行政处罚。根据《治安管理处罚法》规定,违反治安管理行为在 6 个月内没有被公安机关发现的,不再处罚。

行政处罚的追究时效,从违法行为发生之日起计算;违法行为有连续或者继续状态的,从行为终了之日起计算。连续状态,是指行为人连续实施数个同一种类的违法行为;继续状态,是指一个违法行为在时间上的延续。

4. 行政处罚程序

为保障和监督建设行政执法机关有效实施行政管理,保护公民、法人和其他组织的合法权益,促进建设行政执法工作程序化、规范化,根据《行政处罚法》,建设部发布实施了《建设行政处罚程序暂行规定》(1999 年 2 月 3 日建设部令第 66 号发布)。结合《行政处罚法》和《建设行政处罚程序暂行规定》的有关规定,建设行政处罚程序应遵守如下规定。

1) 行政处罚的决定程序

(1) 一般规则

公民、法人或者其他组织有违反行政管理秩序的行为,依法应当给予行政处罚的,行政机关必须查明事实。违法事实不清的,不得给予行政处罚。

行政机关在作出行政处罚决定之前,应当告知当事人作出行政处罚决定的事实理由和依据,并告知当事人依法享有的权利。行政机关及其执法人员违反该规定,未向当事人告知行政处罚的事实、理由和依据的,行政处罚决定不能成立。

当事人有权进行陈述和申辩。行政机关必须充分听取当事人的意见,对当事人提出的事实、理由和证据,应当进行复核;当事人提出的事实、理由或者证据成立的,行政机关应当采纳。行政机关不得因当事人申辩而加重处罚。行政机关及其执法人员违反该规定,拒绝听取当事人的陈述、申辩的,行政处罚决定不成立。

(2) 程序种类

《行政处罚法》《建设行政处罚程序暂行规定》基于建设行政处罚的不同情况,规定了简易程序、一般程序和听证程序。

① 简易程序,是指针对违法事实确凿并有法定依据,对公民处以50元以下、对法人或者其他组织处以1 000元以下罚款或警告的行政处罚而设定的行政处罚程序。适用简易程序可以当场作出行政处罚决定。

② 一般程序,是指普遍适用的行政处罚程序,适用于除适用简易程序的行政处罚以外的其他行政处罚。

③ 听证程序,是指针对行政执法机关作出吊销资质证书、执业资格证书,责令停产停业,责令停业整顿(包括属于停业整顿性质的,责令在规定的时限内不得承接新的业务),责令停止执业业务,没收违法建筑物、构筑物和其他设施以及处以较大数额罚款等行政处罚,而设定的行政处罚程序。对于适用听证程序的行政处罚,行政机关在作出行政处罚决定前,应当告知当事人有要求举行听证的权利;当事人要求听证的,行政机关应当组织听证。当事人不承担行政机关组织的听证的费用。

2) 行政处罚的执行程序

行政处罚的执行程序,是指确保行政处罚决定所确定的内容得以实现的程序。行政处罚决定一旦作出,就具有法律效力,当事人应当在行政处罚决定的期限内予以履行。当事人对行政处罚决定不服申请行政复议或者提起行政诉讼的,除法律另有规定的以外,行政处罚不停止执行。

案例:

申请执行人某市环境保护局,于2011年6月16日对被执行人某工程公司作出《行政处罚决定书》,因被执行人在禁燃区违法使用高污染燃料,违反了《某市大气污染防治条例》相关规定,行政机关责令其立即停止上述环境违法行为并拆除相关设施,同时处以罚款人民币50 000元整;逾期不缴纳罚款的,依据《中华人民共和国行政处罚法》第51条的规定,每日按罚款数额的3%加处罚款。该《行政处罚决定书》于2011年6月16日送达被执行人某工程公司。被执行人收到决定书后,在法定期限内既没有提起复议和诉讼,也没有缴纳罚款。申请人依据《中华人民共和国行政处罚法》及《中华人民共和国行政诉讼法》的规定向人民法院申请强制执行。人民法院经审查后认为,申请执行人作出的行政处罚决定书事实认定清楚,适用法律正确,其申请执行内容符合人民法院强制执行的法定条件,应予强制执行。依照《最高人民法院关于执行〈中华人民共和国行政诉讼法〉若干问题的解释》第93条的规定,作出裁定:准予强制执行。

分析:公民、法人和其他组织对环境违法行政处罚决定在法定期限内不提起诉讼又不履行的,行政机关可以申请人民法院强制执行。人民法院经审查认为行政处罚决定符合条件的,裁定予以强制执行。法院裁定对行政处罚决定予以强制执行,既是对行政机关依法行政的支持,也体现了司法机关的鲜明立场。

9.2.2 行政处分

行政处分是指国家机关、企事业单位对所属国家工作人员尚不构成犯罪的违法失职行为,依据法律、法规所规定的权限而给予的一种惩戒。行政处分属于内部行政行为,由行政主体基于行政隶属关系依法作出。它具有强烈的约束力,管理相对人不服,行政主体可以强制执行。但因其不受司法审查,故被处分人不服行政处分,只能通过行政复议和行政申诉途径解决,不能提起行政诉讼。

1. 行政处分的优点

行政处分体现了过罚相当的原则。所谓过罚相当,是指给予一个人的处罚程度要与其所犯过错的大小相适应,既不能给予所犯违法行为比较轻的人以较重的处罚,也不能给予所犯违法行为比较重的人以较轻的处罚,从而做到追究违法行为不枉不纵。

行政处分有利于执法标准的统一。在社会法律建设没有完全成熟时,关于对违法行为规定什么种类的行政处分,往往规定不细致,容易造成执法过程中的标准不统一。对同样的违法行为,给予的处分种类可能不一样,有的严一些,有的宽一些,影响法律的严肃性。在行政复议法的立法过程中,针对这一问题,规定了一个不同种类行政处分的梯度,这样有利于执法标准的统一,以维护法律的尊严和严肃性。

2. 行政处分的种类

《中华人民共和国公务员法》(以下简称《公务员法》)由中华人民共和国第十届全国人民代表大会常务委员会第十五次会议于 2005 年 4 月 27 日通过,自 2006 年 1 月 1 日起施行。其中第 55 条规定:"公务员因违法违纪行为应当承担纪律责任的,依照本法给予处分。"该法的立法目的是为了规范公务员的管理,保障公务员的合法权益,加强对公务员的监督,建设高素质的公务员队伍,促进勤政廉政,提高工作效能。本法所称公务员,是指依法履行公职、纳入国家行政编制、由国家财政负担工资福利的工作人员。

依据《公务员法》第 56 条,行政处分分为:警告、记过、记大过、降级、撤职、开除。

(1)警告,是对违反行政纪律的行为主体提出告诫,使之认识应负的行政责任,以便加以警惕,使其注意并改正错误,不再犯此类错误。这种处分适用于违反行政纪律行为轻微的人员。

(2)记过,即记载或者登记过错,以示惩处之意。这种处分,适用于违反行政纪律行为比较轻微的人员。

(3)记大过,即记载或登记较大或较严重的过错,以示严重惩处的意思。这种处分,适用于违反行政纪律行为比较严重,给国家和人民造成一定损失的人员。

(4)降级,是指降低其工资等级。这种处分,适用于违反行政纪律,使国家和人民的利益受一定损失,但仍然可以继续担任现任职务的人员。

(5)撤职,是指撤销现任职务。这种处分适用于违反行政纪律行为严重,已不适宜担任现任职务的人员。

(6)开除,是指取消其公职。这种处分适用于犯有严重错误已丧失国家工作人员基本条件的人员。

3. 行政处分的程序

行政处分的程序,大致有 7 个步骤:①处分的提起;②调查对证;③本人申诉;④讨论决定;⑤批准备案;⑥通知本人及归案;⑦处分的执行。

公务员受行政处分,有处分期限的规定:警告处分半年;记过、记大过、降级处分 1 年;撤职处分 2 年。公务员受处分期间不得晋职、晋级;受警告以外行政处分的,不得晋升工资档次;受开除处分的,不得被行政机关重新录用或聘用。

9.2.3　行政诉讼

行政诉讼,是指人民法院应当事人的请求,通过审查行政行为合法性的方式,解决特定范围内行政争议的活动。在我国,行政诉讼的基本法律依据是《中华人民共和国行政诉讼法》(以下简称《行政诉讼法》)。行政诉讼和民事诉讼、刑事诉讼构成我国基本诉讼制度。

1. 行政诉讼的特点

(1) 行政诉讼所要审理的是行政案件,这是行政诉讼在受理、裁判的案件上与其他诉讼的区别。民事诉讼解决的是民商事权益纠纷的问题;刑事诉讼解决的是被追诉者刑事责任的问题;而行政诉讼解决的是行政争议,即行政机关或法律、法规授权的组织与公民、法人或者其他组织在行政管理过程中发生的争议。

(2) 行政诉讼是人民法院通过审判方式进行的一种司法活动,这是行政诉讼与其他解决行政争议的方式和途径的区别。在中国,行政争议的解决途径不止行政诉讼一种,还有行政复议机关的行政复议等。而行政诉讼是由人民法院运用诉讼程序解决行政争议的活动。

(3) 行政诉讼是通过对被诉行政行为合法性进行审查以解决行政争议的活动。其中进行审查的行政行为为具体行政行为,审查的根本目的是保障公民、法人或者其他组织的合法权益不受违法行政行为的侵害。这就决定了行政诉讼与民事诉讼和刑事诉讼在审理形式和裁判形式上有所不同。如行政诉讼案件不得以调解方式结案;证明具体行政行为合法性的举证责任由被告承担;行政诉讼的裁判以撤销、维持判决为主要形式等。

(4) 行政诉讼是解决特定范围内行政争议的活动。行政诉讼并不解决所有类型的行政争议,有的行政争议不属于人民法院行政诉讼的受案范围,而刑事诉讼和民事诉讼均无类似于行政诉讼的受案范围的限制。不属于行政诉讼解决的行政争议只能通过其他的途径解决。

(5) 行政诉讼中的当事人具有恒定性。行政诉讼的原告只能是行政管理中的相对方,即公民、法人或者其他组织;行政诉讼的被告只能是行政管理中的管理方,即作为行政主体的行政机关和法律、法规授权的组织。行政诉讼的当事人双方的诉讼地位是恒定的,不允许行政主体作为原告起诉行政管理相对方。这个特点与民事诉讼和刑事诉讼不同。民事诉讼中诉讼双方当事人均为平等的民事主体,原被告不具有恒定性,允许被告反诉;而刑事诉讼,也存在着自诉案件中允许被告人作为被害人反诉自诉人。

(6) 行政管理的连续性不因行政诉讼而停止。行政诉讼进行当中,当事人争议的具体行为不会因为原告的起诉而停止执行。也就是说,诉讼期间,行政管理将继续进行,不会影响行政管理的有效性和强制性。

2. 行政诉讼受理范围

1) 应当受理的行政案件

《行政诉讼法》第 12 条规定："人民法院受理公民、法人或者其他组织提起的下列诉讼：

(1) 对行政拘留、暂扣或者吊销许可证和执照、责令停产停业、没收违法所得、没收非法财物、罚款、警告等行政处罚不服的；

(2) 对限制人身自由或者对财产的查封、扣押、冻结等行政强制措施和行政强制执行不服的；

(3) 申请行政许可，行政机关拒绝或者在法定期限内不予答复，或者对行政机关作出的有关行政许可的其他决定不服的；

(4) 对行政机关作出的关于确认土地、矿藏、水流、森林、山岭、草原、荒地、滩涂、海域等自然资源的所有权或者使用权的决定不服的；

(5) 对征收、征用决定及其补偿决定不服的；

(6) 申请行政机关履行保护人身权、财产权等合法权益的法定职责，行政机关拒绝履行或者不予答复的；

(7) 认为行政机关侵犯其经营自主权或者农村土地承包经营权、农村土地经营权的；

(8) 认为行政机关滥用行政权力排除或者限制竞争的；

(9) 认为行政机关违法集资、摊派费用或者违法要求履行其他义务的；

(10) 认为行政机关没有依法支付抚恤金、最低生活保障待遇或者社会保险待遇的；

(11) 认为行政机关不依法履行、未按照约定履行或者违法变更、解除政府特许经营协议、土地房屋征收补偿协议等协议的；

(12) 认为行政机关侵犯其他人身权、财产权等合法权益的。

除前款规定外，人民法院受理法律、法规规定可以提起诉讼的其他行政案件。"

2) 不予受理的行政案件

根据《行政诉讼法》第 13 条规定："人民法院不受理公民、法人或者其他组织对下列事项提起的诉讼：

(1) 国防、外交等国家行为；

(2) 行政法规、规章或者行政机关制定、发布的具有普遍约束力的决定、命令；

(3) 行政机关对行政机关工作人员的奖惩、任免等决定；

(4) 法律规定由行政机关最终裁决的行政行为。"

3) 建筑行政诉讼的适用情况

建筑行政诉讼的适用情况可以分为以下 3 种：

(1) 当事人对建设行政主管部门等机关作出的行政处罚不服，向人民法院起诉，被告是作出行政处罚的机关；

(2) 当事人对建设行政主管部门等机关拒绝颁发许可证、资质证书和营业执照的不作为行为不服，向人民法院起诉，被告是不作为的行政机关；

(3) 当事人申请复议后，对复议机关作出的行政复议决定不服，向人民法院起诉。复议机关维持原行政处罚决定的，被告是作出行政处罚的机关；复议机关变更原行政处罚的，被告是复议机关。

3．行政诉讼程序

1）行政诉讼证据的特别规则

行政诉讼证据的规则与民事诉讼证据规则有相近之处，但也有其自身的特别规则。根据《行政诉讼法》第34条、第35条规定，民事诉讼举证责任分配的基本规则是"谁主张，谁举证"。而在行政诉讼中，被告对其作出的具体行政行为负有举证责任，并应当提供该具体行政行为的证据和所依据的规范性文件；在行政诉讼中，行政诉讼证据主要是在作出具体行政行为程序中已产生或确定的证据，并主要由被告提供。在诉讼过程中，被告不得自行向原告、第三人和证人收集证据。

2）起诉

提起诉讼应符合如下条件：第一，原告是公民、法人或其他组织，且认为具体行政行为侵犯其合法权益；第二，有明确的被告；第三，有具体的诉讼请求和事实根据；第四，属于人民法院受案范围和受诉人民法院管辖。

3）受理

根据《行政诉讼法》第51条及相关规定，人民法院在接到起诉状时对符合本法规定的起诉条件的，应当登记立案。对当场不能判定是否符合本法规定的起诉条件的，应当接收起诉状，出具注明收到日期的书面凭证，并在7日内决定是否立案。不符合起诉条件的，作出不予立案的裁定。裁定书应当载明不予立案的理由。原告对裁定不服的，可以提起上诉。

4）审理

人民法院应当在立案之日起5日内，将起诉状副本发送被告。被告应当在收到起诉状副本之日起10日内向人民法院提交作出具体行政行为的有关材料，并提出答辩状。人民法院应当在收到答辩状之日起5日内，将答辩状副本发送原告。被告不提出答辩状的，不影响人民法院审理。法院审理行政案件，不适用调解。

根据《行政诉讼法》的规定，诉讼期间不停止行政行为的执行。但有下列情形之一的，裁定停止执行：

（1）被告认为需要停止执行的；

（2）原告或者利害关系人申请停止执行，人民法院认为该行政行为的执行会造成难以弥补的损失，并且停止执行不损害国家利益、社会公共利益的；

（3）人民法院认为该行政行为的执行会给国家利益、社会公共利益造成重大损害的；

（4）法律、法规规定停止执行的。

当事人对停止执行或者不停止执行的裁定不服的，可以申请复议一次。

人民法院审理行政案件，由审判员组成合议庭，或者由审判员、陪审员组成合议庭。合议庭的成员，应当是3人以上的单数。

5）判决

人民法院审理行政案件，应主要对具体行政行为是否合法进行审查。根据《行政诉讼法》规定，人民法院经过审理，根据不同情况，分别作出如下一审判决：

（1）具体行政行为证据确凿，适用法律、法规正确，符合法定程序的，判决维持。

（2）具体行政行为有下列情形之一的，判决撤销或者部分撤销，并可以判决被告重新作出具体行政行为：主要证据不足的；适用法律、法规错误的；违反法定程序的；超越职权的；滥用职权的。

（3）被告不履行或者拖延履行法定职责的，判决其在一定期限内履行。

（4）行政处罚显失公平的，可以判决变更。

（5）认为原告的诉讼请求依法不能成立，直接判决否定原告的诉讼请求。

（6）通过对被诉具体行政行为的审查，确认被诉具体行政行为合法或违法的判决。

当事人不服第一审判决的，有权在判决书送达之日起 15 日内向上一级人民法院提起上诉。人民法院对上诉案件，认为事实清楚的，可以实行书面审理。

第二审判决、裁定，是终审判决、裁定。当事人对已经发生法律效力的判决、裁定，认为确有错误的，可以提出申诉，申请再审，但判决、裁定不停止执行。

6）执行

《行政诉讼法》规定，当事人必须履行人民法院发生法律效力的判决、裁定、调解书。公民、法人或者其他组织拒绝履行判决、裁定、调解书的，行政机关或者第三人可以向第一审人民法院申请强制执行，或者由行政机关依法强制执行。行政机关拒绝履行判决、裁定、调解书的，第一审人民法院可以采取相应措施。

9.2.4 行政复议

行政复议，是指公民、法人或者其他组织不服行政主体作出的具体行政行为，认为行政主体的具体行政行为侵犯了其合法权益，依法向法定的行政复议机关提出复议申请，行政复议机关依法对该具体行政行为进行合法性、适当性审查，并作出行政复议决定的行政行为。行政复议是公民、法人或其他组织通过行政救济途径解决行政争议的一种方法。行政机关根据上级行政机关对下级行政机关的监督权，在当事人的申请和参与下，按照行政复议程序对具体行政行为进行合法性和适当性审查，并作出裁决解决行政侵权争议。在我国，行政复议的基本法律依据是《中华人民共和国行政复议法》（以下简称《行政复议法》）。

行政复议的优点在于：程序简便，可以不到场辩论，也不进行调解，只有书面审查和调查并作出裁决。通过该途径，争议可以较快的解决，有利于上级机关对下级机关的监督管理，有利于行政机关提高法制观念和执法水平，从而保护公民、法人和其他组织的合法权益。

行政复议与行政诉讼的基本关系是：除法律、法规规定必须先申请行政复议的以外，行政纠纷当事人可以自由选择申请行政复议还是提起行政诉讼。行政纠纷当事人对行政复议决定不服的，除法律规定行政复议决定为最终裁决的以外，可以依照《行政诉讼法》的规定向人民法院提起行政诉讼。

虽然行政复议和行政诉讼都是为当事人解决行政争议的救济渠道，但它们存在明显的不同。行政复议与行政诉讼的区别是：

（1）性质不同。行政复议是当事人向复议机关提出申请救济，是行政机关的行政行为；而行政诉讼是当事人向人民法院提起诉讼，是人民法院的司法行为。

（2）受理范围和权限不同。行政复议机关不仅受理行政机关违法案件，还处理行政机关处理不当的案件，可以决定变更行政机关的处理决定；而行政诉讼，人民法院只能受理行政机关的违法案件，故只能判决撤销违法的行政处理决定或者变更显失公平的行政处理决定。

（3）审理程序不同。行政复议由复议机关进行书面复议，适用行政程序；而行政诉讼是人民法院开庭审议,使用司法程序。

(4) 效力不同。行政复议作出的决定,除了法律特殊规定外,当事人还可以向人民法院起诉;而行政诉讼是由人民法院作出的终审判决,具有法律效力,当事人和行政机关必须执行。

1. 行政复议范围

1) 可以申请行政复议的事项

行政复议保护的是公民、法人或其他组织的合法权益。行政争议当事人认为行政机关的行政行为侵犯其合法权益的,有权依法提出行政复议申请。根据《行政复议法》有关规定,在工程建设领域,建设工程行政纠纷当事人可以申请复议的情形通常包括:

(1) 行政处罚,即当事人对行政机关作出的警告、罚款、没收违法所得、没收非法财物、责令停产停业、暂扣或者吊销许可证、暂扣或者吊销执照、行政拘留等行政处罚决定不服的。

(2) 行政强制措施,即当事人对行政机关作出的限制人身自由或者查封、扣押、冻结财产等行政强制措施决定不服的。

(3) 行政许可,包括:当事人对行政机关作出的有关许可证、执照、资质证、资格证等证书变更、中止、撤销的决定不服的;当事人认为符合法定条件,申请行政机关颁发许可证、执照、资质证、资格证等证书,或者申请行政机关审批、登记等有关事项,行政机关没有依法办理的。

(4) 认为行政机关侵犯其合法的经营自主权的。

(5) 认为行政机关违法集资、征收财物、摊派费用或者违法要求履行其他义务的。

(6) 认为行政机关的其他具体行政行为侵犯其合法权益的等。

2) 不得申请行政复议的事项

根据《行政复议法》规定,下列事项应按规定的纠纷处理方式解决,而不能提起行政复议:

(1) 行政机关的行政处分或者其他人事处理决定。当事人不服行政机关作出的行政处分或者其他人事处理决定的,应当依照有关法律、行政法规的规定提起申诉。

(2) 行政机关对民事纠纷作出的调解或者其他处理。当事人不服行政机关对民事纠纷作出的调解或者处理,如建设行政管理部门对有关建设工程合同争议进行的调解、劳动部门对劳动争议的调解、公安部门对治安争议的调解等,当事人应当依法申请仲裁,或者向法院提起民事诉讼。

2. 行政复议程序

根据《行政复议法》的有关规定,行政复议应当遵守如下程序规则。

1) 行政复议申请

当事人认为具体行政行为侵犯其合法权益的,可以自知道该具体行政行为之日起60日内提出行政复议申请,但法律规定的申请期限超过60日的除外。因不可抗力或者其他正当理由耽误法定申请期限的,申请期限自障碍消除之日起继续计算。

2) 行政复议受理

行政复议机关收到行政复议申请后,应当在5日内进行审查,对不符合本法规定的行政复议申请,决定不予受理,并书面告知申请人;对符合本法规定,但是不属于本机关受理的行政复议申请,应当告知申请人向有关行政复议机关提出。依照规定接受行政复议申请的县级地方人民政府,对属于其他行政复议机关受理的行政复议申请,应当自接到该行政复议申请之日起 7 日内,转送有关行政复议机关,并告知申请人。接受转送的行政复议机关应当依照规定办理。除以上情形外,行政复议申请自行政复议机关负责法制工作的机构收到之日起即为受理。

法律、法规规定应当先向行政复议机关申请行政复议,对行政复议决定不服再向人民法院提起行政诉讼的,行政复议机关决定不予受理或者受理后超过行政复议期限不作答复的,公民、法人或者其他组织可以自收到不予受理决定书之日起或者行政复议期满之日起 15 日内,依法向人民法院提起行政诉讼。

3) 行政复议决定

行政复议机关负责法制工作的机构应当自行政复议申请受理之日起 7 日内,将行政复议申请书副本或者行政复议申请笔录复印件发送给被申请人。被申请人应当自收到申请书副本或者申请笔录复印件之日起 10 日内,提出书面答复,并提交当初作出具体行政行为的证据、依据和其他有关材料。申请人、第三人可以查阅被申请人提出的书面答复以及作出具体行政行为的证据、依据和其他有关材料,除涉及国家秘密、商业秘密或者个人隐私外,行政复议机关不得拒绝。行政复议过程中,被申请人不得自行向申请人和其他有关组织或者个人收集证据。

行政复议决定作出前,申请人要求撤回行政复议申请的,经说明理由,可以撤回;撤回行政复议申请的,行政复议终止。

《行政复议法》还规定,申请人在申请行政复议时,可以一并提出行政赔偿请求。行政复议机关对于符合法律规定的赔偿要求,在作出行政复议决定时,应当同时决定被申请人依法给予赔偿。

行政复议机关应当自受理申请之日起 60 日内作出行政复议决定;但是法律规定的行政复议期限少于 60 日的除外。情况复杂,不能在规定期限内作出行政复议决定的,经行政复议机关的负责人批准,可以适当延长,并告知申请人和被申请人;但是延长期限最多不超过 30 日。行政复议机关作出行政复议决定,应当制作行政复议决定书,并加盖印章。行政复议决定书一经送达,即发生法律效力。

行政复议机关责令被申请人重新作出具体行政行为的,被申请人不得以同一的事实和理由作出与原具体行政行为相同或者基本相同的具体行政行为。

申请人不服行政复议决定的,除法律规定为最终裁决的行政复议决定外,可以根据《行政诉讼法》的规定,在法定期间内提起行政诉讼。

9.3　民事法律责任

民事法律责任(简称为民事责任),是指行为人违反民事法律上的约定或者法定义务所应承担的对其不利的法律后果,其目的主要是恢复受害人的权利和补偿权利人的损失。

9.3.1　民事责任的种类

我国《民法通则》根据民事责任的承担原因将民事责任主要划分为两类,即违反合同的民事责任(违约责任)和侵权的民事责任(侵权责任)。

1. 违约责任

详见4.6节违约责任。

2. 侵权责任

侵权责任,是指行为人不法侵害社会公共财产或者他人财产、人身权利而应承担的民事责任。

侵权责任不同于违约责任,其区别主要体现在以下3个方面:侵权行为违反的是法定义务,违约行为违反的是约定义务;侵权行为侵犯的是绝对权,违约行为侵犯的是相对权;侵权行为的法律责任包括财产责任和非财产责任,违约行为的责任仅限于财产责任。

1) 侵权责任的构成要件

一般认为,侵权责任的构成要件为下列4条:

(1) 过错。过错主要是指行为人在从事违法行为时的心理状态,可以分为故意和过失两种,当适用于侵权责任时,法律界一般认为主要指的是由主观意识造成的过错,也就是说无过错行为不属于该要件范围。

(2) 行为具有违法性。对于违法性,严格意义上很难将其完全归于违法行为或合法行为中,仅仅认为大多数侵权行为属违法行为。

(3) 有损害事实发生。损害既包括物质的或金钱的损害,也包括人身伤害、死亡和精神损害。有事实发生就有可能造成侵权行为,不一定必须具备损害结果。例如施工单位在紧邻居民住宅区地点堆放大量易燃易爆物品,虽然具有妥善的保管措施并且尚未发生任何损害结果,但是该行为本身已经造成他人心理上的巨大不安全感,法律上应当认为已经构成了损害事实。

(4) 行为与损害事实之间的因果关系,即应当关注侵权责任法中过错推定原则、无过错责任适用的具体条款和现行《最高人民法院关于民事诉讼证据的若干规定》第4条关于侵权诉讼中因果关系的举证责任倒置的具体规定。

2) 施工企业常见的侵权行为

(1) 安全防护措施不到位或者缺失造成的侵权行为。施工过程中,建筑物、构筑物或者其他设施及其搁置物、悬挂物发生脱落、坠落造成他人损害;建筑物、构筑物或者其他设施倒塌造成他人损害的;在公共场所或者道路上挖坑、修缮安装地下设施等,没有设置明显标志和采取安全措施造成他人损害的,施工单位应当承担侵权责任。

案例:

某市政公司将其所属的平安大道的维修工程交给某施工队进行施工。某日晚,行人李某骑车经过此处,因道路挖坑周围未设防护栏。没有路灯也没有警示牌,导致李某连人带车一起跌入坑中,颈椎等多处严重受伤。为此李某起诉至法院,要求施工队及某市政公司承担赔偿责任。法院经审理后认为,某施工队作为道路施工人,并不具备相应的资质条件,并且在挖坑后没有设置明显标识,也没有采取有效的安全措施,是造成李某损害的直接原因,应承担全部赔偿责任。某市政公司作为工程发包人,将工程发包给没有施工资质的施工队,具有重大过错,对李某的损害应承担连带赔偿责任。

(2) 施工方法不当造成的侵权行为。此种侵权行为通常表现为施工单位由于施工组织设计不当,或者不按照施工规范进行施工导致工程进行中对相邻建筑物、构筑物造成结构损害,例如墙体由于受到施工振动而开裂、倾斜、沉陷甚至倒塌;或者造成相邻人员、动植物和财产受到伤害和损失,例如河道污染引起的食物中毒,水质变化因此水产品变质,超标堆放材料导致农作物受损、公共设施遭到破坏等。

(3)违反行政规定导致的侵权行为。对于行政机关出台的各种关于施工现场的条例、规定和办法,施工单位应当严格执行,拒不执行并坚持施工的后果常会导致不同程度的侵权行为,例如违反关于夜间施工的规定。

(4)施工质量缺陷造成侵权行为。施工质量缺陷,是指房屋建筑工程的质量不符合工程建设强制性标准以及合同的约定。由施工质量缺陷造成的侵权行为通常表现为人员伤亡或者财产损害。

(5)主张合法债权方法不当导致侵权行为。此类侵权行为大多因为施工方为了追讨本应属于自己的合法的债权,却由于采取了不正当或者不适当的方法和手段,反而侵害了债务人或者第三人的人身、财产权利,使其人身和财产受到损害。

案例:

某施工单位工程验收合格交付之前,由于金融危机影响,发包人还拖欠到期工程款300万元以及未到期工程款900万元,施工单位担心交付工程后发包人没有履行能力,故留置了所有工程不予交付。一个月后在政府协调下承包人交付了工程,发包人提出,因承包人逾期交付造成开发商给小区业主赔偿损失680万元,并对此提出索赔。审理过程中认为,留置权多数应当是对动产而言,建筑工程属于不动产,原则上不适用留置权,施工单位要承担相应责任。另外,发包人拖欠300万元,而承包人留置上亿元工程项目,显然是不对等的,所以以此种方式进行债权主张,就超越了合法、合理的界限,反而会导致承包人侵犯了发包人的合法权益。

3. 无过错责任

无过错责任原则是指依照法律规定不以当事人的主观过错为构成侵权行为的必备要件的归责原则,即不论当事人在主观上有没有过错,都应当承担民事责任。

《侵权责任法》规定的无过错责任主要有:①无民事行为能力人、限制民事行为能力人致人损害的,监护人承担无过错责任。②用人单位的工作人员因执行工作任务致人损害的,用人单位承担无过错责任。③提供个人劳务一方因劳务致人损害的,接受劳务一方承担无过错责任。④因产品存在缺陷造成他人损害的,生产者和销售者承担无过错责任。销售者具有过错的,承担最终责任;销售者无过错的,生产者承担最终责任。⑤机动车与行人、非机动车驾驶人之间发生道路交通事故的,机动车一方承担无过错责任。⑥因环境污染致人损害的,污染者承担无过错责任。⑦从事高度危险作业者,高度危险物品的经营者、占有人承担无过错责任。⑧饲养的动物致人损害的,动物饲养人或者管理人承担无过错责任(但动物园承担过错推定责任)。⑨建筑物倒塌致人损害的,建设单位与施工单位承担无过错责任。⑩医疗机构违反告知义务,给患者造成损害的,医疗机构承担无过错责任。⑪因医疗产品致患者损害的,医疗机构与产品提供者承担无过错责任。⑫在道路上倾倒、堆放、遗撒妨碍通行物的,行为人承担无过错责任。

9.3.2 承担民事责任的方式

《民法通则》第134条规定,承担民事责任的方式主要有以下几种。

(1) 停止侵害。停止侵害,是指侵害人终止其正在进行或者延续的损害他人合法权益的行为。其目的在于及时制止侵害行为,防止损失的扩大。

(2) 排除妨碍。排除妨碍,是指侵害人排除由其行为引起的妨碍他人权利正常行使和利益实现的客观事实状态。其目的在于保证他人能够行使自己的合法权益。

(3) 消除危险。消除危险,是指侵害人消除由其行为或者物件引起的现实存在的某种有可能对他人的合法权益造成损害的紧急事实状态。其目的在于防止损害或妨碍的发生。

(4) 返还财产。返还财产,是指侵害人将其非法占有或者获得的财产转移给所有人或者权利人。返还的财产包括3种情形:①因不当得利获得的财产;②民事行为被确认为无效或被撤销而应当返还的财产;③非法侵占他人的财产。

(5) 恢复原状。恢复原状,是指使受害人的财产恢复到受侵害之前的状态。使用这种责任形式需要具有两个前提条件:财产恢复的可能性与恢复的必要性。

(6) 修理、重作、更换。修理、重作、更换,主要适于违反合同质量条款的民事责任形式。修理,是指使受损害的财产或者不符合合同约定质量的标的物具有应当具备的功能、质量。重作,是指重新加工、制作标的物。更换,是指以符合质量要求的标的物替代已交付的质量不符合要求的标的物。

(7) 赔偿损失。赔偿损失,是指行为人因违反民事义务致人损害,应以财产赔偿受害人所受的损失。

对于违约责任,赔偿额应当相当于对方因违约造成的损失。对于侵权责任,包括对财产损失和精神损失的赔偿。

(8) 支付违约金。此部分内容参见4.6节违约责任。

(9) 消除影响、恢复名誉。消除影响,是指加害人在其不良影响所及范围内消除对受害人不利后果的民事责任。恢复名誉,是指加害人在其侵权后果所及范围内使受害人的名誉恢复到未曾受损害的状态。

加害人拒不执行生效判决,不为受害人消除影响、恢复名誉的,人民法院可以采取公告、登报方式,将判决的内容和有关情况公布于众,达到消除影响、恢复名誉的目的。公告、登记的费用由加害人承担。

(10) 赔礼道歉。赔礼道歉,是指加害人以口头或者书面的方式向受害人承认过错、表示歉意。赔礼道歉一般应当公开进行,否则不足以消除影响。但是,受害人不要求公开进行的,也可以秘密进行。由法院判决加害人承担赔礼道歉责任的,赔礼道歉的内容应当经法院审查同意。

以上承担民事责任的方式,可以单独适用,也可以合并适用。

在上述10种民事责任承担方式中,除修理、重作、更换和支付违约金仅适用于违约责任外,其余8种均可适用于侵权责任。除此之外,法院在审理民事案件时,还可以予以训诫、责令具结悔过、收缴进行非法活动的财物和非法所得,并可以依法处以罚款和拘留。

9.4   刑事法律责任

刑事法律责任(简称刑事责任),是指犯罪主体因违反刑法,实施了犯罪行为所应承担的法律责任。刑事法律责任是法律责任中最强烈的一种,其承担方式主要是刑罚,也包括一些非刑罚的处罚方法。

9.4.1   刑事法律责任的构成要件

任何一种犯罪的成立都必须具备4个方面的构成要件,即犯罪客体、犯罪客观方面、犯罪主体和犯罪主观方面。

1. 犯罪客体

犯罪客体,是指我国《刑法》所保护的而被犯罪所侵害的社会关系。犯罪客体是犯罪构成的必要要件,没有一个犯罪是没有犯罪客体的。确定了犯罪客体,在很大程度上就能确定犯的是什么罪和它的危害程度。如果行为人侵害的不是刑事法律保护的社会关系,而是民事法律或行政法律保护的社会关系,这种行为不能构成犯罪,行为人也不负刑事责任,而负民事责任或行政责任。我国《刑法》所保护的那种社会关系是指国家主权、领土完整和安全,人民民主专政的政权,社会主义制度,社会秩序和经济秩序,国有财产或者劳动群众集体所有的财产权,公民私人的财产所有权,公民的人身权利、民主权利和其他权利等。这些社会关系在我国《刑法》第13条和分则已有明确的表述,它们一旦为犯罪行为所侵犯,就成为犯罪客体。

2. 犯罪客观方面

犯罪客观方面,是指《刑法》所规定的构成犯罪在客观上必须具备的危害社会的行为和由这种行为所引起的危害社会的结果。它是区分罪与非罪的重要依据;是区分此罪与彼罪的界限;是区分犯罪完成与未完成形态的界限;是量刑的重要根据。

3. 犯罪主体

犯罪主体是指实施了犯罪行为,依法应当承担刑事责任的人。我国《刑法》对犯罪主体的规定包含了两种人:一种是达到刑事责任年龄,具有刑事责任能力,实施了犯罪行为的自然人;另一种是实施了犯罪行为的企业事业单位、国家机关、社会团体等单位。按照对犯罪主体是否有特定要求,又可分为一般主体和特殊主体。比如,贪污罪、挪用公款罪的犯罪主体只能是国家工作人员。

4. 犯罪主观方面

犯罪主观方面,亦称犯罪主观要件或者罪过,是指行为人对自己的危害社会的行为及其危害社会的结果所持的故意或者过失的心理态度。人在实施犯罪时的心理状态是十分复杂的,概括起来有故意和过失这两种基本形式,以及犯罪目的和犯罪动机这两种心理要素。

9.4.2   刑罚种类

根据我国《刑法》第32条规定,刑罚分为主刑和附加刑。主刑只能单独适用,不能附加适用。一个罪只能适用一个主刑,不能同时适用两个以上主刑。附加刑(从刑),是指补充主刑适用的刑罚方法。附加刑可以附加主刑适用,也可以单独使用。

1.主刑

根据《刑法》第33条的规定,主刑的种类如下所述。

1)管制

管制是对罪犯不予关押,但限制其一定自由,由公安机关执行和群众监督改造的刑罚方法。管制具有一定的期限,管制的期限为3个月以上2年以下,数罪并罚时不得超过3年。管制的刑期从判决执行之日起计算,判决前先行羁押的,羁押1日抵折刑期2日。

数罪并罚是指人民法院对一人犯数罪分别定罪量刑,并根据法定原则与方法决定应当执行的刑罚。

2)拘役

拘役是短期剥夺犯罪人自由,就近实行劳动的刑罚方法。拘役的期限为1个月以上6个月以下,数罪并罚时不得超过1年。拘役的刑期从判决执行之日起计算,判决执行前先行羁押的,羁押1日抵折刑期1日。

拘役由公安机关在就近的拘役所、看守所或者其他监管场所执行。在执行期间,受刑人每月可以回家一天至两天。参加劳动的,可以酌量发给报酬。

3)有期徒刑

有期徒刑是剥夺犯罪人一定期限的自由,实行强制劳动改造的刑罚方法。有期徒刑的犯罪人拘押于监狱或其他执行场所。有期徒刑的基本内容是对犯罪人实行劳动改造。

《刑法》第46条规定,被判处徒刑的人凡有劳动能力的,都应当参加劳动,接受教育和改造。

有期徒刑的刑期为6个月以上15年以下,数罪并罚时不得超过20年。刑期从判决执行之日起计算,判决执行以前先行羁押的,羁押1日抵折刑期1日。

4)无期徒刑

无期徒刑是剥夺犯罪人终身自由,实行强迫劳动改造的刑罚方法。无期徒刑的基本内容也是对犯罪人实施劳动改造。无期徒刑不可能孤立适用,即对于被判处无期徒刑的犯罪分子,应当附加剥夺政治权利终身。而对于被判处管制、拘役、有期徒刑的犯罪分子,不是必须附加剥夺政治权利。

5)死刑

死刑是剥夺犯罪人生命的刑罚方法,包括立即执行与缓期2年执行两种情况。死刑是刑法体系中最为严厉的刑罚方法。

2.附加刑

根据《刑法》第34条的规定,附加刑的种类有如下几种。

1)罚金

罚金是人民法院判处犯罪分子向国家交纳一定数额金钱的刑罚方法。《刑法》第52条规定,判处刑罚,应当根据犯罪情节决定罚金数额。

2)剥夺政治权利

剥夺政治权利,是指剥夺犯罪人参加管理国家和政治活动的权利的刑罚方法。剥夺政治权利时同时剥夺下列权利:

(1) 选举权与被选举权;

(2) 言论、出版、集会、结社、游行、示威自由的权利。

3) 没收财产

没收财产是将犯罪人所有财产的一部分或者全部强制无偿收归国有的刑罚方法。没收财产与没收犯罪物品有本质区别,没收财产是没收犯罪人合法所有并且没有用于犯罪的财产。

《刑法》第59条规定,判处没收财产时,既可以判处没收犯罪人的全部财产,也可以判处没收犯罪人所有的部分财产。没收全部财产的,应当对犯罪分子个人及其抚养的家属保留必要的生活费用。

附加刑可以与主刑合并适用,也可以独立适用。

9.5　工程建设领域犯罪构成

9.5.1　重大责任事故罪

根据《刑法》第134条及《刑法修正案》(六)的规定,重大责任事故罪,是指在生产、作业中违反有关安全管理的规定,或者强令他人违章冒险作业,因而发生重大伤亡事故或者造成其他严重后果的行为。重大责任事故罪的犯罪构成及其特征是:

(1) 犯罪客体。本罪的客体,是生产安全。

(2) 犯罪客观方面。本罪的客观方面,表现为在生产、作业中违反有关安全管理的规定,或者强令他人违章冒险作业,因而发生重大伤亡事故或者造成其他严重后果的行为。

(3) 犯罪主体。本罪的主体是一般主体,包括建筑企业的安全生产从业人员,安全生产管理人员以及对安全事故负有责任的包工头,无证从事生产、作业的人员等。

(4) 犯罪主观方面。本罪的主观方面表现为过失。这种过失不论是表现为疏忽大意,还是表现为过于自信,行为人在主观上的心理状态都是一样的,即在主观上都不希望发生危害社会的严重后果。但行为人对于在生产、作业中违反有关安全管理的规定,或者强令他人违章冒险作业行为本身,则可能是故意的。

(5) 刑罚。《刑法修正案》(六)规定:"在生产、作业中违反有关安全管理的规定,因而发生重大伤亡事故或者造成其他严重后果的,处三年以下有期徒刑或者拘役;情节特别恶劣的,处三年以上七年以下有期徒刑。强令他人违章冒险作业,因而发生重大伤亡事故或者造成其他严重后果的,处五年以下有期徒刑或者拘役;情节特别恶劣的,处五年以上有期徒刑。"

9.5.2　重大劳动安全事故罪

根据《刑法》第135条及《刑法修正案》(六)的规定,重大劳动安全事故罪,主要指安全生产设施或者安全生产条件不符合国家规定,因而发生重大伤亡事故或者造成其他严重后果的行为。重大劳动安全事故罪的犯罪构成及其特征是：

（1）犯罪客体。本罪的客体，是劳动安全。

（2）犯罪客观方面。本罪的客观方面，表现为安全生产设施或者安全生产条件不符合国家规定，因而发生重大伤亡事故或者造成其他严重后果的行为。

（3）犯罪主体。本罪的主体是特殊主体，即直接负责的主管人员和其他直接责任人员。其中，"直接负责的主管人员"包括生产经营单位的负责人、生产经营的指挥人员、实际控制人、投资人。"其他直接责任人员"包括对安全生产设施、安全生产条件负有提供、维护、管理职责的人。

（4）犯罪主观方面。本罪的主观方面表现为过失，即在主观上都不希望发生危害社会的严重后果。但行为人对安全生产设施或者安全生产条件不符合国家规定，则可能是故意的，也可能是过失。

（5）刑罚。《刑法修正案》（六）规定："安全生产设施或者安全生产条件不符合国家规定，因而发生重大伤亡事故或者造成其他严重后果的，对直接负责的主管人员和其他直接责任人员，处三年以下有期徒刑或者拘役；情节特别恶劣的，处三年以上七年以下有期徒刑。"

9.5.3　工程重大安全事故罪

根据《刑法》第137条的规定，工程重大安全事故罪，是指建设单位、设计单位、施工单位、工程监理单位违反国家规定，降低工程质量标准，造成重大安全事故的行为。工程重大安全事故罪的犯罪构成及其特征如下所述。

（1）犯罪客体。本罪的客体，是公共安全和国家有关工程建设管理的法律制度。

（2）犯罪客观方面。本罪的客观方面，表现为违反国家规定，降低工程质量标准，造成重大安全事故的行为。

（3）犯罪主体。本罪的主体是特殊主体，仅限于建设单位、设计单位、施工单位和工程监理单位。

（4）犯罪主观方面。本罪的主观方面表现为过失。但行为人违反国家规定、降低质量标准则可能是故意，也可能是过失。

（5）刑罚。《刑法》第137条规定："建设单位、设计单位、施工单位、工程监理单位违反国家规定，降低工程质量标准，造成重大安全事故的，对直接责任人员，处五年以下有期徒刑或者拘役，并处罚金；后果特别严重的，处五年以上十年以下有期徒刑，并处罚金。"

9.5.4　串通投标罪

根据《刑法》第223条规定，串通投标罪，是指投标人相互串通投标报价，损害招标人或者其他投标人利益，情节严重的行为，以及投标人与招标人串通投标，损害国家、集体、公民的合法利益的行为。

（1）犯罪客体。本罪侵犯的客体复杂，既侵犯其他投标人或国家、集体的合法权益，又侵犯社会主义市场经济的自由贸易和公平竞争的秩序。

（2）犯罪客观方面。本罪的客观方面，表现为投标人相互串通投标报价，损害招标人或者其他投标人利益,或者投标人与招标人串通投标,损害国家、集体、公民的合法权益的行为。

应当注意的是,本罪属情节犯罪,即只有情节严重的串通投标报价,损害招标人或者其他投标人利益的行为才能构成本罪,情节不属严重,即使实施了串通投标,损害招标人或者其他投标人利益的行为,也不能以本罪论处。所谓情节严重,主要是指采用卑劣手段串通投标的;多次实施串通投标行为的;给招标人或者其他投标人造成严重经济损失的;造成恶劣的影响甚至国际影响等。

(3)犯罪主体。凡达到刑事责任年龄且具备刑事责任能力的自然人均能构成本罪。就招标人而言,是特殊主体,就投标人而言,是一般主体。单位也能成为本罪主体,单位犯本罪的,实行两罚制,即对单位判处罚金,对其直接负责的主管人员和其他直接责任人员追究相应的刑事责任。本罪属于共同犯罪,构成本罪的投标人或招标人都是共同犯罪的实行犯,行为人有可能有主犯和从犯之分,但不存在教唆犯和胁从犯。

(4)犯罪主观方面。本罪在主观方面必须出于故意,即明知自己串通投标的行为会损害招标人或其他投标人的利益,但仍决意为之,并希望或放任这种危害后果的发生。过失不能构成本罪。本罪动机可多种多样,有的为了中标获取不法利益;有的为了排挤、陷害其他投标人;有的碍于情面并顾及日后合作等,但无论动机如何,都不影响本罪成立。

(5)刑罚。《刑法》第223条规定:"投标人相互串通投标报价,损害招标人或者其他投标人利益,情节严重的,处三年以下有期徒刑或者拘役,并处或者单处罚金。投标人与招标人串通投标,损害国家、集体、公民的合法利益的,依照前款的规定处罚。"

9.5.5 贪污罪

贪污罪,是指国家工作人员和受国家机关、国有公司、企业、事业单位、人民团体委托管理、经营国有财产的人员,利用职务上的便利,侵吞、窃取、骗取或者以其他手段非法占有公共财物的行为。

(1)犯罪客体。本罪侵犯的客体是复杂客体,既侵犯了公共财物的所有权,又侵犯了国家机关、国有企业事业单位的正常活动以及职务的廉洁性。

(2)犯罪客观方面。本罪的客观方面表现为利用职务之便,侵吞、窃取、骗取或者以其他手段非法占有公共财物的行为。这是贪污罪区别于盗窃、诈骗、抢夺等侵犯财产罪的重要特征。所谓利用职务上的便利,是指行为人利用其职责范围内主管、经手、管理公共财产的职权所形成的便利条件,假借执行职务的形式非法占有公共财物。

(3)犯罪主体。本罪的犯罪主体是特殊主体,专指国家工作人员以及受国家机关、国有公司、企业、事业单位、人民团体委托管理、经营国有财产的人员。其中,所谓国家工作人员,根据《刑法》第93条的规定包括:

① 国家机关中从事公务的人员;

② 国有公司、企业、事业单位、人民团体中从事公务的人员;

③ 国家机关、国有公司、企业、事业单位委派到非国有公司、企业、事业单位、社会团体中从事公务的人员;

④ 其他依照法律从事公务的人员。

（4）犯罪主观方面。本罪在主观方面必须出自直接故意,并具有非法占有公共财物的目的。过失不构成本罪。其故意的具体内容表现为行为人明知自己利用职务之便所实施的行为会发生非法占有公共（国有）财物或非国有单位财物的结果,并且希望这种结果的发生。犯罪的目的,是非法占有公共（国有）财物或非国有单位财物。

（5）刑罚。《刑法》第383条规定:"对犯贪污罪的,根据情节轻重,分别依照下列规定处罚:

① 个人贪污数额在十万元以上的,处十年以上有期徒刑或者无期徒刑,可以并处没收财产;情节特别严重的,处死刑,并处没收财产。

② 个人贪污数额在五万元以上不满十万元的,处五年以上有期徒刑,可以并处没收财产;情节特别严重的,处无期徒刑,并处没收财产。

③ 个人贪污数额在五千元以上不满五万元的,处一年以上七年以下有期徒刑;情节严重的,处七年以上十年以下有期徒刑。个人贪污数额在五千元以上不满一万元,犯罪后有悔改表现、积极退赃的,可以减轻处罚或者免予刑事处罚,由其所在单位或者上级主管机关给予行政处分。

④ 个人贪污数额不满五千元,情节较重的,处二年以下有期徒刑或者拘役;情节较轻的,由其所在单位或者上级主管机关酌情给予行政处分。

对多次贪污未经处理的,按照累计贪污数额处罚。"

9.5.6　受贿罪

受贿罪,是指国家工作人员利用职务上的便利,索取他人财物的,或者非法收受他人财物的,为他人谋取利益的行为。国家工作人员在经济往来中,违反国家规定,收受各种名义的回扣、手续费,归个人所有的,以受贿论处;国家工作人员利用本人职权或者地位形成的便利条件,通过其他国家工作人员职务上的行为,为请托人谋取不正当利益,索取请托人财物或者收受请托人财物的,以受贿论处。

（1）犯罪客体。本罪的客体,是国家工作人员职务行为的廉洁性。

（2）犯罪客观方面。本罪的客观方面,表现为行为人:

① 利用职务上的便利,索取他人财物的行为;

② 利用职务上的便利,非法收受他人财物的,为他人谋取利益的行为;

③ 在经济往来中,违反国家规定,收受各种名义的回扣、手续费,归个人所有的;

④ 利用本人职权或者地位形成的便利条件,通过其他国家工作人员职务上的行为,为请托人谋取不正当利益,索取请托人财物或者收受请托人财物的行为。

（3）犯罪主体。本罪的主体是特殊主体,即国家工作人员。国家工作人员包括当然的国家工作人员,即在国家机关中从事公务的人员;拟定的国家工作人员,即国有公司、企事业单位、人民团体中从事公务的人员和国家机关、国有公司、企事业单位委派到非国有公司、企事业单位、社会团体从事公务的人员,以及其他依照法律从事公务的人员。

（4）犯罪主观方面。本罪在主观方面由故意构成,只有行为人出于故意所实施的受贿犯罪行为才构成受贿罪,过失行为不构成本罪。例如,国家工作人员为他人谋利益,而无受贿意图,受益者以酬谢名义将财物送至其家中,而工作人员并不知情,不能以受贿论处。但是实际案件中,必须深入地加以分析判断才能得知行为人是否假借该手法掩盖实际犯罪目的。

(5) 刑罚。《刑法》第386条规定:"对犯受贿罪的,根据受贿所得数额及情节,依照本法第三百八十三条的规定处罚。索贿的从重处罚。"

9.5.7　行贿罪

根据《刑法》第389条规定,行贿罪,是指为谋取不正当利益,给予国家工作人员以财物的行为。

(1) 犯罪客体。本罪侵犯的客体是国家机关的正常管理和公职人员的职务行为的不可收买性。

(2) 犯罪客观方面。本罪的客观方面,表现为行为人:

① 为谋取不正当利益,给予国家工作人员以财物的行为;

② 在经济往来中,违反国家规定,给予国家工作人员以财物,数额较大的;

③ 在经济往来中,违反国家规定,给予国家工作人员以各种名义的回扣、手续费的。

行为人因被勒索给予国家工作人员以财物,没有获得不正当利益的,不是行贿。

(3) 犯罪主体。本罪的犯罪主体是一般主体,即达到刑事责任年龄并具有刑事责任能力的自然人。

(4) 犯罪主观方面。本罪的主观方面,表现为故意,并且具有谋取不正当利益的犯罪目的。

(5) 刑罚。《刑法》第390条规定:"对犯行贿罪的,处五年以下有期徒刑或者拘役;因行贿谋取不正当利益,情节严重的,或者使国家利益遭受重大损失的,处五年以上十年以下有期徒刑;情节特别严重的,处十年以上有期徒刑或者无期徒刑,可以并处没收财产。行贿人在被追诉前主动交代行贿行为的,可以减轻处罚或者免除处罚。"

案例:

2007年2月12日,南宁某建筑分公司正在施工的广西某大学图书馆二期工程(以下简称二期工程)演讲厅舞台屋盖工程发生坍塌,造成7人死亡,7人受伤,直接经济损失三十余万元,事故发生后在社会上引起极大影响。

事故联合调查组通过调查认定,二期工程演讲厅舞台屋盖高大模板支架在搭设时,没有设置水平剪刀撑和横向剪刀撑,纵向剪刀撑严重不足。加上连墙件的数量和设置方式未达到要求,严重违反了《建筑施工扣件式钢管脚手架安全技术规范》,致使模板支架整体不稳定,是导致事故的直接原因。技术人员编制的《演讲厅高支模专项施工方案》,并没有按有关法律、法规的要求,组织专家进行论证和审查,存在一系列重大原则性错误。而在二期工程演讲厅舞台屋盖高大模板支架搭设前,施工单位没有召开技术交底会对施工人员进行专项施工技术交底。模板搭设完成后,没有组织验收,没有取得工程监理组同意就进行混凝土浇筑。这些都是造成事故的主要原因。

该项目监理单位严重失职渎职,埋下了重大事故隐患。按《建设工程监理规范》,一名总监理工程师只宜担任一项委托监理合同的项目总监理工程师。当需要同时担任多项委托监理合同的项目总监理工程师时,须经建设单位同意,且最多不得超过3项。调查组调查发现,事故发生时,二期工程监理组总监理工程师施某,担任了7个建设项目的总监理工程师。除此之外,监理公司还违规任命了仅有监理员资格的张某为土建监理工程师,聘用不具备监理员资格的工作人员孟某为监理员。按《建筑工程质量验收统一标准》有关规定,相关各专业工程之间,应进行交接验收,并形成记录。未经监理工程师检查认可,不得进行下一道工序施工。二期工程演讲厅舞台屋盖高大模板在没有召开技术交底会情况下,项目部施工员郑某安排架子工长组织架子班开始搭设模板架子。安装相继完成后,项目部没有组织验收。监理人员张某也发现了立杆间距离及步距不符合施工方案要求、没做剪刀撑等问题,但没有向项目监理总工程师汇报,也没有采取强制性措施制止。监理组在上述施工过程中,严重失职渎职。

分析:该事故是一起因施工单位项目负责人、技术负责人、施工管理人员有章不循、有法不依、未履行法定职责,有关监理人员严重失职渎职、玩忽职守而导致的重大安全生产责任事故。涉及该事故的9名责任人和3家责任单位,已分别受到行政处罚和刑事处罚。施工单位、监理公司分别被处以罚款15万元的行政处罚。该市建筑管理处在建设系统内被通报批评。工程项目部技术负责人被建议移送到司法机关依法追究刑事责任,同时建设行政主管部门吊销其三级项目经理资质。施工员郑某被建设行政主管部门取消其施工人员的资格,并被建议移送司法机关依法追究其刑事责任。项目部经理则被吊销一级项目经理资质,同时被处以20万元的行政处罚。建设行政主管部门吊销了施某注册监理工程师的执业资格证书,且终身不予注册,罚款3万元。同时,吊销张某的监理员资格,处以罚款4.5万元的行政处罚。监理公司负责人被处以罚款10万元的行政处罚。另外,工程的安全生产责任人被安全生产监督管理部门处以罚款10万元的行政处罚。工程项目部架子工班长则被企业解聘,并进行经济处罚。

复习思考题

9-1　简述行政处罚和行政处分的概念及种类。

9-2　何谓行政复议? 行政复议与行政诉讼有哪些不同?

9-3　简述建筑工程领域的几种侵权责任。

9-4　刑事法律责任的构成要件有哪些?

9-5　简述工程建设领域的几种罪行及各自犯罪构成。

参 考 文 献

[1] 王泽功.承揽合同案例评析[M].2版.北京：知识产权出版社,2003.

[2] 郑小川.承揽合同实务[M].北京：知识产权出版社,2003.

[3] 魏坤肖,范蕴秋,张燕斌.建筑工程法规[M].武汉：华中科技大学出版社,2017.

[4] 胡娅春,张建设.建设法规[M].郑州：河南大学出版社,2016.

[5] 全国二级建造师执业资格考试用书编写委员会.建设工程法律法规选编[M].北京：中国建筑工业出版社,2016.

[6] 佘立中.建设工程法规[M].广州：华南理工大学出版社,2015.

[7] 金国辉.建设法规概论与案例[M].北京：清华大学出版社,北京交通大学出版社,2015.

[8] 本书编委会.建设工程法规及相关知识复习题集[M].北京：中国建筑工业出版社,2015.

[9] 明杏芬,范成伟.建设法规[M].杭州：浙江大学出版社,2015.

[10] 刘晓辉.工程建设法规[M].北京：中国铁道出版社,2014.

[11] 李志生.《中华人民共和国招标投标法实施条例》解读与案例剖析[M].北京：中国建筑工业出版社,2014.

[12] 周晓唯.经济活动中的法律问题[M].西安：陕西师范大学出版总社,2016.

[13] 徐运全.合同法实用案例[M].呼和浩特：内蒙古人民出版社,2016.

[14] 章建荣.建筑施工企业内部承包合同：制度规范与风险防范[M].北京：法律出版社,2017.

[15] 陈飞.中华人民共和国侵权责任法配套解读与实例[M].北京：法律出版社,2014.

[16] 刘燕萍,张富刚.不动产登记制度理论探究[M].北京：北京大学出版社,2016.

[17] 方林波,郭传挺,李泽楠.行政诉讼法实务解析[M].北京：法律出版社,2015.

[18] 李爽.民事诉讼法学[M].北京：中国政法大学出版社,2016.